Presentan estas obras una diferente sensibilidad respecto a los problemas dolientes de la actualidad. Abren una dimensión crítica y solidaria con los conflictos de la concretez viva que afectan a las distintas etnias y grupos marginados por la modernidad ilustrada. Su finalidad es hacer un análisis de la convivencia social desde la demodiversidad y la pluralidad de opciones y creatividad cultural.

LIBROS DE LA REVISTA ANTHROPOS

Jóvenes 'latinos' en Barcelona.
Espacio público y cultura urbana

Jóvenes 'latinos' en Barcelona.
Espacio público y cultura urbana

Carles Feixa (Dir.)
Laura Porzio y Carolina Recio (Coords.)

Mauro Cerbino, Noemí Canelles, Alexis Rodríguez,
Carmen Costa, Montse Palou, Walter Pinilla,
Roser Nin, Anna Berga, Santiago Martínez,
Marco Bortoleto, Oriol Romaní, Luis Barrios,
David Brotherton, Marcia Esparza, Luca Queirolo Palmas,
Andrea Torre, Josep M. Lahosa

Jóvenes 'latinos' en Barcelona : Espacio público y cultura urbana / dirección de Carles Feixa ; coordinación de Laura Porzio y Carolina Recio. — Rubí (Barcelona) : Anthropos Editorial ; Barcelona : Ajuntament de Barcelona, 2006
334 pp. ; 24 cm.— (Libros de la Revista Anthropos)

Bibliografía p. 323-327
ISBN 84-7658-796-1

1. Juventud urbana (Barcelona) - S. XXI 2. Cultura urbana (Barcelona) - S. XXI 3. Jóvenes latinos (Barcelona) - S. XXI 4. Movimientos juveniles latinos (Barcelona) 5. Barcelona - Aspectos sociales I. Feixa, Carles, dir. II. Porzio, Laura, coord. III. Recio, Carolina, coord. IV. Ajuntament de Barcelona V. Colección
316.7-053.2(72+8-82)(467.111.2)
903'18(467.111.2)

Imagen de cubierta: a partir de una fotografía de Joan Cabot

Primera edición: 2006

© Ajuntament de Barcelona, 2006
© Carles Feixa *et alii*, 2006
© Anthropos Editorial, 2006
Edita: Anthropos Editorial. Rubí (Barcelona)
   www.anthropos-editorial.com
En coedición con el Ajuntament de Barcelona
ISBN: 84-7658-796-1
Depósito legal: B. 41.557-2006
Diseño, realización y coordinación: Anthropos Editorial
   (Nariño, S.L.), Rubí. Tel. 93 697 22 96 Fax 93 587 26 61
Impresión: Novagràfik. Vivaldi, 5. Montcada i Reixac

Impreso en España - *Printed in Spain*

Todos los derechos reservados. Esta publicación no puede ser reproducida, ni en todo ni en parte, ni registrada en, o transmitida por, un sistema de recuperación de información, en ninguna forma ni por ningún medio, sea mecánico, fotoquímico, electrónico, magnético, electroóptico, por fotocopia, o cualquier otro, sin el permiso previo por escrito de la editorial.

Presentación

Uno de los ejes estratégicos en las políticas de seguridad y convivencia que, desde los inicios de los años ochenta, lleva a cabo el Ajuntament de Barcelona es la Prevención, entendida como un conjunto de servicios y acciones de enfoque transversal diseñadas para evitar —o prevenir—, en la medida de lo posible, brotes que incidan en la inseguridad y la fractura social.

En este sentido, cuando tuvimos conocimiento de la nueva realidad que comportaba la presencia, en algunos momentos de forma excluyente, de grupos de jóvenes de procedencia latinoamericana en ciertos espacios públicos, abordamos el fenómeno desde una doble aproximación, ya clásica en Barcelona: la presencia de la autoridad en el espacio público, por un lado, y la mejora del conocimiento de este fenómeno emergente, por el otro.

Para ello, se encargó al consorcio Instituto de Infancia y Mundo Urbano la realización de una investigación sobre las nuevas formas de sociabilidad de los jóvenes procedentes de Latinoamérica.

El resultado de esta investigación es el documento que tienen en las manos: un trabajo especialmente relevante por dos motivos: la profundidad y exhaustividad con la que se ha analizado un fenómeno sociológico emergente de gran calado y, sobre todo, la oportunidad que ha brindado al gobierno municipal de establecer un inicio de diálogo inclusivo con los principales representantes de algunos de los grupos de jóvenes que estaban incidiendo más en una construcción social del colectivo.

Sólo por estos dos motivos el presente estudio tiene pleno sentido y un valor añadido de difícil discusión. Estamos frente a un conjunto de información, de retratos de vida y de vivencias personales que nos acercan, desde un enfoque muy respetuoso pero a la vez muy realista, a una de las miradas —la de los jóvenes latinos— más acuciantes sobre el proceso de inmigración que Barcelona está viviendo en los últimos años y sobre cómo este fenómeno es vivido por sus propios protagonistas.

Recorriendo los retratos de este análisis queda claro que estamos delante de jóvenes que representan una parte de la sociedad futura de nuestra ciudad. Y que, como tales, es obligación de la administración local conocerlos, intentar entenderlos y, siempre asumiendo el diálogo mutuo de derechos y de deberes, procurar que se sientan partícipes, desde posturas pacíficas y democráticas, del proyecto común de construcción de nuestra ciudad.

Excmo. Sr. D. JORDI HEREU
Alcalde de Barcelona

Agradecimientos

A los jóvenes latinos que aceptaron ofrecer sus testimonios:

Allan, Andrés, Brenik, Carlos, Christian, Héctor, Ismael, Jimmy, La Cruz, Marco Antonio, Melani, Nanda, Vanessa, Yankee (Ecuador); Lucía, María, More, Rizos (República Dominicana); David, Jason, J.P., Parcero (Colombia); Damián, Francisco, Paolo (Chile); El Nene, Toño (Perú); Carolina, Gisela (Bolivia); Nico, Sebastián (Argentina); Pablo (Venezuela); Amanda (Brasil).

A los jóvenes latinos y no latinos que participaron en los grupos de discusión:

Amadou, Salid, Matute, Janela, Luisa, Pablo, Paquito, Carlos, Pastor, Milena, Rosa, Mohamed, Chavo, Daniel, Efra, David, Cecilia, Yesabel, Eduardo, Christian, Alex, Jose, Nerea, Sara, Tania, Marina, Pamela, Brenik.

A los profesores y directores de los centros que hicieron posible esta investigación:

Albert, Albert, Angels, Andreu, Conxa, Enric, Jaume, Jordi, Josepa, Maria, Mercè, Montse, Montse, Raquel.

A los adultos que aceptaron compartir su saber sobre los jóvenes latinos con nosotros:

Anna (sobre todos), Elena, Elies, Graciela, Javier, Jaume, Joan, Jordi, Jordi, Just, Lalo, Lea, Lorena, Lluís, Manel, Marc, Mari Carmen, Miguel, Natxo, Nelsa, Óscar, Pamela, Paolo, Pau, Raül, Rigoberto, Rosa, Rosa, Ruth, Sílvia.

A los investigadores que hicieron posible que este estudio fuera auténticamente transnacional:

Marcia, Luis, David, Luca, Andrea, Germán, Yanko, Rossana.

A los miembros de la Nación de los Reyes y Reinas Latinas y de la Asociación Ñeta en Barcelona que aceptaron colaborar en nuestro estudio:

King Manaba, Queen Melody, King Toro, King Fray, King Baby White, King Black, Queen Star, Erika, David y tantos otros.

A todas las personas que trabajan a diario para que los jóvenes migrantes puedan llegar a ser ciudadanos y ciudadanas en la Cataluña del siglo XXI.

Introducción

El presente libro recoge los resultados de la investigación llevada a cabo durante el año 2005 bajo el título *Espai públic i noves formes de sociabilitat. Joves d'origen llatinoamericà a Barcelona*, fruto de un encargo de los *Serveis de Prevenció* del Ajuntament de Barcelona al *Consorci Institut d'Infància i Món Urbà* (CIIMU). La publicación consta de tres partes: la primera es una síntesis amplia de los postulados y resultados de la pesquisa, la segunda recopila diversos estudios sectoriales realizados en el marco de la investigación y la tercera recoge las visiones de académicos y profesionales sobre el proceso actual que están protagonizando las organizaciones juveniles de origen latinoamericano en la ciudad de Barcelona.

La primera parte, titulada «Jóvenes 'latinos en Barcelona'», incluye la parte central del estudio y se divide en seis capítulos. El primero esboza el marco teórico y metodológico que orientó el trabajo de campo: tras señalar los objetos y sujetos del estudio, se detallan las fuentes y procedimientos de investigación; a continuación se explicitan algunos referentes teóricos y conceptuales, acabando por presentar algunos datos sociodemográficos sobre la migración latinoamericana en Barcelona. El segundo capítulo sintetiza los antecedentes sociales y personales de los jóvenes latinos, tal y como ellos los evocan en sus relatos biográficos: desde sus raíces «allá» hasta su acogida y asentamiento «aquí». El tercer capítulo aborda las identidades culturales de estos jóvenes en la sociedad de destino: de la etnogénesis de una identidad «latina» a los usos del espacio público, pasando por las prácticas culturales, los estereotipos étnicos y la vivencia de la discriminación. El capítulo cuatro presenta las visiones de los adultos (familias, educadores, profesionales, asociaciones) en relación a estos mismos procesos. El capítulo quinto recoge las distintas visiones sobre el papel de las organizaciones juveniles en la vida cotidiana de los jóvenes latinos. El capítulo sexto presenta un primer esbozo de las perspectivas de intervención, a partir de la visión de los profesionales y de los propios jóvenes, con especial referencia al papel de estos colectivos que los medios de comunicación denominan «bandas».

La segunda parte, titulada «Espacio público y cultura urbana», consta de una serie de estudios monográficos, realizados por distintos investigadores y profesionales que han participado en la investigación. Abordan problemáticas sectoriales como los medios de comunicación, los espacios públicos, la música, las geografías nocturnas, las relaciones de género, la escuela, las políticas de juventud y el circo. Cada capítulo se basa en los datos etnográficos compartidos, aunque puede considerarse un estudio independiente en la medida en que recoge también la perspectiva teórica y la experiencia de campo de cada autor. Los datos más relevantes de cada capítulo se han utilizado también en la primera parte del estudio.

La tercera parte, titulada «Barcelona y más allá», incluye cinco capítulos que, pese a estar redactados por personas que no formaron parte en sentido estricto del equipo de investigación, muestran las derivaciones del estudio en una perspectiva transnacional. Se trata de un juego de espejos en el que los resultados de nuestro trabajo de campo son valorados desde Nueva York, Génova, Quito y Barcelona (pues en todos estos lugares están presentes los jóvenes latinos y sus organizaciones de la calle). El primer texto retoma las repercusiones en la academia, a partir de lo que puede denominarse una antropología «implicada». Finalmente incluimos una bibliografía general en la que, además de las obras citadas en los distintos capítulos, se reseñan las principales obras sobre pandillas juveniles en España y a nivel internacional. En cambio, hemos optado por no incluir los anexos metodológicos y etnográficos del informe original, que pueden consultarse en el CIIMU.

* * *

El estudio ha sido dirigido por Carles Feixa y en el mismo han participado una veintena de investigadores (muchos de los cuales, por cierto, también son 'jóvenes latinos'). Aunque cada capítulo está firmado por algún miembro del equipo, la autoría es colectiva porque todos los miembros del equipo han intervenido en el proceso de investigación (entrevistas, análisis, redacción) y la versión final es fruto de una discusión y revisión en equipo. El peso central del estudio ha ido a cargo de dos investigadoras del CIIMU (Laura Porzio y Carolina Recio), quienes son responsables de las tareas de coordinación. En segundo lugar, debemos destacar la contribución de dos especialistas en pandillas en Ecuador y Barcelona, que pese a incorporarse una vez este estaba ya iniciado, se implicaron profundamente en el trabajo de campo (Noemí Canelles y Mauro Cerbino). En tercer lugar, algunos profesionales del campo educativo y de las políticas de juventud que aportaron sus valiosos puntos de vista (Montse Palou, Roser Nin, Anna Berga). En cuarto lugar, varios investigadores latinoamericanos que se unieron a nuestra «banda» (Carmen Costa, Walter Pinilla, Alexis Rodríguez, Santiago Martínez, y Marco Bortoleto). Finalmente, queremos agradecer el apoyo desde la distancia de Oriol Romaní, uno de los pioneros en la antropología urbana en nuestro país.

Debemos citar también a algunas personas que, pese a que finalmente no firman ningún capítulo, formaron parte en algún momento del equipo de investigación. Los investigadores latinoamericanos en juventud Germán Muñoz (de la Universidad de Manizales, Colombia) y Yanko González (de la Universidad Austral del Sur de Chile) prestaron su apoyo en el diseño del estudio, participando en el seminario inicial. Lorna Catalina Rojas, Claudia Pedone, Joan Ramon Saura y Leonardo Faccio colaboraron en el trabajo de campo y realizaron varias entrevistas. La directora del CIIMU, Carmen Gómez-Granell, nos asesoró en el diseño de las conclusiones aplicadas. El equipo también se ha enriquecido por la diversidad de adscripciones académicas (antropología, sociología, geografía, psicología, filosofía, educación social, periodismo), nacionales (catalanes, mexicanos, argentinos, colombianos, brasileños, ítalo-ecuatorianos) y profesionales (investigadores, trabajadores sociales, educadores, gestores, etc.). Algunas de estas personas empezaron siendo nuestros informantes y al final se incorporaron al equipo (lo que de paso muestra que la división entre objetos y sujetos de estudio es a menudo arbitraria).

Una primera versión del estudio fue presentada en el seminario organizado por el Ajuntament de Barcelona y el CIIMU los días 20 y 21 de noviembre de 2005 en el *Centre de Cultura Contemporània* de Barcelona. En el mismo participaron más de 250 investigadores y profesionales de distintos ámbitos (políticos, educativos, sociales, policiales, judiciales, periodísticos, asociativos, etc.), además de representantes de los colectivos juveniles implicados, que por primera vez tomaron la palabra y se hicieron visibles. Esta presencia y la repercusión pública que tuvo forman también parte de la investigación, aunque por razones de tiempo y oportunidad no queden aún suficientemente reflejados. En cierta manera, pese al carácter espontáneo de lo que pasó esos días, la visibilidad de los portavoces de los principales colectivos (la Nación de los Reyes y Reinas Latinos y la Asociación Ñeta) y su proclamación de la voluntad de condenar la violencia e iniciar un proceso de «visibilidad», constituyen una verificación práctica de algunas de las conclusiones del estudio.

Por supuesto se trata de un proceso todavía muy inestable e inseguro, pero en nuestra opinión es la única vía para que los «problemas sociales» que estos colectivos expresan encuentren vías de resolución más allá de unas políticas meramente represivas. Un proceso que ya está encontrando espejos para reflejarse en otros lugares (como Madrid, Génova, Quito y Nueva York). Pues otro de los aspectos novedosos del estudio es su naturaleza transnacional, no sólo porque desde el principio incorporamos al equipo asesores internacionales, sino porque el proceso teórico-metodológico solo pudo desarrollarse gracias a un funcionamiento en red, mediante el cual una carta de Nueva York nos abrió las puertas a los colectivos de Barcelona, y un seminario en Barcelona está teniendo consecuencias positivas para los investigadores en otras ciudades. Lo acabamos de comprobar en Génova, donde a mediados de junio del 2006 se ha verificado una situación muy parecida a la que tuvo lugar en Barcelona cuando se presentó el informe, con la salida a la luz de miembros de las organizaciones de la calle, que de fantasmas impersonales se han convertido en chicos y chicas de carne y hueso. Aludiendo al exitoso encuentro de la capital mediterránea, los medios de comunicación italianos se refieren, de manera quizá algo enfática, al «modelo Barcelona». E incluso los medios ecuatorianos mencionan lo sucedido en la capital catalana para explicar los intentos que también se están dando en ese país para entrar en un proceso de diálogo entre las diversas organizaciones de la calle y de éstas con los poderes públicos (el mismo alcalde de Quito acaba de comprometerse en este intento).

* * *

Debemos terminar con algunas precisiones formales. En primer lugar, las numerosas citas orales forman parte de entrevistas más amplias, transcritas de manera literal y conservadas en el CIIMU. Al final de cada cita aparece el nombre del informante (normalmente un seudónimo), junto con su país de origen y edad (en el caso de los jóvenes) o su profesión (en el caso de los adultos). En segundo lugar, a lo largo del trabajo utilizamos el adjetivo 'latino' o 'latina' por su uso difundido entre nuestros informantes y por su carga semántica en el proceso de 'etnogénesis' de una nueva identidad cultural, aunque técnicamente el término más apropiado sería el de 'jóvenes de origen latinoamericano'. En tercer lugar, uno de los temas más discutidos en el seminario fue cómo denominar a los grupos juveniles que los medios de comunicación denominan «bandas» (término que en principio rechazamos por sus connotaciones peyorativas). En el capítulo 5 proponemos una clasificación conceptual que va de las «bandas» a las «naciones», pasando por las «pandillas», los «estilos» y las «asociaciones». Pero necesitamos un término que englobe a todas estas realidades y sea fácilmente comprensible. En la primera versión del informe habíamos propuesto utilizar «grupos» o «agrupaciones», pero no nos acababa de convencer por su carácter demasiado genérico. Finalmente acordamos el siguiente criterio: cuando nos refiramos a fuentes etnográficas (entrevistas, prensa, etc.), utilizaremos el término que usen nuestras fuentes (normalmente «banda») pero poniéndolo entre comillas; en cambio, cuando nos refiramos a un enfoque conceptual, proponemos utilizar el término «organización juvenil» u «organizaciones de la calle», ya que no está tan connotado y al mismo tiempo presupone un grado de estructuración que va más allá de la mera agregación. Nos gustaría que este término acabara siendo empleado por los medios de comunicación y los profesionales del sector.

* * *

Por último, sólo nos resta expresar nuestro agradecimiento a los Serveis de Prevenció y a Josep Maria Lahosa por haber asumido el riesgo de encargar un estudio de resultados imprevistos y por habernos dado la ocasión de llevar a cabo este viaje a un territorio desconocido. A quien nos encargó el estudio y a los profesionales con los que a partir del mismo entramos en contacto, les manifestamos nuestra convicción de que se trata sólo de un primer paso que ha abierto muchos frentes, pero también ha puesto de manifiesto otras tantas lagunas. A partir de ahora es preciso que tenga continuidad con otras investigaciones que permitan ampliar el conocimiento que tenemos de esta realidad, así como dar respuesta a las necesidades de interlocución y acción detectadas a lo largo del estudio. Éste es nuestro deseo y el de los jóvenes y adultos entrevistados, a los que dedicamos, con suma gratitud, este libro.

CARLES FEIXA
LAURA PORZIO
CAROLINA RECIO

Barcelona, junio de 2006

Parte I
Jóvenes 'latinos' en Barcelona

1
Perspectivas teóricas y metodológicas

Carles Feixa

Objetos y sujetos del estudio

> No queremos un análisis universal.
> Queremos saber qué es lo que pasa en Barcelona,
> la realidad de aquí, los elementos diferenciadores.
>
> JOSEP MARIA LAHOSA

El presente libro es fruto del encargo de un estudio por parte del Ajuntament de Barcelona al *Consorci Institut d'Infància i Món Urbà* (CIIMU). De entrada es preciso clarificar la naturaleza de este encargo, pues desde el principio el estudio ha estado fuertemente condicionado por el contexto social e institucional en el que se ha desarrollado. En mayo de 2004 el director de los *Serveis de Prevenció* del Ajuntament de Barcelona, Josep Maria Lahosa, se puso en contacto con Carles Feixa, profesor de antropología en la Universitat de Lleida, con la intención de llevar a cabo un estudio de campo sobre las condiciones de vida y prácticas culturales de los jóvenes de origen latinoamericano en Barcelona. Aunque el objeto de investigación propuesto era toda la población adolescente y juvenil de esta procedencia, el interés por el mismo surgía de la problemática de las «bandas juveniles», que desde el asesinato de Ronny Tapias había atraído la atención de los medios de comunicación y había suscitado cierta alarma social. Pese a que los técnicos municipales (tanto los vinculados a la seguridad y la prevención como los profesionales de los servicios sociales y educativos) habían entrado en contacto con los jóvenes y los adultos de su entorno, acumulando muchas informaciones parciales sobre el fenómeno, no existía un diagnóstico fiable sobre su verdadero impacto entre los hijos de los inmigrantes y sus repercusiones para la ciudad en su conjunto. La literatura académica tiende a centrarse en la situación en los lugares de origen, pero la situación en destino está plagada de lugares comunes —cuando no de «leyendas urbanas». Además, los estudios sobre migraciones tienden a centrarse en la visión de los padres —sobre todo de las madres— ignorando o menospreciando la óptica de los hijos —sobre todo de las hijas.

El encargo era tan valiente como arriesgado: pese a la urgencia y la alarma social creada, el Ayuntamiento prefería conocer mejor la realidad antes de actuar precipitadamente sobre ella (lo que suele implicar anteponer las medidas de seguridad a las sociales). Al hacerse el encargo a un antropólogo que había realizado estudios sobre «bandas juveniles» en Cataluña y México, se optaba por un tipo de aproximación alejada de los informes basados en datos secundarios y cuyos resultados fueran menos predecibles de antemano. Además, se pretendía dar la voz no sólo a los adultos que trabajan con jóvenes (técnicos, profesores, educadores de calle, etc.), sino sobre todo a los propios jóvenes implicados, casi siempre ausentes en este tipo de estudios. Se trataba de conocer «desde dentro» las distintas visiones sobre el fenómeno y sus vías de evolución, con el objeto de diseñar estrategias de actuación más preventivas que meramente resolutivas.

Pese a que el encargo era realizar una investigación sobre la población juvenil de origen latinoamericano, tanto la minoría implicada más o menos directamente en las organizaciones juveniles —que los medios de comunicación y la opinión pública conocen como «bandas»— como la mayoría restante, tanto los chicos como las chicas, el mismo no podía desmarcarse del «pánico moral» causado por algunos sucesos más o menos trágicos que habían tenido lugar en los últimos dos años y que habían acabado teniendo una fuerte repercusión mediática. En Barcelona, el tema de las «bandas» se detecta por primera vez durante el curso 2002-03, debido a una serie de denuncias de centros escolares y a una serie de intervenciones de la Guardia Urbana. Al principio se trata de una serie de hechos —no necesariamente graves, ni siquiera delictivos— que causan sorpresa y cierta incredulidad: los profesionales estaban poco informados sobre estos temas y las primeras informaciones no se difunden más allá de un círculo relativamente reducido. En esta fase el discurso predominante es la tendencia a la no problematización: «todo es muy exagerado», «aquí no pasa nada».

La primera noticia relacionada con las «bandas» aparece en la prensa en abril de 2003. Pero sin duda el suceso que llevó el fenómeno al primer plano de la actualidad fue el asesinato de Ronny Tapias. El 28 de octubre de 2003 fue asesinado en Barcelona el adolescente colombiano Ronny Tapias, a la salida del instituto donde estudiaba, tras sufrir una agresión por parte de un grupo de jóvenes. Según la investigación policial posterior, el asesinato fue un acto de venganza de los miembros de una «banda» (los Ñetas), que supuestamente confundieron a Ronny con un miembro de otra «banda» (los Latin Kings) con el que se habían peleado días antes en una discoteca. El caso supuso el «descubrimiento» mediático del fenómeno de las «bandas latinas», y despertó una oleada de «pánico moral» que no ha cesado desde entonces. Al cabo de un mes fueron detenidos nueve jóvenes de nacionalidad dominicana y ecuatoriana. Tres eran menores y fueron juzgados y condenados (entre ellos el supuesto autor material del crimen). El juicio a los otros seis (mayores de edad), en abril de 2005, se ha convertido en un acontecimiento seguido con gran atención por parte de los medios de comunicación. Durante el juicio, las «bandas» (como realidad y como mito) tuvieron un protagonismo constante. A raíz de este acontecimiento y otros que se sucedieron después en Madrid y Barcelona, de las alarmas del Ministerio del Interior y las estigmatizaciones por parte de los medios de comunicación, se ha creado una imagen criminalizadora de una juventud latinoamericana, preferentemente masculina, que identifica a estos adolescentes con su pertenencia a «bandas juveniles» y, a su vez, invisibiliza la presencia de las adolescentes latinoamericanas y su inserción social, educativa y económica. Ante esta construcción social y mediática, ellos y ellas han tendido a agruparse por nacionalidad y origen regional como mecanismo de solidaridad y como estrategia para llevar adelante una primera adaptación a los lugares de destino. Sin embargo, ¿cuántos de ellos pertenecen realmente a estas «bandas»?, ¿su supuesta adscripción no puede deberse a un proceso conflictivo de construcción identitaria en un medio socioeconómico y cultural que no siempre les brinda las condiciones adecuadas para su adaptación? ¿Cuáles son los elementos simbólicos que consumen y han exportado de otras representaciones sociales, como el modelo del «sueño americano» instalado en la juventud latinoamericana? Como prolegómeno del trabajo de campo, el 2 de diciembre de 2004 se organizó un seminario en el que participaron unos 50 profesionales e investigadores, en el que se pretendía definir mejor las preguntas de la investigación. Del mismo salieron las siguientes conclusiones:

a) ¿Qué sabemos sobre el tema?

• El conocimiento del fenómeno resulta insuficiente y se tiende a trabajar por intuición y con informaciones no contrastadas. De hecho, un elemento clave que se debe destacar es la percepción subjetiva sobre qué es realidad. Los propios jóvenes, a veces, también son los responsables de hacer circular información que no se corresponde con la realidad, sino con hechos inventados o mitificados que difunden pánico moral totalmente injustificado. Internet y las noticias difundidas por los medios de comunicación están repletos de datos y hechos no contrastados y/o falsos.

• Sin embargo, existen informaciones que demuestran una incipiente autoorganización de los chicos de origen latinoamericano (a los que pueden unirse otros jóvenes de sectores urbanos-populares), que en determinados momentos utilizan el modelo de las «bandas» como forma de identificación simbólica, como modelo de organización en el espacio público o bien como justificación de determinadas actividades no legitimadas.

• Tenemos grupos de jóvenes que imitan el modelo de organización y estructura de las «bandas» de los países de origen y a veces pueden involucrarse en episodios violentos. Sin embargo, no podemos decir que nos encontramos ante un fenómeno amplio y arraigado. ¡No estamos ante un caso de cáncer con metástasis extendida a lo largo y ancho de nuestra sociedad! También hay casos en los que grupos de jóvenes utilizan el nombre de determinadas «bandas» sin pertenecer a ellas verdaderamente, porque tratan de obtener respeto y poder ante otros grupos.

• Algunos de los chicos que han tenido contactos con las fuerzas de seguridad nos hablan de una organización jerárquica con estructura piramidal. Los miembros tienen que pasar por distintas fases o etapas para ascender en esta pirámide social. El número exacto de integrantes de cada grupo no está claro (de veinte a cuarenta personas), cada miembro debe pagar un impuesto mensual de 12 euros. Entre las pruebas más destacadas están los golpes de una paliza y la captación de nuevos adeptos dentro de los institutos.

• No se puede hablar de episodios frecuentes, sino de fenómenos violentos y graves pero esporádicos. El principal problema que está desarrollándose entre los adolescentes es la circulación de informaciones que generan miedo. El problema se amplifica cuando sucede un hecho violento, más o menos grave, y aun desconociéndose los autores, el imaginario colectivo ya sabe quiénes son los culpables.

• No está muy claro si existe una apropiación del espacio verdadera y específica en la forma que afirman los medios de comunicación. En muchos casos distintos grupos de jóvenes, con identidades culturales distintas, comparten el mismo espacio. Cualquier problema que suceda en espacios públicos con presencia de jóvenes latinoamericanos se suele atribuir a las «bandas latinas» aunque no existan pruebas de su implicación.

b) ¿Qué se debe investigar?

- Los conocimientos previos de los técnicos, educadores y todos aquellos que trabajan directa o indirectamente para y con los jóvenes latinos son fundamentalmente para orientar la investigación y las hipótesis previas. Al mismo tiempo, los resultados de la investigación darán conocimientos y herramientas de gran utilidad para futuras estrategias de intervención.
- Se debe recopilar información desde distintas perspectivas y puntos de vista. Las fuerzas del orden están trabajando en ello desde hace un año y medio y tienen mucha información, pero es necesario ir más allá en el análisis de la vida cotidiana de estos jóvenes. Se resalta la importancia de poner en común todos aquellos datos que más se acercan a la realidad. Por tanto, se pide mayor colaboración entre todos los implicados en el fenómeno (fuerzas del orden, educadores, entidades e investigadores).
- Debe evitarse un doble peligro: no se debe negar la existencia del problema, pero tampoco generar o dejarse influenciar por la alarma social.
- Algunas preguntas para la investigación: ¿existen las «bandas» en Barcelona? Si existen, ¿por quiénes están formadas y cómo funcionan? ¿Cuáles son los fines de las «bandas» y por qué estos jóvenes deciden entrar en ellas? ¿Cómo se organizan y qué actividades realizan? ¿Qué peso tienen los adultos dentro de estos grupos? ¿Hay intereses económicos detrás de estos grupos? ¿Cómo se aproximan los miembros de la «banda» a otros jóvenes para captarlos? ¿Cuál es el tejido social (familiar, laboral, escolar) de los miembros de las «bandas»? Los jóvenes inmigrantes sin papeles no tienen posibilidad de formarse ni de trabajar. ¿Es éste el tejido social más propicio para generar «bandas»? ¿Es extraño que se agrupen si la sociedad de acogida no da respuesta a sus demandas?

c) ¿Cuáles son las estrategias de intervención?

- No se puede reaccionar y actuar sólo después de un hecho dramático. Hacen falta formas proactivas de actuación para evitar el problema. La solución no se puede buscar sólo en la actuación de los cuerpos policiales, que debe ser el último recurso. En palabras de un profesional de la seguridad: «La represión no es la solución».
- Se espera que los resultados de la investigación ayuden a poner en marcha estrategias de intervención. Gusta la idea de potenciar la cosmovisión identitaria de estos chicos con la finalidad de reforzar su presencia en el territorio como grupo juvenil y no como banda estructurada para delinquir.
- Se habla de dos líneas de intervención básicas: acciones que mejoren las condiciones de vida de los jóvenes y de sus familias y ofrecer recursos y espacios de ocio según las necesidades que los jóvenes expresan. Trabajar de manera constante y seria con las familias, entendidas como punto esencial de socialización de los jóvenes.
- La principal línea de actuación es tutelar sus derechos y mejorar su situación legal. Para mejorar las políticas sociales y culturales hacia ellos hace falta que tengan papeles. Sin esta dotación de ciudadanía es imposible encontrar recursos que mejoren su calidad de vida.

- En referencia a las intervenciones con las organizaciones se proponen dos líneas paralelas: trabajar con las «bandas» colectivamente e intentar llegar a los líderes; trabajar individualmente con los jóvenes que conforman las bases e irlos rescatando individualmente.

- Se resalta la importancia de no dirigir los esfuerzos sólo hacia las «bandas». Hace falta poner en marcha políticas/intervenciones de carácter global dirigidas a los jóvenes de origen latinoamericano y un programa de acompañamiento para los que acaban de llegar.

Progresos y regresos de la investigación

> O sea que al fin ustedes vinieron a hablar de bandas.
> Porque nosotras sacamos otros temas y ustedes: «¿Y las bandas?».
>
> Grupo Discusión Jóvenes, IES Barcelona barrios

La presente investigación ha tenido un desarrollo bastante *sui generis*. Por una parte, el trabajo de campo ha coincidido en el tiempo con una realidad social efervescente, llena de hechos noticiosos, alarmas sociales y repercusiones políticas. El estudio empezó con una fuerte polémica en la prensa sobre la existencia de las «bandas latinas» y las medidas a adoptar para integrarlas/reprimirlas, siguió en su ecuador con el juicio de Ronny Tapias y todo lo que el proceso destapó, y concluye en unos momentos en que se discute en el Senado una reforma de la ley del menor que introduce la pertenencia a «bandas» como un agravante (directamente motivada por los hechos narrados y otros que tuvieron lugar en Madrid). Por otra parte, los sujetos de nuestra investigación están fuertemente condicionados por este contexto y al mismo tiempo muy preocupados por su impacto mediático, lo que en los primeros meses dificultó enormemente la tarea de conseguir personas dispuestas a hablar, tanto jóvenes como adultos. Nosotros mismos, como investigadores en el tema, no pudimos permanecer ocultos, sino que fuimos requeridos constantemente a participar como «expertos» en los medios de comunicación, apareciendo en reportajes de prensa, programas de radio y televisión de muy distinto signo, cuyo análisis merecería un capítulo aparte.

El diseño inicial del aparato metodológico consistía en una versión adaptada del trabajo de campo antropológico. Nuestra intención era empezar entrando en contacto directo con jóvenes latinos, tanto miembros de «bandas» como no miembros, para convivir con ellos y entrevistarlos. En segundo lugar, pretendíamos entrevistar a los adultos que tienen contacto con ellos: técnicos, profesores, educadores, familias y asociaciones. Por último, iríamos recogiendo las distintas visiones que sobre el tema aparecían en los medios de comunicación. En cierta manera, más que de un trabajo de campo clásico (fruto de una convivencia prolongada con un grupo delimitado en un territorio preciso) se trataba de algo más parecido a la «observación flotante» propia del medio urbano, donde las fronteras sociales y territoriales son más tenues. Se trataría de aproximarnos al modelo *Rashomon*, que hemos defendido en otro lugar (Ferrándiz & Feixa 1998), como una estrategia para captar las distintas visiones de un «objeto» en aquellas situaciones en las que los distintos «sujetos» implicados tienen discursos discrepantes. Como en la película de Akira Kuroshawa, para comprender un suceso —en este caso una violación— es preciso recoger las visiones de los distintos actores —la violada, el violador, el testigo, el mediador, el juez, etc. Ello no implica relativizar o subjetivizar la trascendencia del suceso, sino asumir que para comprender un acontecimiento sobre el que no existe consenso, las distintas percepciones culturales sobre el mismo —la visión de las personas implicadas— son tan importantes como el suceso en sí —si hubo o no hubo violación y quién la cometió realmente.

Aunque la decisión no era del todo consciente, la perspectiva de análisis adoptada fue combinando cuatro tipos de lentes distintas. En primer lugar, pretendíamos contrastar la óptica «externa» de las fuentes documentales —hemerográficas, audiovisuales, virtuales, institucionales— con la óptica «interna» de los propios sujetos entrevistados. En segundo lugar, buscábamos comparar estas verbalizaciones subjetivas con observaciones etnográficas sobre las prácticas sociales en espacios públicos —plazas, centros comerciales, espacios de ocio, etc. En tercer lugar, queríamos poner frente al espejo la visión de los propios jóvenes —informantes de distintas edades, géneros y procedencias geográficas— con la visión de los adultos que están en contacto con ellos —técnicos, profesores, educadores de calle, familias y miembros de asociaciones. En cuarto lugar, perseguíamos resituar las voces de los distintos sujetos juveniles implicados, agrupados según su condición social —chicos y chicas, migrantes y autóctonos, estudiantes y trabajadores, etc.— y su relación con las «bandas» —líderes, miembros, exmiembros, simpatizantes, no miembros, etc. Este enfoque metodológico puede resumirse en la siguiente figura:

FIGURA 1. **Perspectiva metodológica**

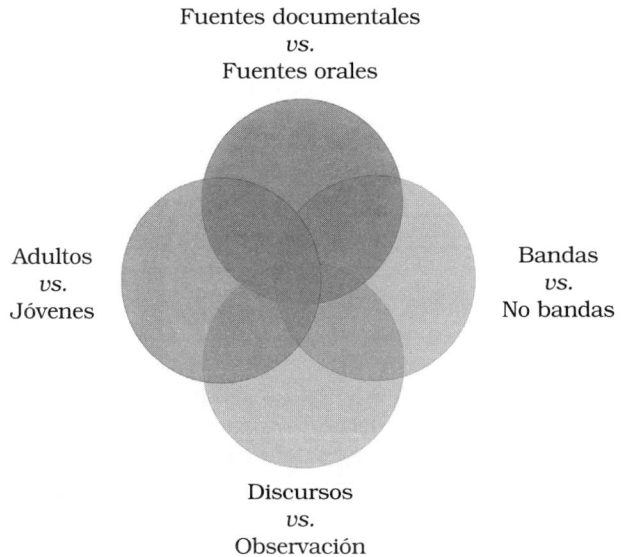

Desde el principio entendimos que ésta no podía ser una investigación unipersonal, sino que debía plantearse como un trabajo en equipo. El director del estudio hubiera podido llevar a cabo un trabajo de campo de algunos meses y redactar un informe, pero los resultados hubieran sido probablemente parciales y sesgados: para captar las distintas caras del fenómeno se requerían otras miradas, como la que podían aportar jóvenes investigadores, algunos de origen latinoamericano, y profesionales del sector. La conformación del equipo no fue planificada, sino que a lo largo de la investigación fueron incorporándose distintas personas que iban aportando sus particulares puntos de vista y ámbitos de estudio. Inicialmente se formó un equipo reducido con dos investigadoras del CIIMU que habían trabajado sobre cultura juvenil —la antropóloga Laura Porzio y la socióloga Carolina Recio, que realizaron parte de las entrevistas. Gracias a la implicación inicial de un investigador colombiano —Germán Muñoz— se incorporaron como colaboradores dos jóvenes estudiantes de periodismo y educación social de la misma nacionalidad —Walter Pinilla y Catalina Rojas. El trabajo del primero como crítico musical sirvió para dar cuenta del papel de los sonidos y ritmos «latinos» en la vida cultural de la ciudad. La antropóloga mexicana Carmen Costa aportó su conocimiento de la comunidad latinoamericana en Barcelona, responsabilizándose del análisis del marco sociodemográfico. Estas personas conformaron el equipo de partida.

A medida que el estudio iba avanzando, fueron incorporándose otras personas. Las primeras fueron profesionales que se implicaron tras ser entrevistados como informantes: la socióloga Noemí Canelles estaba coordinando un programa social con jóvenes latinos en un barrio de Barcelona y pasó a responsabilizarse de la parte aplicada del estudio; la profesora de Filosofía Montse Palou, docente en un instituto de una ciudad del área metropolitana con una fuerte presencia de estudiantes latinoamericanos, aceptó colaborar en la elaboración de un cuestionario y en el análisis de la situación de los jóvenes latinos en el medio escolar. Luego se incorporaron varios estudiantes de doctorado originarios de otros tantos países latinoamericanos: el antropólogo mexicano Alexis Rodríguez se interesó por las geografías nocturnas; el doctor en educación física brasileño Marco Bortoleto aprovechó su trabajo docente en una escuela de circo para investigar la fuerte presencia de jóvenes latinos en este ámbito; y el psicólogo mexicano Santiago Martínez intentó cruzar su conocimiento de las maras con su trabajo en un cibercafé. Algunos profesionales catalanes se propusieron analizar los datos a partir de las políticas públicas de acogida a los inmigrantes: la educadora social y antropóloga en formación Roser Nin se centró en las políticas de juventud; y la socióloga de la URL Anna Berga intentó aportar una perspectiva de género. Finalmente, en los últimos meses se incorporó al equipo el antropólogo ítalo-ecuatoriano Mauro Cerbino, especialista en pandillas juveniles, que viajó desde Quito para aportar la perspectiva de las realidades en origen y analizar las conexiones transnacionales de estas agrupaciones. También el antropólogo de la URV Oriol Romaní, uno de los pioneros en Cataluña en el estudio de las «bandas» juveniles, nos ayudó a analizar las consecuencias de una antropología «implicada».

El desarrollo del estudio ha estado marcado por las dificultades propias de una *investigación* que en cierta manera ha acabado siendo también *acción*. En los meses iniciales las dificultades para acceder al campo fueron muy superiores a las esperadas. Pese al impulso inicial del seminario, el clima social dominante era de claro rechazo al tema de las «bandas», tanto por parte de los jóvenes como por parte de algunos profesionales de los servicios sociales. Algunas de las instituciones y entidades con las que contábamos para acceder a los jóvenes nos negaron su ayuda, aunque casi nunca nos lo dijeran abiertamente. Por una parte, el discurso dominante era el de la negación del problema: «Aquí no pasa nada». Por otra parte, el pretexto era la protección de los jóvenes en un tema con fuertes connotaciones de seguridad pública. A menudo nos daba la impresión de que algunos profesionales actuaban de manera paternalista, estableciendo múltiples barreras entre «sus» jóvenes y nosotros. Asimismo, nos parecía cuestionable que los profesionales de los servicios sociales dejaran el tema exclusivamente en manos de los profesionales de la seguridad. Contra lo que podíamos pensar inicialmente, fueron algunos policías y técnicos de prevención los que nos ofrecieron su apoyo. En esta fase el trabajo estuvo muy marcado por el desarrollo del juicio de Ronny Tapias, que tuvo lugar en abril de 2005. Nuestro trabajo se centró sobre todo en la observación participante en distintos espacios públicos y de ocio, y en las entrevistas a profesionales.

La situación empezó a cambiar a finales de mayo de 2005. Fue fundamental en este sentido la colaboración de los directores de tres institutos de Barcelona con una fuerte presencia de estudiantes latinoamericanos, que tras ser entrevistados facilitaron la realización de entrevistas individuales y de grupos de discusión. Estamos en deuda con ellos. También facilitó las cosas la incorporación al equipo de jóvenes investigadores latinoamericanos, que utilizaron sus redes personales para llevar a cabo entrevistas. En un típico proceso de bola de nieve, a medida que aumentaban las personas entrevistadas crecía el número de posibles informantes. Por último, fue trascendental un hecho casual que nos acabó acercando a uno de nuestros objetivos desde el principio del estudio: la posibilidad de hablar directamente con los miembros de alguna organización juvenil. En mayo de 2005 empezaron a reunirse en un casal de Barcelona un grupo numeroso de jóvenes latinos que más tarde se descubrió que eran Latin Kings. Ello obedecía a un proceso más general, que venía de Ecuador y de los Estados Unidos, y postulaba la transformación de las pandillas juveniles en movimientos sociales, lo que conllevaba el intento de abandonar los parques como lugares de reunión y legalizarse como asociación. Como se explica con más detalle más adelante, pese a las reticencias iniciales a facilitarles estos espacios de reunión las instituciones implicadas consideraron que ello podía ser una oportunidad para iniciar un camino más constructivo en la interacción con estas organizaciones juveniles.

Aunque nuestro estudio no se centra en las «bandas», desde el principio consideramos imprescindible poder hablar directamente con alguno de sus miembros reconocidos para poder recabar de primera mano su visión sobre la problemática de los jóvenes latinos. En el seminario de diciembre de 2004 se planteó el dilema de si debíamos contactar con la base o bien con los líderes. Hasta junio de 2005 pudimos recabar bastante información indirecta a través de las entrevistas a algún ex miembro, a personas cercanas y a profesionales del sector. Pero no habíamos conseguido todavía hablar con nadie que se reconociera como miembro de una organización. Desde el principio hicimos varios intentos infructuosos para contactar con los Latin Kings: eran la organización más numerosa y teníamos informaciones de que eran sensibles a un proceso de cambio y de apertura hacia el exterior. También habíamos contactado con los investigadores norteamericanos que trabajaban con la nación en Nueva York: Luis Barrios, David Brotherton y Marcia Esparza, que se ofrecieron para hacer de mediadores.

La ocasión vino a finales de mayo: cuando el Ayuntamiento supo que se estaban reuniendo en un *casal* (una de las casas de juventud municipales, gestionada por el Consejo de la Juventud de Barcelona, que agrupa a la mayor parte de entidades juveniles), nos facilitó el contacto con la directora para que pudiéramos llegar a ellos. Para ello pedimos una carta de presentación a los investigadores americanos y se la hicimos llegar por medio del *casal*. Se daba la situación paradójica de que ni los jóvenes se habían presentado como Latin Kings ni los técnicos del casal les habían dicho que sabían quiénes eran. A principios de junio se publicó en un periódico gratuito la noticia de que los LK estaban haciendo actividades sociales y se reunían en casales; esa misma semana participamos en un seminario del Departamento de Justicia sobre el tema y en una reunión en el casal en la que se decidió «salir del armario». La carta de Luis, Marcia y David fue un excelente pretexto: al siguiente domingo, mientras se reunían en el casal y la policía nacional había montado un dispositivo fuera para pedirles la documentación, nos llamaron por teléfono para establecer el contacto. Aunque por momentos dejamos nuestro rol de investigadores y pasamos a ejercer el papel de mediadores, lo más positivo del proceso —que se explica con más detalle más adelante— fue iniciar una colaboración que perdura y ha sido positiva para todos.

Fuentes y frentes de observación

> ¿Seguro que no eres policía?
>
> KING X

Los resultados del trabajo de campo, que se inició en enero y se ha prolongado hasta octubre de 2005 (diez meses), se han traducido en una serie de materiales etnográficos. La fuente principal han sido las entrevistas orales, en las que han participado un total de 115 informantes jóvenes y adultos. También se han llevado a cabo observaciones etnográficas y se han recopilado fuentes mediáticas y documentales. Repasemos el contenido de estos materiales.

1. *Entrevistas a jóvenes*. La finalidad era captar la visión de los propios jóvenes latinoamericanos de su proceso migratorio y de su relación con las organizaciones juveniles. De los 62 jóvenes entrevistados, más de la mitad han participado en entrevistas en profundidad, basadas en relatos biográficos centrados en el proceso migratorio. Se trata de 33 entrevistas a jóvenes de ambos sexos, distintos grupos de edad (de 12 a 33 años) y procedencias geográficas. Los 29 jóvenes restantes han participado en tres grupos de discusión de edades comprendidas entre los 12 y los 18 años en dos institutos de Barcelona (uno en el centro y otro en un barrio). En total, están representadas 10 nacionalidades, en proporciones semejantes a la composición de la inmigración latinoamericana en Barcelona: Ecuador (23), R. Dominicana (6), Colombia (5), Argentina (5), Chile (4), Perú (3), Bolivia (3), Venezuela (1), El Salvador (1) y Brasil (1), además de 7 españoles y 3 de otras nacionalidades que participaron en los grupos de discusión (lo que permitió establecer un interesante diálogo en torno a los estereotipos nacionales). Tanto las entrevistas individuales

como los grupos de discusión fueron orientados por un guión muy general que recoge cinco grandes temas: yo, allá, aquí, jóvenes y vida cotidiana. Gracias al trabajo de Montse Palou y la colaboración de varias profesoras de un instituto del área metropolitana, pudimos aplicar el mismo guión de entrevista —en este caso en forma de cuestionario escrito— a unos 71 estudiantes de 5 clases de secundaria y bachillerato (24 latinoamericanos, 32 españoles y 15 de otras nacionalidades). Estos cuestionarios permiten contrastar el grado de generalidad de las entrevistas orales, además de recabar la opinión de alumnos catalanes y de otras nacionalidades (muchos de los cuales comparten experiencias migratorias paralelas). También es interesante comprobar los silencios y ambigüedades respecto al tema «bandas».

CUADRO 1. Entrevistas a jóvenes

POR NACIONALIDAD	Sexo Chicos	Chicas	TOTAL
Ecuador	9	5	14
R. Dominicana		4	4
Chile	4		4
Colombia	3		3
Perú	2		2
Argentina	2		2
Bolivia		2	2
Venezuela	1		1
Brasil		1	1
TOTAL	21	12	33

POR EDAD	Sexo Chicos	Chicas	TOTAL
14	2	1	3
15	3	1	4
16	4	6	10
17	1	1	2
18	1	0	1
19	1	2	3
20-24	5	2	7
+ 25	3	0	3
TOTAL	21	12	33

CUADRO 2. Grupos de discusión con jóvenes

POR NACIONALIDAD	Sexo Chicos	Chicas	TOTAL
Ecuador	6	3	9
Argentina	2	1	3
Colombia	1	1	2
R. Dominicana	21	1	2
Perú		1	1
Bolivia	1		1
El Salvador		1	1
España	2	5	7
Senegal	1		1
Marruecos	1		1
Paquistán	1		1
TOTAL	16	13	29

POR EDAD	Sexo Chicos	Chicas	TOTAL
14	3	3	6
15	5	4	9
16	6	3	9
17		3	3
18	2		2
TOTAL	16	13	29

2. *Entrevistas a adultos*. La finalidad era captar la visión de los adultos que interactúan con los jóvenes. Participaron un total de 53 informantes en 31 entrevistas individuales, 2 grupos de discusión y 9 entrevistas no grabadas: 12 técnicos de distintos ámbitos profesionales (policías, periodistas, psicólogos, abogados,

técnicos de juventud, prevención y servicios sociales); docentes (directores de centro, profesores de secundaria y responsables de Aules d'Acollida); educadores (de calle, gabinete, centro de acogida y centro de menores); familias (madres de jóvenes latinos); asociaciones (entidades latinoamericanas y organizaciones que trabajan con jóvenes); etc. También se contactó con investigadores sobre pandillas latinas de otros países.

CUADRO 3. **Entrevistas a adultos**

PROFESIÓN	Sexo		Nacionalidad		TOTAL
	Hombres	Mujeres	Europa	América	
Técnicos	8	2	9	1	10
Profesores	5	7	12	0	12
Educadores	5	3	6	2	8
Familias	1	3	2	2	4
Asociaciones	3	1	1	3	4
No grabadas	6	9	11	4	15
TOTAL	28	25	41	12	**53**

3. *Observaciones etnográficas.* La finalidad era captar la interacción social entre los jóvenes latinos y otros sectores sociales (otros jóvenes, vecinos, policías, etc.) para evaluar mejor las alarmantes noticias aparecidas en los medios de comunicación. Se realizaron observaciones en espacios públicos (plazas y canchas deportivas de Barcelona centro, Barcelona barrios y Área Metropolitana), espacios de ocio (discotecas, cibercafés) y espacios educativos (2 institutos). También se participó en varios seminarios y jornadas en torno a estos temas, donde se recabó la opinión de distintos profesionales implicados.

4. *Medios de comunicación.* La finalidad era captar la representación de los jóvenes latinos en los medios, tanto en sus aspectos más visibles (léase problemáticos) como en aquéllos más invisibles (léase «en positivo»). Por una parte, pretendíamos rastrear los fundamentos de las noticias que iban apareciendo; por otra, analizar los discursos ideológicos subyacentes. A lo largo de la investigación fuimos dándonos cuenta de que en este caso los medios no sólo eran «reproductores» sino «productores» de imágenes culturales que acababan por influir en nuestros propios informantes (como tuvimos ocasión de comprobar en las entrevistas). De hecho, nosotros mismos acabamos siendo sujetos de investigación, pues tuvimos ocasión de participar en varios programas de televisión de cierto impacto. En este ámbito se hizo un sistemático vaciado hemerográfico de los principales periódicos, así como una recopilación de informaciones y programas televisivos. Finalmente, queremos destacar la importancia de Internet, en particular de los foros en los que periódicamente surgían debates sobre el tema.

5. *Fuentes documentales.* La finalidad era captar otro tipo de discursos sobre los jóvenes latinos: los datos estadísticos sobre su presencia en Barcelona, los

discursos institucionales de la policía y otras agencias, los discursos «expertos» de investigadores, y finalmente los discursos internos de las propias organizaciones, reflejados en sus biblias y manifiestos.

Todas estas *fuentes* fueron abordadas a partir de varios *frentes* de investigación. El más importante fueron los contactos personales de los distintos miembros del equipo, que permitieron diversificar los criterios de selección de informantes según orígenes nacionales, edades, género y grupos de adscripción. También fueron cruciales las facilidades dadas por los directores de tres institutos que nos facilitaron la realización de grupos de discusión (a partir de los cuales surgieron otras posibilidades de realizar entrevistas individuales). Al final del estudio, el contacto con los portavoces de una organización juvenil nos abrió las puertas para realizar entrevistas a miembros y ex miembros de las mismas (aunque en este libro sólo hemos podido tener en cuenta las iniciales). En cuanto a los adultos, las entrevistas fueron realizadas según el típico proceso de bola de nieve, buscando distintas tipologías profesionales y formas de relación con los jóvenes. Casi todos los miembros del equipo realizaron entrevistas, que fueron transcritas de forma literal por el mismo entrevistador. En el caso de los jóvenes se aseguró la confidencialidad de los datos mediante el uso de seudónimos. En el de los adultos, se optó por añadir la profesión a cada cita, aunque ninguno puso reparos a utilizar sus nombres. En ambos casos se eliminaron los nombres de lugar que podían identificarse con presencia de organizaciones, sustituyéndolos por una ubicación genérica (Barcelona centro, Barcelona barrios y Barcelona metropolitana).

Siempre que fue posible se retornó al informante la entrevista para que pudiera hacer correcciones (aunque sólo en tres casos nos hicieron llegar cambios y peticiones de no utilizar ciertos datos). Nos consta que en general la mayor parte de los que participaron en las entrevistas se sienten reconocidos en el informe final, aunque está pendiente una presentación a los que contribuyeron al mismo. Del mismo modo, cuando ya había acabado, hemos contactado con algunos sectores a los que nos había sido difícil acceder (entidades juveniles, portavoces de los servicios sociales, responsables políticos y profesionales de justicia juvenil). Por último, hay otra laguna de la que no nos dimos cuenta hasta el final: la visión de los jóvenes catalanes sobre los latinos. Aunque aparece en los cuestionarios y en algunos grupos de discusión, somos conscientes de que es necesaria una aproximación más profunda al juego de relaciones —a veces conflictivas, otras muchas cooperativas— entre unos y otros.

Tradiciones subculturales

> Tenían que aparecer los Latin Kings para que nos diésemos
> cuenta de que estos jóvenes tienen problemas...
>
> Entrevista a un técnico municipal

Aunque el sujeto de esta investigación son los jóvenes latinoamericanos en su conjunto, el objeto de observación se ha centrado en las denominadas «bandas» juveniles (como reflejan las preguntas del seminario y de una de las participantes en los grupos de discusión). Ello no es de extrañar si se tiene en cuenta que las «bandas», pese a que nunca han sido expresiones mayoritarias, han ocupado un lugar central en estudios socioculturales sobre la juventud. En cierta manera, las «bandas» pueden considerarse una «metáfora» de la juventud en su conjunto, la imagen condensada de los problemas y retos de una unidad generacional (de cómo una generación se ve y al mismo tiempo es vista por los adultos). En este caso, las «bandas» han actuado como «estigma» que representa a toda la juventud latina, pero también como «piedra de toque» para hacer visibles determinados problemas de integración social que de otro modo hubieran quedado ocultos. Como afirma un técnico municipal al que entrevistamos, fue la existencia de estas «bandas» lo que hizo evidente a ojos de muchos adultos que estos jóvenes tenían problemas que ninguna otra institución resolvía. Otra manera de enfocar el carácter metafórico de las «bandas juveniles» es su vinculación con el concepto de «nación». En este caso, la nación tiene un triple significado. En primer lugar, las identidades primordiales que estos jóvenes descubren en su proceso migratorio: más que su nacionalidad, sus raíces culturales expresadas en mitos de origen y redes de parentesco. En segundo lugar, una nueva identidad 'latina' fruto de un proceso de etnogénesis en la sociedad de acogida. Finalmente, el término mediante el cual los propios jóvenes denominan a algunas de sus organizaciones, que suponen una evolución de las pandillas locales a las «bandas» transnacionales.

Las identidades culturales de los jóvenes a los que vamos a referirnos surgen en un territorio fronterizo donde, además de la cultura hegemónica y las culturas parentales, confluyen varias tradiciones subculturales. Se trata de identidades híbridas que corresponden a las culturas juveniles de la era de la información, en la que se yuxtaponen tradiciones locales y globales, americanas y europeas, presenciales y virtuales, entre las que podemos destacar cuatro matrices básicas (Matza 1972; Brotherton & Barrios 2003; Feixa & Muñoz 2004).

En primer lugar, la *tradición norteamericana* representada por el modelo del *gang*. Aunque las «bandas» juveniles están estrechamente vinculadas al proceso de urbanización de los Estados Unidos y al proceso de «recuperación mágica» de la identidad étnica original por parte de las segundas y terceras generaciones de jóvenes cuyos padres o abuelos fueron migrantes, lo que se tradujo en el modelo de la «banda» territorial, cohesionada y básicamente masculina estudiada por los clásicos de la etnografía urbana (Thrasher 1926; Whyte 1943), en las últimas décadas se ha experimentado una evolución hacia formas de sociabilidad más complejas y desterritorializadas (Sánchez-Jankowski 1991; Klein *et al.* 2001; Hagedorn 2001). La historia de los Latin Kings —considerados una de las mayores «bandas» norteamericanas en la actualidad— es en este sentido emblemática. Surgidos en Chicago al final de la Segunda Guerra Mundial, cuando confluyen diversos *gangs* puertorriqueños, dominicanos, cubanos, etc., no es hasta fines de los años ochenta cuando los LK aparecen en la escena pública y se difunden por otras zonas del país. La constitución del «capítulo» de Nueva York, que tiene lugar en la prisión de Collins en 1986, resulta de particular importancia. Un joven preso de origen cubano (conocido bajo el seudónimo de King Blood) entra en la «banda» y se erige como el líder supremo. En 1996 se elige a un nuevo líder (King Tone) que empieza a dar a los LK una dirección más política, centrada en la vindicación de la identidad latina y la condena de la brutalidad policial (Kontos 2003). La «banda» (en realidad una compleja confederación de grupos locales) es rebautizada con el nombre de *Almighty Latin*

King Nation (Todopoderosa Nación de los Reyes Latinos), añadiéndose después la versión femenina (*Latin Queens*). A partir de aquí se empiezan a generar una serie de producciones culturales (manifiestos, revistas, murales, sitios web) que desembocan en la *Biblia LK* (compilación de textos generados por los propios líderes). Ello supone la conversión del modelo de la «banda» territorial y con una matriz masculina y desviante, a otro más cercano a un «movimiento social» desterritorializado y con una matriz más plural en su composición de género y finalidades sociales. Contamos con una sugerente investigación etnográfica realizada durante esta «fase reformista» sobre esta transición que dista de ser pacífica y unívoca y a la que siguen oponiéndose poderosas fuerzas internas y externas (Brotherton & Barrios 2004). A la difusión nacional le seguirá la expansión internacional (primero en América Latina y posteriormente en Europa), lo que acaba convirtiendo a los Latin Kings en una especie de «franquicia» transnacional con múltiples conexiones «globales». Aunque los nodos locales se adscriban a este imaginario original, sus expresiones concretas son muy heterogéneas.

En segundo lugar, la *tradición latinoamericana* representada por el modelo de las «pandillas» o *naciones*. Las pandillas tienen carácter urbano: son una forma específica de habitar la ciudad; ejercen poder territorial: se expresan en vecindarios circunscritos por límites geográficos precisos; para las pandillas «el territorio es sagrado», tal vez lo único sagrado; nacen, se desarrollan en medio de la exclusión, los desplazamientos, las discriminaciones (racistas, culturales, clasistas...), las cuales señalan y denuncian con desenfado; son expresión y forma de trámite del conflicto, silenciado o negado por las imágenes publicitarias de las sociedades del bienestar; acuden al expediente de la criminalidad, desafiando el orden establecido; paradójicamente, también son una estructura afectiva: se construyen en el encuentro y conversación cotidianos, enfrentándose a la soledad y el miedo ambientales; no se les puede reducir ni a héroes (o víctimas) ni a villanos (o criminales): no se les debe confundir con las «bandas» profesionales, organizadas, poseedoras de grandes medios económicos (cuya fuente más conocida es el narcotráfico) e inmensa fuerza armada; aunque su apariencia externa toma prestados rasgos típicos de la cultura *hip-hop*, no se les puede identificar con este rico estilo de vida que tramita el conflicto mediante retos de música y danza en la calle; viven en un contexto violento: vecinos organizados en defensas urbanas, operaciones de limpieza, facciones armadas, delincuencia común, medios de comunicación y hasta la policía (Salazar 1990; Reguillo 1991; Cubides *et al.* 1998, Valenzuela 2002). En Ecuador las «naciones» son una especie de confraternidades dedicadas a ciertas actividades como la música y el graffiti, fundamentalmente pacíficas; también se entienden como organizaciones más grandes que una pandilla (varios centenares de miembros) dedicadas a actividades ilícitas. La pandilla constituye básicamente un grupo social, que produce regularmente dos tipos de conductas: enfrentamientos agresivos y soluciones materiales y/o simbólicas para sus integrantes. Solución extrema, como otras, a la acumulación de tensiones que se deriva de vivir necesidades básicas no satisfechas y un proceso persistente de «estigmatización» (Cerbino 2004). Pero también en América existen procesos de transformación de las «bandas» territoriales en movimientos desterritorializados y politizados, como sucedió en México en los años ochenta con las Bandas Unidas de Santa Fe y el Movimiento Punk de Neza (Feixa 1998 y 2002). En los últimos años, la creación de *imperios* (confederaciones o alianzas de varias naciones o tribus) supone una evolución hacia un nivel organizativo superior, tanto si permanece al nivel de la sociabilidad juvenil en un ámbito más amplio, como si confluye con el crimen transnacional organizado o con los nuevos movimientos sociales opuestos a la globalización corporativa (Ferrándiz & Feixa 2005).

En tercer lugar, la *tradición transnacional* representada por los estilos juveniles subculturales, conocidos en España con el nombre de tribus urbanas. Aunque en sus lugares de origen estos jóvenes habían tenido acceso a alguno de estos estilos que después de surgir en determinados contextos étnicos o nacionales experimentan un proceso de difusión internacional (como el *punk* o el *rap*), es sobre todo al llegar a su lugar de acogida (Barcelona y su área metropolitana) cuando toman contacto, de varias maneras, con la escena juvenil global, de la que toman prestados determinados elementos materiales e inmateriales. Por una parte, entran en contacto con la tradición local, representada por las pandillas de barrio existentes en determinadas zonas de la periferia urbana, compuestas a menudo por jóvenes proletarios de migraciones antiguas y recientes (gitanos, andaluces, campesinos, etc.), por las asociaciones juveniles más o menos tradicionales, y por las rutas de ocio por locales nocturnos. Frente a este conjunto de modelos propuestos por el mercado subcultural, los jóvenes latinoamericanos se sitúan por identificación, oposición o indiferencia, aunque lo más habitual es la adaptación de algunos elementos externos para reforzar la cohesión del grupo, pues buena parte de las pautas culturales de las «bandas» se originan de hecho en los espacios urbanos de acogida. Sin embargo, las conexiones y desconexiones entre las culturas juveniles de los migrantes de distintos orígenes y de los autóctonos, igualmente heterogéneos, deben estudiarse con mayor profundidad: hasta ahora sólo tenemos noticias de las interacciones conflictivas, pero no de los intercambios creativos.

En cuarto lugar, finalmente, la *tradición virtual* representada por modelos identitarios juveniles que circulan por Internet. En este caso, más que de tradiciones subculturales (o *ciberculturales*) propiamente dichas, se trata de nuevos espacios comunicativos que son al mismo tiempo el medio y el mensaje. Por una parte, Internet es un espacio de información y consumo que difunde y amplifica estas nuevas retóricas identitarias: desde los *locutorios* de los barrios donde estos jóvenes residen (que comparten con inmigrantes adultos y con jóvenes autóctonos) pueden tener acceso a páginas *web* sobre los Latin Kings, a *weblogs* sobre la vida loca y a foros sobre las «bandas». En los meses posteriores al asesinato de Ronny Tapias, la red se llenó de grupos de discusión en los que supuestos *latin kings* y *ñetas* se insultaban y retaban con total libertad (también existen páginas donde adquirir productos relacionados con la «banda», como ropa, música —y al parecer incluso armas). Alguno de estos foros tienen una participación muy elevada (más de 20 intervenciones diarias en momentos punta); en ellos pueden intervenir miembros de «bandas» de Barcelona y Madrid, otros jóvenes latinos desde Guayaquil o Bogotá, españoles próximos a las «bandas», personas xenófobas e incluso miembros de los capítulos norteamericanos de los LK que con su *spanglish* característico preguntan cómo es posible que en Barcelona Latin Kings y Ñetas todavía estén en guerra cuando en Nueva York ya se hizo la paz. Estas «bandas postindustriales» (Hagedorn 2001) ya no son grupos estrictamente territoriales con una estructura compacta, sino identidades «nómadas» que mezclan elementos culturales de los respectivos países de origen, de los países de adopción y de estilos transnacionales que circulan por Internet.

ANEXO
La comunidad latinoamericana en Barcelona

Carolina Recio y Carmen Costa

> Volvamos a nuestras raíces. ¡TODOS A ESPAÑA!
> Graffiti en las paredes de Quito

El proceso migratorio de las personas de América Latina hacia nuestro país empieza en la segunda mitad de la década de los ochenta, pero es especialmente importante a finales de los noventa y principios del 2000. Las causas que explican este proceso migratorio son muchas, el principal motivo para iniciarlo es la búsqueda de un trabajo y el intento de generar un proyecto de vida que permita mejorar las condiciones socioeconómicas de partida. Las causas son varias; en primer lugar, se trata de países en que la estructura de clases está muy polarizada, lo que implica que hay grandes bolsas de pobreza conviviendo con sectores muy reducidos de grandes riquezas. Junto a estas diferencias hay que tener en cuenta que normalmente se trata de países con sistemas democráticos débiles y muy dependientes de los países considerados del primer mundo.

Por otro lado, las sociedades latinoamericanas han sido un blanco perfecto para poner en práctica medidas liberalizadoras y privatizadoras. Es decir, los gobiernos (aconsejados por Estados Unidos y otras organizaciones económicas mundiales, como por ejemplo el Fondo Monetario Internacional) han optado por dar más libertad al mercado, dotando de más fuerza e influencia a las grandes firmas empresariales. Debemos recordar que América Latina es un mercado importantísimo para las multinacionales españolas. El BBVA, CIRSA (empresa de máquinas tragaperras), empresas de la hostelería como Meliá, Telefónica, etc., están muy extendidas en este continente. Esta presencia multinacional habitualmente se traduce en consecuencias nefastas para las sociedades latinoamericanas, ya sea en términos ecológicos, políticos, sociales y evidentemente laborales. Por tanto, la apuesta política por la privatización y liberalización ha significado la extensión de peores condiciones laborales junto a un desarrollo muy pobre de los servicios y ayudas sociales para la mejora del bienestar del conjunto de la población.

El impacto en el mercado de trabajo ha sido muy duro (recordemos que el trabajo remunerado es la vía principal para la subsistencia y para poder conseguir derechos sociales). Se apunta que se está produciendo un déficit de trabajo decente para todos/as. Esto significa que hay problemas con los derechos de los y las trabajadores y trabajadoras, con la ocupación, con la protección social y con el establecimiento del diálogo social. A raíz de la creación de puestos de trabajo cada vez más precarios y del crecimiento del sector informal (en el que las relaciones de trabajo son aún más precarias) cada vez hay más personas que se están quedando sin ningún tipo de protección social, factor muy relacionado con la pobreza. También se trata de países con una capacidad muy limitada para generar puestos de trabajo, y por tanto las posibilidades que tiene alguien de encontrar faena son limitadas, al contrario de lo que sucede en las sociedades hacia las que parten. Tienen en el horizonte sociedades con unos mercados de trabajo que les acogerán con las manos abiertas: les están esperando unas ocupaciones que los de aquí no están dispuestos a realizar. En el caso de América Latina vemos cómo aproximadamente el 50% de la población inmigrante son mujeres, puesto que saben que aquí no les será difícil trabajar en el servicio doméstico y en el cuidado y atención a las personas, trabajos tradicionalmente reservados a las mujeres.

Migraciones latinoamericanas

Estos elementos se plasman en el incremento, ya citado, de personas inmigrantes procedentes de los países de América Latina. Como veremos, en Barcelona, desde 1996, se ha incrementado de forma muy importante el número de habitantes de nacionalidad extranjera. Si en marzo de 1996 vivían en Barcelona 29.354 personas de nacionalidad extranjera, este número se ha incrementado hasta las 260.058 personas de nacionalidad extranjera en el año 2006, que representan el 15,9% de la población total. Esto a su vez ha representado un incremento del 785% respecto a marzo de 1996, cuando solamente representaba el 1,9%. Por otro lado, los datos nos permiten constatar que para la ciudad de Barcelona, el colectivo de personas procedentes de los países de América del Sur es el colectivo más numeroso entre todos aquellos que viven en la Ciudad Condal (Gráfico 1).

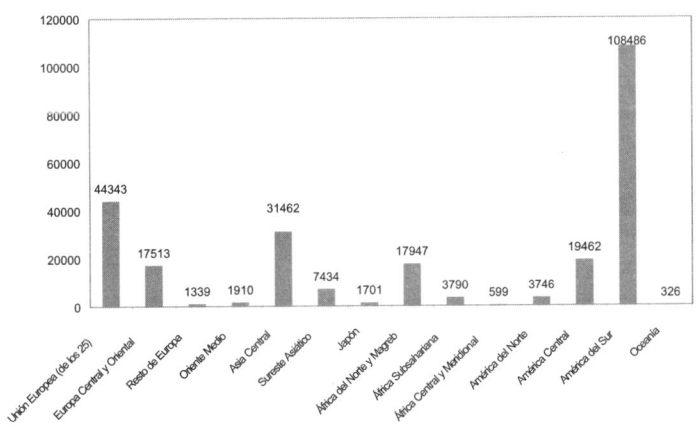

GRÁFICO 1. Población extranjera en Barcelona (2006)

FUENTE: Elaboración propia a partir de datos del Ajuntament de Barcelona.

Como podemos ver en este gráfico, las personas migrantes que provienen de América conforman el colectivo que a lo largo de estos años más se ha incrementado. No sólo en términos de su relación con los demás lugares de origen, sino también en términos de su evolución, es la que más ha aumentado en los últimos nueve años, el gráfico siguiente nos lo muestra claramente. En el caso de las personas procedentes de países de América Central y del Sur, el resultado es el mismo: si en marzo de 2006 había 9.389 personas de estas áreas, en enero de 2006 el número ascendía a 127.498 personas (Gráfico 2).

GRÁFICO 2. **Evolución de las personas extranjeras en Barcelona (1996-2006)**

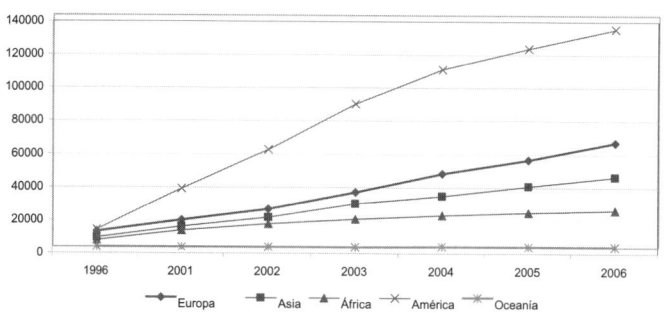

FUENTE: Elaboración propia a partir de datos del Ajuntament de Barcelona.

Ya específicamente en el caso de las personas que provienen de América Central y del Sur es necesario ver cuáles son las nacionalidades más representadas. En los dos primeros puestos del *ranking* de nacionalidades nos encontramos con dos países de América del Sur: Ecuador (31.423 personas) y Perú (16.115). También resulta interesante ver que entre las diez nacionalidades extranjeras con más peso en la ciudad, cinco de ellas son países del continente americano, más concretamente del centro y sur del continente (Gráfico 3).

También, podemos observar la composición específica de las personas que provienen de los países latinoamericanos (Gráfico 4). Evidentemente, Ecuador es el país con más representantes, y supera bastante al segundo país. Resulta curioso constatar que Ecuador, en marzo de 1996, ocupaba el 13.º lugar, representando solamente el 2% de la población americana y el 0,7% del total de la población extranjera migrante, mientras que actualmente se encuentra en el primer lugar y representa el 23,9% del total de población americana y el 12,1% de la población extranjera en Barcelona.

GRÁFICO 3. **Ranking de las principales nacionalidades en Barcelona (2006)**

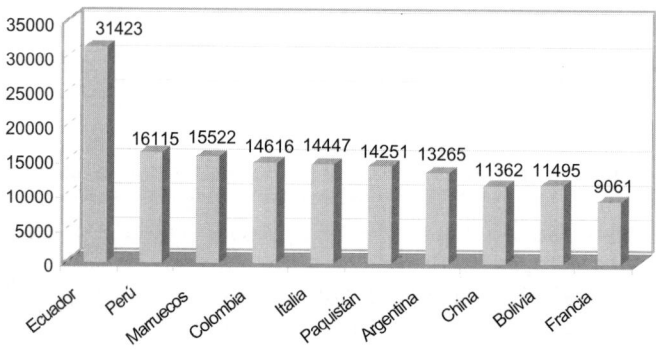

FUENTE: Elaboración propia a partir de datos del Ajuntament de Barcelona.

GRÁFICO 4. **Principales nacionalidades de los migrantes americanos en Barcelona (2006)**

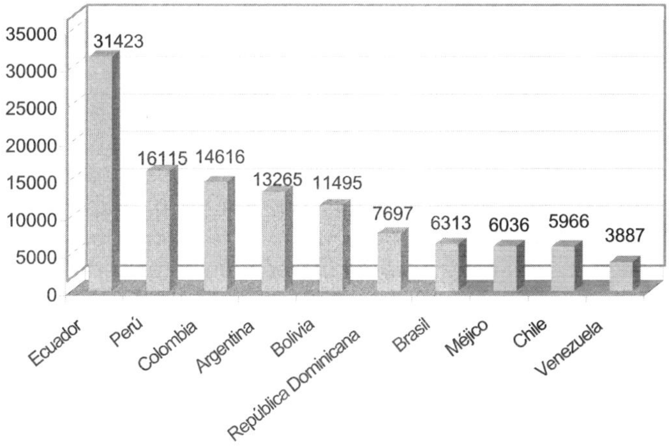

[Gráfico de barras con los siguientes valores: Ecuador 31423, Perú 16115, Colombia 14616, Argentina 13265, Bolivia 11495, República Dominicana 7697, Brasil 6313, Méjico 6036, Chile 5966, Venezuela 3887]

FUENTE: Elaboración propia a partir de datos del Ajuntament de Barcelona.

Distribución en la ciudad

Como es sabido, los patrones de asentamiento de las poblaciones migrantes dentro de las ciudades de acogida responden a factores tales como relaciones en el lugar de origen (familiares y amigos), precio de alquiler de la vivienda, nivel adquisitivo del migrante, nivel de estudios, etc. Actualmente, los distritos con mayor afluencia de población extranjera son: el Eixample con un 17,1%, Ciutat Vella con un 15,7% y Sants-Montjuïc con el 12,6% (Gráfico 5). Aquellos distritos con menos presencia son el distrito de Les Corts, seguido de Sarrià-Sant Gervasi y Sant Andreu. Esta distribución no es casual, sino que responde a la estructura social que se corresponde con estas zonas territoriales. El distrito de Les Corts y Sarrià-Sant Gervasi se corresponden con los distritos más acomodados de la ciudad, es decir, allí donde vive gente de nivel socioeconómico superior. En el otro extremo nos encontramos con Ciutat Vella, distrito que se caracteriza por contar con gran número de población que roza o vive en condiciones de pobreza. También resulta relevante que otros distritos, como por ejemplo Nou Barris, están aumentado su porcentaje de población inmigrante, hecho que de nuevo se corresponde con el tipo de estructura social de ese territorio: suele ser personas de clase obrera, de clase media-baja o baja.

También podemos observar cómo se distribuyen por la ciudad las personas de los principales países de procedencia. Hemos escogido las tres nacionalidades latinoamericanas con más representación en la ciudad de Barcelona: Ecuador, Perú y Colombia. En el caso de las personas ecuatorianas, se sitúan preferentemente en el distrito barcelonés de Nou Barris. Y son Sarrià-Sant Gervasi y Les Corts donde se halla una menor concentración de personas ecuatorianas (Gráfico 6).

En el caso de las personas que emigran desde Perú, la distribución es diferente, puesto que un 20% se sitúa en el distrito del Eixample, pero se mantienen los

GRÁFICO 5. Distribución de la población extranjera por distritos en Barcelona (enero 2006)

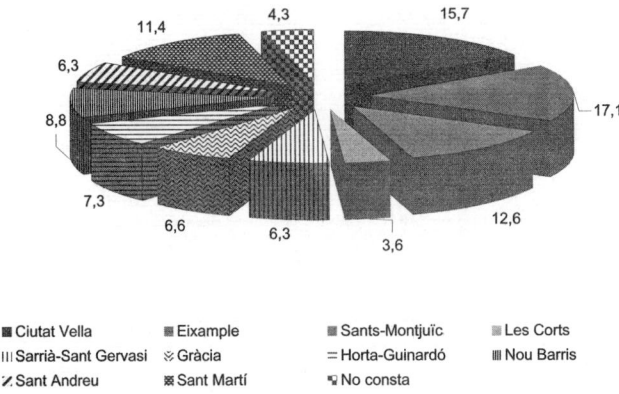

- Ciutat Vella
- Eixample
- Sants-Montjuïc
- Les Corts
- Sarrià-Sant Gervasi
- Gràcia
- Horta-Guinardó
- Nou Barris
- Sant Andreu
- Sant Martí
- No consta

FUENTE: Elaboración propia a partir de datos del Ajuntament de Barcelona.

GRÁFICO 6. Distribución de la población ecuatoriana por distritos en Barcelona (enero 2006)

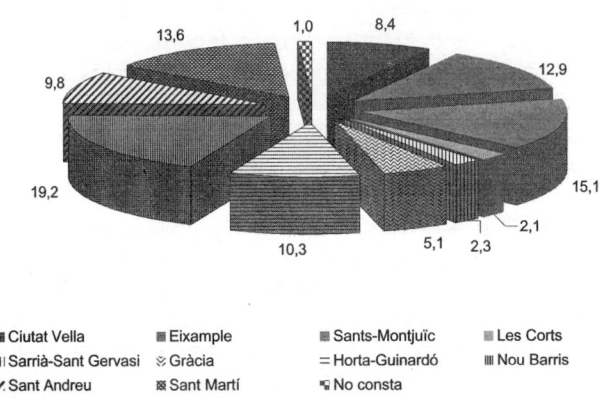

- Ciutat Vella
- Eixample
- Sants-Montjuïc
- Les Corts
- Sarrià-Sant Gervasi
- Gràcia
- Horta-Guinardó
- Nou Barris
- Sant Andreu
- Sant Martí
- No consta

FUENTE: Elaboración propia a partir de datos del Ajuntament de Barcelona.

distritos de Les Corts y de Sarrià-Sant Gervasi como aquellos que menos presencia tienen de personas peruanas. También cabe destacar la poca presencia de personas peruanas en el distrito de Ciutat Vella (Gráfico 7).

En el caso de Colombia, se repite la distribución de Perú: aquellos distritos con más asentamientos de personas de Colombia son Eixample y Sants-Montjuïc, y los que menos son Les Corts y Sarrià-Sant Gervasi (Gráfico 8).

GRÁFICO 7. Distribución de la población peruana
por distritos en Barcelona (enero 2006)

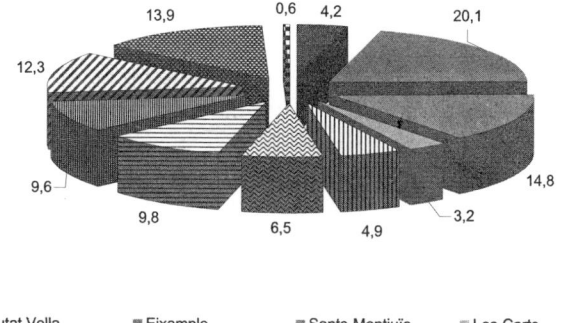

- Ciutat Vella   ■ Eixample   ■ Sants-Montjuïc   ■ Les Corts
- Sarrià-Sant Gervasi   ✧ Gràcia   = Horta-Guinardó   ⦀ Nou Barris
- Sant Andreu   ▩ Sant Martí   ⋮ No consta

FUENTE: Elaboración propia a partir de datos del Ajuntament de Barcelona.

GRÁFICO 8. Distribución de la población colombiana
por distritos en Barcelona (enero 2006)

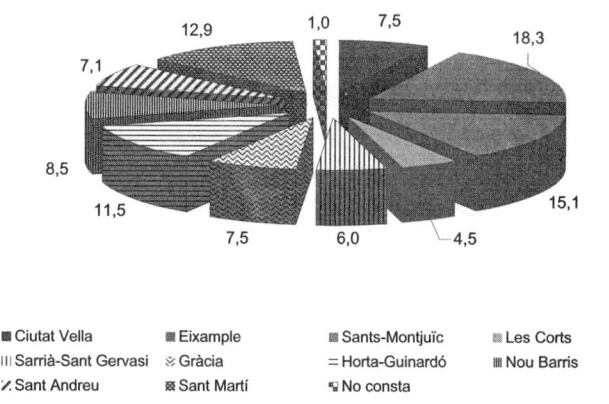

- Ciutat Vella   ■ Eixample   ■ Sants-Montjuïc   ■ Les Corts
- Sarrià-Sant Gervasi   ✧ Gràcia   = Horta-Guinardó   ⦀ Nou Barris
- Sant Andreu   ▩ Sant Martí   ⋮ No consta

FUENTE: Elaboración propia a partir de datos del Ajuntament de Barcelona.

De todo ello, lo que en líneas muy generales podemos extraer es que las personas de origen latinoamericano, en números absolutos, representan el mayor volumen de colectivos de personas extranjeras que habitan en Barcelona. También, y a la luz de estos tres últimos gráficos, podemos decir que no se encuentran sólo en un sitio, sino que se distribuyen por toda la ciudad, excepto en los barrios de categoría socioeconómica más alta. Sin embargo, cada nacionalidad presenta unas agrupaciones territoriales algo distintas, si bien unos están más presentes en Nou Barris, otros lo están más en el Eixample, etc.

Edad, sexo y nivel de estudios

En primer lugar debemos atender al sexo de las personas extranjeras que viven en la Ciudad Condal. Dicho elemento es muy significativo. De hecho, lo que se observa es que las personas extranjeras que viven en Barcelona son mayoritariamente hombres. En enero de 2006, el 52,6% de la población extranjera de Barcelona eran hombres. Pero esta distribución no es homogénea para todas las procedencias. Es decir, que en todos los casos hay una migración preferentemente masculina excepto en el caso de los migrantes del continente americano. En este caso la mayoría de migrantes son mujeres. Esto tiene mucho que ver con lo dicho con anterioridad. La estructura del mercado laboral español funciona como llamamiento de las mujeres americanas, especialmente las latinoamericanas. La estructura laboral española les permite una rápida inserción en el mundo del trabajo, ya sea en el formal o en el sumergido y bajo condiciones laborales que acostumbran a ser pésimas. Las mujeres saben que podrán dedicarse al cuidado de las personas y al servicio doméstico, puesto que estas tareas están dejando de ser realizadas por las mujeres de la familia y son externalizadas. Por ello no es de extrañar esta mayor presencia de mujeres americanas (Tabla 1).

TABLA 1. Personas extranjeras por sexo en Barcelona (2006)

Zonas geográficas	Hombres	Mujeres
Unión Europea (de los 25)	53,6	46,4
Europa Central y Oriental	50,7	49,3
Oriente Medio	62,9	37,1
Asia Central	74,4	25,6
Sureste Asiático	44,8	55,2
África del Norte y Zagreb	66,3	33,7
África Subsahariana	68,3	31,7
África Central y Meridional	56,9	43,1
América Central	43,4	56,6
América del Sur	45,7	54,3
Resto de países	48,3	51,7

FUENTE: Elaboración propia a partir de datos del Ajuntament de Barcelona.

Si atendemos a la distribución por edades, vemos cómo la distribución es similar en todas las zonas consideradas. Para el caso de la comunidad americana, el grueso más importante de población se encuentra en el fragmento de edad de 25 a 39 años. Esto seguramente tiene relación con el hecho de que se trata de una franja de edad en la que es más fácil la inserción laboral y la formación del núcleo familiar. En el caso de los países de América del Norte podemos decir que es de donde proceden más adolescentes y jóvenes extranjeros (Tabla 2).

TABLA 2. **Personas extranjeras por grupos de edad en Barcelona (2006)**

Zonas geográficas	0 a 14 años	15 a 24 años	25 a 39 años	40 a 64 años	65 y más años
Unión Europea (de los 25)	7,3	10,5	56,7	21,0	4,4
Europa Central y Oriental	10,6	16,4	46,2	25,8	1,0
Oriente Medio	9,3	12,6	47,5	26,5	4,0
Asia Central	11,7	15,4	51,9	20,0	1,0
Sureste Asiático	14,2	10,2	44,7	28,7	2,2
África del Norte y Magreb	14,4	17,1	47,0	19,6	1,9
África Subsahariana	10,3	13,5	57,8	17,4	1,0
África Central y Meridional	11,2	13,0	53,8	20,5	1,5
América Central	10,8	17,2	53,5	16,5	2,0
América del Sur	12,0	14,3	49,9	21,6	2,1
Resto de países	9,8	11,9	45,2	27,8	5,3

FUENTE: Elaboración propia a partir de datos del Ajuntament de Barcelona.

Finalmente, debemos atender a la distribución por nivel de estudios. La tabla 3 nos indica que, en el caso del continente americano, no hay una sobrerrepresentación excesiva en los distintos niveles de estudios. La distribución de personas extranjeras según sea su nivel de estudios es muy distinta en función de su región de origen. Así, hay países donde la mayoría de personas tiene un nivel de estudios medio y superior (UE, Oriente Medio los más destacados), y otros donde son las personas con estudios inferiores las que inician el proceso migratorio (Asia Central, África del Norte-Magreb y África Subsahariana). En el caso del continente americano hemos de decir que existe algún tipo de diferencia entre los países centrales y los de la parte sur. Si analizamos la situación de Centroamérica y Sudamérica en conjunto, podemos apreciar que, al igual que en el gráfico anterior, casi el 50% de la población que migra tiene los estudios básicos, y encontramos, a diferencia de lo mostrado por el gráfico anterior, una simi-

TABLA 3. **Población extranjera por nivel de estudios en Barcelona (2006)**

Zonas geográficas	Estudios primarios	Estudios secundarios	Estudios Superiores	No consta
Unión Europea (de los 25)	19,0	26,9	53,5	0,7
Europa Central y Oriental	52,6	22,1	24,2	1,1
Oriente Medio	32,5	26,4	40,1	1,1
Asia Central	83,5	8,7	6,7	1,0
Sureste Asiático	59,2	19,6	19,6	1,6
África del Norte y Magreb	76,6	13,7	8,6	1,1
África Subsahariana	74,6	16,3	8,2	0,9
África Central y Meridional	47,0	26,5	25,9	0,6
América Central	35,1	24,0	39,6	1,3
América del Sur	45,5	28,1	24,7	1,7
Resto de países	12,5	24,1	62,8	0,6

FUENTE: Elaboración propia a partir de datos del Ajuntament de Barcelona.

litud porcentual bastante pareja entre el sector que ha cursado estudios secundarios y el sector que tiene estudios superiores. Sin embargo, cuando analizamos el asunto por regiones, notamos una clara diferencia entre Centroamérica y Sudamérica, ya que en Centroamérica el porcentaje mayor corresponde a los estudios superiores, seguido de los primarios y en último lugar de los secundarios, A diferencia de Sudamérica, donde el sector mayor, con una gran diferencia, corresponde a los estudios primarios; y tanto los secundarios como los superiores son bastante similares.

Para los países de América Central es más elevado el porcentaje de personas con niveles de estudios secundarios y superiores (un 40% de las personas que emigran tienen estudios superiores). Por otro lado, las personas de América del Sur presentan niveles educativos más bajos. No obstante, si sumamos las personas migrantes con estudios secundarios y superiores hallamos un porcentaje que supera al 50% de los casos. Por tanto, hemos de concluir que las personas migrantes que provienen de América Latina suelen ser gente con niveles de estudios medios y/o elevados.

2
Jóvenes 'latinos' en Barcelona: relatos de vida

Carles Feixa

Los relatos biográficos que hemos recogido de adolescentes y jóvenes latinoamericanos que han vivido la experiencia de la migración parecen estar cortados por un mismo patrón: una fuerte añoranza del lugar de origen simbolizada en los paisajes de la memoria; una adolescencia vivida en familias transnacionales, al cuidado de abuelas y familiares; un sentimiento de destierro por una decisión de venir que ellos y ellas no han tomado; una acogida emocionante y al mismo tiempo traumática en una nueva ciudad y con unos padres y madres prácticamente desconocidos; una añoranza persistente combinada con un firme deseo de asentamiento. Aunque existen variantes en función del país de origen, del momento y la edad de la migración, el relato integra una triple crisis: la propia de la adolescencia, la de una familia transcontinental, y el vacío de la emigración. Las condiciones de superación o no superación de estas crisis condicionan el proceso de acogida y asentamiento de estos jóvenes.

Evocaremos este proceso a través de las voces de los propios jóvenes, en cinco momentos clave de su historia migratoria: *allí* (los recuerdos de la infancia en el lugar de origen), *aquí desde allí* (la migración de las madres y padres y las imágenes que iban recibiendo del lugar de destino), *de allí hacia aquí* (la decisión de emigrar, el viaje y la llegada), *aquí* (la acogida y el asentamiento en el lugar de destino), *allí desde aquí* (los contactos con el lugar de origen y los proyectos de futuro). En estos cinco momentos se produce una comparación explícita o implícita entre «allí» y «aquí», tanto en términos de factores materiales y nivel de vida como en términos de valoración simbólica y satisfacción personal: aunque estén separados por un océano, ambos territorios morales están fuertemente unidos en la memoria personal y colectiva. Por ello en el próximo capítulo profundizaremos en las conexiones *entre aquí y allá* (la etnogénesis de una identidad 'latina' y las prácticas culturales en las que se fundamenta).

Allá: orígenes

>¡Los mejores años de mi vida!
>Lucía, R. Dominicana, 15

>Allí era diferente, diferente en todos los sentidos.
>Toño, Perú, 17

Los recuerdos del lugar de origen se remontan a poco tiempo —entre unos años y pocos meses—, pero suelen estar tamizados de un cierto romanticismo. La evocación del país abandonado se solapa con la nostalgia de la infancia perdida. De entrada, destaca un paisaje natural y cultural radicalmente distinto: tanto si se trata de un medio rural (predominante entre dominicanos) como si es un medio urbano (predominante entre ecuatorianos y colombianos), la naturaleza —el bosque, el río, el mar— están mucho más cerca y a disposición de los niños y adolescentes para sus juegos y correrías (ello puede explicar la obsesión por acudir a los parques una vez en Barcelona). La urbanización es mucho menor: las calles son más abiertas y de tierra, y las viviendas son amplias casas, no minúsculos apartamentos, con jardines y espacios de mediación comunitaria.

Lo fundamental, sin embargo, es la evocación de la comunidad perdida: la importancia de las redes de parentesco, vecindario y amistad en la vida cotidiana del barrio se traducen en la sensación de «ser una persona», que contrasta con el anonimato e incluso el rechazo que se vive aquí. Otro elemento de contraste es la vida escolar: por una parte, los ritmos horarios son muy distintos y sólo cubren una parte de la jornada (apenas 3 horas en el caso de la República Dominicana, unas 5 horas por la mañana o por la tarde en el caso de Ecuador); por otra parte, la autoridad del maestro es muy superior, aunque la disciplina suela incluir el castigo físico. Ello puede explicar las dificultades de adaptación al sistema escolar de la sociedad de acogida. Por último, la evocación de una fiesta más intensa y cotidiana; el volumen de la música es un tema reiterado: mientras allí el sonido de la cumbia, el reggaeton y la bachata forma parte de la vida diaria, al llegar aquí la primera decepción es la discusión con el vecino por poner la música demasiado alta, lo que de nuevo refuerza el papel de los espacios públicos como refugios de esta vida comunitaria perdida.

Iba con mi abuelo a pescar truchas

> Mi pueblo es muy pequeño, es un pueblo de la costa. También en mi país se come mucho pescado e íbamos por la noche a pescarlo, iba con mi abuelo a pescar truchas y lubinas, también iba a cazar palomas para dárselas a los perros que teníamos nosotros. Para comer, hay que ir a coger piñas, manzanas, fruta... Iba con mi abuelo cada sábado, que no trabajaba, iba a coger fruta para venderla al mercado [...] Allá, por ejemplo, no iba a la playa a bañarme, ¡no! Se va a un río porque es mejor el agua, en el mar es salada y en el río es dulce. A la playa se va para coger almejas, mejillones, conchas... ¡para comer, vaya! Vas a la playa, buscas las conchas y después me acuerdo que mi abuela las dejaba dos días a la nevera y comíamos la mitad con limón y la otra mitad con arroz... bacán. Si tú te vas al bosque encuentras muchas frutas y las puedes coger y no tienes que pagar. En mi país, si tú te vas afuera, encuentras bananas, plátanos, bananas verdes, los puedes coger y te los llevas a casa y no te cobran nada ni nadie, son de todos [Ismael, Ecuador, 15].

> También siempre hay la mata del mango, vamos a coger mangos, también hay un fruto que se llama manzana de oro y también hay las verdes. Es que las frutas de aquí no son como las de allá... Siempre hay polvo y tierra, mucha tierra y siempre hay bulla [Lucía, R. Dominicana, 15].

Cuando vivía en Guayaquil nos íbamos a la playa con mis abuelitos, hacíamos *tour* a la playa con toda mi familia... Y allí nos poníamos a jugar a *volley* en la playa, llevábamos comida para comer allá mismo y aquí ya no vamos, hacemos muy pocas excursiones [Mélani, Ecuador, 16].

Es un pueblo pequeño y yo me crié ahí. Hay muchas montañas, muchos ríos y ríos muy peligrosos, muchos bosques, muchas frutas... La casa tenía animales, había palomas y un perro. Yo allá andaba mucho por la montaña y jugaba con mis amigos e iba a la piscina, los ríos. Las casas allá son muy grandes, allá hay muchos árboles y se podía montar a caballo. A la montaña íbamos a cazar, yo iba con un tío mío a cazar. Jugar a *baseball*, nadar, hacer natación en la piscina. Y jugar con mis amigos [Rizos, R. Dominicana, 16].

Yo vivía en una casa

Yo vivía en una casa, no era un piso como aquí, era de dos pisos y era amplia. Bueno, es que teníamos dos casas. Vivía con mis padres y mis hermanas, una es mayor y otra es menor. Y en la otra casa estaban mis tíos. Salía mucho a jugar por la tarde. Salía del cole e iba para casa y luego a hacer los deberes y luego a jugar con mis amigos. Salíamos a jugar a fútbol y hacíamos deporte, lo que queríamos, un día a fútbol y otro a voleibol [Andrés, Ecuador, 14].

En la casa esa grande, había debajo todo un parque con una cancha de básquet y fútbol, había un jardín y estaban allí plantados unos pinos altos, altos, altos. Entre la cancha de básquet y de *volley* había una pared, este muro estaba por lo general siempre lleno de pintadas. ¿Sabes estos dibujos de estas chicas que son como hadas, tipo hadas? Es que allá estas cosas no se dibujan mucho y fue muy bonito verlo ahí. Pero claro, al cabo de dos días ya estaba lleno de nombres y de todo por encima [Christian, Ecuador, 16].

Donde vivía no eran edificios, son casas así separadas. Era de un piso y era muy grande, antes de venir me iban a hacer una habitación para mí sola, después nos vinimos y... dormía con mis hermanos. Teníamos un patio donde jugar, ya después me iba con mis amigas a jugar a básquet... [Mélani, Ecuador, 16].

Aquí es muy diferente, aquí es todo más pequeño. Allá teníamos una casa y yo me la quería mucho. La casa de allá era muy grande, aquí es muy pequeña, es un departamento y allá era una casa, había patios, muchas habitaciones, una cocina, dos baños... Cuando iba a jugar a la terraza de arriba, tenía mis muñecas y abajo teníamos como una especie de cuarto donde yo tenía mis cosas. Cualquier travesura que hacía me escondía allí, aunque se enteraban pero... Aquí si hago alguna travesura ya se dan cuenta, es muy diferente. Había como una especie de patio con una fuente, también había el garaje, me acuerdo que jugábamos allá con mis primas, jugábamos a muchas cosas, por ejemplo cuando jugábamos a escondernos teníamos muchos más sitios donde escondernos, aquí ya no los tendríamos [Vanessa, Ecuador, 13].

Las calles son más amplias

Tú caminas por la calle y diría que las calles son un poquitín más amplias, no ves callejones tan pequeños y oscuros como aquí. No sé, diría que ves un ambiente... más claro. Son casas, hay algún bloque por ahí pero no muchos, son casitas y alrededor a lo mejor hay un espacio corto de jardín de pasto o de hierba y está el cerramiento de la casa que puede ser de malla o unas paredes o así. Yo vivía en la casa comunitaria de todo el barrio. Si una familia quería hacer una fiesta y tenía que invitar a mucha gente pues se alquilaba [Christian, Ecuador, 16].

Hay una dicha en Latinoamérica que es: pueblo chiquitín, infierno grande, que es... ¿Cómo te explico? Como que se conoce todo el mundo, si tú vas con una ropa nueva, todo el mundo lo sabe y te dice que te lo acabas de comprar [Brenik, Ecuador, 16].

A ver, lo recuerdo prácticamente todo. Recuerdo mucho a mis amigos, cuando nos íbamos de fiesta, las cosas que hacíamos, mi colegio —donde lo pasé muy bien—, los viajes que hacíamos, campamentos, conciertos, muchas cosas [Pablo, Venezuela, 19].

Allí era diferente, diferente en todos los sentidos. Aquí es todo, es todo mucho más tranquilo que allá. Allá caminas por las calles y está muy peligroso. Son diferentes las casas, que aquí son pequeñas y allá grandes; el transporte, que aquí es con billete y allí se tiene que pagar con monedas. Yo vivía en la calle, pero solamente de tarde y de noche, de mañana estudiaba. ¡Ese barrio era muy malo, por mucho vandalismo! ¡Ya no se podía caminar por la calle! Y, aparte, como yo tenía amigos allí, mi abuela lo que quería era sacarme de allí, sacarme de esas amistades [Toño, Perú, 17].

Allí conozco a casi todo el mundo

Yo me quiero volver a Guayaquil, porque allá tengo mis amistades, allá conozco a casi todo el mundo y todo el mundo me defendía [Jimy, Ecuador, 14].

¡Los mejores años de mi vida! Claro, recuerdo de cuando estaba con mi mamá, no sé, era muy pequeña, con mi papá un poco más, pero me refiero a cuando estaba con mis hermanos y venía a vernos mi mamá. Cuando estaba la familia entera. Cuando mi mamá llegaba, nosotros hacíamos fiesta... Y como en Santo Domingo se permite entrar menores de edad en los bares, nosotros íbamos y hacíamos fiestas con músicas, reggaeton, bachata, merengue, salsa y todo, y bailábamos y lo pasábamos muy bien [Lucía, R. Dominicana, 15].

Ahora estoy menos tiempo con mis padres, con mis abuelos, mis tías también. Muchos están aquí, pero ya no comparto las cosas con ellos. Antes vivíamos todos juntos o casi y cuando te pasaba alguna cosa buena o te tenías que alegrar de alguna cosa buena se ponían todos felices o tristes. Aquí cada uno tiene su casa y nos cuesta más hablar y tardas más en explicarte las cosas. [...] Mira, allá es mejor porque todos te consideran una persona. Teníamos muchos amigos en el barrio y aparte que mis amigas vivían cerca de mí y cualquier tarde podía salir a jugar después de haber hecho los deberes [Vanessa, Ecuador, 13].

Tenía un amigo que era como mi hermano, se llamaba Lalo. Siempre paraba en su casa, jugando a la *play* o yendo a manejar. Con él a veces manejábamos coches, sin permiso ni nada, eso era por las noches. Y su papá lo sabía, porque sus padres eran bien buenos, eran como mis padres [Toño, Perú, 17].

Allá se va con uniforme

Allá se va con uniforme y no puedes ir con tu ropa, yo prefiero a veces el uniforme, pero a veces es como que te cansa el uniforme siempre. No tienes que estar pensando a ver qué me pongo mañana y cosas así. Allá no hay de mañana y tarde, es sólo por la mañana. Los profesores allá son muy estrictos... [Mélani, Ecuador, 16].

Allí las escuelas suelen ser por la mañana, desde las siete hasta las doce del mediodía, algo así. En Ecuador, la mayoría de clases tienen 60 alumnos, es aquí donde me encontré con clases de 30. Luego ingresé en el colegio y primero, segundo y tercer curso los tenía que hacer por la tarde porque ése era el horario de mi colegio; cuarto, quinto y sexto por la mañana. En mi colegio se incluía hasta tercero, y después tú podías dejar el colegio o seguir el bachillerato, en que tú escogías la especialización que querías, y luego podías ir a la universidad [Christian, Ecuador, 16].

Aquí me he dado cuenta de que las puertas del colegio están abiertas, aquí salen, entran, en los colegios dejan fumar. Y allá no. Allá las puertas están ¡cerrás! Con los muros bien altos pa que no salten, porque allá se escapan. Y encima si te ven escapando, los auxiliares, te traen a la guardia. Aunque dicen que allá han sacado una ley que los profesores no pueden pegar a los alumnos, pero los profesores son muy rectos. Es muy duro. Los de aquí no podrían, no aguantarían el ritmo de allá [Toño, Perú, 17].

—¿Cómo era el horario de la escuela en vuestros países?
Paquito: En Quito iba por la tarde, de 1 a 6.
Pablo: En República de 8 a 12 los mayores, de 12 a 5 los menores.
Rosa: Y de noche también. Van los que trabajan de día.
Matute: En Argentina hay dos turnos, el de mañana y el de tarde: de 8 a 12 y de 2 a 6.
—Los profesores de allí y aquí, ¿son muy distintos?
(Ruido) (Allí) son más duros...
Rosa: Porque no se les puede responder.
Chico: Te dan.
Chico: Te expulsaban a la primera. Acá es un aviso, otro aviso, otro aviso...
Chica: Allá llevan uniforme [Grupo Discusión 1, Barcelona centro].

Toda la noche oyendo música

Siempre hay bulla, música puesta, subida y con el volumen a tope en las casas, en los bares, donde quieras. Si tú estás en tu casa y estás escuchando música y quieres subir el volumen, tú lo subes hasta donde quieras. En Santo Domingo es diferente de aquí, aquí tú no puedes subir el volumen mientras que allá tú lo puedes subir a tope y nadie te dice nada, la gente se pasa toda la noche oyendo música... Sí, sí hay mucha gente que amanece en la calle, sí, sí. Me gusta también la manera en que viste la gente, me gusta la forma en que visten los dominicanos [Lucía, R. Dominicana, 15].

—El tema del reggaeton, ¿es porque lo traen de allá o porque explotó como moda aquí?
—¡No! eso viene de allá. Ya viene de allá. Allá es de toda la vida, allá tú lo escuchas en todas las casas, allá no prohíben la música. Claro, extraño el volumen, aquí tú escuchas música y empiezan los vecinos de abajo a gritar: «¡Bajen la música!» (imitando acento español a gritos) [El Parcero, Colombia, 16].

Allí yo puedo hacer una fiesta, porque son grandes las habitaciones, si no en mi patio, en mi casa, pones los parlantes (el altavoz) en la ventana y en el patio, como es grande, pues ya se puede. ¿Y aquí dónde lo voy a hacer, si mi casa es más pequeña? Las fiestas allí son bomba, las fiestas aquí es más tranquilo, allá las fiestas se hacen en las casas, no importa que las hagas hasta tarde. En mi casa es, supongamos, hasta las diez, y a las nueve ya están molestando que no hagamos bulla, o que no encendamos las luces... ¡Allí en Carnavales son los mejores, aquí no hay carnavales! Aquí en Año Nuevo tampoco queman muñecos ni revientan petardos, allí a montones. Los muñecos los hacemos de la ropa vieja y le metemos petardos. Y Carnavales es en febrero, empiezan a tirar globos de agua [Toño, Perú, 17].

—¿Qué más hacíais vosotros allí que aquí no hacéis?
Álex: Jugar a fútbol en la calle.
Cecilia: Poner alta la música. Aquí comienzas a hacer fiestas y te dicen que bajes la música, y ya llaman a la policía.

Christian: Allá se hacen pero a todo volumen; pero allá son casas, no son todo edificios. Allí, por ejemplo, iba a fiestas cada sábado y aquí no. Aquí no puedo.
Cecilia: Aquí en Navidad es aburrido y allá no. Allá en Año Nuevo hacemos un muñeco y por la noche le ponemos petardos, lo reventamos, y aquí no se hace eso. Allí paseabas con tus amigos a la hora que tu querías y aquí no, aquí sales y no hay nada [Grupo Discusión 2, Barcelona barrios].

Aquí desde allá: destinos

> Barcelona me la imaginaba grandiosa.
> Vanessa, Ecuador, 13

> Yo me quedé con mi Dios y mis abuelos.
> Ismael, Ecuador, 15

Esta arcadia perdida empieza a resquebrajarse cuando uno de los padres —normalmente la madre— toma la decisión de emigrar. Pese a algunos precedentes a principios de los años noventa —sobre todo de madres dominicanas— en la mayoría de los casos la decisión de emigrar se produce a finales de los noventa, incrementándose gracias a los cambios en la política migratoria después del año 2000. El patrón es muy común: primero emigra la madre dejando a los hijos —normalmente pequeños— al cuidado del padre, de las abuelas o de otros parientes; en un segundo momento emigra el padre y finalmente —cuando los papeles lo permiten o la añoranza es demasiado grande— los hijos.

La reacción inicial por parte de los hijos es traumática: se quedan huérfanos y les salen «canas». La ruptura la compensan las abuelas, que se convierten en el centro de la nueva familia transoceánica, y una mejora del nivel de vida gracias a los recursos económicos que su mamá les envía. Ello se traduce en un aumento de su libertad en la vida cotidiana, porque las abuelas o familiares no pueden ejercer el control autoritario de los padres, e incluso tratan a estos jóvenes como una especie de seguro para su bienestar material. La abuela se convierte en una figura central, que se convertirá en el principal resquemor cuando deban tomar la decisión definitiva de emigrar.

Mientras tanto, van recibiendo noticias sesgadas de la sociedad de acogida, que les conducen a la creencia de que esto es un paraíso donde ellos vivirán «como reyes» o «como princesas». El referente suelen ser los Estados Unidos; en muchos casos ni siquiera saben exactamente dónde está España (y todavía menos Cataluña). Sólo saben que es el lugar donde viven sus madres y desde donde les envían «plata» (a la que denominan «dólares» o «yankies»). El dinero que llega desde España se utiliza para mejorar la vivienda y la alimentación, en permitirles estudiar en centros privados o incluso en la universidad, aunque lo que acaba de convencer a los jóvenes es el dinero de bolsillo para la diversión y el consumo: estas «vanidades» las empezarán a perder cuando lleguen, lo que explica en parte el *shock* inicial. Finalmente, las madres les ponen frente al dilema de emigrar. Aunque el motivo inmediato suele ser accidental —la llegada de los papeles, la muerte de un familiar, la entrada del joven en una pandilla— la razón de fondo es la convicción por parte de las madres de que el tiempo para la reagrupación se agota: sus hijos han pasado de la infancia a la adolescencia alejados de ellas, y si traspasan la juventud será imposible refundar la familia. Por ello la decisión es traumática, pero casi nunca tiene vuelta atrás.

Mami primero vino

Muchas veces mi padre tenía que pedir dinero para alimentarnos a nosotras y por todo eso decidió venirse para acá, porque no veía futuro para nosotras en Ecuador. Antes vino él, después su hermana y su cuñado, que se fueron a vivir con él en el piso donde ahora vivimos, mi padre desde cuando llegó vivió siempre en el mismo piso. Yo me quedé con mi madre. Cuando estábamos en Ecuador yo también me iba a casa de mi abuela, vivía más o menos, me iba de tanto en tanto a pasar unas semanas con mi abuela, cuando discutía con mi madre, me iba con mi abuela [Brenik, Ecuador, 16].

Mi madre fue la primera a venir aquí y se fue sola, después vino mi padre y después me trajeron a mí y a mi hermano. Yo hubiera preferido quedarme allá, si no hubiera pasado esta pelea me hubiera quedado allá, iba a un buen colegio, me hubiera quedado estudiando, era un buen estudiante, y yo cuidaría de mis primos y de mi hermano y todo. Nunca he sido resabido con mis padres, nunca... [Carlos, Ecuador, 17].

Mi mamá se quedó sin trabajo y no sabía qué hacer, entonces decidió venir acá a ganar plata y para mantenernos a mí y a mis hermanos. Acá estaba la hermana de mi mamá. (Mis papás) estaban juntos, sino después se separaron porque mi padre no se quiere venir [Jimy, Ecuador, 14].

Mi madre se vino y dijo que nos teníamos que venir todos porqué allá no estábamos bien. Mami primero vino, después mi papá con mi hermano y se pusieron a trabajar en la construcción. Yo y mis hermanas nos quedamos con mi otro hermano, después él se vino con mi otra hermana y nos quedamos con mi abuela. Nos quedamos en nuestra casa y luego nos mandaron a decir de venir y nos vinimos con un tío mío que también viajaba [Mélani, Ecuador, 16].

Me empezaron a salir canas

Cuando se fue mi padre me empezaron a salir canas y pues a mí al principio me decían que era de familia, después me salió una mancha y mi madre incluso me echó la bronca porque creía que había estado jugando con jabón. Cuando los profesores nos decían que teníamos que comunicar o decir eso y el otro a nuestros padres y claro, a mí me sentaba muy mal y mis compañeros hablaban de cosas de sus padres y claro, yo pensaba: «¿Yo qué hago, me quedo con las manos cruzadas?» [Brenik, Ecuador, 16].

Cuando yo tenía seis años mi padre vino aquí, a Barcelona, España. Mi hermana vino cuando tenía nueve años y yo me quedé con mi Dios y mis abuelos. En nuestro país la situación era... no alcanzaba el dinero, por eso vinieron acá. A mí me dejaron y yo les dije que se cuidaran mucho, me acuerdo de mi madre llorando en el aeropuerto. Después vinieron mis hermanos y yo por último. Ellos ya tienen la residencia, a mí me falta aún, me tienen que llegar los papeles [Ismael, Ecuador, 15].

Me acuerdo que (mi papá) se iba a beber con sus amigos y yo recuerdo lo que sentía al decir: «Es la una de la mañana y mi padre no viene». Y yo decía: «Me largo a buscarlo». Cerraba la puerta, dejaba todo asegurado y me iba a buscarlo... Para mí era muy bonito el decir: «Voy a buscar a mi padre porque me siento responsable» [Christian, Ecuador, 16].

Lo decidieron mis padres y vinieron, yo me quedé con mis abuelos. Las cosas allí eran complicadas, tampoco me habían explicado nunca el porqué, pero era un intento para vivir mejor. A mí no me gustó nada que se fueran. No sé, tenía miedo... (se pone a llorar), era muy difícil porque me hacían mucha falta. Al cabo de un año, mi madre dijo que no aguantaba más sin nosotros y se volvió. Había decidido quedarse con nosotros, pero mi padre había decidido quedarse y una de mis tías se había venido a Barcelona. También tenían en una lista los papeles estos de la residencia y salieron los de mi madre, y fue así y dijo: «Ahora nos vamos todos para allá» [Vanessa, Ecuador, 13].

Mi abuela me había cuidado

Yo no me quería venir de allí. Bueno, al principio me quería venir porque, tú sabes, son mis padres y por lo que sea tengo que estar al lado de ellos y me dijeron que si me quería venir y yo dije que sí, pero al mismo tiempo con la tristeza que sabía que dejaba a mi abuela. Mi abuela me había cuidado a mí desde los 5 años por lo menos hasta grande y yo la consideraba como mi mamá. Porque yo soy el primer nieto que tuvo, y entonces me daba mucha pena. Después se enteró que andaba con estos grupos (las pandillas) y entonces decidió traerme [Yankee, Ecuador, 16].

(Vivía con) mi abuela, mi abuelo y mis hermanas. Tenía una educación un poco mala, tenía amistad para hacer alguna cosa mala, era muy rebelde, salía mucho, me metía en tráfico, de bandas de matar gente, es así mi país, si no te ajuntas con los narcos o los matadores, te va tan bien, la mayoría de mis amigos poseen drogas por las amistades... [Amanda, Brasil, 16].

Dejó a mi hermana con mi tía, cosa que nunca le voy a dejar de reprochar porque me supo muy mal. Dejó con mi tía a mi hermana y mi tía en cambio de hacer de madre hizo de madrastra, de la mala de la película. Mi hermana tenía que limpiar la casa, de vez en cuando cocinar y arreglar las cosas de mi tía y mi primo y a mí me daba mucha rabia eso... [Christian, Ecuador, 16].

Lo gastaba en vanidades

(Mis papas) mandaban dinero pero el dinero se me hacía humo, se me iba en un momento. Lo gastaba en vanidades: unos muchachos me decían una cosa que le gusta y yo se la compro, valga lo que valga... A lo mejor veía una cosa que me gustaba y me la compraba. Lo más frecuente era música, camisetas... Y como está el dólar, cuando ves un dólar, un yankee, así le llamábamos. Aquí en ese tiempo estaba la peseta y se lo mandaba a mi yaya y ella se lo pasaba en dólar, entonces ya, un yankee. Me daban a mí cinco dólares a la semana pero no me duraban ni dos días, me los gastaba en un momento. Cuanto más tienes más gastas. No me duraba a mí, luego tenía que pedirle otra vez y me lo daba [Yankee, Ecuador, 16].

¿Has visto las máquinas de las recreativas que son de lucha y tal? Nosotros los llamamos cosmos y al salir del colegio entrábamos a jugar ahí, o antes, e incluso había sitios donde nos alquilábamos las consolas pequeñas, la Play Station [Christian, Ecuador, 16].

Estaba con mis abuelos de parte de mi papá y de mi mamá, pero vivía con los abuelos de parte de mi papá, ellos me daban todo, me daban estudio, estudia ahí tranquilo como un chico normal. A veces (mis papás) me mandaban propina, se lo dejaban a mi abuelo y mi abuelo me iba dando a mí, era propina nomás, era para comprarme algo o para tener en la semana o así... Cuando estaba allá me mandaban más, o sea, manejaba más dinero, pero aquí ya no es lo mismo, aquí además todo es más caro [El Nene, Perú, 17].

Allá estaba con mi abuela, mi hermana sí se quiso quedar con mi abuela. Luego me volví porque quería estudiar allá, empecé la universidad allá, luego volví porque ya tenía papeles, luego regresé a Dominicana, y ahora volví a pasear y me vuelvo nuevamente. Sí, ella también va a hacer la universidad allá, pero todavía no sabe qué quiere estudiar [More, R. Dominicana, 19].

Creí que iba a vivir como una reina

Uno se hace una idea y cuando llegas es otra cosa. Cuando yo llegué creí que iba a vivir como una reina, ¡¡¡como una princesa!!!, y ¡mira lo que es esto!, esto es peor que allá. [...] Aquí hay más dinero, allá cuesta mucho a los jóvenes conseguir el dinero, no todo el mundo está trabajando allí, pero nos divertimos más allí [More, R. Dominicana, 19].

Como había estos rumores que España es bonito, que se gana bien, es fácil encontrar trabajo... Y otros decían lo contrario: «Es difícil, te controlan mucho los papeles, te tratan mal». Y ya sabes, siempre hay buenos comentarios y malos comentarios, pero esto es todo de la experiencia que han vivido [Gisela, Bolivia, 20].

Yo no quería venir para acá, la verdad, yo me quería ir a Puerto Rico, siempre había tenido mucha ilusión para ir a Puerto Rico porque siempre me han dicho que está muy bien, que es casi como Santo Domingo y que está lleno de dominicanos. Pero igualmente cuando mi padre me dijo que vendríamos para acá, ya quise para venir a conocerlo... (risas) y no me gustó mucho como pensaba que me iba a gustar. No me lo imaginaba de esta manera, me lo imaginaba más parecido a Santo Domingo [Lucía, R. Dominicana, 15].

Yo no sabía que existía Barcelona, ni Marruecos, ni Paquistán. Yo conocía Estados Unidos... Mi madre me decía que estaba en España, pero no sabía lo que era. Yo estaba contento de venir, cuando llegué me quedé sorprendido por los edificios porque son muy grandes... [Rizos, R. Dominicana, 16].

De allá para aquí: tránsitos

>Se siente una tristeza muy grande.
>
>Christian, Ecuador, 16
>
>Cuando se acercaba el viaje ya no quería venirme para acá.
>
>Nanda, Ecuador, 19

La decisión de emigrar reemplaza en los relatos los dilemas de la crisis de la adolescencia. Lo fundamental es que, en general, no se trata de una decisión libremente tomada por los jóvenes: el proyecto migratorio es de sus progenitores y puede ser vivido por los hijos como un «destierro» forzoso. A la cantinela del «yo no decidí venir» le corresponde el recuerdo de una cierta resistencia: «me daba pena» (dejar a los amigos, los parientes y sobre todo a la abuela). Una vez tomada la decisión, los trámites corresponden a los padres: deben conseguir los papeles y el dinero para el billete. El viaje suele ser el primero que hacen en avión (a la impresión de volar se une la angustia por dejar el propio país sin saber cuándo podrán regresar). El pequeño equipaje con el que llegan —algo de ropa, alguna carta, alimentos— representa el cordón umbilical que los mantendrá unidos espiritualmente con el lugar de origen (por lo que cuando el equipaje se extravía, como le pasa a uno de nuestros testimonios, el dolor es mayor). Esta pena queda súbitamente aparcada cuando se reencuentran con los familiares que les reciben al llegar: a muchos de ellos no los veían hace tiempo.

La madre con la que se reencuentran es una persona distinta a la que habían conocido y lo mismo sucede con los hijos para las madres. El trauma del reencuentro puede llegar a las manos: varios jóvenes evocan castigos físicos o peleas con sus padres y madres en las primeras semanas después de llegar. Por una parte los progenitores se ven impotentes para controlar a los hijos, que han crecido con gran libertad y que temen perderla de golpe. Por otra parte, la distancia ha socavado la autoridad de los padres, por lo que el recurso de utilizar el poder físico es una tentación fácil. Sus condiciones de vida material y laboral son peores de las esperadas por los hijos, y sus horarios les impiden pasar con ellos el tiempo necesario. Sin embargo, con el tiempo muchos jóvenes empiezan a valorar el sacrificio de sus padres y madres y se esfuerzan en compensarles.

Cabe decir que este proceso es algo distinto para aquellos que emigran tras la mayoría de edad, ya jóvenes maduros: al formar parte de un proyecto autónomo —motivado por el deseo de estudiar, progresar o formarse en las artes del circo—, la decisión es menos traumática, pero al llegar no encuentran las redes de apoyo familiar de sus más jóvenes compañeros (y en algunos casos padecen el *shock* de las policías aduaneras). Los relatos de los primeros días en el lugar de destino recuerdan la liminariedad de los ritos de paso: una sensación de soledad y vacío, de aislamiento (muchos de ellos pasan los primeros días sin salir de casa), que solo superarán cuando al cabo de poco tiempo empiecen a ir a la nueva escuela.

Yo no decidí

Bueno yo no decidí. Como veía a mi madre, a mi abuela, a mi hermano, yo decidí venir, porque yo me había acostumbrado más con ellos, no con mi padre. Ya dije, mejor me voy p'allá. Yo antes pensaba quedarme, era más por mis amigos, yo quería quedarme, y si me quedaba, me quedaba con mi papá, y no me acostumbré. No porque me trate mal ni nada, sólo porque no me acostumbro, era diferente, mi papá era más estricto. Con mis hermanas me llevo bien, con mi madrastra bien, no me gustaba. Yo más paraba en Lima con mis amigos, con mis amigos que me crié de pequeño. Por eso es que no me quería venir al comienzo, después ya me vine. Ya una amiga se fue a Italia, otro a Estados Unidos, mi mejor amigo Lalo también se iba a ir a Estados Unidos, ya están rumbando todos p'acá y p'allí. Y ya decidí venirme, de repente voy a ser el único que me quede en Perú [Toño, Perú, 17].

En cuanto mi madre decidió, dijo: «Les puedo traer a ustedes. ¿Quién quiere venir?». Mi hermana, claro, estaba en una condición mala con mi tía y dijo directamente: «Sí, quiero ir, quiero ir». Tenía 12 y yo tenía 13 años. Mi hermana fijo que se iba, pero yo no quería dejar a mi padre al igual que la primera vez. Fue como decidir otra vez. ¡No me quería venir! Pero entonces pensé: mi hermana va a un sitio diferente, va a estar sola. Ahí en Ecuador podía ir a visitarla y tal, pero aquí ya la iba a perder totalmente. Me supo muy mal y entonces me di cuenta que mi padre, al tener otra mujer y otro hijo que era pequeñito, pensé: «Bueno, mi padre su vida la tiene rehecha ya, le va a dar igual si me voy o no»... Ya decidí que venía yo también después de mucho pensar, mucho llorar por las noches de rabia, de angustia, de impotencia y no saber qué hacer [Christian, Ecuador, 16].

Tuve anteriormente la oportunidad de irme a los Estados Unidos, la decisión la tuve un día meditando... Los últimos días fueron atroces, con pena, al final ya quería tomar el avión y venirme, estaba que explotaba, fue fuerte igual dar el paso. De primero era por buscar una nueva opción, ya que allá en Chile las cosas estaban muy difíciles, lo que es el estudio, el trabajo, el sueldo, se pagaba muy poco y para seguir pagando universidad no alcanzaba. Así que, como me dijeron que aquí los estudios eran más económicos, pues me vine a trabajar y ver si puedo estudiar en algún momento. Llegué a Cataluña hace un año exactamente, me vine por motivos personales, por superación de mí mismo, fui invitado por unos tíos, al principio eran sólo vacaciones pero me di cuenta que podía hacer una vida acá, de momento la vida va bien [Damián, Chile, 22].

—¿Qué te pareció cuando tuviste que venir aquí?
Marina: Primero no quería venir, pero luego vine... Bueno, es que no me quería venir. Pero después pasó el tiempo y... no me quiero volver pa'Argentina.
Jose: Yo al principio tampoco me quería venir por no dejar allí a mis tíos, a mi familia. Pero una vez que estás aquí... [Grupo Discusión 3, Barcelona barrios].

Cuando estuve a bordo del avión

Y entonces se tramitó todo, mi padre nos ayudó a hacer los trámites. A ver, mi madre no tenía papeles, los papeles los tiene hace poco. Lo único que hacía era enviar dinero para que allá se tramitaran igualmente, sin permiso de residencia. Sacar tu pasaporte, tu billete de avión, te piden datos de la policía conforme a que no tienes problemas y ya está, puedes venir. Tienes que tener el pasaje que te dan del avión conforme que tú vas de vacaciones, durante un plazo de treinta días, de turista. Entonces se supone mi hermana y yo íbamos por treinta días y después nos regresábamos, pero ya estamos aquí desde hace... (risas). Yo creo que todo el mundo en el fondo siente algo cuando sale, porque yo cuando estuve a bordo del avión, empezando por que me despedí de mi padre y fue la primera vez que le vi llorar a mi padre, bueno, abrazó a mi hermana y mi hermana pasó de él y se fue, y mi padre cuando me abrazó a mí se le fueron las lágrimas, no pudo aguantar, se puso a llorar y yo también, nos despedimos, se dio la vuelta y se fue y no se dio más la vuelta, para que no lo viera llorar. [...] «Si lo veo será dentro de mucho, mucho tiempo.» Es un sentimiento, no sé, como si te arrancasen algo, se siente una tristeza muy grande. Y más que todo porque del aeropuerto se veía el sitio donde vivía, las canchas, y tanto mirar tanto mirar a mi casa que ya no aguanté más y me puse a llorar. [Christian, Ecuador, 16.]

El viaje... en primer lugar, como yo tenía un negocio allá, un buen negocio tenía (ríe), tenía unos ahorros, pero no era mucho, unos 400 dólares, pero me faltaba porque para el viaje necesitaba 3.000 dólares, bueno, 2.000 que me salía el billete para entrar como turista y 1.000 para mostrar. Y bueno, entonces el resto fue que me presté los papeles de mi hermana de su casa, porque mi papá no podía hipotecar para sacar un préstamo por el motivo que ya estábamos hipotecados por una deuda que habían tenido antes, y mi hermana me prestó sus papeles y saqué un préstamo, del cual tenía que pagar un interés del 5%. Y saqué este préstamo con los papeles de mi hermana para completar los 3.000 (ríe). Con esto me vine pero por el momento ya terminé de pagar [Gisela, Bolivia, 20].

Me gustó mucho coger el avión, miraba hacia abajo y pensaba: «Estoy volando y estoy pasando por encima de las casas, de las personas!». Pero después llegas y piensas en la familia que has dejado allí, en los amigos, y te pones triste. Lo primero que me sorprendió fue el aeropuerto que era enorme, allí no hay la A, la B y la C, es uno y punto. Tampoco me puedo olvidar que me perdieron la maleta con todas mis cosas y nunca me la devolvieron. Llevaba toda mi ropa y entonces los primeros días no tenía nada, tuve que comprarme todo nuevo y ésta es la anécdota: «¿Dónde estará mi maleta?» [Vanessa, Ecuador, 13].

El viaje fue muy bonito porque nunca había viajado en avión: cuando viajé estaba encima las nubes y se veían como algodón. Fue mi madre la que nos trajo a los dos porque mi padre se quedó aquí por el motivo que mi papá aún no tenía los papeles regularizados. Mi mamá sí y entonces aprovechó para hacer la reagrupación o no sé qué y nos trajo. Yo me acuerdo que salimos un 8 de marzo y pasó un día y aquí llegamos un 9. Incluso llegamos cuando había empezado el mundial y estaba mi país... A la primera ronda lo mandaron a casa [Yankee, Ecuador, 16].

La llegada fue horrible

La llegada fue horrible; cuando me bajé del avión la policía me detuvo por 5 horas, sin dejarme entrar porque venía con un pasaje abierto por un año y claro, esperando, esperando; al final me dieron 20 días de estadía, por el dinero que traía. Así que las 17 horas de vuelo más las 5 horas que estuve ahí en policía fue fatal. Aquí en el aeropuerto de Barcelona, cuando llegué, me sacaron de la fila donde estaban entrando toda la gente que venía en el avión, empezaron a tirar a los sudamericanos y a los chinos hacia un lado, se los llevaba la policía, cuando llegué éramos sólo sudamericanos los que habíamos y ya en ese momento habían deportado a tres chinos que venían con pasaporte japonés. Las preguntas eran: «¿A qué vienes?, ¿te vienes a quedar?, ¿por cuánto vienes?, ¿cuánto dinero traes?». Todo eso te lo preguntan para ver si uno viene a quedarse. Diciendo que venía por vacaciones solamente me dieron veinte días y ya salí de ahí. Se veía que estaban sacando a todos los latinos que venían, los estaban tirando a un lado, justo ese día como una redada que estaban haciendo a todos los pasajeros que venían. Devolviendo a la gente a su país [Damián, Chile, 22].

No sé por qué no me acuerdo (de los primeros días). Pobre, mi madre, le di un susto, mis padres me dijeron que tenía que coger el autobús hasta Plaza Catalunya y se ve que mi tío se lió y me dijo que bajase en Sagrera y claro, cuando me bajo no había nadie, y bueno, y nada, mi madre preocupada, ellos estaban en Catalunya y yo mientras tanto estaba en mi casa, había preguntado y había llegado sola. Y nada, volví y empecé el instituto [Brenik, Ecuador, 16].

Los metros... (ríe) yo le pregunté a mi mami: «¿Y eso qué es?». Y cuando llegué lo cogimos para ir a mi casa y mi mami me preguntó si estaba asustada de cogerlo y yo le dije que no, pero meterme ahí me daba miedo porque estaba medio oscuro, pero bueno [Mélani, Ecuador, 16].

—¿Cuál es la cosa que os ha impactado más o de la que os acordáis del día que llegasteis aquí?
Álex: El frío, ¡mucho frío!
Eduardo: Aquí en invierno anochece rápido, en cambio allá no, se pasa todo el día sereno.
Christian: Allí no hace mucho frío como aquí.
Eduardo: Todo el año está caliente.
Cecilia: Todo el año hace calor allí y se puede ir a la playa.
Eduardo: No hace ni calor ni frío. En invierno es como si estuviera así normal. Aquí, por ejemplo, en verano en la madrugada hace mucho calor, allí no, corre aire [Grupo Discusión 2, Barcelona barrios].

Fue muy duro al principio

Cuando yo llegué mi madre trabajaba interna y me tuvo que conseguir un sitio donde quedarme y pues no era un sitio con muchas comodidades, nada que ver con mi casa en Colombia, nada que ver con nada de lo que yo tenía allá. Al principio fue un poco duro, no tanto por estar acá, sino por la difícil situación que viví al principio. Me esperaba una cosa totalmente distinta. Sabía que no iba a ser fácil, pero tampoco pensé que fuera así. Fue muy duro al principio [Pablo, Colombia, 19].

A mi mamá no la veía de hacía dos años... Ya aquí en España mi madre se enfadó de tal manera que me dio una bofetada en la cara, no nos hablamos durante una semana, porque me tocó ya muy dentro mi madre y más si no me había pegado nunca... En Ecuador no se suele golpear en la cara, es el típico correazo en el trasero, por ejemplo, mi padre siempre me decía, y yo lo escuché decir a muchas personas y yo también lo pienso, que el hecho de tocarle la cara a un hijo es un poco demasiado ya. Porque los castigos que daba mi padre eran siempre en el culo, como que tenía su taller allí era coger un palo y me decía: «Date la vuelta y agáchate» [Christian, Ecuador, 16].

Había mucha gente latina. Yo amigos no pensaba encontrar porque como siempre cuando eres nuevo te quieren ver, como en todos sitios, la cara de tonto. Pero no, llegué y toda la gente estuvo a mi lado, toda la gente fue amable: me recibían, me querían. Por eso por una parte me sentía bien y por otra no. Extrañaba mucho a mi abuela, pero mi mamá todo los días hablaba conmigo: «Mira, que te trajimos aquí para que aproveches, que estudies». Y yo decía: «Bueno, pues me quedo». Ahora cuando estuvimos allí (este verano fueron de vacaciones a Guayaquil) ya no me quería venir... [Yankee, Ecuador, 16].

No entendía nada

Al principio no entendía nada. Mira, un canal de televisión donde daban el Chin Chan y me hacía gracia verlo y mi madre me dijo que era en catalán, yo entendía alguna cosa porque se parecía y ya está [Christian, Ecuador, 16].

Hay mucha gente que te trata como inferior porque no hablas catalán. [...] [Gisela, Bolivia, 20].

No sabía catalán, no entendía nada, me tuvieron que llevar a refuerzo y a eso. Le dije a un maestro que no entendía el catalán pero me dijeron que poco a poco iba a aprender. Fue difícil aprenderlo, no lo hablo perfectamente, hablo un poco y lo entiendo [Paolo, Chile, 12].

Los profesores son iguales, pero los de aquí hablan otro idioma. Yo no sabía que aquí se hablaba catalán y lo encontré difícil, pero ahora lo entiendo [Rizos, R. Dominicana, 16].

Aquí: acogidas

> Pensaba que todo era bonito, vine muy ilusionado y después llegas...
>
> La Cruz, Ecuador, 17
>
> Como que cambia todo con lo que dejaste atrás.
>
> Carolina, Bolivia, 16

51

La primera impresión al llegar es el contraste entre las expectativas y la realidad: los padres no viven tan bien como esperaban, la vida no será tan fácil como pensaban, el paraíso imaginado se convierte por momentos en un pequeño infierno. El primer choque se da con la nueva vivienda y el entorno residencial. Pasan de una casa amplia rodeada de naturaleza o espacios semiurbanizados a un piso de apartamentos en un medio urbanizado. Deben compartir este espacio con unos padres recuperados, con otros parientes y en algunas ocasiones con otros paisanos (aunque estas situaciones están más cerca de los pisos compartidos que de las *camas calientes* a destajo). No sólo no disponen de habitación propia, sino que deben acostumbrarse a unas normas de convivencia distintas a las de su país de origen (los conflictos por el volumen de la música son un *leit motiv* en los relatos). Cuando salen a la calle, el cemento y el asfalto lo dominan todo: frente a un vecindario donde todo el mundo les conocía, se encuentran con un barrio anónimo, con escasos espacios verdes, y con algunos vecinos que les empiezan a mirar con malos ojos.

Al cabo de pocos días acuden al lugar que a partir de ahora ocupará la mayor parte de su tiempo: la escuela. El recuerdo de este aterrizaje varía en función del nivel educativo, del momento y del tipo de centro —mejor cuando los latinos son numerosos pero no mayoría. La primera sorpresa es el papel de la lengua catalana, que desconocían o consideraban marginal. Frente a las políticas oficiales de cohesión lingüística —las aulas de acogida apenas aparecen— lo relevante es el contraste con la cultura escolar de origen en dos aspectos que ya vimos con anterioridad: los horarios y la autoridad. Si encuentran el apoyo de los compañeros o de algún profesor, el *impasse* puede superarse. Pero si se topan con reacciones racistas —reales o percibidas— se empieza a alimentar un cierto resentimiento.

El momento clave en el proceso de asentamiento es el tránsito de la escuela secundaria al trabajo. Aunque algunos testimonios valoran positivamente experiencias como los programas de garantía social, la mayoría lamenta la situación de liminariedad jurídica a la que se ven abocados entre el final de la escolaridad obligatoria —a los 16 años— y la mayoría de edad —a los 18. Frente a una acogida residencial, escolar y laboral problemáticas, el éxito del asentamiento se juzga en el plano del tiempo libre y de la sociabilidad. La posibilidad de consumir —de acudir a centros comerciales y lugares de ocio— se vive como una equiparación simbólica con los jóvenes de la sociedad mayoritaria. En cambio, la construcción de la diferencia se desplaza a los locales «latinos», al uso de espacios públicos y a la reinvención de una estética «latina». Se trata de un proceso de distinción que analizaremos más adelante.

Cuando vi el piso

> Cuando llegué fui a casa, donde estábamos antes, que era de alquiler. Ahora vivimos en el mismo barrio pero en un piso de compra. Cuando vi el piso me quedé... era como en las películas, como un hotel. [...] Cuando entramos, uaf... era muy pequeño y yo estaba acostumbrada a un sitio grande, yo estaba acostumbrada a ir de una parte a otra de la casa, y aquí vas al lavabo y ya te encuentras las habitaciones y después el salón. Mi habitación no me gusta nada y las primeras noches tenía miedo: estoy en una ciudad que no es la mía, en una casa que no es la mía, me sentía sola [Vanessa, Ecuador, 13].

Había dos parejas, eran ecuatorianos que vivían ahí porque no encontraban un hogar. En el piso hay tres habitaciones y en una dormíamos los cuatro, mis padres, mi hermana y yo. Luego se fueron de mi casa y mi tío también, que se fue a vivir a Mataró, y nos quedamos nosotros solos hasta que vino mi hermana, la del medio. Ella llegó en diciembre del año pasado, lleva muy pocos meses aquí [Brenik, Ecuador, 16].

No tenía habitación, dormíamos todos ahí juntos, duermo con mi hermana y mi otra hermana. Lo que siempre hubiera querido hacer, por ejemplo, es mi habitación pintarla de negro entera, y el fluorescente o el foco o lo que tenga pintarlo de rojo para que la luz no sea blanca ni amarilla sino roja, negra incluso, decorarla así y las paredes llenas de pintadas, así tribales, y llegará el día que lo pueda hacer, cuando sea adulto, incluso por capricho, cogeré una habitación para decorarla a mi gusto, sólo por decir: «Era así como quería mi habitación». Todo viene a raíz de los problemas de siempre con mi padrastro, también es ecuatoriano. A raíz de que vinimos mi hermana y yo aquí, pues él se sentía un poco más... como si nos metíamos en su territorio, se sentía celoso de nosotros, de que mi madre nos prestaba atención y a raíz de ahí surgieron los problemas. A ver, luego los problemas que tenía con mi madre, se discutían siempre por tonterías. Se fue de casa muchas veces y claro, mi hermana y yo más tranquilos, pero mi madre mal, claro, una persona menos, el piso no es que sea muy grande y cinco personas ahí metidas, mi madre, él, mi hermana pequeña, mi hermana y yo, siempre crea un poco de problemas y de tensión dentro de la casa. Y claro, mi madre empezó a enfadarse, porque tenerlo en casa y encima sin trabajar, eso era lo peor de todo, que no hacía nada. Y mi madre por la mañana limpiando restaurantes y por la tarde limpiando casas [Christian, Ecuador, 16].

A la semana me metieron al colegio

A la semana me metieron al colegio y cuando llegué la profesora me dijo: «Estate con los de tercero para que te vayan conociendo, que el año que viene irás con los de cuarto». Se supone que yo debería haber ido a tercero, me pasaron a cuarto y encima que me adelantaron un año, no sabía el idioma. Por eso que repetí. Y por eso me dijeron que hiciera un CPF, para que no desperdiciara mi tiempo, y una vez que ya supiera catalán y ya lo hubiese estudiado me podría volver a matricular. Y ahora haré cuarto de ESO [Toño, Perú, 17].

Cuando llegué me hicieron repetir el curso que había hecho y entonces hice amigos de la clase. Cuando llegué aquí tenía un amigo que era de Ecuador y era de Quito. Después amigas, una era peruana, una es de Ecuador... Y aquí los profesores tienen mucha paciencia, allá son mucho más estrictos, si te portas mal ya se lo dicen al director, aquí no es así, tienen paciencia [Andrés, Ecuador, 14].

Allá destacaba en los estudios y acá ¡uff! Bueno, estás en un país nuevo, ves muchas cosas distintas, ves las cosas con más madurez. Como que cambia todo con lo que dejaste atrás. Conoces a gente que viene. Lo ves todo más claro. En lugar de seguir ahí luchando como que te da ganas de dejarlo todo, pasas de todo [Carolina, Bolivia, 16].

—A los que veníais de fuera, ¿qué os sorprendió más de la ciudad cuando llegasteis?
Pamela: A mí el horario del colegio.
Brenik: Es que allí o vas por la mañana o por la tarde, no vas las dos.
Sara: Que los adultos no nos entienden.
Marina: No, no es eso. De los padres uno dice «no me entienden», pero es para cuidarte.
Brenik: No, como te explico, sí que nos entienden, pero es que los adultos se creen que porque a ellos les pasó una cosa, a nosotros también nos va a pasar.
—Y vosotros, ¿qué pensáis del respeto, de la relación con los profesores?

Jose: ¡Bua! Aquí no hay respeto con los profesores. Aquí nos mandan callar y nos rebotamos.
Nerea: Claro, te mandan callar y dices: «¡No me da la gana! ¡Cállate tu!».
Brenik: Es verdad, cuando te dicen: «Te callas o te vas fuera». Pues nos vamos fuera.
Nerea: Nos escapamos de clase.
Brenik: No. Ahora mismo te gusta ésta, pero en un futuro vas a decir: «¡Anda qué gilipolleces hice!». Y pues te quedas pensando y dices: «Tengo la sensación que la he jorobado un montón, si me sigo comportando de esta manera, de aquí a un tiempo voy a acabar más debajo de lo que estoy» [Grupo Discusión 3, Barcelona barrios].

En las calles no había nadie

(El barrio) me pareció un poco aburrido al principio. Porque todo el mundo estaba dentro, dentro de sus casas, y en las calles no había nadie... Cuando llegué, lloré mucho y mis amigas me decían que no tenía que llorar, yo era muy tranquila y me decían que me tenía que abrir un poco más, pero yo no me podía abrir con ellas... [Mélani, Ecuador, 16].

También me llamó la atención ver la forma que tienen las esquinas de las calles, ver que hacen un corte y hacen así... En mi país, en cambio, una esquina es una esquina... Me llamó la atención la gente, la libertad con que la gente sale a la calle... (risas). No sé, vine a ver mucha variedad de gente, de culturas, de formas de pensar. Me gustó... me asustó... Casi todo lo que veía era nuevo para mí y me sentí un poco asustado de pensar qué más podía haber por ahí, el típico miedito a lo que no conoces [Christian, Ecuador, 16].

Cuando llegué aquí yo tuve un amigo, un español, un amigo mío me lo presentó cuando vine al colegio. El primer sitio donde fui fue la cancha y me llevó el Moreno, el amigo dominicano, y me presentó a la gente que ya estaba allá. Dominicanos. A veces van chicas a jugar, la de ahora está en un parque. Me fui a la cancha nueva, fui porque ahí viven mis primos y también hay más gente de mi pueblo. En este parque van también señores a pasar el rato ahí. Cada tarde voy [Rizos, R. Dominicana, 16].

Con mi hermano jugamos a la *play*, salimos a jugar al fútbol, salimos también a la discoteca los domingos. Cuando estábamos en época de cole todos los días íbamos al ADSIS, es un centro abierto, allí jugábamos a futbolín, ping-pong, nos daban clase de informática, o de carpintería o de cocinar. Pero son pequeñas clases de una hora sólo. Yo paraba todo el día metido allí. Desde que abrían por la mañana hasta la tarde. Yo lo conocí porque mi madre me dijo que me iba a matricular para aprender catalán. Y después ya me dijeron que arriba había para divertirse, para que te entretengas, y entonces ya. Yo no sabía, yo pensaba que sólo era que daban clases, y entonces ya empecé a ir allí todos los días. Hice amigos, con los profes también, con las monitoras, digo. Con todos me hice amigos allí [Toño, Perú, 17].

Sin descanso, sin fiesta

El primer trabajo que tuve, fui a trabajar y ya se me pasó el plazo de legalidad y ya vi llegar los veinte días. Trabajé como camarero en una discoteca en el puerto del Masnou, eso era viernes y sábado, después conseguí trabajo en una empresa y ya como la semana se me hacía muy pesada, de lunes a sábado por la madrugada dejé el trabajo en la discoteca y me puse a trabajar de lunes a viernes en instalación de calefacción y aire acondicionado... Sin descanso, sin fiesta [Damián, Chile, 22].

Trabajé en una cafetería, en un bar. De las 4 hasta las 3 y media de la noche. Era muy pesado y ganaba muy poco: 400€ al mes. Trabajaba una semana y los días de fiesta estaba muerta, no podía más. Al comienzo (mi jefe) decía que tenía muchas deudas y no me pagaba. Una chica de mi edad veo que no tengo que trabajar hasta estas horas de la noche: bajar, subir cosas pesadas. Estuve trabajando dos meses y medio, del final del instituto hasta mitad del verano, he tenido un problema y he tenido que salir... [Amanda, Brasil, 16].

Ayudo a mi madre en la limpieza de los restaurantes por la mañana. La empecé a ayudar desde que mi padrastro empezó a trabajar. Sus jefes ni siquiera lo saben, voy para ayudarla y aliviarle un poco el trabajo, que pueda acabar antes y pueda ir a los trabajos que tiene más tarde. Claro, ahora que he acabado el colegio puedo ir un poco más tarde, si no para ir a clase tenía que estar saliendo de casa a las cuatro, las cinco por la mañana. Después cuando salía del trabajo, pasaba por casa, me cambiaba y me iba al colegio [Christian, Ecuador, 16].

Cuido a una señora, a ella solamente acompañarla, no cocino ni nada, le preparo la cena simplemente... Cuando salgo de mi trabajo me vengo aquí a la iglesia a ayudar un momento, a lo que hay que hacer, porque salgo de mi trabajo a las cuatro y media y luego de acá me voy a casa, converso un rato con ella, y luego a dormir y al otro día al trabajo y esto es la rutina de cada día [Gisela, Bolivia, 20].

Hacemos nuestras fiestitas

Lo que más me gustó fue el hecho de encontrar mucha gente diferente, de diferentes países, me gustó la variedad que hay aquí porque en mi país a lo mejor te encuentras un colombiano, que Colombia está arriba de Ecuador, y es de cerca y se le considera raro... En cambio, cuando llegué aquí había marroquíes, paquistaníes, filipinos, chinos, de todos sitios, y entonces me gustó mucho conocer gente de todos los sitios, las formas que tenían de ser, fue una experiencia linda. Salíamos, por ejemplo, por las tardes, íbamos al Cyber, el Messenger fue quien nos cogió y nos puso en la calle. Eran las ganas de ir y conocer gente, de ir ahí y hablar y todo el resto, con el Messenger, y no sé, nos gustó mucho e íbamos todos los días... [Christian, Ecuador, 16].

Los fines de semana rompo esta rutina pero la sigo manteniendo, porque los sábados y domingos aquí, con los jóvenes... O sea, los sábados ayudo a la iglesia, a la mañana a repartir los alimentos y a la tarde ya a limpiar, trabajar sigo trabajando, y después por las noches me voy a ver a mis amigas, y el domingo ya nos reunimos los jóvenes [Gisela, Bolivia, 20].

¡Si salgo! ¡Todos los días estoy en la calle! Pues salimos a conversar por la noche sobre qué hemos hecho en el día, si de repente nos encontramos a unas amigas y nos ponemos a conversar en la esquina. Casi todos los días me conecto en el Messenger. Bueno, yo esto en la esquina de mi casa, pero al frente. A parques no, por mi casa no hay ningún parque cerca. Hay uno pero está un poco lejos, me da pereza subir. Yo voy al lado de mi casa que hay unas gradas y me siento con mis amigos y conversamos, quedamos para salir un día a la discoteca. Siempre, cualquier día hay algún tema de hablar, que alguno se ha ido a la playa, que ha conocido a alguien, siempre, siempre hay un tema de hablar todos los días [Toño, Perú, 17].

Mis amigas son las de clase y a veces vamos a casa de alguna porque nos invita a comer a su casa o salimos a dar una vuelta o a hacer compras al Diagonal Mar o a Glorias, los parques de atracciones. Fuera de la escuela estamos entre nosotras, cuando salimos a pasear no salimos con chicos, pero dentro del instituto sí que tenemos amigos y hablamos y etc. Salimos los viernes porque yo me siento más tranquila saliendo los viernes, ya que tengo todo el fin de semana para hacer los deberes. A veces salimos también los fines de semana. Por ejemplo, un día salimos a comer, quedamos a las dos, cogimos el autobús y empezamos a hacer bromas y hablar entre nosotras. Cuando vamos a los centros comerciales, miramos tiendas o compramos ropa... habitualmente miramos, pero a veces sí que compramos [Vanessa, Ecuador, 13].

Allá desde aquí: asentamientos

> Todos los jóvenes tenemos un propósito, tenemos un sueño.
> Gisela, Bolivia, 20

> Yo daría todo por estar en mi país.
> Yankee, Ecuador, 16

Tras un periodo de acogida que dura unos meses y un periodo de asentamiento que puede durar unos años, llega el momento de tomar una decisión que se considera definitiva: regresar o quedarse. A diferencia de la decisión de venir, que fue tomada por los padres, los jóvenes son conscientes de que ahora esta decisión les corresponde a ellos. Los argumentos para tomarla se verbalizan como un balance de costos y beneficios: ¿he ganado o he salido perdiendo al emigrar? El balance aparentemente es negativo: las condiciones de vida material —representadas por la capacidad adquisitiva— han mejorado desde la llegada, pero pueden ser peores de las que se disfrutaban en el lugar de origen: el dinero aquí cunde mucho menos. En cuanto a las condiciones de vida social, la añoranza de los amigos y parientes no se atenúa con el tiempo y se revive cada vez que se tiene algún conflicto en la escuela o el trabajo. Todo ello se ve agravado por la situación de liminariedad jurídica que nunca se acaba de solventar: con el final de la adolescencia, la preocupación por «los papeles» —de empadronamiento, residencia o trabajo— se traspasa de los padres a los hijos.

El contacto con el lugar de origen se va haciendo más esporádico, pero es igualmente intenso: se envía dinero a padres o abuelos, se habla semanalmente o mensualmente con los familiares y se *chatea* cotidianamente con los amigos. El *Messenger* —y en menor medida la videoconferencia— se han convertido en un instrumento barato y muy efectivo para mantener abierta la posibilidad de retorno. Se trata de un instrumento con el que los adolescentes tienen gran familiaridad: gracias a él ayudan a sus padres a recuperar el contacto con sus familias de origen. Este contacto se revitaliza cuando es posible el regreso temporal, gracias a unas merecidas vacaciones tras la regularización. Para los jóvenes, en cambio, esta visita revive los fantasmas de la primera migración e incluso hace replantear la decisión de quedarse: volver a encontrar a los abuelos y a los amigos tras algunos años de separación, recuperar los olores y sabores de la infancia, les llena de nostalgia. En la mayoría de los casos, sin embargo, el regreso definitivo no es posible: no sólo supone el reconocimiento de un fracaso, sino que son conscientes de que su futuro está aquí: la familia se ha ido trasladando, las redes de amistad se han ido recomponiendo, y las posibilidades educativas y laborales son mayores. La excepción la constituyen dos casos extremos: los que son reenviados con sus abuelas o familiares por haberse rebelado (por ejemplo, por haber entrado a formar parte de alguna organización juvenil) y los que consiguen ahorrar dinero y regresan para formar un negocio. Para el resto, el futuro se escribe en catalán. Incluso los más inseguros reconocen que el sacrificio de sus padres, y sobre todo de sus madres, no puede caer en saco roto.

Aquí ya vienes a cambiar de vida

> Sí, la extraño. Los amigos más que todo, aquí es muy difícil conseguir en realidad amigos, porque en Colombia yo tenía los amigos de toda la vida y es mucho más fácil relacionarse con ellos. Aquí ya vienes a cambiar de vida, a trabajar, a ver por ti mismo las cosas y ya no hay tiempo para los amigos, como hacía antes [David, Colombia, 22].

> Mi calidad de vida comparada con la de Colombia es inferior, lo que pasa es que uno tiene acá más aspiraciones, las cosas son más accesibles. Mi nivel de vida y el de mi madre ha subido mucho en comparación a cuando llegué, pero no como el que tenía allá [Pablo, Venezuela, 19].

> Álex: Aquí es más aburrido que allá. Porque aquí no puedes hacer nada en la calle, ni jugar, en cambio allá sí. Aquí haces algo y ya llaman a la policía.
> —Pero haces algo, ¿el qué? ¿Como qué?
> Alex: Nada. Estás jugando en la calle y ya llaman a la policía.
> Eduardo: Pasó una camioneta por ahí y nos subimos, allí, ya nada hacemos el camino que ella sigue. En cambio aquí la paran y dicen: ¡Bájate! Y te comienzan a insultar [Grupo Discusión 2, Barcelona barrios].

> —¿Diferencias entre Barcelona y vuestras ciudades?
> Jose: Lo mismo, mucho peligro por las noches, y aquí no.
> Marina: Yo creo que la experiencia es que uno está mejor acá. Pues es por eso que yo no me quiero ir. Quiero ir a visitar y eso pero, pero allí la vida es dura [Grupo Discusión 3, Barcelona barrios].

No me quería volver

> Ahora hace poco, un mes, estuvimos en mi país y no me quería volver... Me quería quedar allí. Porque ya vi a mis amigos y mi gente. Es lo que más aprecio y entonces ya te dan ganas de quedarte. Entonces (mi mamá) me hizo una promesa, que si me sacaba el graduado, cuarto, que me mandaba allá 3 meses y claro, voy a intentarlo, voy a estudiar... Mi madre también me dio mucha pena, porque se puso a llorar, un día se puso a llorar porque decía que me había traído con la ilusión de que sea otra persona, de que sea un profesional. Y cuando llora mi madre es como si me pegan una puñalada, porque mi madre es lo que más quiero y entonces me dio mucha pena y me puse a llorar, vi que estaba mal y me puse a estudiar. Me levantaba a las cinco de la mañana a estudiar y yo me daba cuenta de que necesitaba estudiar si quería pasar. A mí, es que yo daría todo por estar en mi país, pero de ver como está... No sé, quizás dentro de unos años me vaya para allá. (Silencio y sonrisas) [Yankee, Ecuador, 16].

> —¿Has pensado volver algún día?
> Ahora no, me lo planteé varias veces hace un tiempo, porque no tenía nada y estaba medio perdido, y aunque ahora no estoy del todo bien, tengo al bebé y, siendo sincero, ésta es una sociedad mejor para que crezca el bebé. Allí en Colombia todo está dividido en clases sociales, en zonas, y vivimos como en una burbuja, pero cuando sales de la burbuja te puedes hacer realmente daño [David, Colombia, 22].

Ahora ya mismo no sé dónde quiero estar, si mi madre está aquí con mi hermana me quiero quedar aquí, pero como ahora mismo está allí con mi hermana, quiero estar en Dominicana. Quiero terminar la carrera allí y luego venir para acá. Me gustaría trabajar aquí [More, R. Dominicana, 19].

El futuro lo veo más aquí

El futuro lo veo más aquí, allá está jodido, porque, la verdad, se paga menos y aquí, aquí sí veo futuro. Salir adelante, conseguir una profesión, por eso que vine aquí. En cuanto me saque el Graduado de ESO, haré un curso de electricidad, me encanta. Ya será mi curso, será mi profesión. Me veo aquí. Claro que quiero volver a mi país, de vacaciones [Toño, Perú, 17].

—¿Cómo ves tu futuro?
Mi futuro estudiando. Quiero ser educadora social o estudiar psicología, pedagogía, ayudar a niños con problemas [Carolina, Bolivia, 16].

—¿Cómo te pudiste matricular en FP?
Por medio de una profesora. Vino al colegio para hablar de la escuela y yo le dije que siempre me había gustado la medicina, me llamaba la atención desde pequeño. Había un doctor al que yo le estuve muy agradecido, que era homeópata, sí, la homeopatía, que es una medicina alternativa. Yo enfermé y me trasladaron de un hospital u otro, a otro y a otro, y nunca supieron decir qué tenía. Estuve muy mal durante mucho tiempo, se me agravó mucho, fiebre, tos y muy mal, y me llevaron de un hospital a otro y no podían curarme, lo diagnosticaban bien pero a lo mejor se equivocaban de tratamiento, no sé, ignoro qué fue. Al final me llevaron al homeópata y en el plazo de dos semanas sentí mejoría, y fui al colegio ya, me recuperé totalmente y me sentí muy agradecido con él. Me gustó mucho cómo la medicina puede ayudar a personas. Le comenté eso a Carmeta y se ve que le gustó y me hizo entrar en su colegio (auxiliar de enfermería) y fui ahí sin papeles [Christian, Ecuador, 16].

Por lo menos darles una alegría a mis padres, ya que han hecho el esfuerzo de traerme aquí. Es que ellos quieren que seamos nosotros lo que ellos no han sido en su vida: un profesional. Ahora como viene la temporada de la uva me quiero poner a trabajar para darme yo mismo el estudio y ya le he dicho que ya bastante sufrimiento le he dado yo, ha gastado mucho en mí, mi madre un montón, como soy su hijo primero y me quiere mucho, pues... Ya le he dicho que no gaste, que ahora me voy a trabajar la uva. Darme yo mismo el estudio y lo que quiero es ganar dinero para cuando esté en el colegio, ahora cuarto, como dicen que el inglés es más avanzado, meterme a un curso académico para sacarme el inglés [Yankee, Ecuador, 16.]

3
Jóvenes 'latinos' en Barcelona: identidades culturales

Carles Feixa y Laura Porzio

Tanto si los jóvenes toman la decisión de quedarse como si esperan regresar algún día, el resultado suele ser la configuración de una nueva identidad «latina». Se trata de un proceso que podemos denominar de «etnogénesis», es decir, de creación de nuevas fronteras identitarias. Por una parte, estas nuevas fronteras identitarias se apoyan en elementos preexistentes (del color de la piel al idioma verbal y gestual, pasando por los gustos estéticos y musicales). Por otra parte, suponen la apropiación simbólica de nuevos espacios de sociabilidad que emergen de la interacción en la sociedad de acogida (de las redes de amistad a la vivencia del racismo, pasando por los lugares de encuentro y diversión). Las respuestas a esta situación son variables, aunque suelen situarse en espacios intermedios entre dos polos opuestos (del «encapsulamiento» en el grupo de origen a la «disolución» en la sociedad de acogida). Cuando no se cae en ninguno de los dos extremos, surge una nueva identidad étnica —que tanto ellos como sus coetáneos denominan «latina». Esta nueva identidad es fruto de un doble proceso: por una parte, de la confluencia de identidades nacionales previas (tanto de *allá* como de *aquí*); por otra parte de la interacción con identidades generacionales nuevas (las culturas juveniles de la sociedad de acogida). Para los jóvenes, 'ser latino' es algo muy distinto a lo que esta expresión significa para sus padres: además de un viaje en el espacio, los jóvenes también llevan a cabo un viaje en el tiempo (generacional). En este capítulo analizaremos las identidades culturales de los jóvenes, cuyas historias de vida hemos escuchado en el apartado anterior. Nos centraremos en sus redes de sociabilidad, en particular aquellas que se expresan por su presencia en el espacio público. Empezaremos observando qué entienden por «*ser latino*», seguiremos analizando las *redes de amistad* y enamoramiento que esta identidad genera, profundizaremos en las *prácticas culturales* en las que se sustenta (lenguaje, música, estética), evocaremos las *retóricas de 'exclusión'* que surgen de la interacción con la sociedad de acogida, y acabaremos analizando cómo y por qué se traduce en *formas de 'inclusión'* en el espacio público.

Ser 'latino'

Tienes manera diferente, tienes gustos diferentes.

Amanda, Brasil, 16

> Si vens de fora, si ets d'un altre país, et jutgen per l'aparença més que pel que ets.
>
> Vanessa, Ecuador, 13

En las entrevistas, «ser latino» aparece como un concepto ambiguo, resultado de la interacción con otros jóvenes en determinadas «situaciones» sociales (el entorno escolar, el espacio público y los lugares de ocio). No se trata de una identidad primordial, pues la conciencia de ser latino no existía en el lugar de origen, sino que se (re)produce al llegar aquí. Se trata más bien de una identidad «situacional», fruto del juego de miradas con los iguales —otros jóvenes migrantes de América Latina con los que comparten vivencias—, con los coetáneos —los migrantes de otros orígenes, los jóvenes autóctonos, muchos de ellos también hijos de inmigrantes, que a menudo los rechazan— y con los adultos —sus propios padres, los educadores, las autoridades, etc.

Durante el proceso de llegada, acogida y asentamiento, se producen muchas «situaciones» en las que de repente descubren ser «latinos»: el *aula d'acollida*, ir a *armar bulla*, reunirse en la iglesia, los problemas con la policía, etc. Todas estas situaciones se basan en un juego de miradas entre los de *aquí* y los de *allá*. Ante el rechazo a ser juzgado sólo por la «apariencia» sólo caben dos opciones: disfrazarse de «autóctono» para pasar desapercibido o reforzar esta apariencia para unirse a los que padecen cotidianamente esta situación. Sin embargo, la mayoría son conscientes de que deben mantener cierto equilibrio: sólo aquellos que «no quieren estar aquí» y quieren regresar pueden permitirse no relacionarse con catalanes.

La justificación de esta diferencia remite a una serie de estereotipos culturales —«no tenemos las mismas costumbres», «nos entendemos de otra manera»— que curiosamente son asumidos también por jóvenes de otros orígenes —como los estudiantes africanos y asiáticos del grupo de discusión— que ven a los «latinos» como un grupo homogéneo y que se sienten atraídos por sus formas de presentarse en público. Sin embargo, el fundamento de esta nueva identidad es una situación de liminariedad jurídica, que aparece como un *leit motiv* en todos los relatos. Para los jóvenes, «no tener papeles» —o más bien no tener todos los papeles— tiene consecuencias distintas a las que tiene para sus padres. De momento no les preocupa no tener seguridad social, pero sí no poder legalizar sus títulos académicos, no poder entrar en programas de transición al trabajo, y sobre todo el miedo a ser detenidos por la policía en una redada y pasar dos días en el centro de internamiento para extranjeros con la amenaza de la repatriación.

Muy latina como quien dice

> Es que nadie se cree que soy ecuatoriana, no es que me moleste pero tengo una amiga que es así muy... muy de esto, muy latina como quien dice... Una vez estamos en la calle y conocimos a unos chicos que me preguntaron por qué iba con ella ya que era española y yo le dije que yo no era española y que a mí no me metiesen en eso. Es que el problema entre latinos y españoles...
> —¿Qué quieres decir con 'chica muy latina'?
> No sólo por los rasgos, no sé, es muy... que habla sólo así, que está sólo con latinos, que no se lleva bien con los españoles, que no quiere estar aquí y volvería a su país... que no se adapta, ¿sabes? Ella dice que lleva lo latino en la sangre, en su forma de bailar, en su acento, en su forma de ser... [Brenik, Ecuador, 16].

—¿Tú crees que las chicas latinas visten diferente?
Muchas que yo conozco sí. Las que ya llevan más tiempo se visten como las catalanas. Yo me falta un poco de tiempo para acostumbrarme.
—¿Tú de qué lugar te sientes?
De mi país, no me siento mucho de aquí.
—¿Y latina?
Sí, tienes manera diferente, tienes gustos diferentes, de música, de vestirse, el tiempo, la fiesta, gustas después los ritmos, después tu país, no sé explicarte [Amanda, Brasil, 16].

Poco a poco fui hablando con un amigo, que todavía es amigo mío, se llama R. y es ecuatoriano, yo era de la sierra y él era de la Amazonia y después conocí a otro que era de la costa, se llama I. Los tres nos llevamos bastante bien, fuimos amigos hasta que terminó el colegio. Y nada, siempre íbamos los tres y luego R. ya se distanció un poco porque él, no le entiendo yo a él, no le gusta que le vean como ecuatoriano, hace ver que es de aquí. Por ejemplo se empezó a vestir como... mmm el típico español que va con ropa ajustada, delgado, todo blanquito, pelos de punta... optó por esa forma de vestir, por esta estética. Yo sé que en el fondo no es él así, pero es lo que empezó a aparentar. También cambió la forma de hablar con la forma de hablar que tienen aquí, sus amistades cambió, de ser de ahí variaron, se hizo sólo con españoles... Lo que no me gustó es que diese la espalda a lo que es él, él es ecuatoriano y con orgullo que es ecuatoriano, porque no es nada malo, pero es que a él no le gusta, él a lo mejor cuando ve a otro ecuatoriano dice: «¡Qué hace ese payaso!». E incluso llega a insultarlo. Porque a lo mejor lo ve todo de ancho, ancho y moreno, un ecuatoriano, ecuatoriano [Christian, Ecuador, 16].

No tenemos las mismas costumbres

—¿Cómo creen que ven los jóvenes catalanes a los latinos?
Chico: Como un paisano.
Rosa: No tenemos las mismas costumbres, algunos no tenemos la misma religión.
—¿Salsa no saben bailar?
Chica: Algunos sí, algunos les gusta el regue. [Grupo Discusión 1, Barcelona centro].

He ido a ver partidos oficiales, el Gamper también. Incluso cuando jugó mi país también, contra Cataluña, también fui. Al ver los colores de mi país así, en directo, era una emoción que sentía por dentro. Ya después, al verlos jugar, me dio náuseas porque nunca los había visto jugar tan mal: habían venido sólo con suplentes. El público animaba a Ecuador. Cuando pusieron el himno nacional lo cantaban, o si no se ponían a corear: «Ecuador, Ecuador» y con banderas y todo. Era una emoción que sientes por dentro al ver a tu país, ¿no?, y tu gente, apoyándote... [Yankee, Ecuador, 16].

—¿Los latinos van distintos de los catalanes?
Todos: Síííí.
—¿En qué se diferencian?
Amadou: Yo veo que ellos tienen su forma de vestir, de americanos: los pantalones hasta abajo... como raperos. A mí también me gusta (todos ríen).
—¿Cómo veis a los jóvenes latinos?
Mohamed: Bien.
Amadou: Les gustan mucho las fiestas, para mí son divertidos.
Salid: Son muy buenos, me gustan los vestidos, si yo estoy con ellos me visto como ellos, con mis paisanos como ellos, cambiar... [Grupo Discusión 1, Barcelona centro].

Brenik: Como saben hace poco mataron a un chico aquí, en Berga. Ya pues todo el mundo estaba ahí diciendo cosas. Y en Madrid mataron también a un chico, dos

dominicanos y un ecuatoriano mataron a un chico. Y mira, me dio mucho coraje que saliera en la tele un chico de éstos más o menos *skinhead* gritándole a unos latinoamericanos que estaban en un balcón: «¡Hijos de puta!». ¿Tú te crees que eso es normal? No, porque por ser sudamericano nadie tiene la culpa. A mí me da mucho coraje.
Pamela: Es que generalmente nos acusan de que por ser todos de ese país vayamos a ser iguales.
Brenik: ¿Todos los españoles son franquistas porque los de ahí eran unos *skinheads*, no?
Marina: Eso es porque cada país, cada nacionalidad tiene su, por ser argentina... pero es así, es así.
Pamela: Dicen que los colombianos por drogadictos, los peruanos por rateros, los ecuatorianos por borrachos.
Marina: No, a mí los ecuatorianos lo que me dicen es que pegan a su mujer pero en realidad... (hablan todas a la vez).
Pamela: En realidad todo el mundo (no se entiende).
Nerea: A ver, a los chicos de aquí y de fuera yo sí que les veo diferencias. ¡Yo tengo amigos latinos y amigos de aquí y es que son tope diferentes! [Grupo Discusión 3, Barcelona barrios].

Sólo pediría papeles

La cosa que falta más para los extranjeros de aquí son los papeles, que son muy difíciles de obtener. Yo conozco muchos amigos que se han marchado para su país porque no tenían papeles. Sólo pediría papeles para los extranjeros. Primero los padres tienen que tener los papeles. Y si los padres no tienen papeles, peor todavía. Se van todos a su país. Yo conozco mucha gente que se ha marchado a su país por no tener papeles [Amanda, Brasil, 16].

—¿Tenéis arreglados los papeles?
No, ni yo ni mi hermana. Mi madre tiene la primera tarjeta de residencia y aún es poco, necesita la segunda para hacer reagrupación familiar. El cuarto de la ESO lo hice bien y tuve el Graduado, bueno, no me lo han dado porque no tengo papeles, tengo el resguardo, me dijeron que cuando tenga papeles vaya ahí y me lo tramitarían. Ahora estoy estudiando FP...
—¿Cuándo acabes, podrás trabajar?
En teoría no tendré tampoco el título válido hasta que no tenga papeles [Christian, Ecuador, 16].

Me sacaron (del trabajo) por los papeles, no me salieron los papeles. No me metí a la regularización, no tenía el resguardo, sin resguardo me dijeron con buenas palabras que hasta que no me salieran los papeles no podía seguir en la empresa, creo que ya habían multado. Yo creo que los jóvenes que vienen como yo, la necesidad que pueden tener, es tener bien los papeles y poder trabajar correctamente, ¿sabes?, que no te estén pagando menos y no andar asustado porque te puedan deportar un día. Yo creo que es la más principal, tener los papeles. Ser legal. Yo lo único que estoy esperando es que me salgan los papeles de una vez para poder hacer lo que aprendí, que es montar calefacción y aire acondicionado. A ver si puedo hacer los cursos de electricidad, sacar los cinco carnés que hay, y nada. Empezar a trabajar. Sin los papeles no puedo estudiar tampoco [Damián, Chile, 22].

Bueno, en cuestiones de empadronamiento no tuve problemas. Me empadronó una amiga. En mi caso no pago alquiler, acompaño a esta señora mayor, no me paga ni le pago yo, nos ayudamos mutuamente. Entonces hay una señora que le hace la limpieza, porque yo solamente voy a dormir allí, porque trabajo de interina como se dice aquí, trabajo todo el día en otra casa por Sarriá y bueno, entonces me decía mi tía: «¡Tienes que empadronarte, tienes que empadronarte!», y yo no sabía cómo era este asunto. Entonces la señora ésta me dice: «Yo te puedo empadronar». Y yo digo: «¿Y la señora no me puede empadronar?», «No, es que no sé en qué le afecta», «Ah, bueno, entonces para que me niegue mejor no lo intento —dije yo—, si tú estás de acuerdo, pues acepto que me empadrones». Ella es ecuatoriana, pero ya tiene mucho tiempo, tiene sus hijos, una hipoteca, no sé qué... Y bueno, entonces me empadronó [Gisela, Bolivia, 20].

Redes sociales

Somos amigos entre nosotros.

Vanessa, Ecuador, 13

(Con españoles) me siento un poco incómodo... la forma de actuar de ellos es diferente.

Christian, Ecuador, 16

El primer espacio de confluencia de esta identidad «latina» suele ser el medio escolar, sobre todo en los primeros meses después de llegar a Barcelona y durante el tránsito a la escuela secundaria. Cuando llegan al instituto, los jóvenes se encuentran con otros latinos como ellos, que viven en los mismos barrios o se concentran en los mismos centros, y tienden a refugiarse en el grupo del mismo origen (cosa que también suelen hacer los autóctonos, que refuerzan sus propios vínculos y símbolos étnicos). Ello se traduce en unas redes de sociabilidad que tienden a ser homogéneas desde el punto de vista étnico (el «círculo» se cierra hacia dentro). Incluso cuando se participa en ámbitos de sociabilidad más formales —como las parroquias, las iglesias evangélicas o los centros socioeducativos—, casi siempre se encuentran con latinos como ellos. Ello se resume en una frase reiterada: «somos amigos entre nosotros». Casi todos reconocen tener también amistades con españoles y catalanes, pero incluso los que no tienen problemas de integración y hablan catalán perfectamente tienden a establecer un círculo de amistades con latinos.

La excepción la constituyen las relaciones de amistad —y enamoramiento— entre chicos latinos y chicas españolas (que como veremos después también se reproducen en las pandillas). Ello se justifica mediante estereotipos de género: los chicos «latinos son 'más machos'», visten con más estilo (van de raperos) y saben cómo tratar a las chicas; las chicas autóctonas son «más liberales», visten con más desenvoltura y no son tan racistas como sus coetáneos. Sin embargo, estas relaciones de pareja pueden ser el «nodo» que permite a las redes sociales abrirse e interconectarse: ello favorece las interconexiones y a medio plazo sirve para superar los estigmas nacionales.

Las estrategias para enfrentarse a este «encapsulamiento» son variadas: camuflar los signos diacríticos para «pasar por español» o refundar una identidad nacional o latina cuestionada (lo que se pone en relación con la voluntad de regresar al país de origen). Incluso en aquellos casos en los que se opta por la primera opción —como sucede con aquellos jóvenes que optan por hablar en catalán—, el estereotipo externo no se abandona fácilmente. En cualquier caso, las soluciones interculturales sólo son viables en aquellos medios escolares o residenciales en los que la presencia latina no es mayoritaria. Mientras los inmigrantes sigan concentrándose en determinados centros escolares y en determinados barrios, los enclaves étnicos seguirán existiendo como forma de autoprotección y al mismo tiempo como base del estigma.

La mayoría eran inmigrantes

—¿Cómo estaba compuesta la clase?
Veinte personas dispuestas en dos hileras de dos filas. Mis compañeros eran filipino, filipino, marroquí (reconstruye visualmente la clase), ecuatoriano, ecuatoriano, chileno, colombiano...
—¿Catalanes no había?
No, no había ahí sino uno, David, es cierto, el español que estaba a lado de la chilena, era el único en toda la escuela, por el hecho de estar en este barrio, la mayoría eran inmigrantes [Christian, Ecuador, 16].

Nosotros somos seis chicas: tres ecuatorianas, una argentina, una rusa y una española. Tenemos una manera de tratar diferente, mientras que hay un grupo de chicos y chicas que todos son españoles. Hay otro grupo que son sólo chicos de Sudamérica y del centro, no coincidimos en nada. Nosotros tenemos una forma de vestir diferente de la que tienen ellos, por ejemplo, esto del tanga a mí no me gusta, aquí las chicas son muy sueltas, nosotros somos más sencillas, nos vestimos así mientras que las otras se ponen un escote así y se suben el tanga para que se vea y... A nosotros nos juzgan a veces por la forma en que vestimos, nos toman el pelo y nos dicen que nos vestimos como las chicas de los años sesenta [Vanessa, Ecuador, 13].

—¿No te relacionarías con chicos españoles o catalanes?
Claro, si es una persona simpática, el hecho de ser ecuatoriano no quiere decir que vaya sólo con ecuatorianos. Para ser ecuatoriano no tienes que ir sólo con españoles [...] Lo que quiero decir es que yo me considero bien ecuatoriano... Si quedamos algún día (con gente española) no me importa quedar con ellos, siempre me siento un poco incómodo.
—¿Por qué?
Porque la forma de actuar de ellos es diferente.
—Dame un ejemplo.
Por ejemplo, vas por la calle y nosotros, ecuatorianos, vamos siempre haciendo bromas, a lo mejor un poco pesadas; de tanto en tanto, nos burlamos de alguna persona que pasa y nos pasamos un buen rato. En cambio ellos van un poco más en plan serio, en plan agrupados. Cosas así, más que todo, no sé, la forma de hablar incluso que tienen. Cuando vamos con mis amigos ecuatorianos por la calle, vamos hablando de nosotros, de cosas que nos han pasado y tal, pero cuando vamos con españoles te das cuenta que se dispersan un poco, se van cada uno a su lado, a lo mejor se agrupan otra vez y se ponen a conversar [...] [Christian, Ecuador, 16].

Se funda una amistad

(Mis amigos) en su mayoría son latinoamericanos: ecuatorianos y de mi patria, chilenos. Se conoce a la gente en el lugar de trabajo, se inicia una relación después, se junta uno en el tiempo libre y nada, se funda una amistad [Damián, Chile, 22].

—¿Para ti es importante tener amigos latinoamericanos?
No. Me gusta llevarme bien con todo el mundo... El hecho de ser sudamericana no tendría que ser motivo para estar sólo con sudamericanos, a mí me da igual. Mi grupo somos todos latinos, hay sólo un español, pero en clase yo me llevo bien con

todos y con los grupitos de españoles que hay yo me llevo bien. Yo cuando voy caminando por el instituto y veo grupitos de españoles, yo me acerco y hablo con ellos y lo mismo cuando veo un grupito de ecuatorianos con los que me llevo bien, yo no tengo problema con nadie. Mis amigas dicen que no tragan a los españoles, así por ser españoles, y yo no estoy de acuerdo. Se enfadan conmigo porque me llevo con ellos y yo les pregunto qué conclusiones sacan en llevarse sólo con (latinos). Y ellas me dicen que los ecuatorianos somos... a ver cómo lo dicen, que guardemos más amistad, que somos más sinceros [Brenik, Ecuador, 16].

—¿Cómo es vuestro grupo de amigos? ¿Con quién salís?
Yesabel: Yo salgo con los de mi país o ecuatorianos.
—¿Y por qué?
Álex: Yo porque, por ejemplo, los latinos se entienden más que los españoles. Por ejemplo, aquí pueden andar un italiano y un español y no sentirse mal.
—Mira, ¡lo has adivinado! ¡Como nosotras! (las entrevistadoras son catalana e italiana).
Álex: Pueden andar uno que sea de América Latina, un ecuatoriano y un español, porque ya deben estar acostumbrados a ir con ellos. Porque yo tengo un amigo que está en cuarto aquí, que anda con nosotros, porque ya desde que vinimos lo conocí.
Christian: Es que hay españoles que son divertidos y algunos que son aburridos. Hay algunos que les gusta ir haciendo tonterías por la calle y hay otros que no [Grupo Discusión 2, Barcelona barrios].

—¿Tienes amigos españoles?
Muy pocos. Latinos, con ellos me relaciono mejor. Con los españoles yo no... no sé, no puedo relacionarme bien con ellos. Yo me cambié de cole y luego volví a éste. Me cambié de casa y resulta que vivo un poco lejos y me fui a un colegio de españoles. Yo ya me sentía mal porque las chicas no eran muy amistosas. A mí no me gusta mucho relacionarme, me cuesta, pero hay veces que sí que puedo, depende de la persona también. Las chicas de allá eran muy peleonas y discutían también entre ellas y a mí no me gustaba [Mélani, Ecuador, 16].

Les atraen los latinos

A las chicas españolas les atraen los latinos, los dominicanos, yo no sé si por el color o qué, pero algunas se ponen de novias con ellos. Ellos las critican, pero si lo hiciéramos nosotras lo verían peor [María, R. Dominicana, 23].

Pos nada, que aquí me he dado cuenta que aquí, a las españolas, les gustan más los que visten raperitos. Me he dado cuenta que los que visten de raperos salen con bastantes chicas guapas españolas Tengo amigos latinos que tienen unas mujerotas, ¿me entiendes? ¡Guapas! ¡Guapísimas! Dicen que los españoles con las españolas, pero no. Yo conocí a una amiga: «¿Tú eres latina?». «No, soy española». Me quedé frío, estaba saliendo con un latino. Eso fue recién llegué. Los latinos salimos con cualquiera. Vi raro que los latinos salieran con las españolas, eso es lo que vi raro [Toño, Perú, 17].

Nerea: Los latinoamericanos son como más...
Pamela: Pegajosos.
Nerea: Sí, pero les gustan mucho las pavas, van con muchas y en cambio a los españoles no, les gusta una y les gusta una, son más serios, ¿no?
Marina: Los españoles, imagínate que quieren enrollarse con vos, los españoles vienen y te piden rollo directamente, y los latinos no...
Sara: Son muy directos.

Brenik: Mi hermana ya es mayor de edad y me contó que recién llegó, hay muchas palabras que no se usan allá. Y un español le dice: «¿Te echas un polvo?». ¡Y mi hermana pensando qué era eso! Se pensaba que era algo de droga y todo eso. Y le volvió a preguntar: «¿Pero echamos un polvo sí o no?». Y mi hermana se lo pregunta y le dice que es hacer el amor. Pero es que son tope de lanzados. Y tú a un latino que conozcas te va diciendo: «Mi amor...».
[*Hablan todas.*]
Brenik: El latino te va diciendo: «Ah, estás guapa, estás...». Te va como quien dice...
Pamela: Camelando.
Brenik: Bajándote las estrellas (hablan todas). Tú te crees más que bobadas.
Nerea: Ya, claro, el proceso será más lento o más largo, pero es la misma conclusión casi.
Sara: Es que te halagan y te halagan.
Pamela: Mejor que te halaguen y no que directamente te digan vamos a echar un polvo.
Nerea: También dicen que las chicas de fuera se dejan tocar mucho, que son muy putillas.
Pamela: ¡¡¡Noooo!!! ¿¿¡¡Cómo, cómo!!??
Brenik: ¡¡¡Bueno!!! Tú nunca en Ecuador vas a ver que se vaya por la calle metiendo mano.
Marina: ¡La novia no va tocándole el culo! Y acá la mano cae.
Brenik: Ah no, mira, y tú en mi país no vas a ver a dos lesbianas ni a dos gays.
Nerea: ¡Porque sois más antiguos!
Marina: ¡Antiguos no! ¡Ustedes que son unos asquerosos! [Grupo Discusión 3, Barcelona barrios].

Prácticas culturales

> Con esta forma de vestir tengo más amigos.
>
> Andrés, Ecuador, 14

> Nosotros, los sudamericanos, llevamos el ritmo en la sangre.
>
> Yankee, Ecuador, 16

La expresión más visible de esta convergencia identitaria son los cinco elementos clásicos de la cultura juvenil. En primer lugar, el *lenguaje verbal y no verbal*: su idioma castellano los distingue tanto de otros emigrantes como de sus compañeros catalanes. Aunque sean a menudo hijos de emigrantes y tengan el castellano como lengua materna, sus compañeros suelen burlarse de su acento («Nosotros nos entendemos con palabras que ellos no entienden»). Pero como sucede con otros procesos migratorios, la conversión al bilingüismo es una cuestión de tiempo que corresponde a la segunda generación. Más problemático es el lenguaje no verbal, que conlleva muchos conflictos debidos a confusiones e incomprensiones: la suspicacia existente hace que cualquier expresión malinterpretada provoque el recelo e incluso un conflicto abierto.

En segundo lugar, la *estética*: el color de la piel se integra con determinadas maneras de vestir («ir de ancho») y atuendos corporales (las gorras, los peinados), lo que refuerza una imagen de alteridad y homogeneidad que antes no existía necesariamente («Con esta forma de vestir tengo más amigos»). Aunque los autóctonos perciben esta forma de vestir como propia de *allá*, muchos jóvenes latinos reconocen que es sobre todo resultado de su adaptación *aquí*: ya sea por imitación de otros jóvenes latinos como ellos, o porque encuentran estos atuendos en las tiendas con mayor facilidad, la opción de «ir de raperito» o «vestir de joes» es un recurso atractivo. Cuando esta opción es rechazada por la sociedad mayoritaria, el atractivo es todavía mayor y atrae incluso a jóvenes de otros orígenes, como los muchachos africanos del grupo de discusión, que se sienten fascinados por cómo visten los latinos.

En tercer lugar, la *música*: determinados ritmos latinos —con sus formas de baile características— son recuperados y reforzados en el contacto con la sociedad de acogida: es lo que sucede con la bachata, la cumbia o la salsa. En realidad, cuando se les pregunta por los gustos musicales, éstos son tan variados como los de sus coetáneos catalanes e incluyen todas las variedades musicales propias de la cultura juvenil transnacional (rock, pop, techno, etc.), aunque el estilo hip-hop aparece como un factor diferenciador. Lo más significativo, sin embargo, es el papel central de un estilo musical y de baile nuevo para nosotros pero tradicional para ellos: el *reggaeton*. Se trata de una fusión entre el reggae y ritmos latinos surgida en el Caribe y difundida desde hace décadas en América Central y del Sur, que al llegar aquí se convierte en un símbolo de la cultura juvenil y pasa a estar de moda en la sociedad de acogida (gracias a inteligentes campañas de *marketing* que utilizan las melodías de los teléfonos móviles y el atractivo de la transgresión sexual). Los jóvenes insisten en que la manera como bailan el reggaeton es un doble símbolo de distinción que los diferencia de sus padres y de sus coetáneos.

En cuarto lugar, determinadas *producciones culturales* pasan de ser meros «hobbies» personales a convertirse en emblemas identitarios: «rapear», pintar las paredes, escuchar música latina, bailar reggaeton («No hay latino ni latina que no sepa bailar»). Finalmente, ciertas *actividades focales* permiten reunir a la comunidad latina en el tiempo libre: jugar a fútbol, reunirse en espacios públicos, acudir a determinadas discotecas, etc.

Palabras que aquí no se entienden

> El grupo de chicos latinoamericanos son mucho más divertidos, aquí son muy sosos, dicen unos chistes que no hacen gracia, también nosotros nos entendemos con palabras que aquí no se entienden. (A los que vienen de otro país) se burlan de ellos, los ofenden. Los imitan por cómo hablan, cuando deben leer los hacen bromas por el acento y se ríen, y claro, te dicen cosas malas que molestan y te hacen daño... [Vanessa, Ecuador, 13].

> Yo el catalán lo entiendo pero no me gusta hablarlo porque me siento raro. Yo me siento raro porque estoy acostumbrado a hablar el castellano desde pequeño. A veces con los profesores sí, el de catalán dice que si no le hablo en catalán me suspende, y entonces, a veces hablo en catalán y a veces no. Pero mi hermana sí lo domina bastante. Es que, por una parte, yo no lo hablo porque todos mis amigos hablan el castellano y ellos sólo utilizan el catalán para el colegio. Por ejemplo el N., habla el castellano, a él le da igual hablar en catalán o no, pero él lo entiende también [Yankee, Ecuador, 16].

> Nerea: Con el idioma se relacionan un poco mal, con el catalán. Siempre en mi clase: «¿En qué idioma hablamos?». «¡En castellano, en castellano!». Están en Cataluña. A ver, a mí me da igual.

Brenik: A mí me da igual, pero a ver, en segundo de la ESO tuvimos el problema: «¿En castellano o en catalán?». Casi la mayoría éramos inmigrantes y habían dos o cuatro españoles y siempre había problemas: «¿En qué hablamos?». «Pues en castellano». Y nos poníamos a discutir y siempre acabábamos: «¿Pero cómo vamos a hablar catalán si no sabemos?». «Tienes que hablar catalán porque estás en nuestro país».
Nerea: Eso tampoco es, vienes a Cataluña y tienes que hablar catalán. No, pero a ver, estamos en el cole y en el cole enseñan catalán y lo tenéis que aceptar.
Marina: No, yo creo que no. Yo me puedo comunicar con vos en castellano y tendría que hablarles a los profes en catalán [Grupo Discusión 3, Barcelona barrios].

Llevan ropa ancha

Visten rapero, allá le dicen vestir de joes. Hay mucha gente que viste así, también gente de 25 o 30 años. Les gusta llevar viseras, gorras por los lados, que aquí casi no se la ponen. Llevan ropa ancha, con los pantalones casi al culo, a muchos dominicanos les gusta mucho vestir así, aquí también visten así. Los dominicanos se ponen un pantalón ancho, con unas botas, pero unas botas grandes con los cordones desatados y llevan un polo ancho que se lleva hasta el culo, y se lleva una cinta aquí (cabeza) y una gorra. Les gusta, visten ancho pero no tanto, no van tan de raperos. Algunas chicas también se viste así, yo a veces me visto así pero a mi padre no le gusta porque dice que soy una mujer y queda mal, tengo ropa pero casi no me la pongo. Aquí en España me da vergüenza de lo que pensarán, en Santo Domingo me da igual, allá no me preocupa. En Santo Domingo iba así, pero aquí las cosas han cambiado mucho, me dicen que soy ya una señorita, que tengo mi novio y que no puedo ir vestida de rapera (ríe). Antes llevaba gorra, yo venía al colegio con gorra, pero ahora no, me dicen que me puedo poner visera pero no gorra [Lucía, R. Dominicana, 15].

—¿Te gusta que la gente te mire mientras bailas? ¿Y por la calle? ¿Por la ropa?
Sí me gusta, porque me ven diferente, con otra imagen. Por ejemplo, yo antes me vestía diferente y ahora, con esta imagen, con esta forma de vestir tengo más amigos.
—¿Por qué?
No sé, por los gustos... Por la música que habla del baile y de la calle... Una vez, en casa de mi amigo rapero iban a quitar una pared y entonces la pintamos, pusimos nuestros nombres y escribimos hip-hop, vamos a mirar los que hacen graffiti por la calle también. Pero los que hacen graffiti no son raperos [Andrés, Ecuador, 14].

Aquí yo sé que a muchos jóvenes les gusta ir de ancho, allí en Ecuador casi no, menos los chicos de mi barrio que te he dicho había visto. Yo nunca los había visto hasta los días que ya venía aquí. Luego me di cuenta que a lo mejor, tal como nació en mí el hecho de ir de ancho, hay mucha gente que le gusta ir de ancho y me sentí mejor, porque ya podía ir como yo quería sin que nadie me dijera nada.
—¿Cambiaste tu manera de vestir cuando llegaste?
Sí, porque tuve más opciones de comprar la ropa que me gustaba, porque ahí en Ecuador encuentras ropa ancha pero... no tenía dinero. Allá si estaba roto tenía que coserlo hasta que mi padre, algún día, tuviese y me pudiese decir: «¡Vamos a comprar un pantalón!» [Christian, Ecuador, 16].

—Y la música crees que tiene relación con las formas de vestir?
Bueno, la música no, seguro que es por los videoclips que ven, ven ahí a los que cantan y visten con pañuelones, con gorras, con ropa ancha... Mi hermano sí se viste a veces así, de rapero: unos pantalones que son bien anchos y pesan, unas camisetas anchas y gruesas, yo no sé cómo aguanta el calor y se pone su pañoleta. A él le gusta vestir así y a mí así [Toño, Perú, 17].

El reggaeton te da a entender

A mí siempre lo que me ha gustado es el reggaeton, porque el reggaeton te da a entender que seas de la raza que seas siempre está mezclado, porque es tanto para negros como para blancos el reggaeton. Cuando yo estaba en el grupo de los Ñetas también escuchábamos reggaeton y nos vestíamos de ancho y eso. Reggaeton, salsa, merengue, cumbia... Nosotros los sudamericanos bailamos de todo. A mí incluso, una vez, cuando recién llegué aquí, en el colegio querían sacar un grupo de salsa. Y me hicieron bailar una vez y se ve que, como nosotros, los sudamericanos, llevamos el ritmo en la sangre, me puse a bailar y dijeron que sí, que les enseñe y yo no quería porque me daba vergüenza. El reggaeton se empezó a iniciar en Panamá por unos chicos negros y entonces de Panamá se fue extendiendo hacia las islas: el Caribe, Cuba, Puerto Rico... y todo esto. Hasta que llegó a Sudamérica: Ecuador, Colombia. En Ecuador y Colombia es donde más frecuente se escucha. Y aquí ahora se empieza a escuchar. Cuando yo vine yo escuchaba reggaeton y nadie sabía, pero yo tenía amigos que cuando lo escuchaban me decían que les dejase los CD y ellos se los grababan en el ordenador [Yankee, Ecuador, 16].

—¿Sabéis bailar el reggaeton?
¡Pos sí! ¡No hay latino que no sepa bailarlo! Hay sitios donde ir a bailarlo. Por ejemplo en la B. Va gente mayor y ahí te ponen reggaeton, bachata, salsa, a mí me gusta de todo. Me gustan las románticas, el rock, el pop, música alternativa y baladas de películas... Me gusta bailar más el reggae porque lo demás yo ya no sé cómo. Y aquí me he dado cuenta que aquí la gente baila más sola. Allí en Perú siempre, todos bailan con parejas, siempre están cogidos, con su pareja.
—Cuéntame cómo es el baile.
Apretaditos con las chicas (ríen). Hasta abajo y se sube... Hay algunas chicas que sí les gusta el reggaeton pero son muy secas para bailarlo, son más de conversar y no tanto de bailar. Y hay otras chicas que ya... ¡Ya son mucho para uno! Las que saben bailar mejor son las dominicanas, con todas las dominicanas que conozco, ¡uf! ¡Cómo se mueven! Es que no hay latino ni latina que no sepa bailar. Tampoco puedo decir que los españoles no sepan bailar, porque tengo amigos y amigas españoles que bailan ahí, con mis amigos o sus novias que son latinos. Bailan bien, además todo se aprende. Eso no se lleva en la sangre, siempre se aprende [Toño, Perú, 17].

—¿Qué música os gusta a vosotros?
David: Flamenco y máquina, y ya está.
Christian: El reggaeton.
Yesabel: Hip-hop.
Eduardo: La bachata, el merengue.
Álex: Salsa y la bachata.
—¿Y las discotecas donde vais ponen esta música?
Christian: La que yo voy ponen así latino, reggaeton, salsa, bachata.
David: Sí, la ponen en todos los lados.
Christian: Y ahora aquí en España se está poniendo en muchas discotecas la música reggaeton, está de moda aquí. Antes no, cuando yo vine no había nada aquí.
Alex: Sólo David Bisbal y eso.
—Porque, ¿cuándo empezaste a escuchar esta música?
Christian: ¿Yo? En Ecuador.
Eduardo: Yo cuando vine aquí recién estaban poniendo Papi Chulo. Cuando recién vine estaban escuchando ésa y allí ya había pasado.
Cecilia: El reggaeton tiene mucho tiempo, aquí tarda un año en sacarlo.
—¿Y qué pensáis de que ahora haya reggaeton aquí?
Cecilia: Está bien que podamos escuchar música nuestra, no siempre lo mismo.

—¿Y por qué os gusta?
Alex: Porque tiene más movimiento.
David: No sé, me gusta.
Eduardo: Porque tiene más ritmo.
—¿Y las letras de qué hablan?
Christian: Por ejemplo, de donde la sacaron la música, de qué parte, hablan de su país también. Hablan de las chicas, de cómo son también. Y de los chicos.
—¿Y de dónde viene el reggaeton?
Alex: De Puerto Rico.
—¿Y de los jóvenes qué dice?
Eduardo: Pues cómo son.
Christian: De las bandas también hablan, si son machistas o no.
—¿Y son machistas?
Eduardo: Las canciones de reggaeton sí, algunas son machistas [Grupo Discusión 2, Barcelona barrios].

He ido a sitios latinos

—¿Adónde sueles salir de fiesta?
No sabría decir, a ver, me gusta mucho el Max Fiesta, aquí en el Heron City, he ido a sitios latinos, pero no me gustan mucho, bueno, no es que no me gusten mucho, es que directamente no me gustan, pero bueno, he ido como por ir.
—¿Por qué no te gustan los sitios latinos?
Porque a ver, la gente que va es gente problemática, que va con rollos raros, en fin, que no te dejan sentir a gusto. Es un ambiente un poco pesado, un poco violento también y por eso no me siento cómodo. Con el tipo de música tampoco me siento del todo identificado [Pablo, Venezuela, 19].

Escucho una radio latina que pasan los sábados: «Tropi Dance». A veces cuando llego del instituto me pongo los cascos y escucho la música. Me gusta mucho bailar. Hay un pub latino en (nombre ciudad) [Amanda, Brasil, 16].

Una vez me fui a una discoteca, ecuatoriana, que mete música ecuatoriana. Fui con mi padre y sus amigos y me dejaron entrar y bailé. Había principalmente ecuatorianos, pero también españoles, hay tres salas: una pone reggaeton, una es salsa y una es merengue y la de merengue ponen cumbia [Ismael, Ecuador, 15].

—Antes me hablaban de las discotecas donde van, ¿cuáles son?
Janela: Mojito, Caribe Caliente, Baja Bill, Pachá...
—¿Al Paralelo van?
Janela: A Brisas del Caribe, Palacio de la Salsa...
—Ahora que estáis en Barcelona, ¿donde vais a escuchar o bailar estas músicas?
Rosa: La discoteca, por la radio, Punto Cero, una emisora que de 3 a 7 y los domingos sale música latina (otros dicen que también la escuchan) [Grupo Discusión 1, Barcelona centro].

Estereotipos étnicos

Aquí en Cataluña... siento que hay como una especie de recelo.

Sebastián, Argentina, 28

En vez de caernos mal por la persona, nos caemos mal por el país.

Nerea, Cataluña, 16

El significado de estas imágenes culturales no es unívoco y emerge de la interacción con la sociedad de acogida: las fricciones cotidianas con los compañeros de clase, los problemas con los papeles, la vivencia de la discriminación, los insultos racistas. El «recelo» se fundamenta en el prejuicio —«te juzgan por lo que aparentas y no por lo que eres»— y puede comportar una reacción defensiva —«ir a joder». Estos pequeños conflictos —reales o imaginarios— son la base del discurso que justifica la emergencia de las «bandas», como veremos más adelante.

Ustedes desde que llegan hacen problemas

> Un día, cuando estábamos en el autobús, veníamos de la playa y no había nadie en el autobús, un amigo tenía los pies levantados en el asiento y dijeron: «¡Quita los pies!». Mi amigo tenía estirados los pies porque estábamos cansados de la playa. ¡Y la señora justo se quiere sentar allí, estando tooood el autobús vacío! La señora quería hacernos enojar. Y después no sé qué empezó a decir: «Ustedes desde que llegan hacen problemas». Y entonces, una amiga, que es española, sale y da la cara y dice: «¿Y por qué les vas a tratar así, es porque no son de aquí?». O sea que a veces hay señores que no les caen bien los latinos. ¡Si algunas veces nos hemos encontrado en el autobús, que son rebobones! Pero nuestros amigos españoles siempre sacan la cara por nosotros. Y aparte que no todos son como los otros, que algunos supongamos que van pintando, vacilando, no todos somos así [Toño, Perú, 17].

> Bueno, en la (escuela) que pagas puede ser que seas la única que es de Sudamérica... puedes ser la única extraña entre todos los de Barcelona. Yo era la única de fuera. En cambio en otros colegios de gobierno pues hay más sudamericanos, marroquíes, de todo... En la privada me sentía desplazada. Ahora como que me cambié de cole donde hay más sudamericanos. Aproximadamente la mitad de la clase: de Colombia, Ecuador, Perú. Con los chicos me llevo bien, con las chicas no. Como que no sabían lo que es abandonar un país, dejar a la familia. Ellos se burlan de ti, de tus tradiciones. Una vez casi me pegan. Aunque ellos no se daban cuenta que soy boliviana, ellos pensaban que era de aquí [Carolina, Bolivia, 16].

> Una vez unos niños venían gritando: «Eh ¡latinos babosos!». No sé qué más gritaban. [Damián, Chile, 22.]

> —¿Tú has visto a alguien que sea racista?
> Sí, gente catalana. Nos tratan mal. Nos insultan. Nos dicen: «¡Negrata de mierda, vete para tu país!». O «¡Monos!». Porque los monos son negros [Paolo, Chile, 12].

Han bajado las peleas

> En 4.º de ESO vi una pelea. Se ve que uno de aquí estaba criticando a uno de allá, o sea un español a un latino, y parece que esto no le gustaba al ecuatoriano que le decía de parar, y el otro empezó a hacerle bromas como ponerle la zancadilla o pincharlo con el lápiz, el ecuatoriano lo empujó y el otro también y empezó la pelea. Se metió más gente y salieron perjudicadas personas que no querían que se pelearan. Ahora han bajado mucho las peleas, porque antes había muchas, empezaban dos y ya acababan los amigos, siempre entre españoles y latinoamericanos. Vino la Guardia Urbana y pidió explicaciones al director y el director no se había enterado y mira, fue una tontería. Pero lo peor fue que los padres también se habían metido y entre los padres había habido alguna pelea, entre madres españolas y madres latinas se habían pegado. Pues el director convocó a todo el instituto y dijo que esto no debía ser y que de ahora en adelante cualquier persona relacionada con peleas se expulsa-

ría del instituto. De hecho ahora no hay peleas, se insultan, pero peleas de pegarse, no [Vanessa, Ecuador, 13].

Me había peleado con un amigo: se juntaba con otros que me decían cosas, se burlaban de mí. Es un chico español, pero ahora ya no lo hace, somos amigos. Se burlaba de mí por el nombre... ah... por el apellido. Y por eso nos peleamos en la clase y nos trajeron aquí, y un día nos hicimos amigos otra vez. La profesora nos preguntó de por qué nos peleamos, de por qué habíamos llegado al conflicto y todo eso y que hiciéramos las paces [Andrés, Ecuador, 14].

Nerea: No sé, a mí me da rabia que a lo mejor te discutes con una persona de fuera y te dice: «¡Putas españolas, no sé qué!». Yo no le digo a nadie: «¡Puta ecuatoriana o puta mora!». Yo no digo eso, y aquí a veces viene gente y me dice: «¡Eres una puta española!». Joder, a ver, a mi no me importa que vengan, pero encima que estás en mi país y encima me insultas... pues dime puta pero por mi nombre.
Pamela: Pero casi nadie dice «¡Puta española!».
Nerea: En vez de caernos mal por la persona, nos caemos mal por el país. En vez de decírmelo a mí misma me lo dice como española, como si tuviera algo contra mí por ser española.
Marina: A mí no me gusta eso, si vos sois española, pues bueno.
Marina: Es que los españoles, bueno, no todos, tienden a discriminar a todos los que vienen de fuera.
Sara: ¡No! No todos.
Marina: Ya dije no todos, porque como hay buena gente [Grupo Discusión 3, Barcelona barrios].

Espacios públicos

La gente busca los parques pero nosotros no tenemos,
hay uno que está en el barrio que ya está ocupado, como quien dice.

Christian, Ecuador, 16

Nosotros andamos por todos los sitios, no nos gusta tener un solo sitio.

Grupo Discusión, Barcelona barrios

El espacio público es el lugar concreto, simbólico e imaginario donde los jóvenes representan públicamente y de forma espectacular los elementos descritos en este capítulo. La identidad latina individual de cada chica y chico se refuerza mediante el reconocimiento mutuo en el grupo que se define como tal en los parques, las canchas, las esquinas y otros espacios. La «calle» es también un lugar de socialización primaria donde nacen amistades, amores, pero también enemistades y rivalidades, todo eso mediante un juego paradójico entre procesos de identificación con prácticas culturales latinas y diferenciación con las de aquí. Ahora bien, todas estas prácticas descritas hasta ahora pertenecen al universo simbólico e identitario de la cultura juvenil, cualquiera que sea su pertenencia étnica o cultural. Lo que caracteriza a las nuevas formas de sociabilidad que se encuentran en los espacios públicos de Barcelona es el gran numero de jóvenes que conforma estos grupos. Este hecho los vuelve más visibles en comparación con las clásicas pandillas a las que nuestra sociedad estaba acostumbrada.

Durante las observaciones etnográficas hemos visto diferentes tipos de interacciones. La más frecuente es una interacción centrípeta entre chicos de origen latinoamericano, que representan el núcleo central del grupo, mientras que las chicas se mueven como satélites alrededor de este núcleo. Durante las entrevistas también hemos comprobado que son los chicos los que pasan más horas en la calle, a diferencia de sus coetáneas, a las que les gusta reunirse en espacios privados. También hay latinoamericanos que comparten su tiempo libre con autóctonos y latinos indistintamente, aunque están menos presentes en las plazas y los parques ya que eligen otros tipos de lugares de ocio. También hay que evidenciar que estos colectivos llaman menos la atención, ya que su presencia no es recibida como una amenaza por los vecinos y los otros usuarios. Las actividades deportivas, como jugar a básquet o a fútbol, tienen un peso importante en la socialización de estos chicos ya que, muy a menudo, el acercarse a una cancha es la ocasión para conocer a gente y crear redes de amistad. Finalmente, la música y el baile son elementos cohesionadores fundamentales para estos chicos y chicas.

En febrero participamos en una fiesta donde la mayoría de asistentes eran latinoamericanos. La fiesta se desarrolló sin hechos relevantes o extraordinarios, fue muy interesante poder observar las formas rituales en que se suele utilizar la música en todas sus manifestaciones (actuaciones de rap, bailes, etc.). A la salida, mientras los chicos se aglomeraban delante del lugar de la fiesta para despedirse entre ellos, unos jóvenes autóctonos se nos acercaron y nos aconsejaron irnos de allá ya que: «Estaba todo lleno de Latin Kings». Sus rasgos étnicos y su estética fueron suficientes para que los viandantes los identificaran y juzgaran y para que nuestra presencia como observadores fuera vista como temeraria.

La fiesta

> Educadores y asistentes sociales de diferentes proyectos han organizado una fiesta de carnaval para jóvenes, a partir de los 13 años. Llego al lugar hacia las 20:00, la fiesta ya ha empezado. El espacio (el patio del convento de Sant Augustí) es un rectángulo de unos 500 metros cuadrados. En una esquina hay instalada una pantalla donde se visualizan cortometrajes, al lado, la barra donde se sirven patatas y refrescos. En este lado hay sillas para mirar la pantalla o simplemente para sentarse (están prácticamente todas vacías). En la otra esquina está el escenario, donde tienen que actuar los jóvenes, y entre el escenario y las sillas hay una mesa para los pinchadiscos. La juventud (la gran mayoría dominicana) está concentrada junto al escenario y alrededor del grupo de percusión (Batucada) que está actuando, todo el mundo que está en la pista baila y mueve el cuerpo al ritmo de los tambores. Alrededor del patio, al cual se accede bajando unas escaleras, hay un pórtico donde también se agrupa la gente, aunque la mayoría ocupa la pista para bailar.
> La fiesta es de disfraces, pero los únicos que van disfrazados son los educadores y algunas chicas autóctonas, ningún joven extranjero va disfrazado. El grupo más numeroso está formado por los dominicanos (chicos y chicas, desde los 14-15 hasta los 18-19), algunos bailan y otros miran a los que bailan, la música que pinchan es reggaeton y algún tema de hip-hop. El baile se desarrolla de forma ritual y resulta una buena táctica para hacerse mirar (por cómo se baila y por la ropa que traen), de hecho tanto los chicos como las chicas van muy arreglados. Mientras bailan forman círculos: en el centro hay uno que baila y alrededor los otros, que animan al que se encuentra en el centro haciendo palmas y moviendo sus cuerpos al ritmo de la música. Cuando el del centro acaba su «actuación» se une a los otros y el protagonis-

ta se vuelve otro; también lo hacen en parejas. Los bailes de pareja son muy sensuales y cargados de un alto contenido sexual. Ahora es el turno de la segunda actuación: Las Menores. Las Menores son un grupo de chicas que bailan, creando sus propias coreografías sobre una base musical de reggaeton y/o canciones cantadas y bailadas por grupos de chicas afroamericanas como, por ejemplo, las Destiny's Child. Este primer grupo está formado por 12 chicas dominicanas (principalmente) y españolas, actúan en el escenario y muestran su coreografía. Ahora es el turno del segundo grupo de chicas: Las Chicas del Local. El núcleo principal del grupo, que se hacen decir Las Choris, está formado por una pandilla de chicas dominicanas y para la ocasión, puesto que bailan con chicas españolas, se han cambiado el nombre. Su coreografía se desarrolla debajo del escenario, más cerca del público. La coordinadora de uno de los programas que trabajan con esta juventud me explica que entre las componentes de los dos grupos existe una gran rivalidad, por el baile pero todavía más por los chicos. Muy a menudo se discuten verbalmente, insultándose recíprocamente, y alguna vez han llegado a pelearse más seriamente.

Tras las actuaciones los DJ empiezan de nuevo a pinchar. Se repite el ritual del baile anterior (círculo y un o dos en medio). Ahora la actuación más concurrida es la de los Masterrap. El grupo está formado básicamente por cuatro chicos dominicanos que cantan o, mejor dicho, hacen rap sobre bases de hip-hop grabadas. El público se anima, las chicas bailan y gritan. Las letras hablan de la República Dominicana, su tierra, con nostalgia y orgullo, hablan de la inmigración y también de otro grupo de raperos: los MDR, los magnates del rap. La rivalidad que existe entre los dos grupos se expresa mediante letras y movimientos corporales provocativos dirigidos a los miembros del otro grupo, que se encuentran debajo del escenario mirando. Ahora es el turno de los MDR, son sólo dos componentes, la provocación y los insultos hacia los otros suben de tono y empieza una batalla verbal y gestual entre los dos grupos. La situación se calienta algo y también el público toma una posición dentro del conflicto, los educadores deciden intervenir. Pero el conflicto se queda en la frontera entre lo real y lo imaginario. La ritualidad del conflicto se representa a través de la música y el baile. Los chicos y las chicas no superan esta frontera y la disputa se queda en su vertiente verbal. Mientras pasaba todo esto sube al escenario el grupo El Peque Kasri, formado por marroquíes, todos los jóvenes latinoamericanos se van y el público queda conformado por chicos de origen árabe. Así se acaba el día. [Diario de campo, viernes 4 de febrero de 2005.]

En cualquier sitio donde no haya casi gente

—¿No vais nunca a los parques?
No vamos porque no tenemos cerca. Generalmente la gente busca los parques, pero nosotros no tenemos, hay uno que está en el barrio que ya está ocupado, como quien dice.
—¿Por quién?
Por otro grupo de latinos... con excepción de las canchas ésas, de los filipinos, donde no hay ecuatorianos. (...) Poder ir podemos, el problema es que si vamos, hay mucha tensión en el ambiente. Al no conocernos ellos dudan, sospechan que podemos ser de algún grupo contrario... cualquier cosa, y se crea ahí una tensión en el ambiente horrible (...) Es cuestión de territorio... A ver, a mí no me pasa. Si estoy solo voy a cualquier sitio sin tener miedo de quién está o deja de estar. Con un poco de miedo... sí que me provoca un... no sé... cómo te explico... nervios, porque a lo mejor me han visto con ellos y se piensan que soy de la banda o cosas así [Christian, Ecuador, 16].

—¿Dónde jugáis al fútbol?
Christian: En cualquier sitio donde no haya casi gente, porque si no, no nos dejan.

—¿Y al básquet? ¿Vais a las canchas de los parques?
Christian: Sí, ahí también jugamos.
Eduardo: Antes jugábamos en un parque...
—Y ahora?
Christian: No, porque ya nos olvidamos de él. Al lado de mi casa, que hay una cancha.
—Y vosotros (dirigiéndose a los españoles), ¿utilizáis los parques?
David: Muy poco.
Christian: Nosotros andamos por todos los sitios, no nos gusta tener un solo sitio. Por ejemplo, un día nos vamos por ahí y otro por allí y hacer amigos... A la (disco) que voy es fuera de Barcelona, a una que se llama Sputnik. También voy a un parque, pero ahora ya no. Pero este viernes voy seguro, porque allí tengo amigos también y jugamos al fútbol. Los sábados nos quedamos hasta tarde, vamos a comer o así, o a otro sitio. A un centro comercial voy a veces, a comprarme ropa, y eso.
—¿A los centros comerciales vas sólo a comprar o también a hacer otras cosas?
David: A comprar.
—Y en los parques, ¿jugáis al fútbol o qué más hacéis?
Christian: Jugar al fútbol y ya está, no me gusta hacer más cosas.
—Pero, ¿quedáis allí o vais?
Yesabel: Quedamos. No, yo quedo con mis amigas y si no jugamos a fútbol conversamos sobre lo que hemos hecho durante la semana, porque entre semana no nos vemos.
Christian: Luego quedamos un día para ir a hacer un partido entre todos. Jugamos con dinero también a fútbol [Grupo Discusión 2, Barcelona barrios].

4
Jóvenes 'latinos' en Barcelona: la visión de los adultos

Noemí Canelles

> Nuestros propios hijos, que han crecido en casa, cuando llegan a la adolescencia nos cuestionan y se nos rebelan por muchas cosas... Es igual (para los latinoamericanos): cuando llegan aquí siguen siendo adolescentes, es bastante más atractivo ser adolescente aquí, al menos desde el punto de vista del consumismo [Directora IES].

Las biografías de los jóvenes y adolescentes de origen latinoamericano se complementan con la visión de los adultos que hay a su alrededor. Han sido muchas las personas que han participado en el proceso de investigación desde diferentes posiciones —madres, profesorado, educadores y otros profesionales, miembros del movimiento asociativo latinoamericano. A través de entrevistas, grupos de discusión, participación en diversos foros y actividades, los adultos transmiten sus percepciones sobre los jóvenes, la soledad de la llegada, el paso por el sistema educativo y el acceso al mundo laboral, y los ámbitos de relación. A menudo las imágenes que tienen los adultos sobre los jóvenes de origen latinoamericano están marcadas por el tinte «problematizador» que caracteriza a numerosos discursos sobre la juventud: carencias en la familia, bajos niveles educativos, problemas en la calle... Pero estamos hablando de dos cosas: son jóvenes y son latinos, y alrededor de estas dos ideas se establece una serie de comparaciones tácitas con los «jóvenes no latinos» —sus pares autóctonos— y con los «no jóvenes latinos», es decir, los adultos que iniciaron los procesos migratorios familiares. Una de las desigualdades más obvias no se encuentra en la identidad latina en sí, sino en la desigualdad legal que implica el ser extranjeros. Pero en las visiones de los diferentes adultos aparecen también diferencias culturales atribuidas a los jóvenes latinos, que pueden llevar al «no son nuestros». En el otro extremo, tendríamos las igualdades, la visión de los jóvenes y adolescentes en tanto que consumidores del mismo ocio y creadores de culturas juveniles. A continuación se describen las visiones de diferentes mundos adultos —familias, escuela, otros profesionales, sobre todo vinculados a la intervención social, y asociacionismo latino— que, entre estos dos polos, hablan de los jóvenes de origen latinoamericano y de los retos que tienen ante ellos.

La visión de las familias

Las entrevistas realizadas a las familias de origen latinoamericano dejan ver el profundo impacto del proceso migratorio. Las madres fueron las primeras en venir, en el marco de los flujos migratorios femeninos de las últimas décadas, y de alguna manera, esperaban culminar el proceso con la venida de sus hijos. Su visión de los adolescentes y jóvenes parte de esta perspectiva, la de la reagrupación familiar. A pesar de las múltiples diferencias por países y familias concretas, el impacto del reagrupamiento produce en todos los casos una necesidad de renegociación en las relaciones familiares, de género y de generación. El choque del reencuentro pasa por factores como el tiempo de separación, las experiencias tanto de la madre como de los hijos durante esa separación, y las expectativas creadas. Al igual que los jóvenes hablan del impacto de la venida, las madres son conscientes de lo traumática que es la reagrupación para sus hijos y de la involuntariedad de este proceso para los jóvenes frente a la decisión que ellas tomaron:

> [...] él le había dicho que ya no quería venir, entonces, hablé con él, le dije que me contara eso, me dijo que sí, que él ya no quería venir, que él sabía que iba a estar bien conmigo, que era lo mejor que le podía pasar, pero que también entendían que ellos iban a estar solos, que no conocían a nadie, que sólo me iban a tener a mí, allá estaba la familia, que él no quería venir, que si yo quería que trabajara y que les fuera a ver, pero que él quería estar en Quito [Graciela, madre].

Un tema recurrente para las madres es la propia transformación de la familia y las implicaciones que esto tiene para los jóvenes. El papel de la familia extensa y de los adultos (vecinos, amigos) que tenían algún papel educativo en el lugar de origen se desdibuja al llegar a Barcelona. Ese papel de cuidado y referente pasa a ser exclusivamente de la madre y del padre si lo hay, aunque en menor medida. Hay que tener en cuenta que las redes de cuidado en origen pasaban fundamentalmente por otras mujeres. Algunas madres, si cuentan con familiares reagrupadas o venidas por su cuenta, buscan ese apoyo. Sin embargo, la ausencia de personas con gran ascendencia sobre los jóvenes, como los abuelos, y las limitaciones en cuanto a tiempo que tienen las madres, son los aspectos que más creen que sufren los jóvenes. Al hablar de que les falta tiempo para dedicar a los adolescentes suele aparecer la idea de soledad y de falta de «control», también mencionada desde el mundo asociativo.

> Como yo esto ahora, ya tener tiempo para mí ya es justo, les vería menos y sin nadie que me ayude a mí a suplir esa falta de tiempo, aquí no tengo madre, no tengo tías, no tengo hermanas que le anden echando un ojo, no tengo a nadie. Es como dejarlos huérfanos traerlos en estas circunstancias [Graciela, madre].

> Que al igual que te comento de los abuelos, están solos, tú aquí les puedes ofrecer una nevera llena de cosas, también juguetes y cosas que allá nunca hubieran podido tener, pero a cambio no nos tienen a nosotros, pasan solos, aburridos, encerrados en estos pisos, pierden el tema de los abuelos. Los chicos extrañan mucho la presencia de los abuelos, muchos empiezan a interrogarte y te dicen «¿pa' qué me trajiste?». Los niños aquí solos en estos pisos se ponen nerviosos y hacen tonterías... hacen muchas tonterías, es porque no encuentran qué hacer, han perdido un espacio que era suyo.

> [...] Solamente tienen a los padres y un pequeño espacio para jugar. Porque después de que llegan de la escuela y llegan a la casa hay que saberlos controlar, saberlos llevar. Porque pueden tener juguetes nuevos y caros, pero están solos para jugar. Cuando son chiquitos no la pasan tan mal, porque no alcanzaron a vivir el sistema de allí, estar con las compañeritas, jugar en el patio, no ha habido un conocimiento de todo lo de allá [Rosa, madre].
>
> Estos chicos llegaban aquí y no tenían una autoridad que los controlara, y aparte los padres, a pesar de querer hacerlo, no tenían los recursos para hacerlo, por el horario laboral o lo que sea, no podían tener un control sobre sus hijos [Secretario Asociación].

Pero bajo la idea de los jóvenes «descontrolados» se vislumbran diferentes realidades. Por una parte está la relación tras el reencuentro, a menudo marcada por la culpa que las madres sienten por el tiempo de distancia y la obligación que sienten de compensarla con cierta permisividad, cesión a chantajes y dificultad para enfrentarse a los conflictos que plantean los adolescentes. Muchos de estos conflictos son iguales que los de adolescentes autóctonos: el horario, la ropa, los estudios... pero resultan desconocidos para unas madres que tenían la noción de tener niños, no adolescentes. Por otra parte, las madres achacan esa permisividad y la existencia de conflictos al contexto de acogida, con modelos de comportamiento diferentes, y con un acceso más directo a pautas de consumo y de ocio que les resultan chocantes. En este contexto, una de las mayores preocupaciones que expresan las madres hace referencia a la expectativa truncada de que la emigración sirva para que los hijos adquieran un mayor nivel de estudios y una posición socioeconómica más alta.

> [...] es como una sobreprotección, pero que sólo trae desventajas, porque sí se está así en un núcleo cerrado, en un piso, ¿no?, pero afuera tienen lo que quieren. Las parejas, muchas, con la historia de aquí de tener dinero, beben más, la vestimenta a la moda, que las niñas tienen que estar a la altura de las otras... [Graciela, madre].
>
> Mira... aquí las madres están preocupadas por los hijos, que los padres, cuando llega un muchacho que llega a los 17, a los 18 años aquí... es que aquí cogen una hombría que allí no la tienen. Allí a cierta edad no beben cerveza y aquí vienen y beben cerveza, allí pueden no ir a las discotecas y aquí vienen y de cabeza a la discoteca, aquí no sé qué les pasa, como que están más liados, entonces puede haber más enfrentamiento para los padres que la madre [Rosa, madre].
>
> Eso ya lo veo más complicado, es muy dura la historia, porque quiero que estén conmigo, pero al final cuando ellos me dicen por qué quieren estar ahí y con todas las historias que yo vivo con los jóvenes aquí, con las madres, con los niños que dejan de estudiar, con los problemas que tienen en el instituto o alrededor, la influencia de aquí, que los jóvenes que dejan de estudiar y se ponen a trabajar, porque se ponen a trabajar y para un niño de 15 años lo que ganan, 600€€ es una pasta, por lo cual tengo miedo de traerlos aquí y que todo cambie y sienta que he perdido el tiempo, ¿no? [Graciela, madre].

El conjunto hace que, a veces, las madres hagan un balance y a veces lleguen a cuestionarse la conveniencia de la reagrupación. De hecho, son numerosos los testimonios de madres que «devuelven» a sus hijos al lugar de origen, aunque sea temporalmente, y allí están bajo el cuidado de otros familiares. Algunas de las que permanecen aquí con sus hijos buscan apoyo en el asociacionismo latino a la hora de tratar los temas relacionados con la educación de los adolescentes. Otras incluso entienden que ante un entorno que se percibe como amenazador, también los jóvenes busquen su propio modelo de asociacionismo:

> Cuando hay hijos ya lo tienen muy difícil porque significa mucha inversión, cuando tiene un hijo igual se lo lleva, pero cuando ya pasa de uno, o los deja o los manda un tiempo con los abuelos [Rosa, madre].

> [...] y los niños se van haciendo a la vida de aquí y duele mucho también, porque están muy solos, porque los padres tienen que trabajar, yo no lo cuestiono porque yo tengo que hacer lo mismo, pero es como luchar contra el viento y que yo quiero esto para mis hijos, pero a su vez ellos están recibiendo un montón de cosas encima que a mí no me gustan, primero el mundo alrededor, la TV sin familia y cariño es un peligro. Por lo cual buscan la protección entre jóvenes, buscan la protección entre sí, seguramente no son delincuentes y no lo han sido, pero solamente al ser de una forma, y estar juntos, les hace ser valientes [Graciela, madre].

La visión de los docentes

El mundo educativo ha vivido de manera muy especial la llegada de jóvenes latinoamericanos, sobre todo la enseñanza pública, que sufre las consecuencias de la concentración de este tipo de alumnado en determinados centros. Más allá de las políticas educativas y de los problemas de la acogida escolar, que se analizan en otros apartados, el profesorado de ESO tiene su propia visión de la situación de los adolescentes de origen latinoamericano. En primer lugar es testigo del profundo choque que es la llegada, y su visión refleja la extrañeza y la soledad de la que también hablaban los jóvenes y las madres.

> Ellos allá son los que mejor viven del pueblo, y por tanto asimilan que sus padres son ricos, que se han hecho ricos, y por tanto pasarán a formar parte de la élite del país que les acoge. Y llegan aquí y se encuentran que la madre es asistenta en una casa, que hace los peores trabajos, que está en una situación laboral precaria. Pero además se encuentran con que la madre vive en un piso compartido, en una habitación de 10 m^2, con suerte vive ella y los dos hijos que acaban de llegar. Y que cuando llega a la escuela y va por la calle, él pasa a ser el lumpen proletariado de la ciudad. Eso para la autoestima de cualquiera debe ser una bofetada, para la de un adolescente lo es seguro. Por tanto, sus expectativas son, absolutamente... han perdido. Además llegan aquí en esta situación de precariedad económica, y solos. Y han abandonado dos cosas que para ellos son fundamentales y siempre repiten: su paisaje, entendiendo por paisaje el clima, la comida, el lugar, el estilo de vida. Esto para ellos es un tema capital. Para ellos el estilo de vida que tienen es el suyo: estos chavales no comen por dificultades económicas y porque no les gusta nuestra comida. Este paisaje lo tienen muy arraigado. Y el otro, porque allí han dejado a sus abuelas, que son las que les han cuidado siempre, eso también lo repiten siempre, y a sus amigos, y a sus parientes, y a una familia extensa. Y aquí están solos y abandonados [Director IES].

> [...] chavales que vienen aquí en un goteo continuo a lo largo del curso, que llegaban con desorientación, con procesos de duelo, desconocimiento del medio, desarraigo, es decir, todas las pérdidas posibles y tres o cuatro más, imagínate a un chico que no ve a su madre desde hace 3 años, o la ve de manera muy intermitente, llega la adolescencia, con todo lo que esto comporta de pulsiones y tal, que la madre tiene en

> su imaginario un chaval así (pequeño) y ahora hace metro ochenta, y el chaval tiene en su imaginario una mamá... A todo esto, ha vivido en un medio abierto, todo verde, la miseria con verde lo parece menos, aquí cemento, calles, plazas duras, madre e hijo no se conocen, uno baja del avión y la otra lo recibe, no tienen ningún tipo de punto en común, llegan aquí los chavales y se encuentran más solos que la una, porque la madre trabaja de 8 a 10 [Profesora IES].

El duelo, junto con otros factores, se convierte en una dificultad añadida para la inserción en el medio escolar, ya que el profesorado, en una situación de concentración de alumnos de distintos países, suele poner el acento en la necesidad de que los jóvenes adquieran un nivel educativo en consonancia con los autóctonos. Lo mismo ocurre con la familia, que es un tema recurrente cuando el profesorado describe la situación de los jóvenes. Se habla de las dificultades del encuentro con la familia y de las características de la misma, no sólo como parte de la situación de los adolescentes, sino también como factor que incide negativamente en el seguimiento educativo, ya que no encuentran los mismos patrones de relación escuela-familia.

> Es que... hay mucho padres que tiene problemas para venir por los horarios, entonces vienen más en función del profesor que les llama, porque sí confían en el profesor que les llama, porque eso les llega desde los chicos. Pero no es que no vienen porque no quieren venir, pero ellos están tan preocupados por la educación de sus hijos como los padres autóctonos [Profesor IES].

> ¿Qué entienden ellos por control? Yo lo que he notado es que hay una gran desestructuración familiar, y entonces yo no acabo de entender dónde ven ellos el control, unos líos familiares... La estructura de padre, madre, etc., allá está... yo no me aclaro nunca. También sería interesante preguntarles a ellos por esta realidad familiar, cómo la ven, porque este control que reclaman contrasta con esta desestructuración familiar... [Director IES].

> A estos adolescentes les pasa lo mismo, pero con una madre que no conocen, que no tiene autoridad sobre ellos porque la ha perdido con la distancia, con un papel que quizás no tenía allá, el papel educativo, con poca relevancia porque no la han podido ejercer, han estado 7 u 8 años sin tocar a su hijo, le viene el hijo que ha hecho muchas horas de calle [Directora IES].

Por otra parte, desde la perspectiva de los niveles educativos, los adolescentes son comparados con el nivel de los autóctonos y también por nacionalidades. A pesar de que se conoce la diferente jornada educativa en origen y en destino, también hay referencias a otro tipo de desigualdades, a veces relacionadas con el «ritmo caribeño» o con otro tipo de carencias:

> Tienen un nivel académico muy bajo, cuando llegan ellos dicen: «Yo en mi país tenía buenas notas». No sé cómo eran los criterios pero constatamos que vienen todos con unas notas académicas muy altas y en cambio tienen un nivel muy bajo, y entonces pensamos que el nivel académico de algún país, como por ejemplo Ecuador, debe ser bajísimo [Director IES].

> Primero creíamos que era una cuestión de alfabetización, que habían ido poco a la escuela. Ellos nos explicaban que su horario escolar era sólo de dos horas diarias, entre otras cosas porque no había las suficientes escuelas y hacían turnos a lo largo

del día. Luego fuimos viendo que no sólo había este problema, sino que también había unas (in)capacidades de aprendizaje bastante importantes [Directora IES].

En el tema educacional otro problema grave es las grandes diversidades con que nos llegan estos chavales. Entre un dominicano y un argentino no hay nada que ver: el argentino viene culturizado, con más o menos ganas de trabajar, pero tiene un discurso, habla, escribe; un dominicano, la mayoría tienen un nivel muy bajo, y algunos son analfabetos. Esto crea un rechazo muy grande, sobre todo con los grupos que viven esto como una pérdida de valor personal [Director IES].

Diversas fuentes hablan de un abandono de la educación obligatoria por parte de los adolescentes de origen latinoamericano. Su abandono es mucho mayor que el de otros colectivos, y por supuesto que el de los autóctonos. También hay constancia de un bajo seguimiento de educación no obligatoria y de dificultades para acceder a otras instancias formativas pre-laborales. La visión del profesorado recoge la dificultad para seguir en el sistema educativo y la voluntad de entrar en el mundo laboral, pero al mismo tiempo muestra la contradicción de las expectativas puestas en el sistema educativo, por lo que cabría preguntarse por la capacidad de respuesta del mismo:

[...] hay algunos chicos que no consiguen acabar la ESO a los 16 años, entonces se los trata de ubicar en el PGS pero, por ejemplo, cuando se da el caso de los chicos que tiene que repetir, muchas veces, en el año que repiten abandonan, nosotros hemos hablado con las madres y hemos intentado de todo pero no hay caso, los chicos repetidores suelen abandonar [Profesor IES 2].

Lo que es curioso es que vienen todos con una distorsión de lo que es la realidad académica muy grande, ¡yo tengo alumnos que quieren ser médicos! ¿Cómo que quieres ser médico si no sabes ni escribir? Tienen un nivel tan bajo pero todos quieren hacer carreras: «¡Yo quiero hacer bachillerato!». Nosotros trabajamos por los trabajos de síntesis de 4.º de ESO, que es el último año, con un crédito que se llama «Búscate la vida» y les enseñamos a partir de aquí qué pueden hacer, qué pueden estudiar, cómo pueden ir a buscar trabajo, si quieren hacer módulos [Director IES 4].

Por otra parte, una gran parte de la acogida educativa está centrada en el aprendizaje del catalán, cuyo desconocimiento es un problema añadido para la adquisición de los niveles correspondientes a cada curso. A pesar de ello, las diferentes reacciones que han tenido los adolescentes ante el aprendizaje del catalán a lo largo del tiempo hacen pensar que más bien se convierte en una lucha simbólica entre éstos y el profesorado.

Me han contado alguna cosa, uno de los temas es el del catalán, que es lo que más me cuentan, los profesores no lo tienen demasiado en cuenta, por ejemplo, si es un chico marroquí es un problema, si es un chico latinoamericano no hay tanto problema porque nos entendemos, pero por ejemplo, el tema de refuerzo escolar también está en catalán, entonces es un problema, no se puede, no se puede. Tenemos una chica que es muy inteligente pero con el tema del catalán ha sido una barrera [Profesor IES].

De las primeras olas que llegaban los dos o tres que llegaron en 1.º, que ahora están haciendo 4.º, lo primero que hacían era apuntarse a estudiar catalán en unos cursos que había en el mes de septiembre intensivos, entraban y sólo querían que les hablásemos en catalán, chicos ecuatorianos, esto ahora ha desparecido, se niegan [Profesora IES].

—¿Has visto que los chicos latinoamericanos utilicen el no aprendizaje del catalán como un elemento de confrontación, para confrontarse?
No, para diferenciarse porque en este barrio no es necesario el catalán para confrontarse, pero sí hay cierta resistencia en decir: ¿para qué sirve el catalán, para qué aprenderlo?, si no, igual me voy o si ya sé castellano lo mismo lo puedo entender, es más, incluso con los profesores hablan en castellano, con nadie hablan en catalán [Profesor IES].

Por último, desde los IES se describe otro rasgo de los adolescentes que el profesorado relaciona con su carácter latino, y que viene a reforzar, de parte de los adultos, la etnogénesis de esta identidad: se trata de la vivencia de la grupalidad como algo distintivo. A pesar de la agrupación genérica bajo el calificativo de «latinos», la tendencia a agruparse entre ellos tiene sus matices y se expresa en un complejo juego de alianzas por países dentro de América Latina y entre colectivos de otras procedencias. Un aspecto importante es la percepción ambigua de la grupalidad. En parte, se percibe como una amenaza, por la asociación con las llamadas «bandas», y por considerarla como señal de falta de integración. Pero por otra parte, se describen los grupos como ámbito lógico de solidaridad por afinidad:

Y a pesar de que estamos todo el día hablando de interculturalidad y haciendo cocina y explicándonos cómo hacen ellos el carnaval, y pasando películas... ¡en el patio los latinos con los latinos y las latinas con las latinas, los de aquí con los de aquí y se acabó! [Director IES].

Normalmente son bastante gregarios. Es muy divertido a la hora del patio; verás jugando a baloncesto en una canasta a los paquistaníes, en otra a los dominicanos. Todos son bastante aficionados al baloncesto, pero no se les ocurre jugar entre ellos, entre otras cosas porque también es una válvula de escape. [...] Los centroamericanos pueden mezclarse un poquito más. Por ejemplo, los marroquíes con los dominicanos se llevan bastante bien. Con los ecuatorianos también, pero no con los mismos. Los chinos con los dominicanos no se llevan nada bien, y los paquistaníes con los marroquíes también. Los paquistaníes suelen ser bastante más cerrados e integristas, encuentran a las marroquíes demasiado descocadas. ¡Eso de enseñar la tripa no lo permite la religión! Entre los latinos, por ejemplo, ecuatorianos y colombianos no tienen ningún tipo de problema, no sabes nunca quiénes son unos y los otros; con los chilenos y los argentinos no hay nunca ningún problema: están mucho más europeizados, han estado mucho más escolarizados, normalmente vienen con una familia entera detrás, aunque haya venido un miembro de la familia antes, no han estado siete u ocho años separados, y el núcleo familiar es importante: viene el padre y la madre. En el caso de los ecuatorianos suele venir la madre y en los dominicanos también [Directora IES].

¡Banda o grupo! A ver, nosotros sólo vemos que se agrupan, que se disfrazan y punto [Profesora IES].

Los sudamericanos van todos en grupo, no se mezclan. Tienen una convivencia normal en clase con los otros, pero en el patio los verás siempre todos juntos, ellos forman una familia y fuera de aquí se juntan con los sudamericanos de otros institutos, que como hay pocos y están más repartidos, cada día suben hasta aquí, están todos allá, se juntan por nacionalidad, más bien por origen que por nacionalidad, porque algún colombiano también se va con ellos. Los que no van con esta tropa y que notamos alguna diferencia en el comportamiento son los argentinos, los argentinos se integran mucho más [Director IES].

Porque la solidaridad se lleva por proximidad y mucho por identidad, por raza, claro. Pero esto es despúes de que se ha generado el conflicto. El discurso es que aquí por una chorrada se enfrentan un magrebí y un sudamericano, inmediatamente tienes a los amigos del magrebí y a los amigos del sudamericano. Y, ¿cómo son los amigos del magrebí? Son magrebíes. ¿Y los otros? Sudamericanos, claro, por afinidad, por grupo, por proximidad [Profesora IES].

La visión de los profesionales

La visión que tienen los profesionales de los jóvenes es diversa, en función del tipo de vínculo existente, ya que no es lo mismo un abogado que un trabajador social, o un educador en medio cerrado que uno de calle. Sin embargo, existen algunos temas centrales. Los profesionales suelen ver a los jóvenes desde la carencia, siendo las más habituales las dificultades del entorno familiar y la dificultad del acceso al mundo laboral. Algunas de estas carencias no son de los jóvenes, sino fruto de la situación legal que les coloca en posiciones de exclusión. Otros rasgos, en cambio, sí se consideran característicos de los adolescentes y jóvenes latinos. El tema de la soledad y el duelo aparece con menos frecuencia que en el ámbito escolar: puede que se perciba menos o que los profesionales pongan el acento en el acceso a los recursos. La visión que tienen de la familia tiene muchas similitudes con la expresada por los docentes, incluso con la visión de las propias familias cuando se refieren al reencuentro:

Entre las chicas latinoamericanas nos encontramos que las madres no han vivido la maternidad junto a sus hijas, sino que el maternaje lo han hecho los abuelos o los tíos o quien sea, las niñas han crecido sin ningún tipo de límites también, porque son las que aportan riqueza a esa casa y las tratan siempre como princesitas, y las miman mucho porque son su fuente de ingresos. Y entonces se encuentran dos desconocidas aquí, que tienen ideas muy claras de lo que quieren y lo que han estado esperando durante todo este tiempo. Todo este tiempo la niña ha estado esperando que su madre venga a por ella, que no la deje sola, que la recupere, y la madre encontrarse a una hija bien criada porque para eso ha pagado, para que se la eduque bien. Y lo que se encuentra es una hija que hace lo que le da la gana, que no la conoce de nada, que no la respeta... La madre lo que quiere es hacerse su amiga porque no la conoce y no sabe cómo hacer de madre, y es donde empiezan a surgir las fricciones y es donde petan esas relaciones. Y que llegan incluso a las manos. Yo creo que todos los casos de chicas latinoamericanas son con el mismo patrón, desde 8 años hasta 15 [Directora Centro].

Y, quizás, entre todas estas familias lo que sí encontraría en común es que la madre siempre está presente, no sólo porque está en este país, sino porque se preocupa por el hijo, preocupada porque su hijo haya cometido algún acto delictivo, o porque pertenezca o no pertenezca a una banda, si es que es así, o en el caso contrario, madres sobreprotectoras, que niegan el hecho, que lo disculpan e incluso lo banalizan. Pero está la madre, la madre siempre está ahí y siempre está interviniendo. Más en positivo, más en negativo, más en nuestra opinión, más a nuestro favor, más en contra, pero la madre siempre está ahí *per se* [Educador Centro].

[...] Pero sí nos estamos encontrando también con chavales que en casa... prácticamente no son atendidos. En este sentido de que el padre, si está, no tiene demasiada ascendencia sobre el resto de la familia, la madre está fuera trabajando todo el día, y

> el chaval está bastante solo. Y fuera del centro docente, pues digamos que tiene unas horas en que nadie está por él. Esto creo que debe ser un perfil que se repite bastante [Técnico de Prevención].

El tránsito entre sistema educativo y mundo laboral es una de las mayores preocupaciones de los profesionales, y las visiones son diversas, pasando tanto por las dificultades legales como por las motivaciones.

> Yo a los jóvenes los veo, a la mayoría, que están aquí por estar. Yo veo que pocos tienen interés en estudiar, hacer la carrera. Yo no he visto a ninguno. Y aquí vienen, ¿eh? Aquí vienen madres [...] quiero decir que se preocupan mucho por los chavales, pero yo no he visto aún a ningún chaval que digas está estudiando... yo qué sé... medicina, o farmacia, o derecho... [Abogado].
>
> Claro, hay muchos que el problema... aquí en Servicios Sociales nos encontramos mucho con esta situación. Que vienen algunos que no les gusta estudiar o no acaban la secundaria y no pueden... esto es un círculo vicioso... no pueden acceder a los recursos, a los PTT (Programas de Transición al Trabajo), a la formación ocupacional, porque no tienen el permiso de trabajo. Tienen residencia pero no tienen permiso de trabajo. Entonces a todos estos convenios que tienen de transición al trabajo, de formación, de PGS (Programas de Garantía Social) y tal, para los que no acaban la secundaria o para los que acaban y querrían hacer otra cosa, no pueden acceder [Educador de Calle].
>
> Han sido un poco víctimas de las dinámicas familiares, y la situación, más que una... un hecho es que en la decisión de la inmigración no habían participado. A partir de aquí, en algunos casos sí que acabo interviniendo en los que están en mi zona, a nivel escolar, porque suelen darse situaciones de altos niveles de desmotivación escolar, fruto de... a veces fruto de procesos escolares previos, ¿no?... de escolarización o de niveles más... instructivos, ¿no?
> Una, el tema de las dificultades que comentábamos antes de la relación, del compromiso, no ayudan a que se integren fácilmente en el mundo laboral. A menudo tienen acceso fácil, no les resulta complicado, lo que pasa es que también difícilmente aguantan un trabajo durante mucho tiempo. Entre los que no tienen los papeles en regla y eso no les facilita, los que por otra parte intentan tirar de experiencias previas, a lo mejor han hecho algo de carpintería o así en su país, como que no acaban de entrar en el funcionamiento que hay aquí... La verdad es que fuera de la hostelería, que es un... donde yo diría que más fácilmente pueden acabar teniendo un trabajo más o menos estable, en los otros... ámbitos, si son más tecnificados, difícilmente acaban teniendo acceso [Educador Servicios Sociales].

Por último, los profesionales hacen también muchas alusiones a la grupalidad, frecuentemente asociada a la calle, con diversas implicaciones. La constatación de que la calle es utilizada por grupos más numerosos y de forma diferente puede provocar sorpresa, ser vista desde el riesgo, o simplemente desde la sociabilidad. Además, los profesionales son conscientes de la relación establecida entre esta presencia en la calle y la pertenencia a las llamadas «bandas», en parte por el estereotipo creado. Esta consideración influye en la visión de estos grupos en la calle desde la peligrosidad, pero se analiza en el capítulo dedicado a los colectivos juveniles.

> Y esta gente que sabemos que también son muy... no sé cómo decirlo, pero utilizan mucho más el espacio de calle mucho más que nosotros, aunque en estos barrios se

utiliza bastante, ¿no? Pero bueno, sí que hacen mucha vida de calle, se reúnen los sábados por la noche, bueno, hacen deporte, charlan, beben... son mucho más callejeros [Educador Plan Comunitario].

Con eso sí me he encontrado, en espacios públicos gente menor, pero con gente menor todavía, con chavales aún más pequeños. Quiero decir que a lo mejor son dos hermanos, uno de 16 años y otro de 10 y bueno, como la madre no está en casa, pues están los dos en el parque. En este sentido creo que cierta carencia a ese nivel seguramente la hay [Técnico de Prevención].

Son grupos de amigos y seguramente los fines de semana se juntan tropecientosmil en la calle, o en la plaza, y unos se van aquí y unos se van allá. También es cierto que los más mayorcitos, yo creo que la dificultad la tienen los de 17-18 años, que ya no están escolarizados o han dejado el instituto, que les cuesta más relacionarse con otros grupos. Se sienten más cómodos con sus grupitos, con sus grupos de amigos. Es que eso, aunque no sean latinos, si son autóctonos, si no están escolarizados, su... su abanico de posibilidades de relación está limitado a sus amigos, sus familiares y la gente que conocen. Y si no trabaja ni estudia, sus relaciones son así [Educador de Calle].

La visión de las asociaciones

El discurso de las Asociaciones Latinoamericanas entrevistadas es un claro ejemplo de visión atravesada tanto por desigualdades frente a los jóvenes autóctonos como por igualdades en lo que se refiere a la condición juvenil. El aspecto central de estas entrevistas es su denuncia de la desigualdad legal y de la estigmatización en tanto que inmigrantes, en consonancia con el tipo de trabajo que desarrollan dichas entidades. Las asociaciones expresan también la especial vulnerabilidad de los jóvenes inmigrantes, que tiene como consecuencia la exclusión a diversos niveles, en forma de «peces que se muerden la cola», cadenas legales y simbólicas difíciles de romper.

Suena muy mal que haga una comparación, pero incluso cuando tú te preocupas de encerrar un animal en una jaula, te preocupa que vaya a tener agua y comida. Pero a los inmigrantes se les trae o se les permite que vengan y aquí no hay ningún plan para que sigamos procesos de integración. Es que no hay nada. Llegan aquí y están aquí [Secretario de Asociación].

Un día sucede cualquier suceso con un joven inmigrante y al otro día ningún periodista se habrá preocupado de averiguar, porque habrá sido por una banda [Secretario de Asociación].

Entonces, un chico que no está trabajando y que no tiene unos recursos, ¿le tengo que pedir que me pague para jugar en este equipo?... pues, digamos, no hay los suficientes recursos o alternativas de ocio para estos jóvenes. Igual que lo que te decía de alternativas de trabajo. Si el tema de los cursos de formación, me dicen que un chico está apuntado en el paro, que venga cualquier chico a estudiar y que es un chico que quiere aprender y que está interesado en hacer un curso de formación de electricista o de fontanería... que lo haga, y con esto quizás se consigue que tenga un trabajo y que pueda obtener el permiso de residencia. Pero si ya no le dejamos acceder a la profesión porque no tiene un contrato de trabajo, tampoco le hacen el contrato de trabajo porque no tiene una profesión. Siempre estamos en las mismas cadenas por todos los lados [Secretario de Asociación].

Pero en tanto jóvenes son descritos de la misma manera que los autóctonos, quizás con la única diferencia de los lenguajes utilizados, y a veces ni siquiera ésa:

> [...] tú ves los niños de 15-16-17 con la moto yendo a toda velocidad, haciendo así con los coches, una cosa que es violenta. Esa misma violencia, un latinoamericano la expresa en un parque, estando, cantando, juntándose entre todos, peleándose... y entonces la verdad es que lo que hay que civilizar es en general a toda la juventud. Tampoco a los jóvenes latinoamericanos sí, porque es políticamente incorrecto ver a un grupo de jóvenes en un parque y que están haciendo algo como esto. Pero esta misma violencia llevada a una sala de juegos o algo es tolerable. Entonces, cambiarles de forma de expresión a los jóvenes latinoamericanos... [Presidente Federación de Entidades].

Pero claro, como somos emigrantes, si fuera una persona de aquí... Las problemáticas son las mismas, tenemos las mismas necesidades... o como dije en una entrevista que me hicieron hace poco, los jóvenes de aquí consumen las mismas substancias que los jóvenes inmigrantes, pero claro, como los inmigrantes son inmigrantes, o se ven más vulnerables, o para la gente de aquí es más grave. Si yo mañana estoy en la calle fumándome un porro soy un inmigrante drogadicto. Cuando aquí vas en el metro y ves a gente de aquí que está fumando coca en el metro. Pero claro, si yo soy inmigrante... es eso [Secretario Asociación].

5
De las «bandas» a las «organizaciones juveniles»

Carles Feixa, Mauro Cerbino, Carolina Recio, Laura Porzio, Noemí Canelles

Tras esbozar la visión de los jóvenes y de los adultos sobre las condiciones sociales y las identidades culturales de la nueva generación de origen latinoamericano en Barcelona, ha llegado el momento de abordar el tema que motivó la investigación: la presencia de las «bandas» y su impacto en la vida cotidiana de los jóvenes y en el espacio público de la ciudad. Para ello seguiremos aplicando el método que diseñamos en el capítulo metodológico: presentaremos las distintas visiones sobre el tema, que pueden agruparse en cinco grandes ejes: la visión de los medios frente a la visión de los observadores, la visión de los observadores frente a la visión de los sujetos, la visión de los adultos frente a la visión de los jóvenes, la visión de los latinos frente a la visión de los no latinos, y finalmente, la visión de los jóvenes que no están en organizaciones frente a la visión de las organizaciones juveniles. Aunque a menudo utilizamos el término «banda» porque es el que utilizan nuestras fuentes (los medios de comunicación y los informantes jóvenes y adultos), el término más apropiado es el de organizaciones juveniles, que incluye al menos cinco modalidades de sociabilidad entrecruzadas que no deben confundirse:

a) Las «bandas» propiamente dichas (agrupaciones no necesariamente juveniles que se estructuran en torno a actividades delictivas, con escasa elaboración simbólica).

b) Las «pandillas» (agrupaciones juveniles de base territorial local, estructuradas habitualmente en torno al ocio y más extraordinariamente en torno a actividades ilícitas).

c) Los *estilos* (agrupaciones juveniles de carácter global, no estructuradas ni cohesionadas, basadas en la música y la estética).

d) Las *asociaciones* (agrupaciones juveniles con un mayor grado de complejidad y de carácter supralocal).

e) Las *naciones* (agrupaciones juveniles de carácter transnacional, estructuradas con distintos grados de cohesión y con un fuerte componente simbólico e identitario).

Las «bandas» según los medios[1]

> El temor a las bandas juveniles violentas ya es una realidad.
> [*La Vanguardia*, 02/11/2003].
>
> El peligro de las bandas: Barcelona se está convirtiendo en una ciudad insegura para sus ciudadanos.
> [*20 Minutos*, 25/11/2004].

Lo que aquí vamos a sostener es que los medios de comunicación han jugado un papel muy importante en la creación y generalización de una imagen determinada de los grupos de jóvenes latinoamericanos que habitan en la capital catalana. Es decir, los medios han sido capaces de generar opinión pública en torno a los colectivos integrados por jóvenes latinoamericanos: han contribuido a generalizar la idea de «banda» en el sentido peyorativo del término. Para hacer este capítulo nos hemos centrado en análisis de la prensa escrita y de algunos de los programas televisivos que han tenido a estos colectivos como actores protagonistas. En concreto, para el caso de la televisión, se ha prestado suma atención a dos programas, uno emitido en junio de 2005 por la cadena privada Tele 5, y el segundo emitido por Televisión Española (TVE1) en octubre del mismo año. Cabe decir que los discursos generados en los dos medios son similares, lo que significa que reproducen unas imágenes e imaginarios comunes. Si bien las notas literales provienen todas de la prensa escrita, muchos de los comentarios que se hacen en relación al proceso estigmatizador y estereotipador que han protagonizado los medios son válidos tanto para la prensa como para la televisión. Sin embargo, sí reconocemos que la televisión utiliza medios audiovisuales mucho más elaborados y más espectaculares que en el caso de la prensa, que quizás aún ayuden más a establecer una asociación entre joven latinoamericano y «banda» criminal.

En el caso de la ciudad de Barcelona, la muerte de Ronny Tapias (a finales del mes de octubre de 2003) es clave. A raíz de ese suceso los medios encontraron en los colectivos de jóvenes que habitaban los parques y plazas de la Ciudad Condal, que tenían rasgos latinoamericanos y vestían ropas de estética rapera y hip-hopera, un nuevo grupo social susceptible de ser noticia. Desde entonces no han dejado de aparecer noticias referentes al tema, siendo frecuente que casi quincenalmente el público se tope con alguna noticia, reportaje o artículo de opinión relacionado con las «bandas». Un aspecto fundamental de este proceso ha sido que, más allá de constatar la existencia y la relativa problemática de estas organizaciones, los medios han sido los artífices en el proceso de creación de la imagen pública de las «bandas», asociada a la visibilidad de los jóvenes inmigrantes de origen latinoamericano que viven en Barcelona. Desde la muerte de Ronny, tanto la prensa como la televisión no han dejado de informar sobre los actos y actividades de colectivos de jóvenes latinoamericanos que aparentemente formaban parte de «bandas». Normalmente es noticia un acto de carácter violento y/o delictivo, incrementándose cuantitativamente en momentos puntuales (por ejemplo, la muerte de un chico en

---

1. Este apartado se desarrolla con mayor profundidad en el capítulo de Mauro Cerbino y Carolina Recio.

el barrio de Villaverde de Madrid en la primavera de 2005 o el juicio de los adultos acusados de la muerte de Ronny). La forma en que han ido informando sobre estos colectivos no ha variado sustancialmente a lo largo de estos tres años. Debemos destacar dos hechos en todo este proceso. El primero de ellos es que desde el principio fueron los elementos estéticos los que marcaron los relatos periodísticos. Lo de la «estética latina» fue (y sigue siéndolo) un elemento crucial para montar el espectáculo mediático sobre las «bandas», dado que a través de su representación se crea la visibilidad noticiosa de jóvenes ataviados con un pañuelo negro en la cabeza, vestimenta donde predominan los colores dorado, negro y azul, el estilo *hip-hop* y la corona tatuada (en el caso de los Latin Kings).

> *Mocador al cap.* Preferentment daurat o negre. Alguns porten la corona, el símbol de la banda estampat a la roba. Samarretes esportives molt amples. Negres amb rivets daurats. Pantalons texans tipus raper. Molt amples I amb l'entrecuix molt baix [*El Periódico*, 10/09/2003].

> *Marginación y delincuencia juvenil a ritmo de rap.* Sus miembros tienen un perfil muy determinado. Tienen entre 16 y 18 años, de origen iberoamericano, estética rapera y sin un líder muy definido. Visten pantalones anchos y caídos, camisetas amplias o de tirantes anchos y pañuelo en la cabeza estilo pirata. Suelen ir armados con navajas, cadenas o bates de béisbol y se dedican a abusar de estudiantes y robarles mochilas, chaquetas o zapatillas deportivas, protagonizar peleas de patio de instituto o cometer pequeños atracos, organizándose en grupos con otros jóvenes de su mismo centro escolar [*La Razón*, 30/10/2003].

El segundo elemento crucial del proceso fue la pronta relación entre violencia y colectivos de jóvenes latinos. De esta relación se entiende que en todo este tiempo cualquier infracción o acto delictivo protagonizado por uno o más jóvenes latinoamericanos no será interpretado como un «hecho aislado», sino más bien como un signo que conduce siempre a la misma lectura: la pertenencia a «bandas». Se trata de una lectura que, por cierto, contribuirá a afianzar la convicción de que las razones que están detrás de cada acto delictivo tienen que ver con el simple hecho de ser «jóvenes *y* latinos», o con las respuestas a «llamados» imperativos del grupo (la «banda» precisamente), de modo que los actos se despersonalizan y vienen atribuidos siempre al respeto a una lógica de organización grupal. De ahí que, por un lado, se ha ido construyendo un estereotipo de los grupos de jóvenes latinoamericanos que estaban ocupando el espacio público de las grandes ciudades y, por el otro, la teoría de que las actuaciones de las «bandas latinas» responden a modalidades típicas de las organizaciones criminales.

> Sigo con estupefacción las noticias sobre este nuevo fenómeno de la delincuencia urbana que es Latin King, la primera macrobanda o megacomplejo delincuencial de este Madrid del Tercer Milenio que ya está aquí pero que no reconocemos porque no se parece a nada de lo que vivimos de niños o de lo que soñamos [...] Latin King es una banda que se nutre de menores de origen hispanoamericano, en principio ecuatoriano, que llevan armas blancas, que son reclutados en los barrios y que se están haciendo presentes o empiezan a ser dominantes en la zona Sur de Madrid. [...] Son jóvenes organizados, en su estructura absolutamente piramidal, ferozmente jerarquizada y en el modelo terrorista de la organización, mediante células que sólo se comunican a través de su jefe con el nivel superior [F. Jiménez Losantos, *El Mundo*, 07/05/2003].

Más allá de la descripción de la evolución de las noticias hay que destacar otros aspectos que son muy importantes para entender la idea que aquí estamos sosteniendo: los medios de comunicación construyen una realidad específica de las «bandas», y que a veces dista mucho de la realidad de la vida cotidiana de estos chicos y chicas. Uno de estos aspectos es el tipo de fuentes de información consultadas. En este sentido, lo que ha sucedido es que las informaciones aparecidas y plasmadas en los medios provienen casi exclusivamente de fuentes policiales y judiciales:[2]

> La policía ha observado en los últimos meses la proliferación de bandas de la calle que son rivales. La Guardia Urbana confiscó hace unos cuantos meses, en el interior de un vehículo, diplomas que la banda de los LK otorga a sus miembros después de un juramento y una serie de pruebas [*El Periódico*, 18/01/2004].
>
> El aumento de asesinatos ha puesto en alerta al Ministerio del Interior, que ha ordenado actuar contra el millar de jóvenes latinoamericanos que integran estos grupos violentos. El objetivo es desarticular la docena de bandas que operan en España [*La Clave*, 27/02/2004].

Esto nos conduce a tener en cuenta ciertos elementos que guardan relación con el modo como se hacen las noticias y sus implicaciones sociales en la construcción y problematización de determinados fenómenos sociales. Por un lado tenemos el peligro que supone el utilizar casi de forma exclusiva fuentes de carácter policial y judicial, en el sentido en que es frecuente que esto impida un periodismo capaz de usar el recurso de la investigación autónoma, rigurosa y posiblemente de inmersión, lo que conduce al abandono de un periodismo desprovisto de una representación espectacular. El resultado de todo esto es que se generaliza un discurso que trata el fenómeno desde una óptica y un lenguaje que se inscriben en el marco de las lógicas propias del orden público, de lo penal, y muchas veces de la represión y del autoritarismo. El resultado de todo esto es que se crea casi una ecuación lineal entre «bandas» de jóvenes latinoamericanos y organizaciones criminales. En este sentido es muy probable que aun cuando haya investigación autónoma por parte de los periodistas, éstos terminen convirtiéndose en «detectives» reproduciendo las mismas prácticas de los agentes de policía. Otro de los riesgos que subyace en el discurso utilizado por los medios es que se puede producir un cierto grado de manipulación al que se prestarían los medios al transformarse en una caja de resonancia de los discursos oficiales de las autoridades. Por ello, no deberíamos olvidarnos del interés que podrían tener algunas autoridades en poder «manejar» el recurso de incremento o disminución del miedo ciudadano. Y, en un mundo donde la percepción de inseguridad parece ser cada vez mayor, el poder de algún modo influir en las condiciones que las generarían, podría ser un negocio atractivo para algunos, especialmente en el campo de la política. Por tanto, al margen de posibles diferencias de

---

2. A menudo sólo se utilizaban aquellas fuentes policiales que confirmaban la visión preestablecida. Por ejemplo, pese a que los portavoces de la policía autonómica catalana insistieron desde el principio en que no se trataba de grupos criminales, esta opinión casi nunca aparecía explícitamente, y cuando lo hacía tenía un papel secundario. Lo mismo podríamos decir de los «discursos expertos», utilizados sólo en aquellas ocasiones en que interesaba dar una visión más «sosegada».

carácter político e ideológico existentes entre los distintos medios, lo que sí creemos poder afirmar es que todos ellos ofrecen una imagen de las organizaciones de jóvenes latinoamericanos como una nueva forma de violencia juvenil que está empezando a hacer mella en nuestra sociedad y que se está convirtiendo en un problema de inseguridad ciudadana:

> El peligro de las bandas. Barcelona se está convirtiendo en una ciudad insegura para sus ciudadanos [*20 Minutos*, 25/11/2004].

Esta última anotación nos permite pasar a señalar otro aspecto importante de la rutina periodística, que es el hecho de que para la cobertura mediática de las «bandas», probablemente más que para otros fenómenos o temas de diversa índole, los medios tienden a actuar por medio de lo que llamamos el «efecto eco». Si un medio empieza a hablar de las «organizaciones juveniles» en los términos que hemos señalado arriba, esto es, de peligrosidad, de alarma social e inseguridad ciudadana, es como si, por basarse en términos que tienen connotaciones muy definidas, por ejemplo en cuanto al aumento del miedo, pero sobre todo por considerarlos de antemano *altamente noticiables*, se determinara una especie de obligatoriedad para los otros medios de no «quedarse atrás» o rezagados en el manejo y reproducción de una mercancía que, proyectándose «al alza» en la cotización de noticias, se disputa la atención de las audiencias en el mercado informativo.

Es por esto que, uno tras otro, todos los medios, tarde o temprano, se embarcarán en la cobertura y difusión de notas y reportajes sobre las denominadas «bandas latinas». Queda patente que en la carrera para obtener la primicia o la información más llamativa, los medios, incluyendo los que se consideran de mayor prestigio y seriedad, se olvidan de la revisión de los criterios que subyacen a la selección de determinados acontecimientos que se transforman en noticias, y generan una información muy similar, casi uniformada, que asfixia a los lectores y bloquea cualquier posibilidad de establecer una competencia en la que los medios se disputan las audiencias sobre la base de proporcionarles el sentido de los acontecimientos desde perspectivas diferentes, y no de cautivar su atención en el plano meramente emocional. Por todo ello, podemos afirmar que las formas y los contenidos que ponen a circular los medios configuran un conjunto poderoso de ingredientes que alimentan y sostienen los imaginarios sociales. Es indudable que el modo con el que se construyen los reportajes y, en particular la utilización de ciertas imágenes, influye de algún modo en las concepciones y los sistemas de valoración que la ciudadanía tiene respecto de un determinado tema. Puede incluso ser que los medios, cuya actuación se basa en seleccionar ciertos acontecimientos entre los muchos que se producen y que eligen los temas para su tratamiento específico, no sólo proporcionen a los ciudadanos la información sobre la que hablar, sino también *cómo* opinar sobre ella. En este sentido, el tratamiento periodístico de los hechos imputables a estos colectivos, y que ha ayudado a construir imaginarios en relación a los colectivos de jóvenes latinos, no ha sido otro que el alarmismo social. Los medios han contribuido a crear en este caso un retrato *general* de la juventud latinoamericana cuyos contornos, directa o indirectamente, han estado relacionados con hechos de carácter criminal. Si se revisan, aunque brevemente, las notas periodísticas aparecidas en diarios y televisiones en estos dos años, salta a la vista de modo absolutamente claro que una gran mayoría de ellas, al referirse a jóvenes latinoamericanos, lo hace relacionándolos con acciones violentas. El hecho de que prácticamente cada vez que los medios se ocupan de jóvenes latinos lo hacen tratando el tema de las «bandas» delictivas, termina por crear las condiciones más propicias para la generación de un estigma de esos jóvenes en la opinión pública. Si a esto le agregamos que, en los imaginarios sociales más consolidados y tradicionales, existe ya una percepción y un juicio por medio de los cuales se establece una relación entre los procesos migratorios, de hoy y de ayer, con la marginalidad, la pobreza y *por ende* con la peligrosidad social (de la que serían portadores *cuasi naturales* los inmigrantes y especialmente si son jóvenes), el resultado que obtendremos es una absurda y nociva generalización que obviamente impide ver la complejidad de fenómenos sociales de gran calado en los actuales momentos históricos y que, por otra parte, funge como alimento poderosísimo de la generación y mantenimiento del miedo hacia todo lo que se considere distinto.

Las «bandas» según la observación[3]

> El barrio está lleno de Latin Kings y Ñetas.
>
> Palabras de un vecino, *Diario de Campo*
>
> El parque (antes) estaba abierto, ahora lo cierran a las diez de la noche.
>
> Palabras de un joven, *Diario de Campo*

Las observaciones etnográficas llevadas a cabo durante el trabajo de campo nos han proporcionado elementos para poder afirmar que la mayoría de chicos y chicas de origen latinoamericano que dedican su tiempo libre a practicar distintas actividades en las calles, parques, centros comerciales, etc., no son miembros de grupos que llevan a cabo acciones delictivas. El espacio público se entiende como un lugar de encuentro entre iguales donde expresar las propias prácticas culturales: jugar a básquet, escuchar reggaeton y «perrear» (tipo de baile asociado a este estilo musical) o simplemente pasar el rato. Mientras que en sus países de origen pasar muchas horas en la calle es una actividad normalizada, cuando llegan aquí se dan cuenta de que es una práctica estigmatizada. La apropiación lúdica, y por lo tanto simbólica, que estos jóvenes hacen del espacio público genera preocupación entre los otros usuarios y el resto de la población. De hecho, la asociación entre jóvenes de origen inmigrante y espacio público está marcada por el miedo, el peligro, la violencia y la delincuencia. Todos estos discursos que predominan en los medios de comunicación y también en la calle, entre los ciudadanos de a pie, han hecho que nos preguntemos: «¡Eso es lo que dicen! ¿Pero qué pasa en realidad en la calle?».

---

3. Este apartado se desarrolla con más profundidad en el capítulo de Laura Porzio y Santiago Martínez.

Las «bandas» en los parques

Hoy ha salido en el diario un artículo sobre las bandas latinas. El núcleo del artículo pretende construir un mapa sobre la distribución territorial de las bandas, denominadas las «zonas calientes». Mientras me leo el diario, se acerca Judit y me explica que ella vive en un barrio: «repleto de Latin Kings y Ñetas de éstos». Me explica que se reúnen cada día en un parque y que a raíz de esto se generaron problemas con los vecinos. El parque, antes de su apropiación por parte de estos jóvenes, estaba permanentemente abierto, ahora lo cierran al anochecer. Me sugiere ir a dar una ojeada [*Diario de campo*, 15/05/05].

Quedamos en el metro para ir al parque y ya durante el recorrido nos encontramos con jóvenes que nos llaman la atención por su estética. Son las 18:00 de la tarde y ya hay bastante movimiento, vamos directas hacia un banco desde donde podemos observar todo los espacios que conforman el lugar. De hecho, el parque no es muy grande y se pueden apreciar desde el mismo punto de observación todos sus rincones: en el centro hay una pista de baloncesto con dos zonas para jugar y un gran espacio con árboles y bancos. Dentro de la pista hay dos grupos de chicos jugando: el primer grupo está formado por dominicanos de 15-18 años, y el otro por dominicanos y autóctonos de 12-14 años. En un banco más aislado hay otro grupito formado por cinco dominicanos (tres chicos de 18-19 años y dos chicas de 16-17 años) que hablan, ríen y hacen bromas entre ellos. El resto de usuarios del parque son hombres mayores que se sientan en los bancos y hablan entre ellos, también hay padres con hijos pequeños. La acción dentro de la pista es dinámica: hay los que juegan activamente, los que pasan el rato jugando, hablando y haciendo bromas, los que entran y salen de la pista... etc. Llegan tres chicas que deben tener unos 15 años, las tres traen vaqueros estrechos, camisetas de tirantes cortas que dejan entrever el ombligo, los cabellos son largos y los traen recogidos. La estética de los chicos, en cambio, varía según dos modelos principales: una vestimenta más deportiva con chándales anchos y camisetas de baloncesto y una más casual con tejanos, ni anchos ni estrechos, y camisetas, con mangas o de tirantes, que evidencian la musculatura. Los peinados favoritos son trenzas cortas y pegadas a las cabezas, o peinados estilo afro, en otras palabras, rizos voluminosos y bufados. De hecho, su estética imita la de la juventud afroamericana de los Estados Unidos. A medida que se hace tarde aumenta la presencia de chicos más grandes, de hecho ahora es más complicado contabilizarlos con exactitud (unos 30-35). El grupito del banco se ha acercado a la pista y ahora se sientan en un banco más próximo, aumentan los movimientos desde la pista hacia fuera y desde los bancos a la pista. Nuestra presencia ha dejado de ser desapercibida, de hecho los chicos del banco nos miran con curiosidad. Decidimos marchar después de haber observado una apropiación simple y únicamente lúdica de un espacio público, ¿de dónde viene el conflicto? Ya le preguntaremos a Judit [*Diario de campo*, 18/05/05].

Las «bandas» en las plazas

Hoy hemos decidido pasearnos por las plazas del centro de las cuales más hemos oído hablar. Quedamos en el metro y con la guía de Barcelona en las manos buscamos la primera. La primera cosa que capta nuestra atención al acercarnos es la presencia de una furgoneta de la policía nacional y dos agentes que han esposado a un chico latino y están registrando a otro autóctono. Finalmente dejan al segundo y se llevan al primero. La plaza resulta ser un espacio de unos 300 m^2 cuya zona principal está ocupada por dos pistas de baloncesto, en el área diametralmente opuesta hay unos bancos y muros pequeños de piedra para poderse sentar. Todas las paredes del recinto están adornadas con graffiti; el lugar se percibe como descuidado y sucio, hay botellas rotas en el suelo, papeles y otros residuos. En el lado derecho hay un grupo de hombres y mujeres autóctonos, de unos 40 años, que beben cervezas, charlan, etc. La juventud inmigrante se concentra en la zona de las pistas, debe de haber unas 50 personas entre adolescentes y jóvenes, todos chicos y todos con rasgos físicos filipinos. Su estética está muy cuidada y presenta todos los elementos corporales que los medios de comunicación adscriben a las bandas latinoamericanas: pantalones tejanos o de tela muy anchos, camisetas de baloncesto con mangas o sin, siempre bastante anchas, calzado deportivo. La gran mayoría lleva pañuelos a la cabeza y los colores que más dominan en la vestimenta son el rojo y blanco o el morado y blanco. La actividad principal es jugar a baloncesto y, cuando están cansados, descansan sentados alrededor de la pista, donde hay sombra. Las cosas más interesantes que hace falta evidenciar son la fuerte presencia masculina en el lugar y su apropiación por la juventud filipina.

Decidimos marchar hacia otra parte de la zona. El paseo es largo y se debe cruzar prácticamente todo el barrio, durante el paseo nos fijamos en el barrio. Las calles son estrechas y bastante oscuras, hay algunas que son tan pequeñas que parece que se toquen las cumbres de los edificios. Los balcones no están adornados con plantas, sino que se utilizan para tender la ropa. Los bajos son ocupados por tiendas de todo tipo, en algunas calles predominan los bares o locales de ocio, y en otras las tiendas de alimentación, gestionadas por paquistaníes. Por las calles pasean personas autóctonas, latinas, filipinas, paquistaníes, etc. Sus voces y sus idiomas se mezclan y se desprenden ruidos indescifrables, que dan un cariz de multiculturalidad, aunque fijándose mejor está muy claro que cada individuo se junta con «los suyos» (gente de su etnia, cultura, idioma). Las condiciones urbanísticas del barrio son pésimas. Llegamos a otra plaza famosa. Aquí también encontramos un espacio ancho que abre la posibilidad a sus usuarios de distribuirse por todos sus rincones. Hay gente mayor, gente joven, familias, madres con niños, autóctonos, inmigrantes de diferentes nacionalidades, chicos, chicas... cada cual ocupado en una actividad diferente.

En la parte derecha de la plaza, la más próxima a los tres bares que rodean el lugar, hay juegos para los niños, donde familias de diferentes nacionalidades hacen jugar a sus hijos. En los bancos, que ocupan todo el perímetro, se sientan las personas mayores, también en este caso sin distinción cultural. En el centro se encuentra la pista de baloncesto, donde hay diferentes grupitos de chicos y chicas que juegan. Hay uno que nos llaman la atención puesto que está formado por dominicanos adolescentes: cuatro chicos y tres chicas que deben tener 12 o 13 años juegan con la pelota pero también a perseguirse; un chico y una chica se acercan a una fuente y empiezan a tirarse agua. Él, como sus amigos, trae un peinado al estilo afro (rizos voluminosos y bufados) y su vestimenta recuerda mucho a la de sus coetáneos afroamericanos de los Estados Unidos. Las chicas van muy arregladas, los cabellos son largos, los pantalones estrechos y, por la parte de arriba, camisetas ceñidas con o sin mangas. En la parte izquierda de la pista hay unas mesas de ping-pong y unos bancos alrededor más o menos próximos. En esta zona se encuentra el resto de la juventud dominicana, tienen unos cuatro o cinco años más que los primeros y todos son de sexo masculino. Su estética da prioridad a todos aquellos elementos que muestran y favorecen el cuerpo: los tejanos no son ni estrechos ni anchos aunque se ciñen donde conviene, la camisetas son principalmente de tirantes y se adornan también con cadenas de plata o anillos, a veces vistosos. Los cabellos son cortos, con trenzas o con rizos. Ninguno de los chicos trae tatuajes en zonas visibles. Hay bastante movimiento, algunos de ellos tienen los *scooters* aparcados junto al banco donde nos sentamos nosotras y se acercan a menudo para charlar y hacer comentarios sobre las motos. Hay quienes van hacia el bar para comprarse bebidas, patatas, etc.

Al cabo de un rato llega un nuevo grupo de chicas que deben tener unos 13 o 14 años, que siguen el mismo patrón estético de las otras, algunas se sientan, otras se quedan alrededor del ping-pong, se saludan con los chicos y algunos de ellos se acercan a ellas. Acaba de llegar otra chica de unos 16 o 17 años que está embarazada, todo el mundo la saluda y le hace demostraciones de afecto y al bebé que está en su barriga. Hay un chico que debe de ser bastante simpático y vivaz, está escuchando música con un mp3 y no para de bailar, por cómo mueve su cuerpo parece que esté bailando reggaeton o música latina en general. Llega otra chica dominicana, que entra en la plaza con dos chicos españoles. Los chicos se quedan en un banco alejado y la chica se acerca al grupo de dominicanos, se queda un rato con ellos y después se vuelve a ir con quienes había venido. La tarde sigue así para estos jóvenes y adolescentes inmigrantes que disfrutan del sol y de los espacios al aire libre [*Diario de campo*, 20/05/05].

Hoy nos movemos por los parques de dos barrios considerados por la prensa y por la opinión pública como zonas calientes y peligrosas. El primer lugar adonde acudimos es más bien una plaza (de hecho no hay árboles ni espacios verdes) que se encuentra cerca de un instituto y que confina con sus instalaciones deportivas. La plaza es cerrada y se accede desde una calle de peatones, tiene forma de rectángulo y en los lados más largos se encuentran la calle ya descrita y las infraestructuras de un centro cívico. Después hay una esquina que confina con la pista de baloncesto, y en otra, una especie de escalinata como si de un anfiteatro se tratara. Subiendo las escaleras hay unas paredes llenas de graffiti, nos acercamos para mirarlos y no conseguimos encontrar ninguna pintada «imputable» a las «bandas». La plaza está vacía, sólo hay chicos con instrumentos musicales que entran y salen de una sala de ensayo. Intentamos acercarnos a este lugar, del que tanto hablan los medios, más de una vez durante diferentes días de la semana y en horarios diferentes. En ninguna de nuestras observaciones se pudo apreciar ni siquiera pandillas de jóvenes latinoamericanos, y tampoco se puede afirmar la presencia de supuestas «bandas» callejeras. Decidimos, pues, aprovechar la tarde y dirigirnos hacia otro lugar de observación, cogemos el metro y nos alejamos todavía más del centro.

Cuando llegamos se presenta ante nosotros otro tipo de panorama: un parque de gran extensión con árboles, estanques, animales, etc. Empezamos a recorrer el lugar, eligiendo un punto de partida que nos permita cubrir toda la extensión de la zona. El parque es bonito, hay una zona central donde se encuentran los espacios reservados a los juegos de los niños, desde los más pequeños hasta los más grandes, todo rodeado de bancos. Alrededor de esta zona de arena y cemento se abren varios caminos que se disparan en diferentes direcciones y después se vuelven a encontrar, caminos que atraviesan el estanque donde se bañan los patos y descansan encima de las rocas. De hecho, siguiendo con el recorrido, se pueden apreciar zonas tranquilas y escondites donde los adolescentes se pueden reunir cómodamente para pasar el rato. De tanto en tanto descubrimos pintadas, en este caso símbolos de organizaciones juveniles y principalmente de los Latin Kings. Los medios, en cambio, siempre hablan del parque como punto de encuentro de Ñetas.

Al acabar la ruta nos damos cuenta de que hay otra parte para explorar detrás de una hilera de pinos, nos acercamos y vemos que hay pistas de baloncesto, de fútbol y una zona para patinar (con patines o *skate*). Hay un pequeño campo abierto que separa dos zonas: la de los bancos y la de las pistas. A nuestra izquierda, sentados en los bancos, hay dos grupos de jóvenes. Uno está formado por chicos autóctonos que charlan entre ellos y fuman porros, cerca hay una pareja de latinoamericanos de unos veinte años con un niño pequeño. El otro grupo está formado por dos chicos y tres chicas con rasgos ecuatorianos, que visten con chándal y ropa deportiva. En la pista hay dos chicos jugando a baloncesto, un dominicano y un chico con rasgos occidentales que lleva ropa y complementos de estilo rapero; de pronto llega otro dominicano con una bicicleta que entra y se queda con su medio de locomoción dentro de la pista.

Por todo el perímetro de ésta hay un escalón, donde están sentados un grupo de chicos adolescentes andinos y del Caribe, de quienes nos llama la atención su estética. Los cuatro llevan tejanos anchos (cortos o largos), camisetas anchas de algodón y de color blanco y pañuelo o gorra blanca. Los chicos charlan entre ellos y, de pronto, los dos chicos que están jugando a baloncesto se levantan y se van hacia los bancos para juntarse con las chicas. Por último llegan dos chicas que deben tener unos 13 o 14 años, con estética rapera: pantalones anchos, camisetas de tirantes y una lleva un pañuelo en la cabeza. Las chicas se sientan en el escalón, quedándose en medio entre la zona de los bancos y la de la pista, hablan entre ellas y miran hacia los chicos. Su presencia no ha pasado desapercibida y dos chicos de los más pequeños del grupo ya descrito pasan delante de ellas, se las miran y se paran unos instantes. Ellas hacen miradas de complicidad y siguen charlando, después es el turno de los más grandes (17-18), que también pasan por delante de las chicas pero en este caso sin hacerles ninguna mirada ni muestra de interés. Los que hemos descrito como dos grupos (autóctonos y latinos) ahora se encuentran totalmente mezclados, pues se puede afirmar que el que estamos observando es un grupo de amigos, chicos y chicas de edades diferentes y orígenes diversos [Diario de campo, 11/06/2005].

Las «bandas» según los adultos

> ¡Sólo les falta el pañuelo y son un esplai!
>
> Educador de Calle

> Lo que digo ahora sí que lo digo institucionalmente y salgo en televisión o donde haga falta, que es un problema que no tiene solución policial.
>
> Policía

Existen dos premisas a tener en cuenta para comprender la visión que tienen los adultos sobre las llamadas «bandas latinas»: la primera es que pocos adultos tienen una relación directa con el tema y la segunda es que el vacío de información directa se suple con información procedente de los medios de comunicación, o incluso con leyendas urbanas. En los discursos adultos se detecta la influencia mediática reflejada en tres grandes mitos que aparecen de modo recurrente y que algunos de los adultos entrevistados ponen en cuestión: se trata de las ideas de territorialización de las «bandas», la estética y la finalidad delictiva. Al mismo tiempo, estos mitos tienen sus propias contradicciones, que aparecen sobre todo al contrastarlos con los adultos que sí tienen experiencias directas con las organizaciones.

Discursos adultos: ¿qué son las «bandas»?

La ausencia de relación directa con el tema y la omnipresencia del discurso mediático tiene como consecuencia inmediata una sensación de miedo que aparece en numerosas entrevistas.

> De entrada el tema éste, lo que conocemos por los medios de comunicación, asusta bastante [Directora de Casal].

> Hablamos con el equipo directivo. Había 12 o 13 personas que estaban acojonados. Tenían miedo, y no te exagero, de que un día, saliendo del instituto, les esperase con

una pistola algún chaval y les pegase un tiro: «Perdonen, váyanse tranquilos, que nadie les va a esperar en la esquina, no son bandas de mafiosos al estilo calabrés»... Y lo digo sin conocer cómo funcionan las bandas, pero el miedo que tenían era el de las películas, de *El Padrino*... de que eran una banda al estilo mafioso [Policía].

Este miedo inicial se matiza con el intento por parte de los adultos de comprender el fenómeno, cada cual desde su ámbito y según sus esquemas interpretativos. Así, surgen las primeras comparaciones valorativas que intentan establecer diferencias y similitudes entre jóvenes inmigrantes y autóctonos. En primer lugar hay algunas que enfatizan el aspecto identitario, los vínculos emocionales, el sentimiento de pertenencia. En ellas se observa el intento de explicar por qué un adolescente se vincula a las organizaciones.

El grupo creo que lo que significa para el joven es un lugar donde se encuentra cómodo con amigos. Sencillamente, no creo que sea gran cosa más. Un lugar donde se siente querido, comprendido, reconocido... Lo que... vaya, esto siempre ha sido así. Uno se ha hecho *mod* porque se identificaba con un estilo de música y con un estilo concreto. Pero bueno, todos hemos hecho nuestros pinitos. Te identificas con una serie de cosas y te mueves con la gente con la que te entiendes [Técnico de Prevención].

Por una cuestión de identidad, de hablar el mismo idioma, de sentirse como en casa, de ser un refugio, de encontrarte a la gente que te entiende cuando hablas. Yo he tenido que aprender el castellano otra vez. Porque las expresiones, los chistes, los dobles sentidos, son diferentes en ambos países. Cuando encuentras una persona que habla tu mismo idioma, enseguida conectas mucho más fácil, no tienes que hacer tanto esfuerzo. Entonces, supongo que también te sientes más seguro cuando eres adolescente si tienes una pandilla, que en caso de que te intenten agredir, tú puedes defenderte. Creo que es muy natural [Psicóloga y Directora de Centro].

Ha habido *mods, rockers, punks*... En fin, no sé... Entonces que haya determinada gente que se identifique con un determinado estilo de música y con una determinada estética... pues eso es lo de siempre, en realidad no es una cosa demasiado nueva. Yo creo que de jóvenes, quien más y quien menos, unos más y otros menos, pero todos hemos sentido necesidad de reafirmarnos e identificarnos con determinadas cosas, y hemos seguido, quien más y quien menos, determinadas estéticas que nos reafirmaban ante el otro [Técnico de Prevención].

En este mismo sentido, algunas comparaciones tienden a enfatizar la dimensión organizativa similar a otras agrupaciones.

Incluso salió el debate de las ceremonias: decían que los *boy scouts* también tienen sus ceremonias de iniciación, y otras asociaciones como la JOC (Juventud Obrera Cristiana) también [Directora de Casal].

La gente de aquí ya tiene la oportunidad de apuntarse a la *colla castellera*, o apuntarse al equipo del barrio, hacerse socio del grupo de petanca del barrio, pero muchas veces estos chicos llegan a barrios más desestructurados, con menos recursos, menos servicios, más deteriorados y que muchas veces son vividos como diferentes.
Y la oferta que tienen de lo suyo, pues es eso, o una banda Ñeta o una banda Salvatrucha, o es Latin King [Educadores de Centro].

Yo estoy seguro de que si se pudiesen apuntar al equipo de fútbol, serían tan felices, irían vestidos igual o diferente y nadie hablaría de ellos en términos de bandas. En

> este sentido sí que pienso que muchas veces dicen: soy de una banda para ser algo, como soy del Madrid o como soy del Barça, como me gusta el fútbol, como me gusta bailar en discotecas [Educador de Centro].

Por otra parte, aunque no necesariamente en personas diferentes, están las analogías con organizaciones esencialmente peligrosas o ilegales. Una misma persona puede establecer comparaciones de los dos tipos, por lo que a menudo la comprensión de los motivos no equivale a considerar inocuas a las organizaciones.

> Para mí, pertenecer a cualquier tipo de pandilla o secta, ya sea una pandilla latina o de *skinheads* o unos ultra independentistas de cualquier parte es una estupidez, porque no piensas por ti mismo, simplemente sigues los dictámenes o las leyes de unas personas que están arriba y que manipulan tu manera de pensar [Músico y DJ].

> No pienso yo que los jóvenes de estas bandas, porque después de los 30 años... es lo que pasa con los *skins*, con treinta y pico años, o bien la historia se complica y acaban en cosas más complicadas como drogas, con armas o con lo que sea, o acaban muertos, o cambian de chip y deciden que es hora de crecer y se comportan de otra manera. Pues creo que con esta gente pasa lo mismo [Educador de Centro].

> Comencemos con las similitudes (entre bandas y sectas). Primeramente, la existencia de un liderazgo, un liderazgo además autoproclamado que se basa en la fuerza, en la continuidad dentro del grupo, en las pruebas por superar, es un liderazgo no democrático y autoritario, donde la gente tiene que callar y obedecer. Obviamente, este tipo de liderazgo aparece mucho en el sectarismo, en algún caso sí, pero no en la mayoría. La segunda idea es el nivel de organización interna [Psicólogo especializado].

Mitos y leyendas

Desde las primeras informaciones aparecidas en la prensa sobre las «bandas latinas», se generalizó un estereotipo más o menos común: «bandas» al estilo *West Side Story*, con una estética rapera, que se disputan el territorio a base de peleas, y con una finalidad delictiva con connotaciones mafiosas. En las entrevistas existen numerosos ejemplos del modo en que son asumidos estos estereotipos.

> Claro, claro, claro, y le pasan la droga, claro, y además ellos se, se tienen que ganar el puesto, eh, no creas que ahora entro yo y ya está, no, no, y.. es más, para hacer las rivalidades esto de las bandas, eh, para demostrar que tú puedes entrar en una de esta bandas tienes que pelearte y ganar al de la banda contraria, o sea, esto como lo de las películas ehh... americanas, pues igual, y además ya van todos con sus distintivos, con sus pañuelitos, con sus, eh, vamos, como uniformes —y van ganando territorio—, claro —están ocupando todos los parques—, todos, todos, todos te vas a otros, te vas a otros pero, claro, y, y... bueno, piensa una cosa, que esto nos lo estamos tomando muy a la ligera, pero que esto dentro de unos años, va a haber pero muchos, muchos problemas, eh... [Carmen, madre].

En primer lugar, los jóvenes con determinada vestimenta se convertían automáticamente en sospechosos, por lo cual los vecinos de los parques se quejaban, en algunos institutos se prohibía parte del atuendo, las gorras, y se consideraba, siguiendo la propuesta de la prensa, que un delito cometido por una persona con dicha vestimenta era automáticamente un acto perpetrado por una «banda», incluso con nombres concretos. Sin embargo, a pesar de constatar la presencia de este mito en los discursos, algunos profesionales cuestionan su veracidad. Se trata principalmente de personas que sí tienen información directa o relación con jóvenes pertenecientes a organizaciones:

> El tema de las bandas... lo que pasa es que yo pienso que se ha magnificado un poquito, porque no todos los inmigrantes pertenecen a las bandas. Vienen muchos asuntos y dicen «son tema de bandas, son tema de bandas», y yo, claro... no todo el que va con ropa de ésta es de una banda. Y aquí estamos ya... [Abogado].

> Este concepto de estética Latin King es un invento de los periodistas y que no tiene ningún sentido: son jóvenes, en todo caso puede que tengan una estética de rap, hip-hop, de los movimientos de los años setenta, pero que eso lo tienen ellos y muchísimos otros jóvenes [Policía].

> Desde lo de Ronny Tapias hubo directrices de que no se podían exhibir los colores y la simbología externamente para evitar ser localizados, y que sólo se podía dentro de las reuniones, del grupo reducido [Policía].

El segundo mito hace referencia a la apropiación del territorio. En teoría existe una pugna por apropiarse de los diferentes barrios de la ciudad, y cada uno de ellos pertenecería bien a los Latin Kings, a los Ñetas o a los Vatos Locos. La apropiación se reflejaría en los graffiti del territorio. Los institutos han sido los que más han reflejado su preocupación por las pintadas, pero de nuevo la policía cuestiona la veracidad de este mito:

> Y en este sentido, esto creo que forma parte de una fase embrionaria, que no está estructurada, no se han hecho los dueños de ningún territorio en concreto, que son las luchas entre los medios de comunicación. Alguno incluso se ha cabreado con nosotros porque nos piden mapas: «Pero, ¿para qué quieres un mapa?». «Quiero un mapa, dónde están los Latins, dónde están los Ñetas». «Mira, pues están en todas partes. Lo que vais a acabar consiguiendo es que se territorialicen, porque son jóvenes y se van moviendo por donde pueden, y si tienen costumbre los Ñetas de moverse por el parque de (Barcelona barrios) una semana, y va apareciendo una patrulla, pues se van a ir a otro lugar. Pero tampoco quiere decir que el parque sea territorio Ñeta» [Policía].

> La Guardia Urbana también en determinado momento decía «no, de (Barcelona barrios) hacia allá son Ñetas, el parque (Barcelona barrios), digamos, y aquí tenemos Latins». No lo sé. Según la Policía Nacional en el instituto X lo que había eran Ñetas. Después me han dicho que no, que Latins y Ñetas están todos mezclados. Yo ya no sé qué pensar y no tengo elementos de juicio suficientes [Técnico de Prevención].

Otro gran tema controvertido es la finalidad delictiva de las organizaciones. Los delitos atribuidos a estas organizaciones son muy variados, y en este caso se encuentran profesionales, no necesariamente vinculados directamente a las «bandas», que se cuestionan la imagen de peligrosidad creada por los medios de comunicación. Éste es un ejemplo claro:

> En algún caso en que ha habido algún conflicto escolar... el hecho de que algún alumno pudiese tener un conflicto con otro y el hecho de solucionarlo es... «ya después en la calle te esperarán mis amigos». Y que eso se haya convertido en un proble-

ma de bandas, ¿no? Por un conflicto porque ha venido la banda de los Latins o la banda de los no sé qué. Y dices, a ver... es cierto que ésta no es la manera y se debe trabajar con el alumno que ésta no es la manera de resolver los conflictos que se hayan generado a nivel relacional con otro dentro de la escuela. Pero lo que haría falta matizar también, con la escuela y con los referentes más de prevención del territorio, Guardia Urbana, comunitaria y tal... que claro, este grupo no era una banda, eran unos amigos de aquél y que yo no entiendo... Yo creo que una banda comporta una organización y una finalidad, y una estructura organizativa que dé... que comporte... Y allí no había organización... Había una llamada de auxilio, un refuerzo a la identidad de aquel chaval que no había sido capaz de resolver un problema suyo. Y no fue más allá, pero sí que había generado una... a ver, ya habían venido 5 o 6 amigos de otro barrio a resolver el problema y aquello había generado una sensación en el propio alumnado, en la escuela y más allá. Vamos a situar las cosas, porque yo no entiendo que esto sea un problema de bandas, ni es una banda que haya venido a amenazar a no sé qué [Educador de Servicios Sociales].

Esto sólo muestra que hay adultos que son conscientes de que no todo lo que se atribuye a las «bandas» es cierto. Pero la relación entre estas organizaciones y el delito es mucho más compleja, ya que los delitos se cometen, pero no como parte esencial de la organización. Esta idea se puede aplicar a los diferentes tipos de delitos que se les atribuyen: la finalidad delictiva, el uso de la violencia, la coacción, la obligatoriedad para las chicas de mantener relaciones sexuales... Las siguientes citas son una muestra de esa complejidad:

Los conflictos no son por la simple pertenencia al grupo, sino que responden más a hechos concretos: problemas de novias, gente que ha pasado de un lado a otro... A menudo los problemas son las pequeñas riñas que tendrían los jóvenes de una calle con los de otra calle, como ha pasado toda la vida. Una muestra de que la rivalidad no es grave es que los jóvenes se conocen y comparten muchos lugares de ocio [Extracto Diario de Campo de Entrevista con Policía].

[...] no son grupos criminales, pero son grupos de jóvenes que adoptan unas dinámicas que les acaban implicando en delitos, y delitos muy graves en algunos casos. Pero que en ningún caso creo que ellos crean que se meten allí para... En un debate de televisión, gente que en principio te crees que tienen un nivel intelectual, se estaba acabando un debate sobre el tema y decía: «Es que no puedo entender cómo los jóvenes ingresan en estos grupos para ejercer la violencia y tal», «¡No, no entendéis nada!». Creen que la gente se mete en el grupo porque saben que es una manera de hacer violencia [Policía].

Ésta es una de las nociones falsas que circulan, que este tipo de bandas hace a los chicos violentos, y no, no es verdad. No todos lo eran ni todos se convierten en violentos [Psicólogo especializado].

Aparte de estos mitos comentados, existen algunas ideas recurrentes en muchas entrevistas, alrededor de los síntomas de peligrosidad. Lo que preocupa a muchos adultos y les produce desconfianza, gira en torno a dos hechos: el que haya adultos, y el que se pague una cuota.

En las bandas no sólo hay jóvenes, también hay personas de cierta edad... quizás el que está dirigiendo el capítulo tiene 25 años, hombre sí, no es tan mayor pero es mayor que el de 13. Es diferente hablar de grupos de jóvenes, de pandillas, de agrupaciones, también aquí puede haber un chico mayor que lleve la batuta, no digo que no... [Psicólogo especializado].

Estos argumentos también tienen su contrapunto:

> Una organización así, como grupo organizado que paga cuotas y todo, es el perfil de una asociación juvenil, ¿no? En la asociación de vecinos tienes que pagar una cuota, tienes que seguir unas reglas, tienes que tener respeto hacia los otros... si tienes cosas que no te parecen bien, la asociación de vecinos se junta muchas veces con el Ayuntamiento a la hora de reivindicar. A veces hay manifestaciones violentas... en el Ayuntamiento, y se tiran botes de pintura en tal... [Educador de Calle].

Discursos desde la experiencia

Tal como refleja el apartado anterior, los adultos que tienen relación directa con jóvenes pertenecientes a organizaciones juveniles ofrecen visiones más matizadas de estos grupos. Pero además, el contacto directo tiene otra implicación, ya que, a distintos niveles y por distintas causas, pasan a ser interlocutores, y la relación transforma tanto a los adultos como a las organizaciones. Un primer paso al que se han tenido que enfrentar es el inicio del contacto, la «ruptura del hielo». Las personas entrevistadas suelen constatar la dificultad de abrir el diálogo, hecho que a veces ha implicado procesos más o menos largos para cuestionar las propias percepciones y, sobre todo, ganarse la confianza.

> Ellos (el Consejo de la Juventud de Barcelona) se planteaban que no podían cuestionar el tipo de participación de los Latin Kings sólo por las cosas que salían en la prensa, que en el fondo no dejaban de ser una organización juvenil, que quizás tenían unas prácticas que no eran correctas, pero en cualquier caso se tenían que verificar, no podíamos actuar sólo por lo que oíamos [Directora de Casal].

> Es que, por ejemplo, el «Y», que es el que más te podría decir que es de una banda, dice que ellos no hacen nada malo. Que no se dedican a hacer nada. Que están allá, que es una organización que viene de allá, él, por ejemplo, la primera vez cuando lo conocí él decía: «yo no soy Ñeta, yo no he hecho nada... yo conozco a algunos Ñetas». Después reconoció que era Ñeta allá. Y luego ya reconoció que era Ñeta aquí. Poco a poco. Y después decía que no, que no se dedican a matar... [Abogado].

El caso de los cuerpos policiales merece una especial consideración en este sentido. Dado que son los que más información y contacto tienen con personas concretas, pasan a convertirse en un actor más en la dinámica de relación entre grupos y personas. En este sentido se producen delaciones, intentos de saber qué es lo que el otro sabe, o se «juega» con los delitos que pueden atribuirse a uno o a otro:

> Por otra parte, hay momentos en que los jóvenes acuden a la Comunitaria para hablar de la otra banda, o para mirar qué saben... de esta manera se establece lo que los agentes describen como un «juego» en el cual cada uno intenta conseguir una finalidad, los jóvenes con la Guardia Urbana y ésta con los jóvenes [Extracto Diario de Campo de Entrevista con Policía].

> Pues mi cliente decía que él no había sido, que se acordaba muy bien de aquella fecha porque era Semana Santa y que por la Pascua, no sé si era Jueves Santo,

estuvieron en un bar y que era imposible, y que lo reconocerían en la rueda seguro, y lo reconocieron, porque los Latin Kings saben que él es un Ñeta y que esté o no esté, lo haya hecho o no la cosa, dirán que es él y se lo comerá. Esto es una de las cosas que se llevan entre ellos, ¿no? [...] Si, a ver, por ejemplo, a mí me rompen la cara y quiero que te lo comas tú, diré «ha sido tal», a ti te detendrán, te pondrán en la rueda y la policía te pondrá a ti aunque no hayas sido, y yo... [Abogado].

Más allá de los ejemplos concretos, es interesante constatar el abanico de posibilidades que abre la existencia de vínculos con los jóvenes y con las organizaciones, tanto para conseguir un conocimiento más complejo y preciso que el ofrecido por la prensa, como para explorar nuevos tipos de relación basados en la mediación, la cooperación o la participación en redes sociales.

Las «bandas» según los jóvenes: allí

No es como aquí, es aquí donde yo he visto que llegan incluso a la televisión a hablar de los Latin Kings sin saber de lo que hablan, ¡encima!

Christian, Ecuador, 16

—¿Podemos decir que en Chile hay Latin Kings?
—Latin Kings, sí. Lo que sale en las noticias.

Damián, Chile, 22

Ante la hipótesis de que los jóvenes llegan a Barcelona siendo ya miembros de alguna organización juvenil, los relatos de las entrevistas arrojan otras consideraciones que hay tener en cuenta para poder entender qué dinámica se establece en la relación entre los recuerdos y las imágenes vivenciales que los asocian a los lugares de origen estando aquí, es decir, a una distancia espacio-temporal significativa, y las percepciones y nuevas ideas que se van consolidando en su vida cotidiana actual. Lo importante aquí es mostrar que no siempre es pertinente establecer una clara separación entre un aquí y un allá dado ya que, por un lado, muchos imaginarios no tienen, por decirlo de algún modo, territorialidad, debido a que se construyen en el espacio global en el que hay circulación de contenidos simbólicos, conceptuales y axiológicos *desterritorializados*, y por el otro, las percepciones de un aquí y de un allá se confunden, se mezclan, imposibilitando una clara distinción. Por tanto, puede ser más útil interpretar las ideas que los jóvenes expresan cuando se refieren al tema de las «bandas» en sus lugares de origen, no para establecer algún marco comparativo, sino para intentar descifrar los complejos mecanismos imaginarios que operan a la hora de asignar algún sentido general, sobre su vida y el fenómeno de las «bandas», en la actualidad.

Dicho en otras palabras, lo que hay que hacer es intentar comprender cómo un conjunto de imaginarios ligados o no a experiencias realmente vividas condicionan las percepciones y los juicios sobre la vida ahora. En esta dirección saltan a la vista un conjunto de aspectos que pasamos a reseñar. El primero tiene que ver con que para muchos de los jóvenes entrevistados existen dos niveles de existencia del fenómeno «bandas» que más que estar en oposición parecen complementarse: nos referimos a que las «bandas» existen en las mentes de las personas, como algo de lo cual la gente comenta, como dice Christian, de Ecuador: «a la gente le llega algo al oído, y juzga la gente por lo que le ha llegado», o que las relaciona con los problemas sociales que hay en los barrios pobres de las ciudades de los países latinoamericanos. Al mismo tiempo, las «bandas» existen en los medios, porque son noticia (especialmente en los medios de aquí). Es la combinación de estos dos elementos lo que hace que para muchos jóvenes las «bandas» sean una realidad referencial a la que acudir cuando es necesario. Y éste es un segundo aspecto a señalar: entrar a formar parte de una organización cuando se busca protección. En particular para aquellos jóvenes que se sienten inferiorizados, vulnerables (algunos chavales usan la palabra «pequeño») y por ello no se sienten a «la altura» de confrontarse con el resto de chicos, especialmente si éstos están ya agrupados y circulan por el barrio siempre juntos:

> Hay una señal que es así (hace el símbolo de los Ñetas) que dice que el mayor defiende al menor y entonces eso es lo que se lleva y defiendes al más débil, se defiende al que lo necesita [Yankee, Ecuador, 16].

De ahí que se hace comprensible el paso entre la búsqueda de cambiar una situación de malestar y angustia por no poderse enfrentar a los momentos de desafíos (cuando no de abierta provocación) que son una constante en la vida de estos jóvenes, y el encuentro con el *respeto* con el que se nombran (y confunden) el «reconocimiento» y la «igualdad» como condiciones de una ganada aunque aparente tranquilidad y protección («Tanto Latin Kings como Ñetas luchan por hacerse valer el respeto», Yankee, Ecuador, 16). Ciertamente no es un esquema nuevo, sin embargo, tal vez la novedad reside en que la construcción imaginaria de la protección se basa en la pertenencia a lo que podemos llamar un *repliegue identitario*, por el cual es menester para algunos colectivos «inventar» en cada momento un enemigo con el que entrar en conflicto para poder renovar constantemente esa pertenencia y por ende la protección y la defensa (*¡que no se pasen con nosotros!*).

Este aspecto creo que es fundamental para pensar la reproducción de agrupaciones pandilleras en Barcelona, si tenemos en cuenta que las grandes ciudades se caracterizan actualmente por la proliferación de «tribus urbanas» y colectivos juveniles con una fuerte marca identitaria. Ante situaciones permanentes de conflictividad social es probable que para algunos colectivos se vuelva «oportuno» recurrir a algunos horizontes simbólicos que, activados, conducen a dar sentido a la acción social. Es el caso, nos parece, del uso «instrumental» y tal vez «estratégico» (y por lo tanto performativo) del significante de «lo latino» como un semblante para definir una condición que se justifica a partir del conjunto de relaciones posibles con los otros (autóctonos y otros inmigrantes). La disputa por el reconocimiento, la visibilidad y la ocupación del espacio público, y la difícil convivencia ciudadana debido a los prejuicios recíprocos a los que pueden estar expuestos tanto los «inmigrantes» como los «autóctonos», especialmente si son representados a partir de una óptica estereotípica, representan un terreno fértil para la aparición de nuevas formas de tribalización, guetización y comunitarismo a ultranza.

En este contexto adquiere especial importancia la distinción que opera Damián, de Chile (22 años), cuando aclara que una pandilla no siempre se dedica a actividades violentas y que no obstante pueda ser una agrupación que compone música o baila, no por esto pierde su dimensión conflictiva: «De hecho se desafiaba a otro grupo a bailar. Pero ya ahora lo que se está haciendo es más pelear, violencia y eso». De modo que este aspecto nos da una pista para pensar en posibles estrategias de intervención en el sentido de que, en vez de estigmatizar a los mundos simbólicos de los jóvenes latinos (sus estéticas, músicas, bailes, pintadas, etc.) confundiéndolos con elementos de peligrosidad social, es necesario pensar de modo creativo cómo aprovecharlos para de ahí partir en el reforzamiento de capacidades para sostener una acción social conflictiva pero no violenta. A continuación hemos agrupado en subcategorías de análisis algunos fragmentos de las visiones que los (y las) jóvenes latinoamericanos tienen de sus lugares de origen.

Allí como hay bandas

¿Qué quiere que le cuente? Es muy chiquito El Salvador. La diferencia es que aquí se puede salir más, aquí hay más libertad, allí como hay bandas no se puede estar por la noche en la calle. En cambio aquí es más liberal todo [Pamela, El Salvador, 16].

Mi ciudad (en Brasil) tiene mucha violencia con los niños. Las chicas de mi edad no son como yo. Algunas tienen comportamiento bueno, pero otras malo. Llevan un camino muy malo. Muchos grupos que matan a la gente, conocía a mucha mafia yo. Muchas amigas mías están muertas, la mayoría están muertos y mis primos también: uno se ha suicidado, porque había hecho una cosa mala, había violado a una chica, y se ha matado con la ruleta rusa. Otro se ha muerto porque un grupo de matadores le han matado. Otro en una prisión. Mis amigas se han muerto, algunas violadas y otras con drogas, con paradas cardíacas, peleas en la calle. (Yo) tenía una educación un poco mala, tenía amistades para hacer alguna cosa mala, era muy rebelde, salía mucho, me metía en tráfico, en bandas de matar gente, es así mi país, si no te ajuntas con los narcos o los matadores, te va también, la mayoría de mis amigos poseen drogas por las amistades... Tenían un grupo de matar gente que se llamaba Arrastao, que si pasan por la calle y no te metes en casa, matan a todos los que ven por la calle. Es una banda de matadores que pasa dentro del coche, uno conduce, atrás se quedan con armas y matan a la gente: tienes dos (opciones) para no morir: si te conocen, si eres más o menos de su grupo, puede ser una señora de edad, la mayoría de las veces las respetan, pero los niños que están en la calle los matan... Arrastao significa matadores. Yo tenía un novio que era narco, él no me introducía en ese medio, (pero) yo quería ser igual a ellos: ves a tus amigos llevando drogas y te quedas como una santita... [Amanda, Brasil, 16].

Ahora que fui me encontré con ellos, pero tengo un tío que es policía y ya me ha dicho que no ande metido en esto porque últimamente hay muchos muertos. No hace mucho mataron a un amigo mío. Era mayor que yo, era de la edad de mi primo, este año cumple 18, y éramos amigos. Cuando yo estuve allí él ya andaba en malos pasos, con otras pandillas más peligrosas. O sea, ya se apartó de nosotros. Se llamaba Juan y le decíamos Juanito, Nito le decíamos. Entonces se apartó de nosotros y se fue con pandillas más peligrosas, unos pandilleros que se llamaban los Rayas, se ponían así nombres, se pegaban picos de botellas, se clavaban así (señala como si se clavase alguna cosa en el abdomen), pero era a lo bestia. Y fue el año pasado, me parece, lo mataron porque como había tanta pandilla y tantas muertes llegó un escuadrón de policías que se llamaban el escuadrón de la muerte, que te cogían y te mataban, para que cojas miedo, y entonces lo cogieron a él porque decían que vendía droga, así decían las malas lenguas como decimos nosotros, no sabemos la verdad. Cuando mi mamá estaba aquí, él me preguntaba: «¿Sí te llama tu madre?». Y yo le decía: «Sí, me llama». Y él decía: «A mí no me ha llamado desde que se ha ido. Me manda dinero, pero yo no quiero su dinero, la quiero a ella». Llevaba en su conciencia que la mamá no lo quería y que si la mamá lo quería tenía que llamarle y hablar con él. Entonces ya le daba igual perder la vida como si no [Yankee, Ecuador, 16].

Uno allá tiene que tener un grupo para defenderse

Al fondo había la 26 la F, donde vivía yo, y a la 24 estaban los Ñetas y a la 29 los Latin Kings. Los enfrentamientos eran continuos y mutuos, yo estaba con los de la 29, los Latin Kings, y entonces el problema era lo de siempre. Problema por tierra, por gente, los niños... que todos los quieren tener. Cuando un niño tiene 11 años ya quieren que se meta y entonces empiezan a comerle el coco y ya empiezan los problemas: unos los quieren tener y los otros también, entonces empezaban los problemas porque se enfrentaban unos a otros. Entre amigos, entre comillas amigos. Uno te dice: «¡Métete a éste y métete a otra!», y no sabes qué hacer, y me metí. Cumplía recién los 14. Uno allá tiene que tener un grupo para defenderse. Del otro grupo. Yo antes de entrar estaba neutro pero igualmente me llegaban los problemas. Estaba neutro porque no estaba ni con unos ni con otros pero me llegaban igualmente los problemas porque me mandaban a uno para buscar problemas, buscan problemas, de la mínima cosa hacen un problema. Te buscan. Te quieren causar problemas para que tú te metas, para tener como un pilar para apoyarte. Te envían a alguien que no conoces a pegarte para que necesites ayudas. A mí me pegaron... a mí personalmente no, pegaron a mi primo y yo me metí para defenderle y de allí empezó toda la trifulca. Yo en aquel momento estaba estudiando, siempre estudiando, y vivía con mis padres. Me venían a buscar al colegio, un día me rompieron la nariz y ¡me tuve que meter! Para tener a alguien que me defendiera, para tener a alguien detrás y para enfrentarme... Es que eran muchas las peleas... uif... eran muchas allí. La mayoría de peleas pasaban en mi barrio, que le decíamos la 26 la F, que era por el Hospital Guayaquil. Donde había problemas yo me metía y después lo iba a explicar a quien mandaba más. Y había también más grupos aparte de los Ñetas y tenían así paz, que no podían pelear entre ellos, pero si se metían con algunos de nosotros mandaban a alguien para defendernos.
[...] yo me basaba en que los Kings me iban a defender y no me defendieron. Entonces lo que hice fue alejarme poco a poco y ellos se dieron cuenta, y me decían que no me alejara, si no, ya vería lo que me esperaba... ¡Es que yo esperaba que me defendieran! Los que empezaron todo fueron los Negros con eso que le pegaron a mi hermano, los Negros pasaban barrio por barrio y todos los chicos jóvenes les tenían miedo, pero yo nunca he tenido miedo a nadie y entonces en eso se basaron y pegaron a mi hermano y empezó todo con mi familia [Carlos, Ecuador, 17].

Las pruebas

Una prueba, ¡sí! Te ponen contra una pared. Hacen unas filas de 20 o así y tú pasas por el medio. Te golpean y te empiezan a pegar, y ¡sin quejarte!, y si te quejas lo vuelves a hacer hasta que pases por ahí sin quejarte.
—¿Después de haberte decidido a entrar en la banda qué hiciste?
Vas a ver al superior, el corona, el corona que le llaman. Vas y le dices el motivo por el que quieres entrar y le dices: «Éstos están abusando de mí y quiero a alguien que me apoye». Y te dicen que tienes que hacer la prueba y también hay los que te dicen de no hacer esta prueba y te dicen que robes, pero yo preferí esta prueba [...] la hice y entré ahí. Y estuve año tras año hasta que no cumplí los 16, ya que tuve un problema y no me quisieron ayudar. Tuve un problema muy grande con otra pandi-

lla, que la conocían como la Banda de los Negros, porque eran todos negros. Con ellos tuve un problema muy fuerte y se metieron mis tíos y todo. Éstos se metían con todos, con los blancos, con los mulatos... se metieron también conmigo y yo me basé en que me iban a defender, pero no me defendieron y entonces tuve un problema bien grande [Carlos, Ecuador, 17].

Por mi forma de vestir

Cuando iba por el centro de Guayaquil con mi padre no me decían nada, pero si no me decían: «¡Ése es Latin King, ése es Latin King!». Por mi forma de vestir. Mi padre ya empezaba a sospechar y yo fui mejorando mi forma de vestir. Me vestía con ropa de tela...
—¿Cómo te vestías?
Pantalones aguados (sueltos, anchos), bastante, zapatos no muy grandes, la chaqueta que sea negra, zapatos de cuero. Allá no se llevaba el cintillo (pañuelo) en la cabeza, pero llevaba collares. Camisetas anchas de un color que me distinga. Yo llevaba el negro, amarillo... Pero amarillo muy poco, porque te distingue más y te empiezan a seguir, y te siguen y cuando te ven solo, te empiezan a pegar. Por eso lo que yo hacía era... yo no me iba casi a los centros de la ciudad, si me iba a algún lado yo me iba con mi primo, mi primo que tiene 15 años ahora, pero así a la piscina, pero lejos, lejos para que no me reconozcan, que no sepan quién soy yo [Carlos, Ecuador, 17].

¡Qué no se pasen con nosotros!

—¿Qué sucedía en las peleas?
[...] que uno de los dos salía perdiendo... (risas). Hay veces que yo traía gente por la tarde, nosotros estudiábamos por la mañana, y ellos también. Por la mañana yo era diferente, yo estaba con mi primo y era muy diferente. Yo nunca llevaba armas, los otros sí que llevaban navajas, todos, y muy de repente amenazaban, te la ponían en el cuello... pero muy de repente, cuando veían que los de la otra banda iban a más, entonces los Kings llevaban armas y los amenazaban: «¡Qué no se pasen con nosotros!» [Carlos, Ecuador, 17].

Durante las fiestas las pandillas podían estar todas juntas pero cuando se separaban ya empezaban los problemas y empezaban a darse de puñete allí con la gente. Cuando había fiesta en el barrio así... todo bien. En agosto es fiesta en Guayaquil y había fiesta y todo el mundo junto... Ahora sí, cuando termine la fiesta y se separen, cada grupo se separa a su lado y si hay pique o miradas... cualquier mirada y pique y ya comienza allí la pelea. ¡Nunca durante la fiesta! ¡Si hay fiesta hay fiesta! [Carlos, Ecuador, 17].

Las chicas

—¿Y las chicas, cómo entran en los grupos?
Teniendo relaciones con el rey, el corona, y después el príncipe, el rey es el corona y el príncipe es el que, si le sucede algo al rey, sube. Teniendo relaciones con los dos, y después ya eran reinas. Aquí en el colegio hay una reina, es la hermana de uno de los reyes de la ciudad. Hace menos de un mes amenazaron a un chico del colegio, un ecuatoriano. Él está llevando el nombre de Latin Kings, dice que es Latin King, pero no lo es. Vino el corona en una moto y el otro y: «¡Que te cuides, que te vemos y vas a ver lo que te hacemos!». Y el chico saltó y se fue a su casa y no vino al cole por una semana. Cuando yo estaba éramos muchísimos, 15 o 20 o más. También había 4 o 5 chicas, no eran muchas pero se las respetaba como mujeres [Yankee, Ecuador, 16].

¿Banda o movimiento cultural?

> Cuando yo estuve metido en ese tipo de pandillas no andábamos con cuchillos ni con pistolas, o sea, era más un movimiento musical ¿sabes?, en ese tiempo eran raperos, el rapero que se llamaba. Se juntaba un grupo de amigos con una radio, se compartía la música y se bailaba, se bailaba rap. De hecho, se desafiaba a otro grupo a bailar. Pero ya ahora lo que se está haciendo es más pelear, violencia y eso.
> —¿Podemos decir que en Chile hay Latin Kings?
> Latin Kings, sí. Lo que sale en las noticias. Son bandas de delincuentes, son más que nada niños, porque matan a otros de otra banda. Están dos días en la cárcel y salen, con el rollo de que son menores de edad. Siempre salen en las noticias [Damián, Chile, 22].

Las «bandas» según los jóvenes: aquí

> La gente ahora piensa que todos los latinoamericanos somos de una banda.
> Toño, Perú, 17

> Las bandas son eso: conocer mucha gente.
> Christian, Ecuador, 16

Una vez en Cataluña, cuando han superado la primera fase de adaptación, los jóvenes latinos —tanto los que habían formado parte de algún grupo en el lugar de origen como los que no, que son la mayoría— se topan de distintas maneras con las bandas (primero como fantasma y después como presencia). Los que tenían vinculaciones con pandillas, naciones o asociaciones en el lugar de origen, pueden conocer a hermanitos y hermanitas que llegaron antes que ellos y con quienes al cabo de un tiempo «se reportan». El resto suelen entrar en contacto con el tema a través de los medios de comunicación: ya sea porque ven un reportaje en la televisión o porque leen la prensa gratuita, no tardan en enterarse de que aquí hay 'bandas latinas'. Enseguida encuentran algún vecino o algún joven autóctono que les mira mal y les acusa de ser pandilleros —aunque la mayoría, insistimos, no lo sean. En la escuela, coinciden con algún joven latino como ellos que les habla de las «bandas». Al salir de la escuela, en los parques cercanos a sus casas, encuentran a grupos de jóvenes latinos que se reúnen en grupo para jugar a básquet, fútbol, escuchar música o simplemente hablar. Aunque la mayor parte de estos grupos no son «bandas», los vecinos y jóvenes españoles tienden a sospechar que lo son. El terreno está abonado para que, cuando alguien les proponga entrar a formar parte de alguno de estos grupos, se sientan atraídos por esta posibilidad.

Lo primero que aprenden es el nombre de estos grupos. En primer lugar, el de los Latin Kings, que pese a ser sólo una de las *naciones*, se ha convertido en un lugar común que por extensión ha venido a representarlas a todas —y en alguna ocasión incluso a todo el colectivo de jóvenes latinos. En segundo lugar, la otra gran agrupación —que sus miembros denominan *asociación*— de carácter transnacional y compleja historia que rivaliza con la primera: los Ñetas. En tercer lugar, otra banda que viene de América Central y tiene peor reputación, pero que una vez aquí no se sabe si sigue siendo un grupo mafioso o una pandilla de barrio:

la Mara Salvatrucha. En cuarto lugar, otros grupos más pequeños cuyos nombres vienen de allí pero cuyas conexiones transnacionales no están claras: Vatos Locos, Panteras Negras, Rancutas, Punto 40, New People, Latin People, etc. En quinto lugar, otros grupos compuestos por jóvenes autóctonos con los que interactúan o rivalizan, ya sean subculturas clásicas —Skinheads, Makineros, Okupas— o bandas de barrio. Finalmente, las agrupaciones creadas por otros grupos minoritarios por imitación o como reacción a las bandas latinas: Moro Kings (marroquíes), Carmelo Power (autóctonos de origen andaluz), e incluso —aunque esto puede ser una leyenda urbana— Gipsy Kings (gitanos que utilizan el nombre del grupo de música como reacción a los Latin Kings). Al principio todos estos grupos son sólo una constelación de nombres cuyo origen, ideología, ubicación espacial, simbología y presencia real no están claros. Algunos ya habían escuchado hablar de ellos en sus respectivos países de origen, pero para la mayoría son una novedad —eso contradice la opinión dominante de que vienen de un medio donde todo son «bandas». Pero, a diferencia de cuando vivían allí, aquí no pueden evitar tratar el tema: se les aparece cada día en el instituto, la calle o la televisión.

La mayoría de jóvenes que hemos entrevistado declaran no ser miembros de «bandas», aunque casi todos tienen informaciones sobre el tema. La fuente principal de estas informaciones, como sucede con los adultos entrevistados, son los medios de comunicación. Aunque son muy críticos con la manera como los medios retratan a los jóvenes latinos, suelen prestar atención a los reportajes sensacionalistas que salen sobre estos temas, y se sienten fascinados por las noticias referentes a sus rituales y simbología. Como sucede con los adultos, circulan muchos rumores y leyendas urbanas, como la famosa Sonrisa del Payaso. No se las acaban de creer, pero ejercen sobre ellos un fuerte atractivo: la imagen proscrita y peligrosa de este mundo, y la estigmatización social que la acompaña, no sólo no suponen un freno sino que suponen un incentivo para que puedan buscar refugio en estos grupos. Al mismo tiempo, son conscientes de que es mejor no hablar del tema con los adultos: sus opiniones deben leerse entre líneas.

Aunque los relatos son muy variados, hay un elemento común que se repite: la denuncia de ser confundidos por pandilleros por el simple hecho de ser latinos e ir vestidos de una determinada manera. La denominación «estética latin king» ha calado hondo no sólo entre los medios de comunicación, sino también entre la opinión pública e incluso entre sus propios padres. El relato de Brenik es en este sentido muy ilustrativo: muchos adultos —entre los que se incluyen algunos profesores y, como vimos, también vecinos, policías, jueces, etc.— tienden a pensar que un latino —en este caso una latina— forma parte de una «banda» —«es latin»— por el simple hecho de «ir de rapero-a». Se trata de una profecía que en algunos casos puede autocumplirse: a fuerza de acusarlos de ser pandilleros algunos jóvenes acabar buscando refugio en la «banda». Sin embargo, esta confusión —juzgar a la gente por las apariencias— se dan también dentro de las pandillas: Ñetas y Latin se travisten y cambian de atuendo constantemente.

Estamos en boca de todos

> La gente ahora piensa que todos los latinoamericanos somos de una banda, y más las personas mayores son las que miran mal. De repente te miran, te ven con tejano ancho, camisetas anchas y ya dicen: éste es de una pandilla. Te pasan

mirando con miedo, y eso. A mí ya me da igual, porque mi consciencia es que yo no soy de nada, yo soy más tranquilo, y aparte como yo no soy de buscar problemas [Toño, Perú, 17].

Yo sólo he escuchado hablar de la banda ésa de los Latin Kings, que dicen que cobran cada semana dinero...
—¿Dónde lo has escuchado?
En la tele, en los reportajes... Un día lo hablamos en clase, cuando salió todo este tema de banda, un día hacemos como un debate en la clase. Me imagino, no sé, que se creen mejores. Depende. Hay bandas que no se meten en problemas y no les gustan estos tipos de peleas, que sólo lo hacen para estar más juntos, otras buscan problemas. A mí éstas no me gustan, yo no me metería, yo no conozco a las bandas, conozco sólo a unos Latin Kings y no me gusta, no me gusta porque mandan mucho y se creen que ellos mandan y cosas así. Un día yo estaba en la pista y vino uno, que es Latin y me dijo de irme, así... [Andrés, Ecuador, 14].

—¿Viste el otro día el reportaje sobre bandas que pasaron en Tele 5?
Sí, sí que lo he visto. Me quedé hasta tarde mirándolo.
—¿Qué te ha parecido?
A ver, hubo un chico que amenazó a otro diciéndole que lo iba a matar y que su madre lo iba a llorar y yo eso no lo veo bien. Mucha tontería para mí. A ver, yo lo miré para ver si había alguien que defendiera el hecho de que nos vestimos así pero no somos nada, y nada, todo lo contrario, diciendo sus cosas... No sé si viste que al Diario de Patricia fue un chico Latin King y fue allá con su pañuelo color amarillo y negro, su camisa amarilla... Yo no lo veo bien salir en la tele y decir de estar orgulloso de ser Latin King y que va a hacer eso y el otro. No lo veo bien porque se deja juzgar, a ver, la gente tiene una opinión de los Latin Kings y aunque uno sea bueno o sea malo, aunque uno no haga nada de lo que se dice, sólo por ser Latin King viene juzgado. Yo eso lo veo muy mal, la sociedad juzga a las personas por su manera de vestir, como hacen conmigo.
—¿Te parecería bien que pudieran dar su versión?
Hace poquito mi hermana me contó, un día que pasó algo de eso, que hubo una pelea y salió por la tele, mi hermana me contó que sabía de un libro donde un Latin King contaba sus cosas y pues, por el hecho de haber contado su vida en un libro, lo querían punir...
—¿En Ecuador?
Sí. Y es lo mismo de lo de la tele porque es un delincuente, ha violado y ahora está en la cárcel y ellos se enfadan. Se enfadan porque los deshonra, pero a ver... ¿por qué se enfadan si ellos hacen lo mismo? Ellos dicen que lo ven mal que haya salido eso y que el chico haya hecho estas cosas, pero ellos igualmente para conseguir sus cosas roban, porque si no, ¿de dónde van a sacar el dinero? Es verdad que algunos trabajan, pero por muchas veces, por su manera de vestir, no es suficiente el trabajo. A mí me lo han contado que hacen así. Yo también lo he pensado, a ver, si me sigo vistiendo así a mí no me van a coger en ningún trabajo, lo veo más claro que el agua, pero... cambiaría mi forma de vestir sólo para ir a trabajar, pero después seguiría vistiendo como me gusta en mi tiempo libre [Brenik, Ecuador, 16].

Si vas de ancho ya eres Latin King

Un día saludé a un chico que iba con otro que vestía igual, pero llevaba el mismo símbolo tachado y mi amigo me dijo: «Ése es antinazis», «¿antinazis?», «sí, visten igual pero no piensan igual». Claro, es lo mismo de cuando te confunden por ir de ancho, si vas de ancho ya eres Latin King [Christian, Ecuador, 16].

—¿Qué opinas sobre el hecho de que tu estética se identifique con las bandas callejeras?
Que una cosa es la música, que a uno le guste la música, y (otra) que uno sea de una banda. Yo creo que éste es el problema, el grupo... Los raperos también tienen su banda para escuchar música, bailar... Las bandas es que sólo se visten de raperos, no rapean. Creo que también escuchan hip-hop, yo conozco a algunos que antes eran amigos míos, no se metían en problema, desde que están en la banda ya no hablamos porque están ocupados, siempre están con su banda... Han cambiado mucho, su manera de ser...
—¿En qué sentido?
Si sus amigos de la banda ven que se relacionan con otro tipo de gente, como que los desprecian a ellos. Y la manera de vestir, una vez a un amigo le confundieron... Ellos se atienen a la manera de vestir y se confunden: como (mi amigo) se viste así con ropa ancha y eso, lo llamaron para que vaya, pero él nunca les ha hecho caso... [Andrés, Ecuador, 14].

Los amigos míos me dicen que confunde mucho con los Latin, los Ñetas y todas estas cosas. Me dicen que no me meta en problemas, que si yo me meto me ayudarán pero yo tampoco me quiero meter en problemas.
—¿Vestir así crea problemas?
No sé... (ríe) Lo de la música...
—¿Qué música te gusta?
El reggaeton, la bachata. Hay un grupo de bachata que me encanta que se llaman Grupo Ventura, los que cantan la de «Obsesión». El merengue, la salsa... me gusta un poco el rap. Por lo de la ropa, me dicen de no vestir rapera porque me van a confundir con una de las bandas callejeras [Lucía, R. Dominicana, 15].

—¿Cuándo vas rapero?
Christian: Pues cuando me conviene.
Eduardo: Si hay problemas entre bandas mejor ir normal porque te confunden y te pueden hasta matar.
—¿Quién os confunde?
Eduardo: Los de otras bandas pensando que tú eres de su banda rival.
David: A mí me ha pasado eso. Vas por la calle y te miran, y les digo: «¿A ti qué te pasa? ¿Tienes problemas?».
—¿Pero no se puede mirar?
Christian: Es porque se les quedan mirando mucho.
—¿Es una ofensa mirar?
Efra: Es que puedes pensar: éste busca marcha, busca pelea.
Christian: Un español te dice que todo rapero es de bandas, se quedan mirando y se cabrean.
—¿Y os molesta, esto?
Christian: ¿Que se te queden mirando?
Cecilia: Hombre, que no te estén mirando así, fijamente.
—¿Y la gente os mira así? ¿O les miran así?
Yesabel: Claro, si nadie les mirara tanto, o nos mirara tanto... Ellos no buscan problemas. Tampoco ellos buscan disgustos.
David: Hombre, depende. A veces si les miras un momento ya van a por ti.
—Pero eso, ¿pasa sólo con las bandas o en la discoteca?
David: No, en la discoteca también. Tú quédate mirando a uno más de un minuto y verás qué galleta te llevas. A cualquier persona. Te dicen: «¿Por qué miras?» «Pues porque tengo ojos, nen». Es verdad, si tengo ojos puedo mirar, ¿no? ¡Digo yo! [Grupo Discusión 2, Barcelona barrios].

Te miran mal y piensan en bandas

—¿Cómo crees que la sociedad catalana acoge y trata a los latinoamericanos?
A ver, si los chicos latinoamericanos se visten bien ya no tienen ningún problema. Claro es que ya te miran mal y piensan en las bandas, y creen que eres una mala influencia. Claro, hay muchas cosas que no son bandas, sino chicos que se reúnen para hacer sus cosas, para hablar, para escuchar música. Se reúnen porque crean su música y sus bailes y esto está bien, y no juntarse para hacerse los más chulos. A mí me gustaría hacer graffiti y muchas veces lo hemos hablado con mi amigo pero... no sé. Nada más.
—Me has dicho que tuviste hace poco problemas en el instituto. ¿Qué pasó?
A ver, hace poco, me parece en el mes de mayo, mi tutora me dijo que quería hablar con mis padres. Me preguntó si tenía miedo de que hablara con mis padres y yo, claro, le dije que no, que yo no me había portado mal ni nada por el estilo y que entonces por qué tenía que tener miedo. Estoy muy bien y estoy mejor que en segundo curso, el año pasado estaba fatal, casi suspenso. Este año me quedan tres y pues mi tutora estaba repitiéndome cada día que me iba a suspender y un día me dijo que quería hablar con mis padres. Yo pensé que iba a decir cosas a mis padres que no eran verdad. Por esa razón le pedí a mi hermana de ir ella. Y vino mi hermana mayor y estaban hablando y yo pensaba que iban a hablar de cómo me iba el instituto y me llaman y mi hermana me dice que me tengo que portar bien y yo, claro: «¿Cómo que me tengo que portar bien?». Y salimos de ahí y mi hermana me dice: «Brenik, tu tutora dice que estás en una banda». Yo: «¿Qué? ¡Que me diga cuál, ya que yo ahora me estoy enterando que estoy en una banda!». Y claro, yo pensé y ella qué sabe y cómo y por qué... Yo nunca había dicho nada de bandas en el instituto ni nada por el estilo... Y mi hermana me dice: «¡Por la forma de vestir!». ¡Joder! A mí personalmente mi tutora no me dijo nada y además me dio coraje el hecho de que no podía estar diciendo cosas que no son verdad. A ver, si yo soy profe y sé que un alumno mío está en una banda, pero porque me lo afirman, lo sé con seguridad, yo no le digo directamente a sus padres que está en una banda: «Yo le digo que creo que su hijo... no lo afirmo...». No se pueden estar diciendo por ahí cosas que no son verdad. A ver, me molestó por dos razones principales: que diga cosas que no son verdad y que me juzgue por mi manera de vestir.
[...]
—¿Tu hermana se lo explicó a tus padres?
Sí, se lo dijo. Y mi padre se lo creyó, pero mi hermana me defendió ya que, además, le dijo que yo pasaba todo el día en la calle, y claro, ella sabe que no es verdad, ya que yo me paso mucho tiempo con mi sobrino, y claro, mi hermana le dice a mi padre: «¿Ves que dice cosas que no son verdad?». Mi hermana me conoce y yo siempre le he dicho que yo nunca me voy a meter en eso, ya que no me gusta. Aparte que no me gusta ni que mis padres me den órdenes, ¡imagínate si voy recibiendo órdenes de personas que ni conozco! Mi madre sí que me creyó, pero mi padre hasta ahora creo que duda.
—¿Por qué te vistes así?
Me gusta. Si me gusta vestirme así es porque me gusta así, y no lo hago porque ellos me dicen de hacerlo...
—¿Ellos quién?
Los de una banda. A ver... No me gustaría que me dijeran: «Tú te vistes así tal día porque yo lo digo». Y si a la tutora no le gusta como voy vestida... Ya te he dicho que me gusta mucho el hip-hop y me gusta mucho la música y, por una parte, si tu escuchas música *heavy* te vistes como *heavy*... es eso, ¿no? Pero tampoco me visto así porque soy de bandas, no tiene nada que ver, y me podría vestir como un *skinhead* y tampoco serlo [Brenik, Ecuador, 16].

Las «bandas» según los jóvenes: la calle

> Esto de ser de bandas es meterse en peleas... Van al parque a buscar a gente.
> Rizos, R. Dominicana, 16

> Se ayudan entre ellos, ¿sabes? Y van luchando contra el racismo.
> Brenik, Ecuador, 16

Aunque el espacio escolar sea el que ha generado la mayor preocupación en torno al tema —entre otras razones, porque es el único lugar donde los adolescentes viven unas rutinas cotidianas y aprenden a convivir con sus iguales de otros orígenes—, el espacio natural de las «bandas» es la calle. Ya vimos que la añoranza de la vida en la calle y del contacto con la naturaleza es uno de los ejes centrales de la mayoría de los testimonios. Cuando llegan, constatan que las viviendas son mucho más pequeñas que las de sus lugares de origen y que en ellas no disponen de una habitación propia. Además, las largas jornadas laborales de sus padres son un motivo añadido para que acudan a los espacios públicos de su entorno (donde los fines de semana también aparecen sus familias). Allí coinciden con otros jóvenes de su misma edad y condición y empiezan a reunirse en pequeños grupos.

Las opiniones que circulan sobre las «bandas» entre aquellos jóvenes que no forman parte de ellas son ambivalentes, aunque se sitúan entre dos polos extremos. Por una parte, los que reproducen las opiniones negativas mayoritarias de los adultos —padres y profesores— y de los medios de comunicación: las «bandas» son algo muy negativo por tres motivos básicos: *a)* porque crean mala fama a los latinos; *b)* porque se basan en el delito y en la violencia; y *c)* porque suponen una disolución del individuo en la colectividad. Por otra parte, los que reproducen las opiniones positivas de los miembros reconocidos de las «bandas»: *a)* porque no son tan malos como los pintan; *b)* porque se ayudan entre ellos; *c)* porque suponen un instrumento de lucha contra el racismo. Sin embargo, la mayoría de los jóvenes mezclan argumentos de ambos tipos y establecen una distinción entre «bandas buenas» y «bandas malas».[4] Pero las bandas que se incluyen en estas categorías varían: para algunos los buenos son los Kings y para los otros son los Ñetas; para algunos sucede al revés; para algunos estas dos grandes agrupaciones son las malas y las buenas son las pequeñas (Vatos Locos, Panteras Negras, etc.); para algunos todos estos grupos son buenos y los malos son las Maras Salvatrucha; e incluso para uno de los informantes sucede exactamente al revés. Como pasa con las rivalidades nacionales y futbolísticas, todo depende de la propia identidad y las experiencias con el tema: los buenos somos nosotros (los conocidos), los malos son los otros (los desconocidos).

Yo no sé por qué se paran peleando entre latinos

> Si yo veo que de repente por ser amigos de ellos me dicen: «¿Quieres entrar aquí?», yo les digo que no. Por ejemplo, si son de fumar porros o tomar drogas, no tampoco.

---

[4]. Lo mismo se observó en el estudio realizado en Génova (Queirolo 2005).

Porque yo no fumo mucho, fumo uno a la semana, o si veo a alguien fumando le pido alguno. Sé que hay la banda de los Latin Kings, de los Ñetas, una banda de mexicanos, después una banda de dominicanos, eso es lo que sé. Bueno, *algunos que otros se distinguen*, por ejemplo, los Latin están acostumbrados a usar cadenas de oro, vestir de negro y amarillo.
Yo no sé porque se paran peleando entre latinos, porque en todas las bandas hay latinos y se paran peleando entre ellos. Y aquí lo que también en las bandas hay españoles y españolas, gitanos... Hay de todo ahora en las bandas. Por ejemplo, en mi barrio hay una banda que se llama Carmelo Power, que no sé quiénes serán, pero yo sé que son bastantes. Son españoles, creo, casi todos. Y por mi casa también hay algunos que otros racistas, pero racistas de los negros. O sea, de los morenos. Yo tengo unos amigos y mi hermano tiene unos amigos que eran racistas, me dijo. Un amigo que se llama Miguel, pero es que él es negro, negro, negro, y él me dijo que yo era moreno, y yo veía que mi hermano con él se llevaba bien...
—¿Y todos estos están por Barcelona?
Sí, sí, sí que están. Es que hay varios, no me salen ahorita los nombres, tienen unos nombres raros. Yo si algunas veces los veo pasar, los veo pasar, sobre todo, por el metro. Como se sabe, *siempre van en grupo*, casi nunca van uno por uno. Nada más.
—¿Tú has tenido alguna relación con ellos?
He tenido un amigo, pero que se salió. Se salió de eso y ya para en casa metido. Porque como se metió ya una persona no se puede salir, y *si sales te tienen que dar una paliza de muerte*, y por eso no sale de su casa. Ya no quería seguir más allí. A mí me contó, para entrar, entran y te meten un golpe y pa salir, ¡uf! ¡Te dejan casi muerto! Lo que sí, lo que son ellos, es que se ayudan mucho. Ellos pagan, supongamos, una cuota de 3 euros cada dos semanas. Pero es, supongamos, que algún chico, alguno de ahí, se queda en la calle, de repente su madre no tiene dinero pa comprarle los libros, ellos los compran, ellos le ayudan si es que no tiene pa comer, le brindan a uno su casa. Así es que *se ayudan mutuamente*. Podrán ser vacilones, destructivos, pero entre ellos se ayudan bastante. Y nada más [Toño, Perú, 17].

—¿Conoces el tema de las bandas juveniles? ¿Qué opinas?
Muy mal, no me gustan. (Silencio.) Porque matan a la gente. El año pasado mataron a Ronny Tapias, que era inocente, yo creo que lo harán para sentirse importantes y que la gente los nombre. En mi país también hay, a ver, yo no conozco mucho el tema, pero no me gustan. A mí nunca me han dicho nada, ni me han pedido de entrar, una vez unos chicos de los Ñetas me lo pidieron, me dijeron que me iban a hacer un hombre. Claro, te pegan una paliza durante un minuto... yo no quiero entrar para matar a gente. Si tú entras en una banda te vuelves importante, te respetan más, es por eso que entran chicos. Si tú vas detrás aquí de la escuela, ya verás, está lleno de pintadas de Ñetas, Latin Kings... Moro Kings.
—¿Moro Kings?
Sí, son marroquíes. La contraseña de ellos es una C de los Moro Kings, que se llevan muy mal con los Latin Kings. Los Moro Kings van para ayudar a la gente, una vez un dominicano me quería pegar porque decía que yo le había insultado, le había llamado negro y ellos me ayudaron. Vinieron a la plaza y me ayudaron, lo amenazaron y él se fue y me dejaron en paz. Los marroquíes son amigos míos... [Ismael, Ecuador, 15].

—¿Formas parte de algún grupo juvenil?
Como quién, ¿cómo los Latin Kings?
—¿Por qué mencionaste a los Latin Kings?
No sé, como grupo juvenil. He escuchado hablar de los Latin Kings.
—¿Qué has escuchado?
Muchas cosas, que matan, que se pelean, que roban.
—¿Has conocido algún chico que probablemente esté metido en ese grupo?

Sí, al lado de la escuela, también atrás hay un parque. Son chicos de dieciséis años. Forman parte de los Ñetas, son otro grupo.
—¿Ah, sí?, es que como no estoy muy enterado, no sabía que existían dos grupos.
¡Más!, existen más, los Latin People, la banda de los negratas.
—¿Por qué crees que existen las pandillas?
No sé, porque no se juntan con españoles, en lugar de juntarse con españoles, se juntan con gente de su raza, con gente latina.
—¿Qué opinas de ellos?
Es un peligro, es malo. Son malos porque son delincuentes [Paolo, Chile, 12].

A mí esto de las bandas nunca me ha gustado. Mejor estar entre amigos y punto. Esto de ser de bandas es meterse en peleas y nunca me ha gustado. Mi madre siempre llamándome la atención, que no me meta en bandas y yo le dijo que puede estar tranquila, que no quiero. Yo he visto muchas peleas y mejor me aparto de eso.
—¿También en la República Dominicana hay bandas?
No sé, yo lo he oído aquí. Hace una año así y con mis amigos lo hablamos y dijimos que esto es muy peligroso porque se buscan peleas y se tienen que pelear entre ellos, entre banda y banda y... que se maten ellos, pero nosotros no.
—¿Alguien te pidió entrar?
Sí, pero nosotros dijimos que mejor que no. Nos dijeron si queríamos meternos en bandas y nosotros les dijimos que se busquen a otros, pero nosotros no.
—¿Cómo os lo pidieron? ¿De manera tan directa?
Van al parque a buscar a gente [Rizos, R. Dominicana, 16].

Nerea: Dicen que si vas de rojo eres Ñeta.
Tania: Hay diferencias también entre bandas por los colores.
Marina: A mí me parece una pelotuda total, esto, una tontería. Eso de las bandas, son gente con falta de personalidad y que quieren resaltar en la sociedad.
Pamela: ¡Les lavan el cerebro!
Nerea: Son gente que no se atreve a decir nada sola y que tiene que ir en grupo... Porque a veces ves a un chaval y solo no te dice nada, va con el grupo y se te pone chulito.
Marina: Yo creo que tienen un complejo de inferioridad.
Pamela: Se piensan que son muy machos.
Marina: A mí me parecen unos tarados.
Nerea: Pero eso es malo porque luego los niños que crecen lo van viendo, les va gustando y cuando son mayores quieren hacerse también de bandas.
—Pero entonces, para vosotras, ¿por qué existen estos grupos?
Nerea: Ya te lo ha dicho ella, es gente que tiene problemas.
Marina: Tienen un complejo de inferioridad. Quieren tener un papel en la sociedad.
Pamela: Es que no tienen personalidad.
Marina: O sea que, al fin, ustedes vinieron a hablar de bandas, porque nosotras sacamos otros temas y ustedes: ¿y las bandas?
—¡¡¡Qué listas, eh!!! [Grupo Discusión 3, Barcelona barrios].

Se ayudan entre ellos

He escuchado hablar, pero no me he llegado a acercar, conozco dos que son Latin Kings, pienso bien, piensan como la gente de mi país, lo veo normal, *estoy acostumbrada a este tipo de amistad*, si llega un grupo así estoy acostumbrada... La gente los ve muy mal, por la manera de llevar drogas, de irse con la gente, de vestir también.

Los que conocía yo se vestían un poco raperos, anchos... He conocido más por teléfono y por ordenador también, por chats, y una amiga mía también los conocía a ellos. Es un modo más latino, no cambian, no son muy europeos, la cabeza latina, pero no todos los latinos son iguales [Amanda, Brasil, 16].

A ver, he escuchado hablar de ellas, pero no conozco a nadie que haga parte de ellas. Estigmatizado, sí, en algunos casos, porque claro, se trata de que somos inmigrantes, la gente de acá se siente acosada por esas bandas y por el simple hecho de ser ecuatoriano o colombiano, pues te pueden asociar con ellas, como pasa con los marroquíes, que los asocian con ladrones, porque hay algunos. Son guetos de gente que no se quiere integrar porque piensan que los van a tratar mal y no creo que tengan una justificación real para existir. Yo pienso que las personas que van a otro país tienen que adaptarse a esa ciudad donde llegan, a ese país donde llegan y no el país o la ciudad adaptarse a ellos. Tú eres uno y en ese país o ciudad hay millones de personas y no tienen por qué los demás adaptarse a tu modo de vida [Pablo, Venezuela, 19].

Yo pienso que son gente que se mete ahí por distraerse, muchos se meten obligados y otros se meterán porque les da la gana. Si tú estás allí te llega uno de éstos y te dice: «¿Te metes?». Y si le dices que no, se meten con tus cosas. Te dicen que te van a pegar fuera del instituto... Le pasó a una chica del instituto. Le dijeron que la querían pegar, pero como que ella les pidió de no hacerlo por favor, no le pegaron. No sé cómo empezó, yo no la conozco ni a ella ni a las que la querían pegar. Mira, aquel día iba vestida con un pantalón crema y como que hacía frío una chaqueta roja, y viene una chica y me empuja así por la espalda, me dice: «¿Tú qué... eres Ñeta o Latin King?». Era una chica latinoamericana y me dice: «¡Tú eres Ñeta!». Y yo: «Sí. Yo soy nieta de mi abuela». Y ella, claro, me dijo de no vacilarla y yo no la estaba vacilando, es que ella no tiene ningún derecho a venirme a empujar. [...] A ver, tampoco mucho. El otro día estábamos mirando un artículo en el diario que hablaba de bandas y decía en grande: «Banda de latinoamericanos —y, en pequeñito— con un integrante español...». Y claro, a los españoles no los ponen en mayúscula. Y nos pusimos a hablar y mi amiga sabe mucho de ellos, ya que antes paraba con ellos, con una banda, ella no era de la banda pero paraba con ellos. No sé... Mucha gente dice que los Latin Kings son buenos, muchos que los buenos son los Ñetas, no sé, según el punto de vista. Mi amiga que dice que los Latin Kings son buenos y no te van a meter en problemas, sino al revés, que te ayudan si tú tienes problemas, en cambio que los Ñetas van buscando problemas y pegan a la gente porque les da la gana. Yo prefiero quedarme callada, como que no sé, tampoco puedo decir cosas que no son.
—¿Cómo ayudan a la gente?
Cómo te explico: si ellos forman un grupo sería porque muchos de ellos tienen problemas y si yo sé cómo ayudar a ellos los ayudo. Se ayudan entre ellos, ¿sabes? Y van luchando contra el racismo, claro, es importante. A mí no me gustaría que un día caminando por la calle me digan alguna tontería, así, en plan racista.
—¿Pero entonces por qué existen estas rivalidades entre bandas?
Sería porque cada una de las bandas tiene sus normas... A ver, tengo un amigo que es de los Latin... te lo explico, pero... Él a veces me habla de cosas, pero que después no me quiere explicar bien porque dice que me metería en líos [Brenik, Ecuador, 16].

Las «bandas» según los jóvenes: la escuela[5]

>Si son de una banda pueden mandar aquí en el colegio.
>
>Mélani, Ecuador, 16
>
>Porque me han venido de listos, me han venido vacilando... gente de bandas.
>
>David, España, 16

Aunque los jóvenes comparten con los adultos muchos mitos y leyendas sobre las «bandas», la diferencia con ellos es que pueden acabar conociendo a alguien que está en un grupo —«alguien de mi leva»—, y por tanto contrastando estos fantasmas con personas y rostros reales. Una parte significativa de nuestros informantes reconocen haber recibido propuestas para entrar en alguno de los grupos citados, aunque casi todos se negaron por distintos motivos. Estas propuestas pueden venir de compañeros de instituto o de gente que conocen en el barrio, y pueden concretarse en participar en alguna actividad o reunión del grupo. Al conocer a alguno de sus miembros —muchos reconocen tener amistades dentro de los grupos— el contraste con la imagen previa alimenta el atractivo: no son tan malos como los pintan. En cualquier caso, empiezan a recibir noticias que demuestran que las «bandas» no son tan impermeables como se supone. Ello conlleva que empiecen a surgir matices y diferencias con la opinión de los adultos, incluso con la de aquellos que también tiene informaciones directas. Por ejemplo, el elemento que los hace visibles en el espacio público y al que los adultos se refieren constantemente —los graffiti— a penas aparece en las entrevistas: algunos jóvenes lo ven más bien como un juego de niños, que podía ser importante al principio pero ahora no es significativo como indicio de la presencia de las pandillas en la esfera pública.

En el colegio sólo se habla de bandas

>—¿Cómo crees que ha influido la temática de las pandillas en Barcelona?
>Mala, porque en el colegio sólo se habla de bandas.
>—¿Cómo se portan dentro de la escuela?
>Como si fueran mayores, como si fueran populares, van así de chicos duros.
>—¿Son populares?
>No, ellos se lo creen [Carolina, Bolivia, 16].

>—¿Puedes volver a explicarme con más detalle lo que pasó cuando quisiste ir a la discoteca Caribe Caliente?
>Sí, fuimos mi hermana, una amiga y yo. Fuimos de noche, o sea, una vez yo ya había ido y fui vestida rapera y no entramos porque había ido la policía. Luego entonces volví con mi hermana y, para salir con ella, me puse un pantalón más ajustado y fuimos allí y es cuando los chicos nos dicen que no entremos. Les preguntamos y ellos nos dijeron que hace poco había habido una pelea y se ve que iba a haber más peleas, y que no era bueno que entráramos nosotras. Los chicos vinieron con nosotras y fuimos a la Vila Olímpica, pero después acabamos en la discoteca de acá, del barrio. En la boca del metro de Fabra i Puig había un chico de éstos que son Ñetas.

---

5. Este apartado se desarrolla con mayor profundidad en el capítulo de Montse Palou.

—¿Cómo lo sabes?
Porque lo había visto fuera del instituto y me lo habían explicado. Mi amigos iban vestidos de raperos y cuando salimos del metro el chico ése se los quedó mirando, además, llevaban los colores de los Latin Kings, que son el amarillo y el negro. ¿Sabes por qué? Porqué si mezclas estos colores sale un color así canela, que es el color de los latinoamericanos. Y nada, ese chico empezó a decirnos cosas y ellos, claro, le respondieron que ellos no eran de ninguna banda y el chico los insultaba: «Latin Kings...». Y todo eso sólo por cómo iban vestidos, esto está muy mal [Brenik, Ecuador, 16].

No sé, no me gustan porque ellos se creen que son los mejores, que son los que mandan, ellos creen que si son de una banda pueden mandar aquí en el colegio, y si se mete uno se empieza a portar así... Pero no sé, yo de eso casi no he escuchado mucho. A mí nunca me dijeron nada, pero a mis amigas les pidieron de entrar, pero ellas no quieren, nunca, porque ellas... si se pelean con alguien que se peleen solas, no, que si son de una banda se meten todos los de ellos, a mis amigas eso no les gusta.
—¿Por qué?
Porque a veces cargan un bisturí encima...
—¿Cómo lo sabes?
Porque lo hemos escuchado y a veces lo hemos visto, que andan por ahí con cuchillos.
—¿Cómo las distingues a las chicas de una banda?
Por los colores que se ponen, a veces. A ellos no le gusta que otra gente se ponga el color amarillo y negro porque es como si los están ofendiendo a ellos. Y hacen con las manos cosas raras, yo no sé mucho de eso. A veces se habla porque vienen otros chicos a explicarnos cosas y nos ponemos a hablar de los colores, que no es justo porque uno se puede poner amarillo y negro y es problema de nosotros... Y si vas así a veces te pegan. A un amigo mío casi le pegan por ir vestido así de rapero, se creían que era de una banda y le querían pegar, pero al final no le pegaron porque otro amigo se metió y les dijo que él no era de ninguna banda. Cuando te vienen a reclamar, siempre vienen en grupo, que si te pego, que si no sé qué [Mélani, Ecuador, 16].

Las bandas son eso: conocer a mucha gente

—¿Y vosotros qué pensáis de este tema (las bandas)?
David: A mí me da igual, mientras no se metan conmigo.
Efra: Que se maten entre ellos si quieren.
David: Cuando se metan conmigo, pues.
—¿Os ha pasado alguna vez? ¿Habéis tenido problemas?
David: Sí, alguno que otro.
—¿Y nos lo podéis explicar?
David: Pues yo qué sé, un día nos peleamos.
—¿Por qué?
David: Porque me han venido de listos, me han venido vacilando... gente de bandas.
—¿Y cómo sabías tú que eran de bandas?
David: Porque yo no soy tonto, porque sé la gente que...
Christian: Pero bueno, tú puedes ver a uno rapero y no ser de una banda.
Alex: Porque se visten así porque les gusta.
David: Ya.
—Es verdad, ¿no? ¿Cómo los reconoces?
David: Si es que a mí me es igual las bandas, si a mí me viene uno de listo pues, me es igual que sea de una banda, como puede ser rapero, como puede ser pelao o lo que quiera, le voy a enchufar y punto, ¡está claro!
—Pero, ¿por qué al principio tú has dicho que eran de bandas?
David: Porque hay mucha gente que es de las bandas, porque lo dicen ellos.

—Pero, ¿cómo lo sabes?
David: Pues porque llevan pañuelitos en la cabeza y...
Christian: Pero si la mayoría de raperos llevan pañuelos.
David: Sí, pero yo los conozco, que yo no soy tonto. Sé que lo son. Además, si me dijeras que son de otra escuela, pero es que son gente del barrio, que los reconozco y sé quiénes son.
—Pero, ¿podéis explicar qué diferencias hay entre ser rapero y ser de una banda?
Eduardo: De rapero te vistes ancho, y ya está. En cambio, de la bandas, vas en grupo y andas ancho.
Yesabel: Van un grupo de amigos siempre. Si eres rapero vas solo por ahí, pero si eres de la banda siempre están juntos [Grupo Discusión 2, Barcelona barrios].

—¿Por qué nacen estos grupos?
Christian: Para defenderse. Porque les gusta, les gusta andar entre más amigos, conocer mucha gente, porque las bandas son eso, conocer mucha gente.
Eduardo: Conocer gente, y si te metes en problemas ellos te ayudan... Si tú te absorbes en un grupo, puedes decirles quiénes son y encima te lo arreglan ellos.
Christian: Se ayudan, son como unos hermanos que ayudan a defenderse.
—Pero, ¿por qué hay esta necesidad, por qué tiene que venir alguien a deciros algo malo?
Yesabel: Porque es así.
Alex: Porque hay personas que son racistas y te insultan.
Cecilia: Porque viene un grupo de latinoamericanos y no ha hecho nada, así que también puede ser por racismo.
—Y en estos grupos, ¿hay sólo gente latina?
Alex: Bueno ahora hay mucha gente española. En la televisión sale que hay españoles... de todo, hay latinos, europeos, africanos, asiáticos, moros, ¡de todo!
—Pero entonces, si hay de todo un poco, esta teoría del racismo, ¿cómo la explicáis?
Cecilia: Esto es ahora, que de cada país hay una gente. En la televisión sale de qué país son, yo eso lo he escuchado.
—Y entre vosotros, ¿habláis de estas cosas que están pasando?
(Algunos dicen que no)
—Y, ¿por qué?
Cecilia: Porque puede que tengamos cosas más interesantes de las que hablar [Grupo Discusión 2, Barcelona barrios].

Las «bandas» según los jóvenes no latinos

Más allá de estas opiniones, ¿es realmente tan grande el atractivo que las organizaciones juveniles ejercen en el medio escolar? En mayo de 2005 se llevó a cabo un pequeño experimento en un instituto del área metropolitana de Barcelona (en una de las localidades con mayor presencia de jóvenes latinos). Gracias a la colaboración de un grupo de profesores, se aplicó el guión de entrevista en forma de cuestionario a unos 70 estudiantes de varios cursos (de 1.º de ESO a 1.º de Bachillerato). Las respuestas a la pregunta: «¿Cómo te ha influenciado el tema de las 'bandas'? ¿Por qué existen estos grupos? ¿Qué opinas?», son bastante significativas. De las 58 personas que responden —18 latinos, 29 españoles y 6 de otras nacionalidades— sólo una persona reconoce formar parte de uno de estos grupos. Entre los latinos hay un equilibrio entre las opiniones favorables (7) y las desfavorables (8). En cambio, entre el resto, sólo hay 2 opiniones favorables y 6 indiferentes; el resto (27) son claramente críticas cuando no insultantes. Veamos una muestra de estas opiniones y de los argumentos que utilizan:

Favorables:

Bien, no opino nada porque yo también soy de estas bandas [Chica, España-Ecuador, 14].

Bien. Existen para combatir el racismo. Porque seguro que quieren tener amigos y reunirse para salir a dar vueltas [Chico, Ecuador, 13].

Existen para reunir a jóvenes de distintas nacionalidades contra supuestamente el bien [Chica, República Dominicana, 14].

Bien. Porque quieren defender su nación y que los respeten y no son racistas, nada [Chica latina, 14].

Creo que están bien, pero que las bandas no sean malas, más bien que sean buenas [Chica, Ecuador, 14].

Nosotros conversamos y jugamos, porque existe una amistad, ellos son muy buenos [Chico, China, 13].

Creo que existen porque así los jóvenes encuentran protección entre ellos [Chico, Cataluña, 16].

Desfavorables (latinos):

Opino que estos grupos no deberían existir [Chico, Ecuador, 13].

Yo creo que no deberían pelearse por un territorio que no es el suyo [Chica, Perú, 14].

Estos grupos existen porque les gusta que la gente tenga miedo y para ser superiores a los otros grupos. Mi opinión es que no haya estos grupos y que se dediquen a otras cosas [Chica, Ecuador, 14].

Será por los disgustos en el hogar o en las familias. Yo les diría que reflexionasen [Chico, Perú, 14].

Conozco a personas que pertenecen a estos grupos, pero no todos son «malos», sólo que muchas veces se sienten «seguros» y tienen siempre personas a su lado. Pero no estoy de acuerdo con la violencia que muchos profesan. Ni con la forma que utilizan para conseguir aquello que quieren. Como, por ejemplo: para entrar en una determinada banda tienes que pelearte con otra persona y demostrar de lo que son capaces [Chica, Perú, 17].

Se ha favorecido la formación de guetos, de grupos «terroristas», algunos peligrosos, dispuestos a imponerse mediante la violencia. Existen, creo que por una marginación a la que se han visto sometidos anteriormente, en estas bandas encuentran una familia. ¡Me dan pena, no miedo! Y rabia, porque yo conocí a los primeros jóvenes que pertenecieron a las bandas, les vi nacer [Chica, Venezuela, 17].

Desfavorables (el resto):

Mal, creo que existen para marcar el territorio e imponer sus normas [Chico, Cataluña, 15].

Existen estas bandas por la división entre raza o nacionalidad de la gente [Chica, Filipinas, 16].

El tema de las bandas ha influenciado cada vez en los colegios. Estos grupos existen porque los han creado los latinoamericanos. Yo creo que los han organizado porque así se creen más superiores a los demás (matando, dando puñaladas como en el colegio de aquí al lado) [Chica, España, 14].

Mal, porque hay cada vez más jóvenes que se juntan. Ellos dicen que se juntan para defenderse. Que son unos cobardes [Chica, Rumania, 15].

A mí no me influyen las bandas, me dan igual, pero creo que este tipo de bandas son de lo peor que existe. Yo las considero terroristas y algún día pagarán el mal que están haciendo, todo es de todos. Y si no nos respetamos entre nosotros, ¿qué tipo de vida es ésta? Ninguna, cada uno sabe lo que tiene que hacer, pero el tema «bandas» lo encuentro una desfachatez. Encima, si hablamos de ellos, se creen los más importantes y yo no soy nadie [Chico, Catalunya, 17].

Las bandas han influenciado desde hace bastante tiempo, yo tengo miedo de que esto vaya a más [Chica, España, 17].

Podría escribir mucho sobre el tema de las bandas pero seré un poco breve. En ningún momento me he considerado racista. Pero desde que han llegado tantos extranjeros a España y desde que se forman las bandas: Latin Kings, Big People, Ñetas, etc. (porque hay muchas), el tema ha empeorado mucho. Cuando sales a la calle vas con miedo, también sabes que no puedes ir con la falda muy corta, porque a mí me han llegado a perseguir. Y es que no puedes salir a la calle a según qué horas de la noche, por el tipo de gente que hay a esas horas. Todo lo que pienso sobre estas bandas es negativo, no sabría decir si es asco, repugnancia, odio, no lo sé. Además, ellos dicen: estamos para defender la calle. ¿Qué calle? Esto es España. Y no estamos en guerra aquí. Y si lo único que quieren hacer aquí es dar palizas, violar, hasta hacer la «sonrisa del payaso», para esto que se vuelvan a su país a hacerlo [Chica, Cataluña, 17].

Las bandas es algo que no soporto, porque si tú eres de aquí no tienes por qué formar parte de estos grupos, porque, ¿otra gente que es de fuera, lo hace? No lo entiendo. Existen porque tienen interés en estos temas y es algo que como siga traerá cola. Opino que son unos «capullos», que van de listos y que con esto quieren llamar la atención, porque no se integran como los otros, por esto lo hacen [Chico, Cataluña, 17].

Las bandas han creado una situación de tensión en el barrio. Yo creo que existen en sus países y lo han trasladado aquí para juntarse y no sentirse extraños. Yo creo que no deberían existir porque están llegando a ser muy peligrosos [Chica, Cataluña, 17].

Yo creo que el tema de las bandas está influyendo mucho, sobre todo en los chicos que ahora tienen 13 años o menos. Porque ya ven a estas bandas como su futuro, como una obligación que se les inculca por el hecho de ser extranjeros, y también influye en la seguridad ciudadana, la gente ya no se fía de nadie, y ya no se siente segura cuando van solos o solas. La verdad es que no tengo ni idea de por qué existen estos grupos o bandas, pero por mi parte, no está nada bien, supongo que existirán por el hecho de que son extranjeros y puede ser que se sientan superiores, no lo sé [Chica, Cataluña, 17].

A mí no me influyen para nada. Los veo como una panda de subnormales que quieren llamar la atención y que quieren ser los amos del mundo, cuando la verdad es que no valen nada. Existen porque la «chulería» que corre por sus venas es tan grande que se la tienen que mostrar a todo el mundo. Pienso que la unión hace la fuerza. Opino que todos son unos inútiles y que éstos deberían volver a su país porque se supone que vienen a España a buscar trabajo, pero no para matar españoles. ¿Qué les costaría vivir tranquilos dejando vivir a los demás? [Chico, Cataluña, 16].

En mí no ha influido, pero ha tenido repercusiones en los barrios porque la gente tiene miedo, también ha repercutido en los institutos porque la gente se pelea mucho. Yo creo que existen porque, primero, cuando ellos llegaron aquí estaban solos. A los únicos que podían acercarse para tratar de estar más a gusto era con los de su país. Pero hay gente que se piensa que una parte de un lugar es suya y que nadie puede ir, y esto no debería de ser así, porque la ciudad es de todos [Chica, Cataluña, 17].

Ahora vas al instituto pensando en que cuando salgas puedes encontrarte gente que se insulta o se pelea. Lo peor es que hay gente que, sin haber tenido culpa de nada, sale perdiendo. La verdad es que no sé por qué existen, ni qué necesidad tienen de hacerlo, supongo que así se sentirán más importantes o más unidos entre ellos. Como no los conozco no puedo saber si son buenas o malas personas, y si lo que hacen lo hacen por necesidad o simplemente para llamar la atención [Chica, Cataluña, 17].

Las «bandas» según las «bandas»

Andaban con un grupo de latinos y se defendían de los gritos racistas.

Yankee, Ecuador, 16

Aquí es lo mismo: fiesta, peleas, terreno.

Carlos, Ecuador, 17

Son muy pocos los jóvenes que una vez en Barcelona reconocen espontáneamente formar parte o estar cerca de una agrupación juvenil. Sólo los tres participantes en la entrevista de grupo que reproducimos en el apartado siguiente reconocen abiertamente formar parte de una nación. De las 30 entrevistas individuales tres personas se manifiestan cercanas: uno formó parte al principio, otro estuvo a punto de entrar y el tercero se salió (las informaciones que manejan muestran su cercanía y conocimiento directo del tema). En los grupos de discusión se trató el tema sin hablar directamente de la pertenencia. Y en los cuestionarios del instituto, pese a su carácter anónimo, sólo uno de los 70 (una chica) explicita su pertenencia a un grupo. Estos datos confirman tres supuestos del estudio: el carácter minoritario de los jóvenes pertenecientes a dichas organizaciones (que se corresponde a grandes rasgos con los datos policiales); el atractivo que ejercen para la mayor parte de los jóvenes latinos, sobre todo los varones; las (fundadas) reticencias a reconocer abiertamente la pertenencia. En este apartado nos centramos en tres relatos individuales que suponen otras tantas trayectorias de entrada y salida: Carlos, Yankee y Christian. Como vimos antes, los dos primeros ya habían formado parte en su lugar de origen de las dos «bandas» más emblemáticas —Kings y Ñetas. El tercero se acercó a los Latin una vez en Barcelona, aunque finalmente optó por no entrar pero sin cortar las relaciones de amistad con alguno de sus miembros.

Si a ti te ven con trazos

Yankee nació en Guayaquil hace 16 años y llegó a Barcelona en marzo de 2003. Allá había formado parte de los Ñetas. Por una pelea en la que se vio involucrado su abuela le mandó con su madre que estaba aquí. Al poco tiempo de llegar empezó a juntarse en su barrio (Barcelona centro) con otros jóvenes latinos que también eran Ñetas. Al enterarse sus padres, volvieron a tomar la opción de abandonar Barcelona e ir a vivir a una ciudad media de Cataluña, donde siguen viviendo. Ello no implicó abandonar ni la estética ni algunos elementos culturales de las «bandas» —como su gusto por el reggaeton—, ni siquiera la amistad con determinadas personas. Pero la lejanía también le permitió valorar de manera más crítica y razonada las funciones de estos grupos.

> Mi madre no quería que me quede allí, porque ya anduve en algunos grupos de éstos y entonces no quería que me quede allí y me trajo aquí. Mi abuela decía que ella con el dolor del alma me mandaría, me alejaba de allí, pero al mismo tiempo decía que lo hacía por mí: «Allí vas a andar con las bandas y vas a ver con las drogas y todo eso...». Y me vine aquí. Este problema también lo viví en Barcelona. *Como cuando estás en estos grupos no te puedes salir fácilmente, tuvimos que venir aquí.* Entonces andábamos juntos y se ve que *ellos andaban con un grupo de latinos y se defendían de los gritos racistas* y estas cosas. Y un día me dijeron para ver si quería unirme a ellos y yo me uní. Era un grupo que se estaba formando. O sea, que había más o menos gente para que se vaya llamando la atención y se vaya uniendo más gente. Ibas a jugar a fútbol, como hay mucha gente que le gusta el fútbol que está metida en estos grupos, cuando estabas allí y te preguntaban si querías entrar, y si tú decías que sí pues te dejaban entrar, tampoco te obligaban a nada. Eran dominicanos, ecuatorianos, cubanos, de todo. Españoles casi ninguno, uno como máximo habrá. Vestíamos ancho, de azul o de blanco, siempre vestíamos. Porque eran los colores que eran más dotados, la mayoría decían que ésos eran los colores que se tenían que usar. Si eras el líder, te dábamos una cadena con unos colores que, si los mezclabas, salía el color de tu piel. No me acuerdo cómo eran esos colores, me parece que eran amarillo con café, que mezclabas y salía el color de tu piel, y así, cosas de éstas. El líder ya se lo veía que era el más valiente y el que más sacaba la cara por todos, el que más veía por nosotros. Cuando yo estuve éramos quince o veinte, no éramos muchos, pero después dicen que se extendió y ya en el lugar en el que yo vivía ya se fueron perdiendo, ya se iban hacia abajo, hacia (Barcelona centro) y desde ahí ya se fueron extendiendo. Estos grupos se formaron así, de la noche a la mañana.
> Es que estos grupos se formaban en Latinoamérica. Primero se formaron en Puerto Rico y después, como salió el reggaeton... El que sabía bailar se ponía a bailar, ir a jugar a fútbol, a los parques. Pero siempre con respeto, si te decían que no se podía, pues no se podía; pedías perdón y te ibas. *Como eres, a veces, sudamericano, te miran mal*, porque como dicen: *«por uno pagan todos»*. Por ejemplo, puede ser que un grupo te pueda haber insultado y entonces ya te confunden con esos mismos grupos. Es como los marroquíes, que hay gente mala que roban y medio ves a un marroquí y ya intentas esconderte la cartera, y por eso dicen «por uno pagan todos». Incluso ahora también, en Madrid, unos latinos habían matado a un español, decían que como ellos eran así también iban a hacer así con los sudamericanos, y me decía: «por uno pagan todos». Así como en este grupo hay gente que defendía, hay grupos que también intentan abusar, que matan, pegan a la gente. Entonces éstos hacen quedar mal, hacen mala reputación y «por uno pagan todos». *Si a ti te ven con «trazos»*, como decimos nosotros, de que eres de uno de estos grupos, ya te miran mal, ya te confunden con otra persona, y así.
> Un día hubo un problema muy grande: andaban con pistolas, con bates y todo y nos siguieron para matarnos, y entonces yo llegué a mi casa y casi no salía de mi casa por el miedo de que me pudieran hacer esto... Yo andaba primero con el grupo de los Ñetas y se ve que los Ñetas y los Latin Kings, desde una tradición, se odian a muerte. Y hubo un problema: a un amigo le reventaron una botella en la cabeza y de allí vinieron unos... bueno, muchísima gente. Nosotros éramos 15 y ellos eran unos 40 por lo menos y venían detrás de nosotros. Y por eso entonces decidimos venir aquí.

> Y después, incluso cuando estaba aquí, decidí ir a una discoteca que se llama Caribe, en Barcelona, con un amigo colombiano. Nos fuimos adentro y también nos estuvieron a punto de matar, porque resulta que ahí sólo pasan los Latin Kings, pero nosotros no sabíamos, y se ve que delante de él estaba una chica y esa chica estaba ligando con él y se ve que vino un chico y le metió un puñetazo y se pusieron afuera a pelear y mi amigo, como no podía con él, se cogió un palo y le pegó aquí (señala la mandíbula derecha), y le dejó inconsciente y después salieron todos así y tuvimos que salir corriendo... A mí se me perdió un móvil, a él se le perdió un zapato. Desde allí que no he vuelto a ir a Barcelona.
> Estos grupos existen para aprender a convivir y aprender a defenderse entre ellos y para imponer respeto. A los que quieren abusar de ti, que si te insultan y te quitan el dinero, que no te dejes ver la cara de tonto y dejarte quitar. Incluso una vez, cuando estábamos en este grupo, se ve que a un chaval le habían quitado el dinero y le había pegado. Vimos al chavalín que estaba ahí, en un rincón, llorando. Le preguntamos y no nos quería decir nada, y entonces nosotros le dijimos que si no nos decía, que iban a seguir abusando de él y dijo que esto lo hacían con frecuencia, que siempre le quitaban el dinero. De salirte, no sé, era muy difícil salir de allá... Es que yo, como me salí y directamente me vine aquí, yo ya no regresé más allí. Yo no dije que venía ni nada, yo de la noche a la mañana ya no estaba en Barcelona [Yankee, Ecuador, 16].

Lo primero que hice fue buscar y preguntar por la banda

Carlos también nació en Guayaquil hace 17 años y llegó a Cataluña en octubre de 2003 (poco antes del asesinato de Ronny). Se instaló en una ciudad de la región metropolitana. Cuando vivía allí había pertenecido a los Kings. Aunque al principio de llegar se interesó por la «banda», decidió no volver a formar parte, pero manteniéndose cercano de alguno de sus miembros —y trabando amistad con otros jóvenes colombianos y centroamericanos de otras pandillas que conoció aquí. Su relato confirma la percepción de que entre LK y Ñ hay más elementos en común que diferencias. Y también la posibilidad de optar por una vía intermedia a la militancia: mantenerse «neutro» para alejarse del conflicto y tender puentes entre compañeros.

> Llevo aquí un año y seis meses y aún no he vuelto. Cuando llegué aquí yo sabía que iba a ser diferente, lo primero que hice fue buscar y preguntar por la banda, por buscar a gente así que fuera de bandas. Aquí no tengo muchos amigos ecuatorianos, tengo más colombianos, colombianas, españolas, españoles también tengo bastantes. (En la escuela) los ecuatorianos te llevaban a su grupito. Estábamos conversando y cuando vi que comenzaban a hacer su grupito yo dije: «Ya sé de qué va». Y cogí y me salí y estaba con gente colombiana, que están en bandas pero son distintos porque no se meten contigo, en cambio los ecuatorianos se meten contigo sin hacerles nada. Yo soy ecuatoriano, y sé que eso es feo, pero... En los Latin Kings y Ñetas hay de todo: ecuatorianos, colombianos, españoles, allí se puede meter quien quiera, en cambio en las bandas centroamericanas sólo centroamericanos. Yo creo que es para que sólo se puedan defender entre ellos, que haya compañerismo, no sé, sólo son centroamericanos y no conozco ni uno que sea... así, ecuatoriano. Si usted no les hace nada, ellos no se meten contigo, pero si usted les hace algo saltan todos. Aquí había uno el año pasado, ahora ya no está, está en Badalona. Son Punto 40. De repente viene, hoy cumple 17 años y creo que va a venir y nos iremos por ahí, vamos a festejar. Si tú no te metes con ellos, ellos no se meten, ellos no se meten con nadie. Ésos no te cuentan nada. Aquí los únicos que va a escuchar son los Latin Kings... A mí me cuentan lo que sucede y me preguntan mi opinión, pero yo no quiero saber nada. En España hay más Latin Kings que Ñetas.

Aquí es lo mismo: fiesta, peleas, terreno, lo mismo. ¿Diferencias? Aquí hay más enemigos, más bandas centroamericanas, bandas de los gitanos mismos, que empiezan a hacer bandas ya. Con los Punto 40 también hay problemas. Son los centroamericanos, no cogen a ningún otro, sólo centroamericanos. Entre los Latin Kings hay de todo, hasta hubo gitanos. Aquí hubo un gitano, que viene al colegio, que estuvo pero se salió, y a ése no le hacen nada porque saben que los gitanos también tienen su familia. Ya hubo un problema aquí entre gitanos y Latin Kings, y entonces... ya saben y dicen que hay un pacto. Aquí ya se ha calmado la cosa, ya hubo y se calmó el mes pasado, antes era pelea todos los días. Aquí hay un New Park con videojuegos y conozco a todos los Latin Kings y Ñetas y van juntos y son amigos. Pero ya cuando llegan sus bandas se separan y se abren unos por un lado y otros por otro lado. Aquí en el colegio hay una reina, es la hermana de uno de los reyes de la ciudad. Hace menos de un mes amenazaron a un chico del colegio ecuatoriano. Él está llevando el nombre de Latin Kings, dice que es Latin King, pero no lo es. Vino el corona en una moto y el otro y: «¡Que te cuides, que te vemos y vas a ver lo que te hacemos!». Y el chico saltó y se fue a su casa y no vino al cole por una semana.
Ellos no saben que yo fui en Ecuador Latin King y entonces yo sigo neutro aquí, si hay pelea yo me voy. Por aquí en el colegio hay algunos que se salieron de los Latin Kings, pero ahora quieren volver porque ya les pegaron y si no vuelven les van a seguir pegando. Aquí, si sales te pegan. Allá es peor, allá te pueden matar, aquí sólo te pegan. Aquí me conocen por mi forma de ser. Allá lo que hacía era buscar problemas, aquí en cambio evito los problemas. Entonces, es diferente si hay un problema: a mí que me digan lo que quieran, en cambio, si allá me decían algo yo cogía y saltaba... [Carlos, Ecuador, 17].

Ahí fue cuando nos infiltramos

Christian nació en Quito hace 16 años y llegó a Barcelona a principios de 2003. Se instaló en un barrio de Barcelona centro y por la amistad con un latino como él entró en contacto con los Latin Kings. Estuvo a punto de entrar, aunque en el último momento renunció a hacerlo, sin por ello verse especialmente presionado. Pese a ello, su cercanía a alguno de los miembros le permite tener un conocimiento bastante directo y matizado del funcionamiento del grupo. Cuando se alejó de él, se juntó con un grupo de amigos latinos quienes pese a ir siempre juntos y reunirse en espacios urbanos no formaban una «banda». Sin embargo, un grupo de filipinos componentes de la Mara Salvatrucha los tomó por Latin Kings y tuvieron que abandonar el espacio donde se reunían.

Nosotros sabíamos que allí había muchos Latin Kings y sabíamos bastante sobre eso. Porque en la escuela se hablaba mucho, en las noticias salía mucho en la tele, en los diarios... Todos sabíamos bastante, todos sabíamos bastante por lo que se escuchaba en el colegio. Las profesoras siempre nos estaban diciendo: «¿No serán de alguna banda?» «¿No serán Latin Kings ni nada?». Entonces nosotros les decíamos que no y ellas: «No, porque aquí se escucha que si han pasado, si se han peleado, que si los Latin Kings...». Yo ya sabía cosas. Si te mueves por la calle conoces muchas cosas. Por los amigos, incluso por la televisión. No sé si te fijaste que el otro día pasaron un documental sobre eso. Mucho de ellos levantaron coronas y mucha gente se las aprende o simplemente las ve y las reconoce ya. Muchas cosas que explicaba eran verdad. Ahora, también muchas eran que le meten, como quien dice, chispa a la cosa, a picar más a la gente.
Con Juan íbamos a la playa, a pasear de todo, al cyber, siempre por ahí, no sé. Luego él se cambió de piso, se fue al Arco de Triunfo y ahí fue cuando nos infiltramos...

entramos ya en todo este tema. En lo que son bandas y estar más por la calle. Me hace gracia, pero fue así. Juan dijo un día: «Vamos a buscar gente por nuestro barrio. Porque a ver, si estamos viviendo ahí, buscar chicos de nuestra edad y tal». Fuimos a parar a un parque que precisamente era chapter de un grupo de Latin Kings. (Un chapter) es un sitio en concreto donde están ellos, donde se hacen las reuniones y se celebran los miris. Es el nombre que se le da a la reunión, todos les dicen miris. Las veces que lo he leído en algún reportaje pone mirins, pero para nosotros son los miris. Entonces resultó que era así como era, por la noche. No sé cómo se llama, está en el centro, un parquecito pequeño. Eso no es hace mucho eso, hace un año (febrero 2004).

Estuve a punto de entrar. En el parque un día, cuando él decidió entrar y me lo propuso, me propuso que yo también entrase y que miráramos a ver qué tal. Entre los dos ya habíamos hablado hace mucho tiempo y habíamos acordado que miraríamos de entrar para tener a gente que nos respaldara si nos pasara algo por el barrio, que no es un barrio muy tranquilo, y entonces... No sé, había tenido él la idea ésta de meterse ahí y como él sabía un poco más sobre este tema dijo que quería entrar y me dijo que entrase yo también. Yo le dije que vale, pero que quería mirar un poco más cómo era para ver si de verdad me interesaba y no meterme ahí y que no me interesara luego... Y nada, él se apresuró demasiado y un día me dijo: «Vamos a entrar mañana». Y yo: «¿Cómo que mañana?». Y al principio fui con el y quedamos y estuvimos ahí y hablamos un rato con ellos. Mi idea era estar con ellos un poco más, conocer a ellos un poco más antes de entrar en el grupo así, pero como él se apresuró yo dije que no, porque estuve ya dentro una vez del grupo, de lo que llaman mirins, estuve dentro, estuve esperando ahí a que nos hablasen y nos llamaron hacia un lado y nos explicaron lo que se hacía, las ventajas y desventajas que tenía...

¿Las ventajas? Que tenías a mucha gente, que empiezas a conocer a mucha gente. Porque siempre es una ventaja conocer a gente según ellos. ¿Las desventajas? Que eres parte de un grupo y que ese grupo tiene rivales y por tanto que se convierten en tus rivales y muchas veces sin tener nada personal con ellos, vaya, sin ninguna razón, y yo eso lo vi muy mal y no me gustó y dije que prefería mirarlo de cerca más tiempo. Y todos dijeron que me había cagado y que me había enterado de lo de la prueba y por eso no quería entrar. Pero yo sé por qué no entré y estoy contento. Porque no me gustaba, porque después cuando empecé a parar con Juan y amigos que conoció él y con gente del barrio que empecé a conocer más a fondo y que pertenecían a la banda ésa, pues nada, empecé a hacerme amigos de ellos y poco a poco me gané su confianza e iba enterándome de cosas, ¿sabes?, escuchas cosas mientras hablan entre ellos y escuchas cosas. (Risas) Va a ser que no, mejor que no te diga nada. Son asuntos que tienen ellos dentro de toda la trama que se cargan encima. Y entonces tú te das cuenta de que muchas de las normas que se dan, no se cumplen, y cuando no se cumplen... Por ejemplo, lo más sencillo, lo de las mujeres, que se supone y queda muy claro que cuando una chica está con un hermanito, con alguien de la nación, nadie más se puede fijar en la chica. Los de dentro lo tienen como norma y los de fuera como una advertencia. Yo me di cuenta que, por respeto, tú tendrías que respetar a esta chica y a todas las demás, aparte están los aspectos que se tienen como norma dentro de ellos... pero mucha gente no las cumple. En teoría se les tendría que castigar, pero claro, ellos hablaban con el de al lado, con el único que se había enterado de eso y le pedían que no dijera nada y que le cubrirían las espaldas en caso de que también hicieses algo parecido, y empiezan a encubrirse cosas unos con otros y a veces se acababan sancionando cosas que no tenían sentido...

Mucha gente habla de golpes, muchos hablan de que tienes que robar a alguien, ir a matar a alguien. Sobre esto hay un montón de cosas que se dicen y yo no quiero precisar cuál de ellas es la que se hace, porque a mí me han dicho que yo no puedo decir nada de eso y sería faltar a la confianza que me han dado. En principio las veía bien porque creía que era una forma de mantener a raya a la gente que estaba ahí, dentro del propio grupo. Pero cuando vi que no se cumplen normas, que se saltan cosas o que a lo mejor por puro rencor uno manda castigar a otro, con una excusa, me di cuenta de que no era algo, como quien dice, legal, que no era algo que se cumpliese al pie de la letra y no quise entrar ya. Los tengo como amigos y de ahí no pasa.

Cuando se habla de nación se habla de una nación entera, única, de todos los Latin Kings, según tengo entendido Estados Unidos, Latinoamérica, Europa, donde estén, donde haya un Latin King es parte de la nación. De dónde son los líderes no lo sé. (Estos grupos se crean) para ganar valía, creo. Por ejemplo, gana más valía quien lleva más tiempo dentro o quien ha respetado las normas «más a raya» (al pie de la letra) y, por tanto, ganan más autoridad. Eso es lo que yo considero. No sé, creo que muchos entran porque necesitan con quién identificarse, con quién sentirse a gusto, iguales como quien dice, inmigrantes. Como yo, que si soy amigo suyo es porque son latinos y me entiendo muy bien con ellos, en cambio otros, para sentirse más integrados a ellos, se meten ahí. No sé, es gente con que has tratado toda tu vida, tienen la forma de ser diferente de la que tienen aquí.

Hay mucha gente de aquí e incluso hay casos de marroquíes y todo. Es que no lo sé, es lo que te he dicho, a ver, puede ser por varias razones, hay quien se mete por sentirse integrado en un grupo, por sentirse con gente de su misma gente porque hay quienes piensan que, no sé, al igual, como son racistas con ellos, a lo mejor se sienten aludidos y lo que hacen es rechazar a esta gente entrando en grupos que son íntegramente latinos, y ya está. A lo mejor el sitio donde están ellos sí que son sólo latinos y no se topan con otros que a lo mejor son de otro sitio, otros porque pasan muchos tiempo en la calle les dicen, porque te van a ayudar, porque vas a conocer a mucha gente... y entran. Son las cosas con que me intentaron conocer a mí, que iba a conocer a más gente y que si tenía problemas con alguien ellos me iban a ayudar y no sé, para eso tengo amigos, ¿no? Son los amigos los que te ayudan en estos casos, no me hace falta meterme ahí.

Estuve ahí enfrente del rey del sitio ése con mi amigo, y en cuanto él dijo: «Yo entro», él me dijo: «¿Y tú?». Y le dije que prefería pensarlo más tiempo y se me quedó mirando y me dijo: «Lárgate». (Risas) en plan... como un poco cabreado, y me dijo: «Tú de eso no puedes decir nada a nadie, primera cuestión. Porque si dices algo a alguien, primero la vas a cagar tú y segundo la persona que te trajo aquí, y yo no creo que quieras mal ni para él ni para ti». Y yo le dije que no tenía razones para decir nada a nadie y ahora... (risas) te lo estoy explicando a ti no sé por qué, bueno, como experiencia mía y nada más. Me quedé arriba a controlar que no entrara nadie y me quedé hablando con uno o con otro y después de un rato llegó él y me dijo que ya había entrado, que le habían hecho la prueba ya. Desde mi punto de vista fue muy difícil entender si mi relación con él cambió, porque se fue lejos de donde vivía antes o por qué se fue ahí, porque las dos cosas sucedieron a la vez y fue ahí todo un lío. Es que me decía: «No puedo ir, tío, porque está muy lejos y es muy tarde». Y añadido al hecho que estaba muy lejos y era muy tarde me decía que iba a estar con ellos. Entonces yo me preguntaba: «¿Por qué no viene: porque es muy tarde o porque va a estar con ellos?». Pero al cabo de un tiempo él me dijo que prefería estar por el barrio, con gente que ya conoce y ya vuelve con nosotros.

Hubo una caída de los Salvatrucha ésos... Una caída es cuando viene un grupo de ellos, que lo han planeado todo y vienen a pegarte, a sacarte de ahí... a que este territorio sea suyo, y nada. Llegaron ellos y nosotros estábamos tranquilos y no habíamos hecho nada y cuando los vimos, algunos llevaban pañuelo, otros llevaban botellas y creo algunos palos también, y no sé, algunos dijeron de coger nuestros palos, que no sé si te lo dije que ahí teníamos escondidos palos, pero claro, hubo uno que salió corriendo ya porque nos había ya dicho que no quería problemas, y claro, estaban dentro unos amigos que les decimos Los Pelaos, que son españoles y los conocimos en el colegio y son amigos nuestros, y ellos no tenían nada que ver, como yo y unos cuantos más. Ellos lo que hicieron es irse corriendo y cuando ya corría uno, fue en un instante que corrieron todos, y uno lo reconocimos, es del barrio. Y todos a correr por la calle, nos dispersamos y se ve que no cogieron a ninguno y es por eso que te dijimos ya que no queríamos que vinieras ya que podía ser peligroso. Dicen todos que la zona está «piteada», es porque está ya... porque ellos la conocen, allá ha habido una pelea y entonces, si estás ahí, te arriesgas a que ellos regresen. Cuando pasó eran las once o las doce de la noche, no se, no me acuerdo, y luego me dijeron que aquella era la noche de los Ñetas, una noche que es simbólica para ellos, una noche en que salen en grupos grandes, salen casi todos a buscar otros grupos, no sé, no me acuerdo qué conmemoraban. El hecho es que nos cogieron ahí... Eran Salvatruchas, pero se ve que están agrupados con los Ñetas, algunos. Luego, cuando nos dispersamos, íbamos mirando y controlando a ver a quién encontrábamos y yo decidí irme a dormir con Juan a su casa y no me fijé que también en su barrio está lleno de dominicanos y, cuando llegamos a su calle, se abrieron ahí unos seis o siete y nos dijeron cosas y que ellos eran Ñetas, y nosotros pasamos de ellos y luego dijeron: «Latin Kings, os vamos a matar y no sé qué...».

Hay de todo, aunque siempre hay un grupo que representa más que otros pero no va por nacionalidad: dominicanos por los Ñetas, ecuatorianos por los Latin y filipinos por los Salvatrucha. A ver, las maras, según tengo entendido yo, vinieron de El Salvador, pero en cuanto llegan a (Barcelona centro) lo que más captaron fueron filipinos y es lo que más hay ahora dentro. Tienen una cancha donde paran y ahí hay prácticamente sólo filipinos, y muchos de ellos son Salvatruchas.

Eso es lo que me da rabia a mí, que la gente se piense que por ir de rapero tienes que ser de alguna banda, y es por eso que insisto mucho en eso, porque me da mucha rabia que la gente generalice, que muchas personas cuando ven a un ecuatoriano inmigrante lo tachan de Latin King, de borracho, de ladrón... Lo que siempre digo cuando alguien me habla de los típicos tópicos de la gente, ecuatorianos borrachos, ladrones y mujeriegos. Ésas son las cosas que dicen de toda la vida sobre los ecuatorianos. Por eso que te insisto mucho sobre este tema, porque yo conozco a mucha gente que le gusta ir vestida así y no son de ninguna banda. A mí me gusta vestirme de ancho y no por eso soy miembro de ellos. A ver: ir vestido de rapero, de ancho, representa a la gente más de la calle, de salir por la noche, y a veces pasa que la gente que está más por la calle se va integrando en bandas y el hecho de la estética va por ahí, el hecho que se marque este tipo de vestido, igual que el tipo de música, rap, reggaeton más que nada. No hay una manera de vestir dentro de las bandas y hay muchos españoles que son de los Latin Kings y se visten como ésos que tú llamas makineros, van así. No tiene por qué haber una manera, muchos visten de diferentes formas, algunos visten normalitos, algunos de angosto y hay quienes visten de ancho.

Dentro de los Latin Kings, las cosas que defienden y comparten en conjunto es, primero, no al racismo, luchar contra el racismo; segundo, no al machismo, y eso es lo que más nombran. Muchas veces los he visto meterse en peleas para defender a una mujer de su marido que la estaba pegando, por el barrio se ven estas cosas. También los Ñetas dicen lo mismo, yo creo que lo que les diferencia son el odio que se tienen, que yo no sé, no sé por qué tienen el odio ése que se tienen, ya que son personas que vienen de los mismos lugares. Se acusan entre ellos, los unos dicen porque son mentirosos, son no sé qué, buscan cualquier excusa. Una vez me dijeron que ese odio era debido al hecho de que los habían traicionado muchas veces, y en este sentido tienen un poco de razón porque, por ejemplo, cuando al principio no había rivalidad entre ellos, cuando estaban formando los grupos, a lo mejor no había rivalidad entre ellos. La rivalidad viene cuando uno de los grupos quiere formar un grupo más grande, unirse y formar una alianza, siempre hay un payaso que la caga porque a lo mejor hay un problema entre uno de una banda y otro, y a partir de ahí se pelean. Lo que llaman traición es que una vez iban a firmar la paz entre ellos, se reunieron y en el momento que llegan los Latin Kings ahí, los que iban a representar al grupo, dicen que cuando llegaron los Ñetas llegaron muchos más y llegaron armados y los sacaron corriendo y dicen que realmente no fueron a firmar la paz sino a coger a los representantes más importantes de los Latin Kings, eso es lo que dicen. Yo no te puedo hablar más de eso porque es lo único que me han explicado. Supongo que ni ellos mismos te lo sabrían explicar.

Generalmente la gente busca los parques, pero nosotros no tenemos, hay uno que está en el barrio que ya está ocupado, como quien dice. Por otro grupo de latinos, con excepción de las canchas ésas, de los filipinos, donde no hay ecuatorianos. Poder ir podemos, el problema es que si vamos, hay mucha tensión en el ambiente. Al no conocernos ellos dudan, sospechan que podemos ser de algún grupo contrario, cualquier cosa, y se crea ahí una tensión en el ambiente horrible. Que si miran, que si vienen, que si se van, que si alguno se va para allá, tú dices: «Ahora viene a mirar lo que estamos haciendo». Y lo mismo por parte de ellos. A lo mejor uno va simplemente a comprar algo y ellos piensan que hemos enviado a alguien a espiarlos, tonterías que se meten ellos en la cabeza... (risas) Pasa muy a menudo. Es cuestión de territorio... A ver, a mí no me pasa. Si estoy solo voy a cualquier sitio sin tener miedo de quien está o deje de estar. Con un poco de miedo, sí que me provoca un no sé cómo te explico... nervios, porque a lo mejor me han visto con ellos y se piensan que soy de la banda o cosas así. Pero, sin embargo, no es que me prohíba ir a estos sitios, porque ir voy, a lo mejor la cancha ésta de los filipinos que hay el ambulatorio detrás tengo que ir, por mí o por mi madre, y tengo que pasar por ahí. Lo típico. Me miran por ahí uno que otro tonto que se le suelta ahí: «¡Muerte a los Latin Kings!», como queriendo ofenderme. Y viendo que paso de largo no me dicen nada. No me han dicho nada más nunca, sólo que se te quedan mirando porque no te han visto nunca, lo normal, ¡lo normal! Y nada, te explicaba que nos tuvimos que cambiar de sitio y empezó a venir gente nueva y nada más... No hicimos nada, a ver, el problema a veces es cuando la decisión no es del grupo, es cuando hay uno que otro rencoroso. Y cogen rabia y, por ejemplo, identificaron a uno de los Salvatruchas y hubo dos o tres que dijeron: «Mañana vamos, pero con éste, con éste y con éste». Y van con cuchillo y no sé qué. Al siguiente día no me enteré si fueron o no, pero yo al chico lo sigo viendo por el barrio, y además hace poco me enteré que habían firmado la paz con ellos, como mínimo en el barrio. Claro es, cuando salió el reportaje por la tele, la gente se alertó mucho y yo al menos iba por la calle y toda la gente se te quedaba mirando, cuando estábamos en grupo toda la gente mirando. ¡También vimos a gente desde los balcones tirando fotos! (risas) La gente se cree las cosas demasiado y se asusta, se alarma. Han convivido con ellos mucho tiempo y no les ha pasado nada, no han tenido problemas nunca. El único problema que pueden tener es que les hacemos un poco de ruido, porque estamos hablando, riéndonos debajo de sus casas, pero nada más. Y nada, estuvimos parando unas semanas en la plaza ésa y empezó a llegar más gente, reyes de otros sitios y había gente que no les caían bien y no querían problemas, lo que era la habitación ya no hay, nos hemos separado. Dentro del grupo grande que éramos, nos hemos dividido en grupos pequeñitos, han quedado como islas. Ahora somos tres que casi siempre estamos así, junto con otros dos que vienen de tanto en tanto, y con los demás nos vemos de vez en cuando, cuando llaman o cuando nos encontramos por la calle y vamos para ahí juntos, nos sentamos y hablamos, pero ya no es tanta gente como antes, porque empezamos a tener muchos problemas, y mucha gente no quería estos problemas. A partir de eso (la pelea con los Salvatruchas), los que vinieron vieron muchas caras y entonces empezaron a pillar a la gente por separado, les preguntaban cosas, les amenazaban y la gente empezó a decir que no quería que los estuvieran mirando como miembros de bandas, que no querían tener problemas dentro del barrio. Entonces empezó a separarse el grupo, donde había mucha, muchísima gente que no era de ninguna banda y el grupo se estaba ganando problemas por nada. Otros que eran de los Latin Kings también empezaron a ir más a su bola, algunos consiguieron novia y a partir de ahí empezaron a irse con ellas, con otros amigos, y ya no venían con nosotros. El grupo se separó bastante.

Los que quedamos más unidos somos los que te he dicho antes con los pelaos, los españoles de que ya te he hablado antes, paramos en una esquina. Estamos ahí sentados, hablando, ellos están todo el rato fumando sus porros. A ver, en un principio eran racistas, muchos de ellos lo eran pero, lo que pasa siempre, que cuando te empiezan a conocer se dan cuenta de que los motivos que tienen para odiar a latinos y a gente de fuera no son tan firmes, no son tan sólidos, y se dan cuenta de que a lo mejor tienen mejor amistad contigo que con otros españoles, y nos toman como amigos y nosotros a ellos, sin importar de dónde seamos, da igual. No sé. Qué más, que ya he tenido que correr más veces y que a mucha gente le pasa. Que a lo mejor te ven vestido de una determinada manera y la toman contigo, por ejemplo, puede pasar un chico vestido de amarillo y negro y otros, de otra banda, se creen que es un Latin y le pegan, y a lo mejor el chico ése ni se había enterado de eso de los colores. Yo todo eso lo veo una tontería, ya empezando por la rivalidad ésa [Christian, Ecuador, 16].

Perspectivas de futuro

> Nosotros somos misioneros, como quien dice.
>
> Marco Antonio, Ecuador, 30
>
> Somos una nación de gente organizada.
>
> Héctor, Ecuador, 28
>
> Todo el mundo nos critica, pero realmente no saben qué queremos hacer para nuestra gente.
>
> Allan, Ecuador, 23

Acabaremos esbozando brevemente la visión de los miembros de una de las organizaciones que hace unos meses empezaron a reunirse en un Casal de Barcelona con el objeto de transformar su organización en una asociación legalizada, dedicada a la defensa de los jóvenes latinos y a la promoción de actividades culturales. Se trata de una organización surgida en Estados Unidos en los años cuarenta, implantada en Ecuador en 1992, que llegó a España en 2001 con la primera oleada de jóvenes ecuatorianos, y empezó a difundirse entre jóvenes latinos y de otras nacionalidades. En la actualidad está presente en varias ciudades, organizados en capítulos locales y con variados grados de cohesión interna. La organización está compuesta mayoritariamente por varones de todos los países latinoamericanos, pero también incluye a personas de otros orígenes (españoles, portugueses, marroquíes), así como una rama femenina que funciona con cierta autonomía. En el transcurso del trabajo de campo tuvimos ocasión de compartir alguna de estas actividades, como un campeonato de fútbol que organizaron en una cancha deportiva del área metropolitana de Barcelona, y de hablar con algunos de sus miembros. Sus opiniones permiten comprender el discurso de la organización sobre su historia, ideología, simbología, estructura y esperanzas de futuro. Se trata, por tanto, de presentar el intento de hacer evolucionar a estas agrupaciones desde dentro, para convertirlas en algo parecido a una asociación juvenil.[6]

Allá

—¿Cómo se llama y en qué consiste vuestra organización?
Marco Antonio: Se llama ALKQN. *Almighty Latin King and Queen Nation*. Que en castellano es *Todopoderosa Nación de los Reyes Latinos y Reinas Latinas*. Pero en Ecuador es conocida como *Sagrada Tribu Atahualpa Ecuador, Organización Cultural STAE Nation*. Se fundó en Ecuador en el año de 1994, cuando llegó un hermano de Nueva York que se llamaba Boy Gean (Gean Carlos Cepeda). Él fue el primer hermanito en llegar a Ecuador. En realidad no fue el primero, pero *él fundó la nación e implantó la bandera*. El primer hermano en llegar fue King Juice, el 11 de noviembre de 1992, a Quito, la capital. Él trajo consigo culturas de Reyes mas no conocimiento, por eso no implantó la nación como es en realidad. En cambio, Boy Gean sí vino con el permiso y la autorización de Nueva York, firmado por King Bishop, *quinta suprema* de the Lion Tribe de Nueva York. En esos tiempos la nación era muy conocida y respetada, ya que nuestros ideales eran de progreso, paz y mucho amor para cada hermano y hermana. Luego, en el 96, vino a Ecuador un hermano procedente de Illinois (Chicago) llamado King Lucky (Raúl Romo R.I.P.), llevando más conocimiento de la nación para nuestros hermanos y hermanas, enseñándonos el verdadero Amor de Rey latino, ya que sólo sabíamos una sola cultura, que era la de Nueva York, pero no las de Chicago y, desde ese momento, aprendimos las dos culturas de la nación, pero hubieron problemas y discriminaciones por las lecciones causando una separación entre reyes y reinas de Chicago, conocidos como los de King Lucky, y los de Nueva York, los de King Boy Gean. Hubieron muchos enfrentamientos entre reyes y reinas, con lo cual nuestro emblema se caía a pedazos, hubieron muchas reuniones de paz y unión que no resultaron ni llegaron a nada, muchos sucesos pasaron en contra de los reyes latinos, sucesos que cambiaron todo en la nación, los líderes peleaban por el poder, muchos hermanos y hermanas no entendíamos lo que pasaba entre ellos, ya que sus pensamientos eran muy diferentes, pero muchos capítulos se unieron con King Boy Gean, pero esto nos llevó a una destrucción interna que no tuvo solución, muchos problemas internos surgieron, como traiciones, codicias y maldades, esto llevó a una gran confusión a King Boy Gean, la cual destruyó todo nuestro emblema, nuestras herencias y la vida de muchos, desde ese día muchos fieles reyes quedamos confundidos por la reacción de este hermano que desde ese día pasó a ser historia y borrado de muchas mentes, quizás no tuvo apoyo de reyes verdaderos, pero un líder debe pensar en su pueblo para que el pueblo piense en él, esto sucedió un 13 de septiembre de 1997, esta fecha es muy recordada por todos los hermanos que estuvimos presentes, ya que la nación se acabó, se destruyó por debilidades y confusiones. Luego en este mismo año vino otro hermano que comenzó a enseñar cosas nuevas y a darnos fuerza para continuar en la lucha, este hermano, conocido como King Moonface, fue un pilar fuerte en la nación. Él trajo consigo la doctrina de nuestra poderosa nación. Él comenzó a guiarnos y a enseñarnos la humildad que debemos tener como reyes y reinas. Asumió el liderazgo en la nación, pero después tuvo que partir a su lugar de origen, que era

---

6. Desde la presentación del informe hemos estado trabajando en estrecha relación con los miembros de esta organización, y también con otras organizaciones juveniles, apoyándoles en su proceso de legalización y recopilando datos etnográficos mucho más profundos y detallados que esperamos se conviertan en un futuro libro.

Nueva York, a la partida de este hermano comienzan a surgir muchos conflictos por la toma del mandato de la nación, en realidad quien tenía permiso y autorización era Boy Gean, quien fundó la nación. Pero muchos no lo aceptaban por lo que hizo quemando todos nuestros tesoros y blasfemando de la nación en tonos incorrectos. Al ver todo esto muchos hermanos no podían permitirlo. Hubieron muchos candidatos para guiar la nación como King Kasper, con cultura de King Lucky, y King Wolfverine, con cultura y escuela de Boy Gean, se hizo una votación a nivel de la nación, pero el hermano Kasper no participa en ella para evitar otra guerra y asume al poder King Wolfverine, que por motivos familiares decide viajar a España donde funda la nación allá, dejando la nación en Ecuador botada, él buscó líderes para que asumieran el poder de la nación en Ecuador y España, pero nadie le aceptó dichos poderes, entonces de ahí el hermano Kasper, buscado por muchos Reyes, asume el poder, pero él puso una cláusula: que él no asumiría poder alguno, sino que enseñaría a nuestros hermanos a hacer Reyes de nación, y cuando estos Reyes de nación nazcan él hará una elección o él escogerá a nuestro líder, así pasaron tiempo luchando y enseñando la nación ya que el hermano del anterior gobierno dejó todo en total desorden. Hubo muchos procesos y cambios, las reinas comenzaron a ser más respetadas, comenzaron a enseñarse muchos propósitos y el progreso comenzó a surgir, muchos hermanos y hermanas comenzaron a progresar. El 22 de mayo del 2000 llega una carta dorada de la Tribu del León en Nueva York, la cual se otorga al hermano King Kasper como nuestro soberano, esta carta, firmada por King Blue (R.I.P.) y King Cano, supremos actuales después de que King Tone cayera detenido, este documento, fue traído por King Diablo, un rey que ayudó mucho a esta tribu, y desde ese día esta tribu es conocida como Sagrada Tribu Atahualpa Ecuador, y nuestro inka, el hermano King Kasper, que con el tiempo paso a ser nuestro padrino del ALKQN STAE Nation, por su sacrificio y amor a nuestros hermanos y hermanas actualmente está oculto por el brillo del sol, ya que es nuestra mente, cuerpo y alma.
—Háblenme de la ideología del grupo...
Marco Antonio: Nosotros nos regimos por el ALKQN STAE Nation, la Sagrada Tribu Atahualpa Ecuador. El hermano King Kasper es nuestra luz de guía en Ecuador, República Dominicana, Italia, Bélgica, Canadá, España y hermanos ecuatorianos en Nueva York. La misma cultura que se implanta en el ALKQN STAE Nation y en Nueva York la estamos implantando aquí y en los diferentes países que te he dicho. Son cuatro propósitos (empieza a leer): «Primero: el objetivo consiste en *implantar una organización en que nosotros, como hermanos, como hombres y mujeres, podamos realizar nuestro sueño de vida*, un sueño establecido por nosotros mismos en sociedad, y vivir con nuestro emblema, la corona, donde sea que nosotros podamos caminar en este mundo. Éste es nuestro primer propósito. El segundo: *Unir a nuestra raza latina* y construir una fuerte organización para nuestra familia y nuestros niños, ya que de esta forma nuestros niños podrán tener éxito como todo niño tiene derecho. Tres: construir una organización legítima y *ser fuertes financieramente* para construir una poderosa corporación y así venir a ser una fuente de empleo para nuestra gente. Cuatro: *ser un ejemplo para nuestros jóvenes*, para unirlos y guiarlos a todos en busca de la verdadera enseñanza y educación, para que ellos puedan ser productivos y construir una verdadera sociedad, convirtiendo así a nuestra nación en fuerte y preservando nuestra cultura hispana. Amor de Rey».
[Todos repiten «¡*Amor de Rey*!»]

La nación

—¿Qué es una nación para ustedes?
Marco Antonio: *Un grupo de personas que se rigen por un solo gobierno, raza, constitución, leyes.*

—Pero es un tipo de nación algo especial...
Marco Antonio: Bueno, es casi igual: nosotros vivimos aquí una nación en la cual tenemos un presidente, vicepresidente, un secretario, un tesorero, un consejero, un jefe de guerra, maestros que enseñan, nuestras políticas, reglamento, tenemos una corte suprema, jueces... Dentro de nuestra organización, *vivimos una nación dentro de la otra nación*, que es España.
—Pero es una nación que está en muchos sitios...
Marco Antonio: Sí, está en Ecuador y España. Tenemos las mismas leyes, en unos las cumplen, en otros no las cumplen. Por ejemplo: hay reyes en Madrid que no cumplen lo que es la constitución, no cumplen las leyes, rompen las leyes cuando les da la gana. Nosotros no, tratamos de que las conozcan, respeten y apliquen. Ésa es nuestra misión. *Nosotros somos misioneros, como quien dice.* Nosotros somos pastores: enseñamos la Biblia a los hermanitos, a las personas que quieren saber de nosotros. De ahí viene el trato de hermanitos, porque también dentro hay una religión, en toda religión te tratas de hermano y hermana.
La nación empieza en 1940, en Chicago. Empezaron unos hermanitos con el objetivo de defender a la raza, porque los latinos eran maltratados allá. Dijeron: «Busquemos un emblema que nos represente», y encontraron la corona. *La corona representa realeza*, del nombre vendría Latin Kings. De los cuarenta a los sesenta dejaron de ser escuchados, ya entonces vuelven a ser escuchados con más fuerza. De ahí vienen unos hermanitos y ponen el nombre de *ALKN*, no había Queen, no había reinas en ese tiempo. *Los colores eran el amarillo y el negro: el amarillo por el sol que nos ilumina y el negro por el conocimiento y en honor a nuestros hermanos difuntos también.* Todo surge en Chicago. Lo de representar con nuestra bandera, los rosarios decidieron poner las doradas y las negras en honor a los hermanitos. *El rosario en sí es uno mismo*, uno representa eso, uno sabe cómo lo trata el rosario. *Al unir el dorado con el negro forma la fuerza café, el linaje de nuestra raza.* Ya después de los sesenta los hermanitos empiezan a emigrar a Nueva York. Lord Gino dijo: «*La nación no debe ser sólo en Chicago*, también en Nueva York, en otras partes». Ya empezó a salir King Blood (Luis Felipe) en Nueva York. Ya empezó a haber conflictos entre los diferentes grupos, porque querían tener el control de todo. Hubo un hermanito que dijo: «Para que no haya ese problema, *vamos a poner un nombre que nos represente a todos*». Y escogieron *Almighty Latin King Nation*: «Todos nos vamos a llamar por igual porque todos somos lo mismo y representamos lo mismo». Eso pasó en los ochenta: yo sé que en el 86 King Blood fundó la nación en Nueva York. Luego quedó King Tone. *Todos esos los tenemos como nuestros líderes del presente y del pasado.*
—¿Cuál es la diferencia entre pandilla y nación?
Héctor: La pandilla sigue prácticamente al hombre, al líder sin reglas sin objetivos. Si él dice: «Vayan a robar», van a robar todos. Nosotros *por algo tenemos nuestra biblia, nuestras leyes.* Nosotros tenemos que regirnos por las leyes que tenemos: *somos una nación de gente organizada.*
—¿Ustedes cuándo se iniciaron?
Héctor: En el 95 es cuando nos dieron a conocer. En el 96 ya fuimos reyes, ya nos dieron el título. La nación en Ecuador llevaba poco, como un año. Yo tenía 17 años. Marco es de la misma época: los dos llevamos diez años en la nación, pero no nos hemos conocido hasta ahora; sólo una vez que nos vimos dos tres horas, nada más. Él es de Santo Domingo y yo de Guayaquil. Y ahora nos encontramos acá y seguimos.
Marco Antonio: Yo me siento bien porque he encontrado personas que, por lo menos, tienen amor a la nación. Con ellos estoy trabajando, *estamos intentando cambiar las cosas*, siempre que Dios me dé fuerzas para seguir luchando. En el 95 yo escuché de la nación. Tenía un amigo, él me habló de la nación. De ahí fui conociendo la nación, aprendiendo. Mi mujer tiene más tiempo que yo. A ella la conocí en la nación. Ella me caía muy mal cuando la conocí como amiga. Y este amigo me la presentó. Pero él ya

no está. Fue uno de los primeros reyes de donde yo soy, Santo Domingo. Desde ese tiempo yo ya no he parado, *nunca he tenido vacaciones*. Estaba estudiando, hice el bachillerato, seguí un curso de informática, que en mi mentalidad era siempre progresar, pero ya después por falta de... como Ecuador es muy pobre y mis padres no me podían dar, dejé a medias el estudio. Seguí en la nación. Allá se organizaba para las navidades, como hay muchos niños, *me vestía de papá Noel* para ir a llevar juguetes a los niños pobres.

Aquí

Allan: En España (la nación) se fundó en 2001. *Al ver al principio el maltrato que había hacia los latinos, el abuso, se fue creando nuestra nación aquí*. Porque aquí había muchos hermanos, en Madrid y Barcelona, pero estaban dispersos, no tenían la autorización. Él fue el primero que implantó la bandera aquí. *Todo el mundo nos critica, pero realmente no saben qué queremos hacer para nuestra gente*. Incluso gente de nuestra propia raza nos critica, dicen que por culpa de unos pagan todos: es verdad, pero nosotros no andamos haciendo daño en la calle así por así, sino que *queremos que nos entiendan*, que nos comprendan, que luchamos por unos propósitos para unir a nuestra raza, a nuestra gente, unir a toda la gente.

Héctor: Al principio sólo ecuatorianos. Pero somos reyes latinos, no ecuatorianos, de toda Latinoamérica, desde el río de Estados Unidos hasta la cola de Argentina. *Y ahora no estamos viendo si eres latino o no, porque fuéramos nosotros racistas*. Si vienes de donde sea, si vienes a luchar con los mismos propósitos, la misma ideología, *la puerta está abierta*, los que se rijan por nuestras leyes se aceptan. *Lo que dice la prensa*, de que tienen que pasar por toditos, que tienen que hacer la sonrisa del payaso, que te cogen y te rayan la cara, *todo eso es mentira*, no es verdad.

—Esas leyendas, ¿de dónde han salido?

Marco Antonio: Yo creo que han salido de la gente misma. Tú te enteras de algo pero *las cosas siempre van distorsionadas*, van aumentando y aumentando... Al gato del hermanito lo mataron atropellado: luego dicen que lo mató el vecino a tiros, luego que lo mató con un machete degollado... Van aumentando las historias.

Héctor: A veces llegan e *implantan mal la bandera*, como decimos, enseñan mal y se descarrilan, llevan la nación como no la deben llevar. Y ahí es cuando llegan todos esos problemas. Claro que al principio nosotros también *tenemos el problema de las bandas, de las gangas*, que nunca quieren que nosotros progresemos.

Marco Antonio: Los hermanitos *cuando empezamos nos reuníamos en un parque*. Luego empezamos a conseguir un local, que *siempre ha sido mi mentalidad de conseguir locales*, que la gente se sienta a gusto, segura, que no tengan el pensamiento en un parque de mirar a un lado y al otro y no concentrarse en lo que uno está hablando.

Héctor: Cuando iba yo no estaba atento a las reuniones, mi mirada era a todos lados. En cambio *ahora estamos en un casal*, estamos como debemos estar, sin que nos caigan las lluvias, sin que entre la policía, y sin que nos moleste ningún ruido.

Marco Antonio: Yo les dije: «Busquemos un lugar donde ustedes se sientan seguros, donde yo pueda hacer las reuniones el primer domingo del mes». Yo no sabía lo que eran los casales antes. ¡Pum! Fuimos el primer domingo, nos gustó. Yo me daba cuenta de que ellos dudaban, *todos nos veían con cara de ¿serán o no serán?* Veía la desconfianza de ellos a nosotros. Un día salió en el periódico.

Héctor: *Hay miembros de la policía que nos escuchan y nos entienden, otros que se pasan*. De todo hay. *Yo a veces en parte los entiendo*. No somos nosotros, pero hay muchos que les entran directamente a golpes, que yo lo he visto. Y ellos, al saber que son latinos, piensan que podemos ser Latin Kings y ya te amedrentan y te ponen contra la pared. La primera vez mal, pero luego ya venían más tranquilos. *Eso es lo que queremos, que nos vayan conociendo, que sepan diferenciar*.

Allan: Los hermanitos van viendo el ejemplo. Nos van enseñando cómo deben ser y el amor. Nosotros *sentimos como que hemos retrocedido*: estamos en otro tiempo, pero *estamos viviendo lo mismo que se vivió allá*. Pero en cambio aquí tenemos el apoyo de personas. *Allá el único apoyo que tenían los hermanos era entre ellos mismos.*

Una visión de síntesis

Después de captar distintas miradas sobre los colectivos juveniles, ha llegado el momento de esbozar una visión de síntesis que permita valorar la especificidad, naturaleza y dimensión del tema, así como las perspectivas de evolución. Se trata de un balance provisional que apunta a algunos focos problemáticos a seguir investigando en el futuro.

Especificidad: entre allá y aquí

Los datos del estudio contradicen dos presupuestos establecidos: las «bandas» no son realidades importadas, pero tampoco surgen del vacío. Por una parte, no puede hablarse de una mera *importación de las pandillas o naciones* del lugar de origen al lugar de destino: no sólo porque aquí también habían existido realidades similares con anterioridad, asociadas a momentos de urbanización acelerada o a procesos migratorios internos, sino porque en el viaje de allí hacia aquí estos colectivos modifican su estructura y normas de funcionamiento, para adaptarse al nuevo contexto social y, sobre todo, para hacer frente a una nueva necesidad primaria (responder al duelo migratorio). En su proceso de convertirse en colectivos latinos, los colectivos ven cómo se integran nuevos miembros (tanto latinos como autóctonos) que antes no habían formado parte de estos grupos, lo que modifica sus funciones y significados. Por otra parte, este cambio de fondo y forma no presupone que se corten las *conexiones con el lugar de origen*: los dirigentes se conectan con sus líderes en Ecuador y Nueva York, y los miembros de base retoman el contacto con sus antiguos hermanitos cuando regresan temporalmente a sus países: aunque puedan «independizarse» en la «madre patria», el vínculo (emocional y estructural) con la «tierra madre» se mantiene y se refuerza. En cualquier caso, los jóvenes aprenden pronto que las normas (por ejemplo, las leyes) y las instituciones (por ejemplo, la policía o los ayuntamientos) son aquí distintas y, por tanto, deben actuar en consecuencia.

Cronología: llegada, acogida, asentamiento

En este proceso de transnacionalización, los colectivos experimentan las mismas fases vividas individualmente por los jóvenes en su migración: una llegada en aislamiento, que suele acabar con la «refundación» de los colectivos (lo que en su lenguaje denominan «plantar bandera»); una acogida en compañía que suele verse amplificada por el «descubrimiento» de estas realidades por parte de los medios de comunicación; y un asentamiento que presupone el paso de un estado embrionario a un proceso de crecimiento, que una vez llegado a cierto tope conduce a un doble proceso de escisiones e intentos de legalización/institucionalización. La periodización está por hacer: la *llegada* a Barcelona empieza en torno al año 2000 y acaba con la fundación de las principales agrupaciones en 2001; la *acogida* y crecimiento se produce entre 2002 y 2003 (acabando con la trágica muerte de Ronny Tapias, como gran evento mediático que supone la visibilidad pública del fenómeno y un toque de atención para los líderes más conscientes); el *asentamiento* empieza en 2004, pero no se consolida hasta principios de 2005, tras una serie de conflictos internos, que llevan a los líderes de las facciones mayoritarias en Barcelona a apostar por un camino de apertura e institucionalización.

Dimensión: cantidad, calidad, carisma

Los datos etnográficos han confirmado las hipótesis iniciales sobre la dimensión del fenómeno: tanto si se parte de una visión criminal como de una óptica cultural, los jóvenes implicados en colectivos representan una proporción reducida de los jóvenes latinos, que no supera el 5% del grupo de edad. Las *cantidades* facilitadas por los propios informantes se acercan a los cálculos policiales: entre las dos principales organizaciones pueden superar los 500 miembros, que llegarían a 1.000 si incluimos al resto de colectivos. Este número puede reducirse si nos atenemos a la militancia activa (al Universal de los Latin Kings al que tuvimos ocasión de asistir acudieron unos 150 jóvenes, una parte de los cuales venían de fuera de Cataluña) y puede ampliarse si incluimos a adolescentes en observación o simpatizantes. En cualquier caso, se trata de un número intermedio, semejante al de otras organizaciones juveniles que forman parte del Consell de la Joventut. Pero la fuerza de estas organizaciones no surge tanto de la cantidad como de la *calidad*: es la importancia que le dan los medios de comunicación y los adultos lo que los sobredimensiona. El siguiente paso es la creación de un *carisma*, un poder de atracción simbólica sobre otros sectores juveniles (latinos y no latinos). Si Latin Kings y Ñetas son importantes no es porque sean muchos ni porque tengan poder real, sino porque se han convertido en una metáfora —o en un síntoma— que representa problemas sociales que afectan al conjunto de la población juvenil latina (y también actitudes de apoyo o de rechazo difundidas en el conjunto de la sociedad adulta).

Tipologías: «bandas», pandillas, organizaciones

Aunque todos los colectivos se pongan en el mismo saco, los datos etnográficos revelan la coexistencia de varias realidades superpuestas, que pueden clasificarse según una versión resumida de la clasificación tipológica del principio de este capítulo. En primer lugar, en el interior de alguno de estos colectivos o en su periferia pueden existir «bandas» propiamente dichas, con estructura jerárquica y finalidades criminales. Aunque no tenemos datos directos que nos permitan afirmar o negar esta realidad, parece que las actividades delictivas que puedan darse tienen un carácter inter-individual paralelo o suplementario, bastante desarticulado, sin conexiones orgánicas con los colectivos en sí (aunque sí a veces con redes sociales compuestas por actores que se conocen en estos ámbitos). En segundo lugar, existen «pandillas» de barrio o centro escolar, que a veces se integran en colectivos más organizados, otras desarrollan tradiciones y rituales propios (dotándose de nombre y espacios), pero que en la mayoría de las ocasiones permanecen al nivel de los grupos de amigos. En tercer lugar, existen *organizaciones* como la Nación de los Reyes y Reinas Latinos y la Asociación Ñeta, de historia compleja y conexiones transnacionales, con presencia en varios nodos del territorio. No se trata de organizaciones unitarias o permanentes, pues dentro de ellas coexisten distintas facciones y tendencias que, en función de las coyunturas o de los cambios de liderazgo, pueden fomentar la «carrera» de las «bandas», de las pandillas o de los movimientos sociales que analizamos más adelante. Esta clasificación es dinámica: hay «bandas» que pueden abandonar su trayectoria delictiva, pandillas que pueden transformarse en organizaciones (como parece haber sucedido con los Panteras Negras) y facciones de las organizaciones que optan por una carrera criminal. En cualquier caso, todo parece indicar que lo mayoritario son las pandillas, que las organizaciones responden a demandas más específicas pero con mayor continuidad en el tiempo, y que las «bandas» son una solución extraordinaria que viene determinada por un contexto de exclusión social.

Territorialización: enclaves, capítulos, pasajes

La vinculación de estos colectivos al territorio dista de ser tan intensa y permanente como lo era en los lugares de origen, o como lo ha sido en el pasado en las periferias urbanas de Barcelona. Frente a los mapas periodísticos que dibujan la ciudad como un escenario bélico dividido según zonas de influencia, no disponemos de informaciones suficientemente contrastadas que permitan afirmar la existencia de «bandas» que controlen *enclaves* territoriales. La vinculación más estable se da en el caso de algunas plazas o parques que constituyen el lugar de encuentro habitual de algunos colectivos: hemos visto ejemplos de lugares que los jóvenes o los adultos perciben como ñetas, latin o maras. Pero incluso en estos casos la atribución es sólo temporal, insegura, y no acostumbra a referirse a todo el territorio, sino a ciertos nichos dentro de un espacio/tiempo más amplio (la cancha de básquet, la hora del *meeting*, etc.). Es más el miedo de otros colectivos (los vecinos u otros grupos de jóvenes) lo que provoca, en una reacción típica de asumir el estigma como emblema, la apropiación de determinados espacios. Lo que sí existe y es bastante general es la distribución territorial de los distintos colectivos, que adaptan sus subdivisiones internas (los *capítulos*) al mapa de la ciudad. Por ejemplo, los capítulos de los reyes y reinas latinos suelen tomar el nombre de las estaciones de metro o de tren desde donde se mueven a otros espacios (como pudimos comprobar en el campeonato de fútbol en el que participaron 20 equipos con nombres de barrios y en cuya final Torrassa ganó a Nou Barris). Aunque a veces afirman que algunos rumbos de la ciudad «son de tal banda», lo que predominan son los *pasajes*, es decir, los territorios de tránsito donde los distintos colectivos —y sus miembros individuales— se mezclan (que podrían corresponder a la famosa «zona de transición» de la escuela de Chicago). Es lo que sucede con algunos lugares de ocio como los salsódromos (que pese a la imagen dominante, no suelen tener más conflictos que las discotecas no latinas).

Potencialidades: compañía, ayuda mutua, autoridad

Tanto los jóvenes como los adultos, tanto los miembros como los no miembros, coinciden en valorar algunas potencialidades positivas que cumplen estas agrupaciones y que explican su poder de atracción para los adolescentes. La primera y más importante es la *compañía*: los colectivos permiten ahuyentar la soledad y el anonimato y vincularse a un grupo más amplio de amigos con quienes compartir preocupaciones y afectos. Una variante de esta función (que a medida que avanzaba la investigación nos ha ido pareciendo más importante) son las relaciones entre jóvenes de ambos sexos: una de las posibles hipótesis a explorar sería que una de las funciones básicas de estos grupos es la formación de parejas (lo que confirmaría su cercanía a otras asociaciones juveniles tan tradicionales en Cataluña como los esplais o los grupos políticos y religiosos). La segunda potencialidad es la *ayuda mutua*: en situaciones de desplazamiento y fragmentación de las redes sociales, o bien de encapsulamiento de las redes familiares, estos colectivos reemplazan a las entidades civiles o religiosas que históricamente ofrecen apoyo y reciprocidad, convirtiéndose en algo semejante a los sindicatos decimonónicos o a las cajas de resistencia antifranquistas. De esta manera aparecen como una segunda familia que no sustituye a la primera pero completa el círculo de la solidaridad fraternal (el lenguaje de los colectivos está lleno de referentes de parentesco). Esta función de apoyo mutuo y redistribución de recursos materiales y sociales es esencial en aquellas situaciones de crisis como las recesiones económicas y los problemas con la justicia: cuando entran en prisión, las organizaciones se convierten en uno de los pocos apoyos para sobrevivir. Por último, los colectivos ofrecen un sistema de *autoridad* —paralelo o supletorio de la relación paterno-filial: en la «banda» hay hermanitos, pero también padres, tíos y hermanos mayores. Su autoridad oscila entre el consejo y el castigo (el sistema de autoridad se transforma fácilmente en sistema de poder). Propuestas o impuestas, en la «banda» encuentran normas, jerarquías y leyes que habían quedado momentáneamente en suspenso en el mundo exterior.

Bloqueos: ritos de entrada, cuotas, ritos de salida

El contrapunto de las potencialidades son los bloqueos negativos. En este caso hay una fuerte discrepancia entre los informantes cercanos a los colectivos y el resto, así como entre la visión de los jóvenes y la de los adultos. Estos últimos centran su discurso crítico sobre las «bandas» en el tema de la presunta brutalidad de los *ritos de entrada* y en la obligatoriedad de las cuotas, mientras que para los jóvenes la preocupación central es la presunta imposibilidad de salir. Sólo aquellos adultos o jóvenes no latinos que no tienen contactos directos con las organizaciones dan crédito a las leyendas urbanas sobre el tema. La creencia en el uso de la violencia física es en cambio bastante más generalizada, aunque las informaciones discrepan sobre el grado de brutalidad y la extensión de los castigos. Los representantes de las organizaciones afirman que se trata de prácticas no reconocidas por las leyes y no generalizadas, pero reconocen que han existido (algunos ex miembros las relatan). Los testimonios las describen como algo muy parecido a las clásicas novatadas de instituciones semicerradas (como el ejército o los colegios mayores). Más que una demostración de hombría, se trata de mostrar la capacidad para el sacrificio de los neófitos. Lo más significativo, sin embargo, es una tendencia a reducir la carga física a medida que se produce una adaptación a la sociedad de acogida (como nos dijo un muchacho: «la cosa se ha puesto muy *light*»). Como sucedió en Nueva York durante la fase de reforma, estos ritos tenderán a transformarse de sanciones físicas en simbólicas. El tema de las *cuotas* parece ser una preocupación más bien de los adultos: la mayoría de los jóvenes entienden que toda organización necesita una base económica para subsistir. Aunque, como en toda entidad, pueden haber sospechas de fraude, las actividades realizadas compensan el dinero aportado y las cantidades no son tan importantes como para preocuparse. Del mismo modo, a medida que los colectivos se abren, el uso de «la caja» se hace más transparente. Finalmente, sobre los *ritos de salida* no nos atrevemos todavía a pronunciarnos: hay testimonios que hablan de brutalidad y otros que explican casos de salida sin castigo. Hay también algunos dirigentes que son conscientes de que es uno de los temas más «delicados», que deberán afrontar con valentía y sin tapujos para dar credibilidad al cambio de rumbo.

Alternativas: locales, legalización, autoempleo

En el transplante a la sociedad de destino, los colectivos parecen calcar su estructura y simbología, pero modifican sus funciones y estrategias de futuro. Entre las alternativas disponibles, una de las más compartidas es la búsqueda de *locales* cerrados donde poder reunirse con libertad, a resguardo del clima, de otros grupos y de la policía. Estos locales cubren tres usos: las reuniones de los grupos dirigentes, las reuniones de los capítulos locales y, sobre todo, las reuniones masivas, que pueden llegar a reunir a más de un centenar de personas: las Universales de los Latin Kings y los Gritos de los Ñetas. Ya hemos señalado que esa búsqueda fue fundamental en el proceso experimentado por STAE, abriendo el paso a otros cambios (como los intentos de legalización y los contactos con los investigadores). Para los Ñetas esta posibilidad surgió como algo atractivo después del seminario, concretándose en la organización de un Grito en otro casal (gracias a nuestra mediación). Las respuestas de las entidades que cedían los locales —ayuntamientos, parroquias, asociaciones— han tendido a ser casi siempre temerosas, y a menudo negativas pero, cuando la cosa ha funcionado, han tenido un efecto multiplicador. El camino de la *legalización* también está abierto. Aunque la iniciativa surgió del exterior (de Ecuador en el caso de STAE, de Nueva York en el caso de los Ñetas), ha sido asumida por algunos líderes aquí y de momento está contando con el apoyo de la mayoría de los miembros de base (sólo una minoría considera que puede ser un arma de doble filo al preparar el camino a una mayor represión). El último camino es la generación de alternativas de *autoempleo* en forma de microempresas o similares. Es una experiencia que responde a una necesidad que no cubren otras instancias (la transición de la escuela al trabajo). Hasta el presente parece funcionar de manera informal (las ofertas de empleo, tanto legales como alegales, se difunden con rapidez dentro de los colectivos), pero no tenemos constancia de experiencias de autoempleo como las que se dieron en Nueva York y Ecuador. Sin duda, es un camino a explorar con la intervención de ONG que puedan dar un apoyo institucional y humano.

Caminos reactivos: criminalización, sectarización, guetización

Las perspectivas de evolución de los colectivos juveniles latinos dependerán, claro está, de cómo evolucione el contexto social: por una parte, del camino que emprendan los dirigentes y miembros de estos grupos; por otra parte, de las reacciones que se den por parte de la sociedad de acogida (tanto las de tipo legal y policial como las de tipo mediático e institucional). Como modelos extremos, podemos prever dos grandes tendencias. La primera se basa en un camino reactivo que tienda a reafirmar los estigmas y/o las carreras desviantes asociadas a estos colectivos. El camino más trillado es la conversión en grupos *criminales* según el modelo de las «bandas». Aunque algunas fuerzas policiales estatales mantengan que éste es el modelo dominante, los resultados de la investigación confirman las conclusiones de otras fuerzas policiales autonómicas y locales (que habitualmente tienen un contacto más directo con estos jóvenes) de que se trata de un modelo menor, pero no inexistente. La precariedad económica y social en la que viven estos jóvenes, y sobre todo la situación de inseguridad legal (la falta de papeles), les hacen vulnerables a algunas organizaciones criminales y a la pequeña delincuencia. Pero no hay datos que permitan afirmar que eso se produzca en mayor medida que entre otros jóvenes del mismo origen y condición social. Aunque puede haber algunos líderes locales que opten por estas vías, la mayoría del grupo y sus dirigentes actuales no van por aquí. Algunos profesionales plantean que la evolución dominante es hacia las *sectas*. Aunque es indudable que estos colectivos tienen un fuerte componente ritual y la cohesión interna se consigue a veces mediante prácticas no democráticas, el componente sectario parece ser más bien un epifenómeno de la semi-clandestinidad a la que hasta el momento se han visto abocados, que tenderá a desaparecer en la medida en que estos grupos se abran. Otra posibilidad es la creación de un *gueto* étnico y generacional, la tendencia al aislamiento social y cultural. Es una posibilidad que sólo puede darse en aquellos casos en que exista una concentración residencial y escolar previa, que es el factor central que debería combatirse.

Caminos afirmativos: asociación, disolución, movimiento cultural y social

Frente a los caminos reactivos, los caminos afirmativos abiertos son esencialmente tres. El primero y más viable es la progresiva conversión en *asociaciones* juveniles compuestas mayoritariamente por jóvenes inmigrantes. Se trata del modelo por el que parecen haber optado los sectores mayoritarios de las principales organizaciones, con el apoyo de las administraciones públicas de Barcelona. Combina una doble identidad social: el *asociacionismo juvenil* (con el apoyo en este caso del Consell de la Joventut de Barcelona) y el *asociacionismo latinoamericano* (con los primeros contactos con las Asociaciones de Ecuatorianos y Fedelatina). Como cualquier asociación, deberán integrarse en el registro de entidades y tener un funcionamiento más democrático: ello les puede permitir tener más acceso a los recursos públicos y ganar credibilidad y respeto; el contrapunto es la pérdida del sello clandestino que no dejaba de tener cierto atractivo para los adolescentes. El segundo camino, que no puede descartarse, es la *disolución* (o la lenta decadencia) por un reforzamiento de la persecución policial, por la aplicación estricta —y arbitraria— de la ley de extranjería, por el rechazo de las familias o por la decadencia de la atención mediática. Una variante de este camino sería la reclusión en el universo penitenciario (como microsociedad con sus propias lógicas de funcionamiento). El último camino, algo más difícil pero quizá más atractivo, sería la conversión de algunos colectivos en *movimientos sociales y culturales* de defensa abierta y pública de los jóvenes latinos (de sus derechos civiles y políticos, así como de sus identidades culturales). Ello se basaría en una politización de algunos líderes (principalmente las mujeres) y, sobre todo, en establecer vínculos con otros movimientos (como el movimiento antiglobalización, el movimiento estudiantil o los movimientos antirracistas o de apoyo a los inmigrantes). Aunque los dirigentes más preparados apoyan este camino, el contexto social actual no lo favorece, de momento.

El decálogo de las organizaciones juveniles latinas

Las conclusiones de este apartado pueden resumirse en el siguiente decálogo, que fue presentado durante el seminario y ahora sometemos a público escrutinio y discusión.

1. La mayoría de los jóvenes latinos no pertenecen a organizaciones juveniles.
2. La mayoría de los jóvenes que pertenecen a organizaciones juveniles latinas no son violentos.
3. Las organizaciones juveniles latinas no son organizaciones criminales.
4. Los jóvenes que forman parte de organizaciones juveniles latinas pueden verse involucrados en actividades ilícitas.
5. Las organizaciones juveniles están dejando de ser exclusivamente latinas.
6. Las organizaciones juveniles están dejando de ser exclusivamente masculinas.
7. Las organizaciones juveniles no controlan territorios, pero sí pueden adscribirse a ellos.
8. Las organizaciones juveniles pueden evolucionar hacia movimientos sociales y culturales.
9. Las organizaciones juveniles sólo pueden evolucionar desde dentro.
10. Algunas organizaciones juveniles quieren y pueden evolucionar.

6
Modelos de intervención

Noemí Canelles

> Hay una respuesta magnífica de Marilyn Manson (en *Bowling for Colombine*) cuando le quieren hacer sentir de alguna manera responsable, de decir: «usted, ¿qué pasa?...», porque aquellos jóvenes escuchaban su música, se identificaban con su música. «¿Se siente responsable?». Y dice: «¿Yo? ¿Por qué?... ¿Por qué no es responsable el juego de bolos? Porque también habían estado jugando a bolos antes de ir allí...». «Bueno, pero tal... Y usted ¿qué les hubiese dicho a estos jóvenes?». Y él dijo: «Yo no les habría dicho nada. Los habría escuchado». Yo creo que a aquellos seguro que nadie les ha escuchado. A éstos posiblemente muy poca gente les escucha también, y todo el mundo les dice y les dice y les cuestiona... Yo creo que se les tiene que escuchar y se les ha de intentar entender [Educador de Servicios Sociales].

A lo largo de los meses que ha durado esta investigación, han sido muchos y muy diversos los contactos con los técnicos y profesionales que se encuentran alrededor de los jóvenes en general y de los jóvenes latinoamericanos en particular. En forma de encuentros y reuniones de trabajo, o en forma de entrevistas individuales, se ha recogido el testimonio de técnicos de prevención y de servicios sociales, cuerpos de seguridad, educadores de diversos tipos, miembros de asociaciones de inmigrantes, profesorado y directores de centros educativos, abogados y una larga lista de personas profesional o personalmente relacionadas con los jóvenes. Con ellos se ha pretendido obtener una visión general de la situación de los jóvenes latinoamericanos a su llegada a Barcelona y Área Metropolitana, observados desde la perspectiva de los agentes de la acogida: cómo viven los jóvenes, qué aspectos de la sociedad de acogida les sitúan en riesgo de exclusión, cuáles son sus potencialidades... Por otra parte, y siempre tratando de diferenciar ambas perspectivas, se ha tratado de conocer la visión de los diferentes técnicos sobre las organizaciones de jóvenes latinoamericanos, las llamadas «bandas latinas», así como de analizar las tendencias actuales a la hora de abordar las formas de participación de los jóvenes.

Este abordaje por separado de los jóvenes y de las organizaciones responde a dos motivos: primero, a pesar de la preocupación creada alrededor de las organizaciones juveniles, el objeto de investigación propuesto era toda la población adolescente y juvenil de procedencia latinoamericana. Pero además, siguiendo la propuesta de Barrios y Broherton, el estudio de las condiciones de los jóvenes y adolescentes permite situar el análisis de las llamadas «bandas» en las estructuras sociales y económicas en que éstas se dan y comprenderlas en el marco de procesos comunitarios más amplios (Barrios y Broherton 2004). La literatura sobre «bandas» y pandillas ha incorporado tradicionalmente la visión de estas organizaciones como respuestas a constricciones estructurales, como formas de adaptación o como estrategias de supervivencia. Otros autores, posteriormente, han incorporado la perspectiva de la agencia para explicar la participación de los jóvenes en las pandillas, de manera que la experiencia que éstos tienen de las diferentes posiciones que ocupan en lo referente a trabajo, escuela, relaciones de sociales, etc., configura su propio sistema de significados e ideologías (Venkatesh 2003). Desde ambas perspectivas, para comprender la creación y las posibilidades de intervención con las organizaciones, se haría imprescindible abordar las condiciones del colectivo de jóvenes latinoamericanos en el seno de la sociedad catalana.

Al mismo tiempo, y siguiendo el planteamiento de los mismos autores, la investigación del fenómeno no puede separarse de las políticas e intervenciones sociales en relación con los jóvenes, en este caso inmigrados, por lo que en el propio estudio se incorporó la intervención como uno de los temas centrales. El objetivo último de esta parte de la investigación es ofrecer una visión de conjunto que nos permita poner en tela de juicio nuestras ideas previas de «acogida», «integración», «participación», para someterlas a crítica y reformularlas en los futuros modelos de intervención, todo ello desde el desafío que supone para Barcelona el hecho de devenir lugar de destino para todos estos jóvenes.

El capítulo está organizado de forma que, en primer lugar, veremos el diagnóstico que los profesionales realizan sobre la situación de los jóvenes latinoamericanos en Barcelona. En segundo lugar, se plantean las perspectivas de la intervención actual. Este apartado no pretende ser un catálogo exhaustivo de todas las medidas existentes para la integración de la población inmigrada, sino que más bien apunta los logros y deficiencias del sistema actual para con el colectivo específico de jóvenes latinoamericanos. Hemos cuidado especialmente la diferenciación entre jóvenes y organizaciones juveniles, para evitar caer en generalizaciones problematizadoras del colectivo. Por último, se recoge una serie de recomendaciones para la intervención futura.

Los jóvenes latinoamericanos según los profesionales

Cada uno de los flujos migratorios que ha llegado a Barcelona, a lo largo de la última década, ha supuesto un nuevo desafío para la multitud de agentes sociales y educativos que se relacionan con la población adolescente y joven. Cada grupo y cada persona son portadores de experiencias y expectativas diferentes, que a menudo han cuestionado y cuestionan las categorías de análisis y los planteamientos de trabajo de los profesionales que tienen algún papel en la acogida. La variedad de técnicos entrevistados realiza un diagnóstico bastante homogéneo sobre la situación de los jóvenes latinoamericanos en Barcelona, centrándose especialmente en los adolescentes y jóvenes que han sido reagrupados por sus familias en los últimos cinco años. Su primera y principal observación hace referencia a estas familias, vistas como un ámbito marcado por la dificultad, y cuyo «retrato robot» se repite en numerosas entrevistas: familias formadas por madres solas que reagrupan a los hijos adolescentes tras un período largo, y con dificultades para compatibilizar el ritmo laboral con la atención de los hijos.

Primero, la mayoría eran reagrupamientos familiares, con las madres trabajando de internas y con una relación mínima con los jóvenes, que a menudo había un hermano mayor que a menudo era el que hacía de referente adulto, y con mucho tiempo libre o muy desocupado. Entonces... otra observación es que no... a ver, el tema de la llegada era un reagrupamiento familiar fruto de una emigración económica sin una consciencia ni voluntad de la emigración. Han sido un poco víctimas de las dinámicas familiares, y la situación, más que una... un hecho es que en la decisión de la emigración no habían participado [Educador de Servicios Sociales].

En este espacio, ¿qué hacen los jóvenes? Vienen fundamentalmente con su madre: normalmente ella ha venido primero, está trabajando y consigue traer a los chavales. Están solas normalmente: o el marido se ha quedado fuera cuidando a más hijos o ya han cortado o hay otras relaciones o hijos de otras relaciones, son familias más complicadas. Madres solas con hijos traídos de Latinoamérica, querían estar con su madre pero no querían venir aquí, o al menos esperaban que esto fuera otra cosa [Profesora IES].

La diversidad de situaciones familiares contrasta con esta visión más o menos común. Los técnicos se centran en la dificultad de los padres, y en especial de las madres, a la hora de devenir puntos de referencia estables para los jóvenes, y en el modo en que esto afecta a la relación con instituciones como la escolar o con otros agentes sociales. Otra perspectiva resalta más las dificultades de la familia debidas a la propia precariedad del estatus de inmigrada, más que al tipo de familia o a las relaciones internas:

Tal vez viene un joven latinoamericano que se va más al extremo porque no tiene contención familiar, porque los padres son marginales y también discriminados aquí, porque cuando vuelven a casa los padres estarán contando lo mal que les trataron, lo que les gritaron y lo poco que les pagaron, porque esto es lo normal que pasa con los trabajadores, por supuesto el maltrato con los trabajadores en general, pero con los inmigrantes, el doble maltrato, triple si no tienen papeles, porque es la explotación por la explotación misma y el maltrato total [Presidente de Federación de Asociaciones].

La situación educativa de los adolescentes se describe también desde la falta: trayectorias educativas en destino marcadas por el abandono, el fracaso escolar, etc. Sin embargo, el profesorado y la dirección de los Institutos de Educación Secundaria describen también las carencias de la institución educativa como factores que están incidiendo negativamente en las posibilidades socializadoras de los adolescentes en general: el paso aún no «digerido» de BUP y FP a la ESO, los cambios en la población, la progresiva concentración de inmigrantes en determinados centros, la insuficiencia de recursos y una larga lista de cuestiones no resueltas. El abandono de la ESO y la falta de seguimiento de estudios postobligatorios son muy altos entre los jóvenes latinoamericanos,[1] de manera que se ven abocados a una situación especialmente difícil en cuanto a la futura inserción laboral de este colectivo. Hay que añadir que la mayoría vienen con una expectativa más relacionada con el trabajo que con el estudio.

---

1. Según el último informe del CIIMU, *Infancia i Immigració: tendències, relacions i polítiques* (Carrasco, Ballestin, Borison, 2005), sólo una cuarta parte de los adolescentes de origen inmigrante sigue en la educación postobligatoria, mientras que la misma proporción para la población autóctona es de tres cuartas partes.

> Es bastante complicado el tema del rendimiento escolar, al menos en cuanto a la posibilidad de acreditar la secundaria, ¿no? Yo creo que la secundaria ya... a menudo... claro, estamos hablando de llegadas muy recientes, y llegadas en la adolescencia mayoritariamente. Me parece que conozco un caso o dos de alumnos que hayan acreditado la secundaria, y a lo mejor, no sé... sobre 20 o 25 que yo habré tenido más contacto a través de la escuela de secundaria del barrio. Y me parece que un par o tres que han acreditado... el resto han sido fracasos escolares importantes, aunque se ha hecho... bastante, porque yo diría que no ha habido tanto unas dificultades de integración que les hayan dificultado seguir el ritmo, sino que entre que no estaban motivados, que traían una base floja y tal, no han acabado de coger el ritmo escolar que se les exigía aquí, ¿no? (...) Claro, ellos tienen una idea muy clara de a qué han venido aquí. Ellos han venido a trabajar, no han venido a estudiar, y eso [Educador de Servicios Sociales].
>
> Claro, los niños se hacen jóvenes y ellos están más en el barrio, en general, hay muchos chavales adolescentes que han abandonado la escuela, porque hay cantidad de gente de 12 años que directamente no entran en el instituto, y los que están no se enteran y provocan conflictos y desorden con los maestros. Aquí en el barrio se da esta situación de jóvenes que abandonan [Sacerdote].

La voluntad de trabajar de los jóvenes choca de frente con la legalidad vigente, ya que una de las situaciones más habituales de estos jóvenes reagrupados es la llamada «residencia blanca», el hecho de tener permiso de residencia pero no de trabajo:

> Esto es lo que hizo el gobierno con la reagrupación familiar. Tú venías con un permiso de residencia pero no de trabajo. No sé comentar esto porque no sé de derecho, pero en todo caso tú no puedes negarle a una persona el derecho al trabajo, que es un derecho fundamental. Es cierto que estas personas tienen permiso de residencia, residencia blanca le llamaban... A un chico de 17 o 18 años, si me dice a mí «quiero trabajar» le digo «puedes hacer un curso de tal», pero resulta que para hacer ese curso tiene que estar inscrito en el paro, para estar inscrito en el paro tiene que tener permiso de residencia y trabajo... es una cadena en la que te es muy difícil entrar [Secretario de Asociación].

Una de las vías propuestas por educadores y entidades dedicadas a la formación e inserción laboral ha sido la realización de cursos ocupacionales, en cuyas prácticas se tramita el permiso de trabajo, algo difícil de conseguir directamente en el mercado laboral. El tipo de tramitación que exige la ley vigente para realizar un precontrato es irreal para estos jóvenes:

> Tienen que encontrar un empresario que les haga una oferta de trabajo, y que haga las gestiones y que además se espere a que les den el permiso, que puede tardar entre uno y tres meses. Necesitan ángeles de la guarda, no empresarios. Están en una situación de precariedad tremenda [Psicóloga y Directora de centro].
>
> [...] no existe la predisposición de un jefe de perder dos horas de ir al Ayuntamiento, solicitar un permiso, un precontrato o lo que sea. Hay jefes que te dicen que si es una llamada comercial que van a perder dos minutos no se la pases, pues no le pidas después dos horas para ir a hacer un contrato a una persona. Es algo imposible [Secretario de Asociación].

En esta situación, es habitual que los jóvenes busquen salidas en empleos sumergidos, repitiéndose la ya de por sí precaria integración en el mercado secundario a la que se ven relegados sus referentes adultos, además del fuerte peso de la economía informal. Esta perspectiva laboral se caracteriza por los salarios bajos, la inestabilidad del empleo y de las condiciones de trabajo, falta de perspectivas profesionales, etc., independientemente de las capacidades que tengan (Solé 2001). En concreto, se observan cinco «nichos laborales» en los que se concentra dicha población: servicio doméstico, agricultura, empleos no cualificados en hostelería, peonaje en la construcción y comercio al por menor. A pesar de que la visión de los profesionales descrita hasta ahora está muy marcada por la carencia, algunos describen a los jóvenes latinoamericanos como portadores de un gran potencial en lo que se refiere a sociabilidad.

> Diciendo una cosa un poco gruesa, y seguramente poco científica y un poco sesgada, tienen más recursos sociales y tienen más habilidades sociales estos jóvenes latinoamericanos, de cara a la relación con los adultos... recursos para socializarse y relacionarse con el entorno, de una manera más correcta que los jóvenes de por aquí, en general [Educador de Plan Comunitario].

> Lo que yo pienso es que en general los jóvenes latinoamericanos, del origen que sean, tanto si son de segunda generación como nacidos aquí, lo que sí encuentro, respecto a los jóvenes, por decirlo de alguna manera, nacionales, es que normalmente tienen muchas más habilidades. No sólo a la hora de hablar, el lenguaje acostumbra a ser mucho más rico, más vocabulario, más capacidad verbal para expresar cualquier cosa, no sólo los sentimientos, sino incluso la capacidad de aprender, la capacidad de hacer los talleres que hacemos en el centro, de aprender [Educador de Centro].

Suele darse en barrios periféricos o localidades del área metropolitana, en donde los profesionales entrevistados comparan la situación de los latinoamericanos y la de los jóvenes autóctonos considerados «de riesgo». Estos últimos contarían con menos recursos relacionales y organizativos que los anteriores, de manera que, salvando los obstáculos descritos, como la dificultad legal de acceso al trabajo, consideran que el colectivo de jóvenes latinoamericanos no sería un colectivo especialmente conflictivo. En este sentido algunas voces plantean la igualdad de las necesidades de los jóvenes latinos frente a cualquier joven de barrio:

> Entonces, los jóvenes, cómo uno ve a los jóvenes... simplemente los ve exactamente iguales porque tampoco son marcianos ni nada, son jóvenes igual que los de aquí, que se sienten generación X por sistema, que no tienen pertenencia, que no tienen metas, que no saben de valores, que no saben de nada y que están perdidos en la nebulosa... Lo que cambia son las formas de expresión [Presidente de Federación de Asociaciones].

Hay que señalar que es en los territorios concretos en donde los profesionales perciben la «competencia» entre los diferentes grupos de jóvenes. La percepción de la población autóctona en zonas desfavorecidas es que, a menudo, la población inmigrante les disputa los recursos existentes, bien sean recursos sociales o acceso a la vivienda, trabajo, etc. Algunos profesionales apuntan a la necesidad de aumentar los recursos en la misma proporción que la población susceptible de beneficiarse de ellos considerando que, ante estas situaciones, la diferencia entre joven latino y autóctono deja de ser importante, ya que ambos colectivos acumulan vulnerabilidades similares. Pero es la competencia por los recursos la que hace que los autóctonos subrayen la procedencia:

> Que tú, como familia con una precariedad económica importante, autóctona, habías tenido una beca un año, el año siguiente habías tenido beca... el primer año al 100%, después al 50%, y después ya no habías tenido beca. Y eso teniendo la misma situación. Y claro, luego dices, no... la queja es «tienes que ser negro, moro o sudaca pa que te den la beca». Y coges el listado de becas concedidas y es cierto que hay un volumen de... Este volumen debería estar, pero es que los otros también deberían tener... Si no dotamos de recursos en proporción, en función de las necesidades, estamos cayendo en reforzar todo este tipo de reacciones xenófobas, racistas y de discriminación o... o en todo caso, que los autóctonos crean que hay una discriminación positiva hacia el inmigrante [Educador de Servicios Sociales].

> Y eso, la impresión que tenía, por una parte, esto siempre lo digo, por ejemplo, aquí en el barrio, aquí ha habido heroína, muchísima droga, muchísima gente... muchos de los chavales que tenemos, sus padres han estado en la cárcel y son marginales absolutamente. Y en la época de flirtear mucho con grupos neonazis, pues aquí había grupos neonazis. Yo conozco muchos chavales que tienen 24-25 años y que van tatuados con esvásticas y cosas así. Pero al mismo tiempo, entre los latinoamericanos y los españoles, hay una especie de mirada lejana de respeto y tal, y me parecen mucho más marginales los españoles, por llamarlos de alguna manera, que los latinoamericanos [Educador de Plan Comunitario].

> El aumento de la inmigración en pocos años ha sido bastante fuerte y supongo que sería imposible haber aumentado los recursos a nivel social en la misma proporción que crecía la inmigración. Pero... pero bueno, cuando han pasado años... ahora sería el momento de apostar más por esto que por otras cosas [Técnico de Prevención].

Perspectivas de la intervención con jóvenes latinoamericanos

> Hay como una franja que es desde los 16 a los 18 años que están *más colgados que un chorizo...* [Educador de Calle].

La acogida a los adolescentes cuenta con un único —y, como se ha visto, complejo— ámbito de recepción estable y universal para las edades que van hasta los 16 años: el sistema educativo. Además de realizar la función educativa, el ámbito escolar es también importante por el vínculo que supone con los Servicios Sociales ya que, a menudo, la relación con este tipo de recursos se origina a través de las Comisiones Sociales de los IES o de la derivación por parte de los profesores y otros profesionales del sistema educativo formal. Pero es una vez terminada la educación obligatoria, bien por abandono o por falta de continuidad en la educación no obligatoria, cuando más destaca la falta de relación de los adolescentes latinoamericanos con referentes sociales y educativos. Además, hay que contar con aquellos que han llegado en edades limítrofes (15 años) y no han podido entrar en la educación formal, o simplemente han llegado más tarde. Se trata de un momento crítico, ya que en las edades que van entre los 16 y los 18 años, muchos jóvenes se encuentran frente a los numerosos retos de la adolescencia (formación-trabajo, ocio, sexualidad, sociabilidad...) y deben abordarlos sin un acompañamiento estable.

Las entrevistas hacen referencia a la saturación de los Servicios Sociales, cuyos educadores a veces recurren a otros ámbitos más relacionados con el ocio para poder relacionarse con los jóvenes. También aparecen las dificultades de otras instancias para «llegar» a ellos:

> Yo trabajo bastante (con los Servicios Sociales), evidentemente tienen tantas carencias como todo el mundo, hacen lo que pueden, unas cosas bien y otras no tan bien, como todos. Personal para estos ámbitos no hay mucho, van saturadísimos [Profesora de Acogida].

> Entonces, al ver que no había muchos recursos y que los jóvenes no hacían muchas cosas, hemos ido hablando con ellos y viendo qué necesidades tenían, e intentar dar respuestas en la medida que podíamos a estas necesidades, que normalmente eran necesidades de ocio y de espacios de encuentro [Educador de Calle].

> A nivel de recursos yo creo que sí, aquí por ejemplo, a nivel de (Barcelona barrios) no hay ningún casal de jóvenes. Esto es una carencia histórica. Lo único que hay es un poco el tema deportivo, los cuatro equipillos de fútbol o de fútbol sala que hay, y luego tampoco hay espacios cerrados... [Educador de Plan Comunitario].

> A nivel de juventud en general, yo no sé si... como institución estamos ofreciendo... no sé si... tenemos una política de juventud muy acertada. Un joven que tiene inquietudes, no sé qué alternativas estamos dando como institución. Hace años estaban los casales de jóvenes, que alguno queda, que se han convertido en centros cívicos, centros cívicos que ofrecen actividades muy diversas, que algunas pueden resultar interesantes para los jóvenes, pero quizás la mayoría no resulten demasiado... [Técnico de Prevención].

Otro obstáculo comentado por los profesionales para entrar en relación con algunos de los recursos existentes para jóvenes es el escaso interés que suscitan ciertas actividades, o los escasos medios económicos con los que cuentan para acceder a la oferta de ocio de la ciudad, casi siempre no gratuita:

> Para jugar en una cancha de básquet nosotros tenemos que pagar... no sé si eran 100€ por dos meses para jugar una hora a la semana. Estamos hablando de 50€ por 4 horas. Y si para el año que viene pedimos que sean 2 h en vez de 1 h a la semana, pues tendremos que pagar 100€. Entonces, un chico que no está trabajando y que no tiene unos recursos, ¿le tengo que pedir que me paguen para jugar en este equipo? [...] pues digamos, no hay los suficientes recursos o alternativas de ocio para estos jóvenes [Secretario de Asociación].

Por otra parte, estos jóvenes, a menudo sin una actividad formativa o laboral concreta, sí disponen de mucho tiempo para dedicarse a las actividades relacionales y de ocio de cualquier adolescente, y lo hacen juntándose en la calle. Esta opción es bastante obvia considerando, además de las dificultades de acceso a los recursos ya comentada, el hecho de que cuentan con el referente de la calle como lugar de socialización en sus países de origen.

> Pero tú vas a Latinoamérica y nadie está dentro de la casa. Entonces la gente, si estuviéramos hablando aquí, esto sería la puerta de la casa. La gente se sienta fuera en la calle y todos ahí hablando. Lo social es la calle, no es la casa. Toda la gente está en la calle, por más guapa habitación que tenga. Entonces la gente va a

estar en la calle, en la Plaza Catalunya los domingos, o en los parques o en los sitios, están fuera porque es una forma de vida de los países latinos. Entonces vale, dos cosas, o los persigues y los haces que se metan en la casa y los cierras con llave, o van a estar ahí [Presidente de Federación de Asociaciones].

Es cierto que la población latina hace mucha vida en la calle. Hace mucha vida en la calle porque tienen... porque culturalmente es así. Hace calor, estar dentro de casa en un piso pequeño con mucho calor, a media tarde sales a la calle y estás hasta altas horas de la noche porque se está más fresquito. Pero eso creo que lo hace todo el mundo en verano, todo aquel que puede... Si a las 2 de la tarde no puedes hacer nada, que si te mueves estás sudado, a las 8 de la noche es cuando te mueves, y si no tienes donde ir, estás en la calle. Y de hecho la calle es para eso, es un espacio de relación [Educador de Calle].

Sin embargo, la presencia en la calle como lugar de relación y de ocio es vivida de manera muy contradictoria por los profesionales autóctonos. Existe la conciencia de que se trata de un ámbito fundamental desde el cual trabajar, constatando unánimemente que, actualmente, el trabajo de calle que se realiza en Barcelona es totalmente insuficiente, tanto por número como por las condiciones en que se realiza:

Yo quizás la carencia... o una de las carencias principales que encontraría sería la posibilidad de poder hacer este contacto en el espacio. Porque a Servicios Sociales llegan los casos que llegan, pero no los vamos a buscar. Antes sí se salía a la calle, pero ahora no. A nivel de ciudad no hay educadores de calle. Hay educadores de calle que cuelgan de un programa que se montó según las demandas de cada distrito, y se concedían dos educadores (por distrito)... [Técnico de Prevención].

Sigue habiendo (educadores de calle) pero hay muy pocos para dar abasto. Y muchos han pasado a centros. Pero el trabajo de calle es un trabajo muy interesante y donde se puede hacer mucho, porque la calle es un espacio de libertad, lo que pasa es que hace feo, aquí, el trabajo de calle. Si te sientas en un sitio rodeado de chavales, un poco... estorbas [Psicóloga y Directora de Centro].

Pero por otra parte, y a pesar de querer considerar la calle como un ámbito socializador desde el cual entrar en contacto con ellos y trabajar, la presencia de jóvenes en la calle se percibe como sinónimo de peligro o incluso como amenaza:

Yo supongo que la llegada de estos chicos a los espacios públicos se ve por parte de la población autóctona como una apropiación del espacio público que impide que la población de aquí pueda hacer uso de los espacios públicos, yo recuerdo que una frase de estos personajes políticos es que estas plazas en este barrio no se construyeron para que se usen como las utilizan los inmigrantes, esto genera un malestar, también molestan las fiestas, la música, eso es por el hecho de que viven 14 en un piso, un poco reproduce lo mismo que pasó en esta zona con la llegada de la inmigración en la década del cincuenta y del sesenta [Profesor IES].

Tengo la sensación de que, un poco, como a nivel individual siempre nos hemos recluido más en el espacio más privado, empezamos a ver mal que se dé este uso más intensivo del espacio público, ¿no? [Grupo de Discusión de Técnicos de Juventud].

Por ejemplo yo los veo en (Barcelona barrios) y aquello los domingos da miedo. No es que dé miedo, es que es una pasada la gente que está allí como de picnic, comiendo, haciendo partidos de fútbol... [Abogado].

> Teníamos quejas de concentraciones de gente sudamericana no necesariamente ligada a bandas, pero sí, en Barcelona ha habido una ocupación masiva de espacios por gente sudamericana... Yo diría que empezaron en el puente de la calle (Barcelona barrios), que se juntaban 300 o 400 personas, sobre todo en fines de semana y bueno, jugaban a fútbol... hacían fiestas allí [Técnico de Prevención].

En este sentido, la presencia de jóvenes en la calle, aún sin estar relacionada con ningún hecho incívico o delictivo, ha sido origen de numerosas intervenciones destinadas a la dispersión de estos grupos, desde la eliminación de elementos de mobiliario urbano hasta la dispersión a través de la policía:

> Entonces había un punto de luz aquí en la plaza, porque faltaba poco para la fiesta mayor de (municipio del área metropolitana) y dijeron unos... «ostia, ¿por qué no tenemos un radiocassette y un micro y podemos ensayar?», y dijimos vale. Vamos a buscar un radiocassete, lo enchufamos aquí en el punto de luz y nos ponemos en la plaza, haciendo como un pequeño corrillo, de 7 u 8 chavales, y con un radiocassette, poniendo unas pistas y un micro, nos ponemos a cantar. ¿Vale? Uno se pone a cantar rap, el otro se pone a bailar reggaeton y sabes que se hace un pequeño corrillo. Pues al cuarto de hora, 20 minutos, ya teníamos a la policía allí en la plaza diciéndonos que quiénes éramos, qué hacíamos allí, porque había llamado gente, gente mayor, pasaba por la plaza y veían un grupo de jóvenes cantando rap y con ropa ancha, y habían llamado a la policía, que había unos delincuentes ahí en la plaza que estaban enchufando, robando electricidad al Ayuntamiento. [...] Es un ejemplo de lo que está pasando, de lo que pasa con la gente. Cuatro chavales, sí que había latinos y había jóvenes que no eran latinos, ¿vale?... están jugando en la plaza ocupando un espacio público y parece que molesten a la vista de la otra gente. De hecho molestan a la vista, y enseguida se alteran y avisan para que llamen a la policía. ¡No avisas tú y llamas a la policía! Sino que reivindicas que alguien ponga orden y justicia con esta acción... y estoy seguro de que a 5 metros del radiocassette no se oía nada de la música, porque es un radiocassette pequeño, y ése es un ejemplo de cosas que pasan muy a menudo, sobre todo aquí en (barrio del área metropolitana) [Educador de Calle].

> Ahora ya no están. Lo que quiero decir es que ¿tenemos que trabajar con un grupo? Bueno, pues si tenemos que trabajar con un grupo los tendremos que dejar estar en el espacio, porque si después mandamos a la policía nacional y desaparecen de allí... [Técnico de Prevención].

La percepción de amenaza afecta por igual a grupos de amigos, o relaciones espontáneas, que a organizaciones más formales, de modo que el simple hecho de juntarse o de trabar amistades desde las calles, plazas y parques queda estigmatizado. El telón de fondo es el temor a las «bandas», como veremos en el siguiente apartado.

Perspectivas de la intervención con las organizaciones de jóvenes

La diversidad de posiciones desde las cuales hablan los adultos entrevistados hace prever percepciones muy diferentes de las llamadas «bandas latinas», a las cuales nos referimos aquí, siguiendo la propuesta de este informe, como organizaciones culturales juveniles. Pero a pesar de la diversidad, en el relato de sus experiencias se observan rasgos comunes que permiten avanzar en la comprensión de la construcción social de este fenómeno. Para empezar, hay que hacer dos constataciones importantes: la primera es que pocos adultos tienen experiencia directa en el tema, y la segunda es la gran influencia de los medios de comunicación en lo que son las «bandas». Vayamos por partes.

En primer lugar, tenemos el hecho de que pocas de las personas entrevistadas tienen una visión de las «bandas» por su contacto directo con ellas o con lo que dicen los jóvenes. Se repiten los «Yo no conozco...», «No sé, pero me han contado que...», «He leído...».

> En una reunión tocaron el tema de la violencia en el instituto, y decían «es que en los institutos hay mucha violencia», entonces yo le pregunté «pero, ¿a qué tipo de violencia se refieren, cuáles son los institutos que presentan este problema?», las respuestas eran muy vagas... «que bueno, aquí no, pero me han dicho que en otros»... hay una percepción de que en todos los institutos hay mucha violencia, pero la realidad es muy variada. Los profesores no tienen ningún tipo de información y lo que saben es por la prensa amarilla, por el periódico gratis *Metro* o *20 minutos*, y salen diciendo «los ecuatorianos son peores que los marroquíes, por lo menos estos últimos no hacen tanto ruido», por ejemplo, son las cosas que puedes oír [Profesor IES].

Ante esta falta de información podríamos encontrar diversas explicaciones: no hemos acertado con las personas a entrevistar, u ocupan lugares que no les implican contacto directo con jóvenes, o sencillamente no quieren hablar del tema. Todas estas posibilidades son en parte ciertas, en especial, la reserva con la información por parte de diferentes profesionales, que ha sido una constante a lo largo del proceso de investigación (miedo a traicionar la confidencialidad de las fuentes, recelos por el hecho de que el encargo de la investigación venga de un departamento relacionado con la seguridad, etc.).

> —¿Y en relación a la violencia? ¿Y a las bandas juveniles?
> (Silencio)
> —¿Para ti existen las bandas?
> Dicen tantas cosas... [Educadora de Espacio Joven].

Esta reserva no sólo afecta a iniciativas de investigación como ésta, sino que se plasma en la dificultad de compartir la información entre los diferentes agentes sociales y educativos que se relacionan con jóvenes:

> Los centros no podían dar información, la Guardia Urbana no podía dar información, y los Servicios Sociales tienen una información que también es confidencial. Bueno, muy bien. Todos tenemos información... bueno, pues algún día trabajaremos este tema, porque si no hay nadie que hace que podamos poner en común toda esta información para empezarla a trabajar o plantear de qué manera la trabajamos... [Técnico de Prevención].

> Lo que falla es la información. Cada uno trabaja desde la perspectiva de su lugar y se intenta trabajar en solitario, sin asumir que la capacidad de incidir de esta manera es muy pequeña. Hay que establecer estrategias comunes. Los problemas que hay a la hora de compartir la información pasan por la desconfianza y los estereotipos internos con que funcionan respecto a otros agentes sociales. Otro problema es que muchos recursos no tienen especialistas en el tema, y no lo trabajan [Extracto Diario de Campo de Entrevista con Policía].

Tampoco se trata de algo nuevo ante el fenómeno de las «bandas»: más bien se trata de inercias históricas en la relación entre departamentos y ámbitos diferentes, recelos sobre el uso de la información que, ante un hecho tan satanizado por los medios de comunicación, resucitan y subrayan la necesidad de un trabajo coordinado, aunque hay que señalar que siempre existen excepciones y experiencias positivas. También sucede que muchos profesionales entrevistados no trabajan directamente con los usuarios de sus entidades, y por ello se ven con dificultades a la hora de hablar de las organizaciones juveniles sin recurrir a las leyendas urbanas. Pero incluso las personas con un contacto directo y cotidiano con adolescentes y jóvenes han hablado de la dificultad de «saber de las bandas». Profesores, educadores de calle, miembros de las asociaciones... personas que tienen mucha información y muy valiosa a la hora de hablar de las realidades educativa, familiar, social, etc., de los jóvenes latinoamericanos, se encuentran con un vacío importante cuando se les pregunta por las organizaciones. Los adultos explican que los jóvenes no hablan del tema, que no hay la suficiente confianza, o también que ellos mismos rehuyen este tema de conversación, a veces por miedo y dudas, o a veces porque como planteamiento de trabajo deciden no entrar en la cuestión.

> [...] De manera individual la gente no dice: yo soy de los Latin, yo soy de... No, es más difícil [Educador de Centro].
>
> —Y del tema de bandas y todo eso, después de lo que ha salido en prensa, todo lo que ha ido pasando en Barcelona y Hospitalet, ¿han hablado algún día o hablan del tema...?
> No. Yo tampoco me he puesto a hablar con ellos.
> —¿Y ellos tampoco?
> Tampoco les he... No. Pero no.
> —¿No tienen ningún...?
> No [Educadora de Centro Cívico].

Por tanto, la ausencia de información directa se suple con otro tipo de información, y ello nos lleva a la segunda constatación: la imagen transmitida por los medios de comunicación es omnipresente entre los diferentes adultos que trabajan con jóvenes, siendo a menudo su única fuente de información sobre las organizaciones.

> Pero hasta hace un año, y ahora y hoy en día, la parte más importante (hablando de las fuentes de información), para nuestra desgracia, es la prensa. Entonces ves la parte más espectacular [Educador de Centro].

Esto tiene diferentes consecuencias, ya que se cae en un alarmismo a menudo infundado, dentro del clima de «pánico moral» ya existente, y se refuerzan algunos de los estereotipos que hacen referencia a la estética, peligrosidad y generalización hacia todo el colectivo de jóvenes.

> [...] Siempre hemos encontrado gente que dice que alguien le ha dicho que a uno lo amenazaron y que a otro le hicieron, pero no hemos encontrado ni denuncias ni partes médicos, es que no hemos encontrado ningún caso... incluso decía: ¡es que ya estoy desesperado! Si alguien conoce algún caso que me lo diga... porque es un caso que es como un cocodrilo blanco que se esconde en las alcantarillas... pues otra leyenda urbana. Y que de eso hay mucho [Educador de Centro].

Ante la falta de información directa sobre las organizaciones, también es habitual que los profesionales intenten buscar referentes más cercanos en el espacio o en el tiempo que les permitan comprender su significado y abordarlas desde ahí. Un grupo de estos referentes con los que se establecen comparaciones son organizaciones ilegales como sectas, grupos terroristas y grupos neonazis. Otro tipo de comparación sería la que se establece con tribus urbanas tradicionales. Y por último, algunos ven en las llamadas «bandas» analogías con los Boy Scouts, Juventudes Obreras Cristianas y asociacionismo vinculado a los Esplais. Lo destacable de estas comparaciones son las implicaciones que tienen para la intervención, ya que la opción por uno u otro tipo de analogía supone ubicarse en diferentes perspectivas de intervención.

> Lo digo como comparación. ¿Con ETA se debería entrar en diálogo? Yo creo que el diálogo tiene que estar siempre, pero lo otro también. No nos podemos olvidar de eso. Otra cosa es quién dialoga. A lo mejor con ETA, quien no debe dialogar... no lo tengo meditado. A lo mejor lo que no debe haber con ETA es un diálogo formal con el gobierno... [Técnico de Prevención].

> Los okupas son todo un estilo de expresión, de esto y lo otro, que se sienten fuera del sistema y entonces buscan su forma de agruparse. Entonces, simplemente si hay algún estudio hecho sobre los okupas o sobre los punkies de determinada época, estudios hechos sobre cualquier grupo... es exactamente lo mismo [Presidente de Federación de Asociaciones].

> Aquí también se peleaban heavies con hippies o con punkies... siempre ha habido disputas y peleas... [Educador de Calle].

Ante opciones del primer tipo, relacionadas con nazis, sectas o grupos terroristas, el abordaje implica un tratamiento más «especializado» del que quedarían fuera los profesionales de las instancias primarias (escuela, servicios sociales generales, etc.). El trabajo a realizar es preferentemente policial o terapéutico, que son las líneas más trabajadas por el momento. En primer lugar está el trabajo de los cuerpos de seguridad. Tanto la Guardia Urbana como los Mossos d'Esquadra, que han sido los cuerpos entrevistados en este proceso, cuentan con una amplia experiencia e información con respecto a las organizaciones.[2] En este sentido son una excepción en el panorama de falta de información descrito, ya que disponen de un importante conocimiento práctico sobre grupos, relaciones, personas concretas y dinámicas internas. Un rasgo importante es que coinciden en considerar que el trabajo con estos grupos va mucho más allá del trabajo policial, ya que no se trata de organizaciones esencialmente criminales, aunque la pertenencia a dichos grupos suponga, en ocasiones, la comisión de delitos.

> Lo que digo ahora sí que lo digo institucionalmente y salgo en televisión o donde haga falta, que es un problema que no tiene solución policial, como la mayor parte de problemas sociales, no tienen solución policial, aunque haya gente que se empeñe

---

2. Tener en cuenta que no está incluida la perspectiva de la Policía Nacional, que anteriormente al despliegue de los Mossos ha desarrollado acciones en este ámbito con perspectivas diferentes a las que aquí se describen.

en poner policías. No. No es un grupo criminal porque no es un grupo que se haya formado con una finalidad criminal. Es tan sencillo como esto [Policía].

El personal de estos cuerpos establece algunas diferencias importantes que no tienen en cuenta otros profesionales como, por ejemplo, desvincular la «ropa ancha» de la pertenencia a organizaciones, o no considerar toda pintada como símbolo de «guerra por el territorio», y diferenciar los delitos que se cometen por pertenencia a las organizaciones de los muchos delitos que no tienen nada que ver con el tema, a pesar de que los infractores puedan ser jóvenes de origen latinoamericano. Curiosamente, además de la acción estrictamente policial ante los delitos cometidos, hay que señalar que el trabajo desarrollado desde el principio en relación con este fenómeno ha sido más propio de los ámbitos educativos que de los policiales: conocimiento de los jóvenes, establecimiento de relaciones de confianza, mediación ante conflictos y actuación ante situaciones o delitos concretos, no por la simple agrupación.

En segundo lugar, está la derivación de casos individuales para trabajar la adicción a estos grupos. Desde el Departament de Seguretat se puso en marcha un protocolo de actuación en institutos y otros ámbitos de manera que se involucrase a diferentes agentes sociales y educativos en la detección y actuación ante problemas como consumo de cannabis, vandalismo, tráfico de drogas y peleas o agresiones. La propuesta de dicho protocolo daba continuidad a las iniciativas previas de diferentes Centros de Servicios Sociales e Institutos de Educación Secundaria de la ciudad que ya habían adoptado la medida de derivar los casos susceptibles de pertenecer a «bandas» a una entidad que trabaja las adicciones sociales (tradicionalmente sectas). Además, entidades y personas particulares han optado también por esta vía de trabajo.

> Nosotros en las entrevistas que tenemos con jóvenes que están vinculados a bandas, sí que empezamos a constatar todos estos temas de jerarquías, de poder, de control. Una de las otras características que emparenta a los dos fenómenos (hablando de sectas y bandas) son los cambios de personalidad de los seguidores, que no siempre ocurren en todos los seguidores, es falsa esa idea de que cualquier persona que se acerque se vincula, no es como una lavadora esto, y las personas reaccionan de manera diferente, y por eso hay formas diferentes de entrada en las bandas [Psicólogo Especializado].

Esta perspectiva de intervención suscita diversos interrogantes: el origen de la intervención, según dicho protocolo, se basa en la presunción de que la pertenencia a bandas se manifiesta en forma de tráfico de drogas, peleas, etc. Queda fuera toda consideración de los grupos como ámbitos de sociabilidad y solidaridad. Por otra parte, el trabajo que se está realizando es exclusivamente individual, y partiendo de la necesidad, o al menos del desiderátum de que los jóvenes abandonen la organización. La perspectiva del trabajo con dichos grupos en tanto que organizaciones juveniles es, de momento, prácticamente inexistente. Un caso especial a comentar es la iniciativa de la organización Latin Kings de utilizar espacios juveniles institucionalizados para sus actividades, en Barcelona ciudad y municipios del Área Metropolitana. Hay que decir que esta iniciativa, curiosamente, no vino de parte de ningún agente educativo o juvenil, sino de los propios jóvenes. Constituye un ejemplo interesante a investigar, tanto por parte de los agentes sociales, culturales y educativos como por las implicaciones para la propia organización.

> Yo... había una cosa que me ha sorprendido de este proceso, la capacidad de organización que tienen estos jóvenes, o sea, es impresionante porque están muy, muy organizados. Unos se encargan de pedir la sala, otros se encargan de traer las fotocopias, otros de traer la comida... O sea, es alucinante, o sea, a nivel asociativo querríamos que muchas entidades de aquí tuviesen estos niveles de organización [Grupo de Discusión de Técnicos de Juventud].

Futuros posibles

El panorama descrito, tanto en relación con los jóvenes como con las organizaciones, es lo suficientemente rico y complejo como para pensar en múltiples escenarios futuros. Sí es cierto que existen algunas tendencias actuales que pueden complicar la situación, a medio plazo, de los jóvenes latinoamericanos en Barcelona. Por una parte, el limbo legal en el que se encuentran muchos jóvenes bajo el epígrafe de «reagrupados». El blindaje de ciertos derechos y recursos coloca a estos jóvenes en una posición en la cual sólo cabe el acceso a la economía informal, tanto legal como ilegal, y las consecuencias futuras, en este sentido, pueden ser muy diversas. Por ello es imprescindible desbloquear su acceso a una ciudadanía plena, como apuntan sobre todo las asociaciones latinoamericanas:

> Recién llegados, nuevos ciudadanos... Esto es todo una mentira, porque ni en general somos bienvenidos... sí por una parte de la sociedad, pero por la administración no... ni tampoco somos nuevos ciudadanos. Ciudadano, ¿de que? Ciudadano se es o no se es, no nuevo ciudadano, futuro ciudadano... [Presidente de Federación de Asociaciones].

Otro aspecto importante es el clima de pánico moral creado alrededor de los jóvenes latinoamericanos. La visión de los medios de comunicación impregna incluso a los profesionales, y el clima social en muchos barrios es de una marcada xenofobia que puede pasar diversas facturas. Todo planteamiento que no pase por un mayor rigor respecto a la información sobre el colectivo de jóvenes y sobre las organizaciones, corre el riesgo de amplificar este clima.

> ¿Viste a la Mercedes Milá el otro día? (...) Estaba haciendo *zapping* y vi... Ñetas hablando... además vinieron los chavales de aquí y lo comentamos... Yo vi que si hablan de los Latins, que hablan de los Ñetas, un poco alarmista, para vender audiencia. Pero hubo un momento en que Mercedes Milá dijo que «ahora el problema nos toca a nosotros, cuando abarca al resto de la sociedad, cuando nos roban, hacen actos delictivos que nos influyen a los demás...», los demás, ¿qué quiere decir? ¿Los que no son latinos?... ¡Los que no son latinos! ¡Nos influye a los españoles!... Esto alimentó... yo mismo sentí... desde mi sofá, como millones de personas, salía una llama que teníamos medio apagada aquí dentro... al menos un pensamiento racista tuvieron... los sudamericanos éstos que vienen aquí para delinquir... Bueno [...] Fue como derrumbar todos los proyectos educativos que tratan de apaciguar este fenómeno xenófobo [Educador de Calle].

> La prensa, dentro de todo este panorama, ha creado una alarma innecesaria y ha dificultado el trabajo. El hecho de magnificar los temas hace que los jóvenes se escondan y sea más difícil [Extracto Diario de Campo de Entrevista con Policía].

En este contexto son diversas las voces que reclaman medidas urgentes que impliquen a una gran parte de agentes, tanto públicos como privados, y desde una óptica que supere las tradicionales divisiones entre diferentes ámbitos —educativo, social, etc.— para pasar a un verdadero trabajo en red. Un primer tema urgente, como se ha visto, es la *revisión del estatus legal* de estos jóvenes, de cara a posibilitar una plena inserción en el mundo laboral. A pesar de que este ámbito de competencias sea a menudo estatal, sí que existen medidas que pueden agravar o mejorar la situación. Dada la importancia de la formación como vía para obtener el permiso de trabajo, todas las iniciativas en este sentido cambian considerablemente la situación de los jóvenes.

En segundo lugar, y para evitar el vacío de relación existente fuera de la escuela, se hace necesario profundizar en la *perspectiva del «acompañamiento»* a los jóvenes. Ante la falta de referentes adultos, tanto para incidir en cuestiones familiares, laborales, como de ocio, etc., se hace necesario replantear el papel de los agentes socioeducativos. Se trata de que los jóvenes cuenten con adultos cercanos a los que recurrir: da igual que sean profesores de su instituto, educadores, agentes de la policía comunitaria... La figura concreta no es tan importante si puede establecer una relación de confianza y vincularles con los recursos existentes.

> Yo con los jóvenes y con sus familias me he dado cuenta que... que mi función es exponerme. Y estar. Y estar allá expuesto como referente. Y muy dispuesto siempre a entrar en los niños que estén dispuestos a seguir, porque... porque a menudo el hecho de que las familias éstas descabezadas, que comentábamos antes, no... suplir no es mi función, y no me toca a mí hacer de padre de ellos, en todo caso, si puedo convertirme en un referente educativo que les permita conectar, en cierta manera, con lo que hay aquí, ya me parece suficiente [Educador de Servicios Sociales].

> Si tuviera que elaborar una tesis o una hipótesis de trabajo, no sé... supongo que el tema es pasar horas con ellos y procurar hacer historias que a ellos les puedan... [Educador de Plan Comunitario].

> Primero, pienso que pasa por adaptar espacios, adaptar espacios y dar posibilidades para que puedan acceder a los recursos de jóvenes. Que lleguen a ellos. Plantearse que lleguen y si no llegan, adaptar a ellos los recursos para que puedan acceder [Educador de Calle].

> El pacto es que yo quiero evitar problemas con ellos, que quiero evitar que pasen cosas que no tendrían que pasar, y a él lo entiendo y de hecho dice: «No, no, X (él mismo) nos ayuda». Tengo que mantener un nivel muy alto de confianza mutua, él debe saber que yo hago por ellos. No lo hago por intentar descubrir nada, no quiero que haya... Mi consigna es: «¡No quiero un navajazo!». Y aquí no ha sucedido nunca. La preocupación empezó después de los hechos del chico X, los hechos del Ronny, y empecé a hablar con ellos, sólo hay una frontera que no se debe pasar, que es la violencia, que no queremos violencia porque no queremos que les pase nada. La violencia no se puede permitir porque, le dijimos, si empezamos con violencia pequeña acabaremos con las navajas, eso le dijimos a uno o dos, ¿eh? No te creas, ¡hice un cónclave! Y está funcionando, hasta ahora nos ha funcionado [Profesor IES].

> Él vino aquí esperando ser querido y atendido y debía hacerse autónomo. Y eso le producía una rabia terrible. Y manifestaba esta rabia, alternaba la rabia con un deseo de ser querido muy grande. Yo trabajaba con él. Y eso debe estar siempre muy claro. Ni era ni su padre, ni su madre, no era su hermano... era una persona que lo podía sostener. Muy a menudo me abrazaba, lloraba conmigo. Por una parte la rabia y por otra el deseo de expresar sentimientos. Y ésa es una característica, como decían ellos, la expectativa de los jóvenes que llegan aquí y no encuentran una acogida [Educador].

Es difícil que los jóvenes acudan a centros y recursos institucionales por su propio pie, máxime cuando las experiencias en la institución educativa no han sido especialmente atractivas, y cuando ya se han establecido en la calle como lugar que les ofrece más posibilidades de socialización. Por tanto, es necesario que los profesionales se acerquen a los jóvenes y conquisten ese papel de referente, a base de experiencias que refuercen tanto el proceso relacional como la realización de actividades en sí. Esta aproximación se considera necesaria tanto en ámbitos formales como informales, pero en lo referente a la *educación de calle* se hace imprescindible *replantear el significado de la presencia educativa en la calle y la propia concepción de espacio público*. Para ello sería importante evitar esquemas que simplemente planteen el control del espacio, para pasar a explorar nuevas potencialidades del uso de las calles y plazas en sentido socializador, algo que no puede hacerse sólo con los jóvenes, sino con otros colectivos que se sienten amenazados por la presencia de jóvenes.

> Claro, nosotros hemos detectado que tienen esta necesidad de relación, de espacios de encuentro y de relación, y además que sería positivo tener referentes educativos en estos espacios de encuentro [Educador de Calle].

> Y lo otro, lo del espacio de la calle... que hay temas que el control no puede solucionar, y pienso que es bueno que no haya ningún niño en la calle porque se tienen que proteger y que esos niños estén en los centros, pero hay jóvenes que la calle es su espacio de vida y que no necesitan estar en los centros porque ya tienen sus necesidades de vida mínimas cubiertas. Tienen sus familias, sus trabajos... lo que sea. Entonces, para esos grupos la calle es un espacio donde pasan la vida y es un espacio que tiene que conquistar el profesional también aquí. Lo tienen que conquistar, porque si no, se va a dar una situación como la que se está dando ahora [Psicóloga y Directora de Centro].

> Pienso que es muy importante poder trabajar con estos jóvenes desde actividades de calle, casales de jóvenes, actividades de todo tipo, cuanto más tejido socio-educativo tengamos, menos posibilidades de que el conflicto se desborde [Educador de Plan Comunitario].

Por último, es imprescindible un planteamiento de *trabajo comunitario* que supere las actuales barreras entre instancias públicas y privadas, o entre distintos departamentos de lo público. En este sentido es importante el *papel del asociacionismo latinoamericano*, que no puede quedar fuera de dicha red, en especial por su potencial a la hora de acercarse a los jóvenes en tanto iguales, y a partir de ahí, contando con los medios necesarios, ampliar las redes de recursos de los jóvenes.

> Hay muchos educadores a los que les interesa el tema y pueden estar más dispuestos a trabajar en esta línea. Pero también les cuesta más. Yo hablo con muchos educadores que me dicen: «¿puedes montarme una reunión con ese grupo de jóvenes?», o: «hacemos alguna actividad»... pero les cuesta también entrar. Igual una buena manera puede ser entrar a través de las asociaciones, pero claro, para eso... el Ayuntamiento o el gobierno tiene que dedicar recursos a las asociaciones, y supongo que si no ven unos resultados claros no les va a interesar nada [Secretario de Asociación].
>
> Hay mucha experiencia latinoamericana de gente que trabaja en educación social de calle, que es otra manera de trabajar. [...] Entonces, hay mucho trabajo de educación de calle y hay mucha experiencia que se podría aprovechar en este sentido. Además, claro, conectarían más unos chicos de banda si el educador los puede saludar con su propio lenguaje secreto. Con el saludo del choque de manos que se dan, diferente, y si habla de manera similar, o si los invita a comer una comida similar, es mucho más fácil entrar que otra persona. Que ya es difícil que entre un adulto dentro de esos medios [Psicóloga y Directora de Centro].

Un tipo específico de recomendaciones son aquéllas dirigidas al *trabajo con las organizaciones culturales de jóvenes latinoamericanos*, las mal llamadas «bandas». La novedad de la realidad de estas organizaciones en nuestro contexto y, específicamente, en Barcelona, ha hecho que, tanto los agentes sociales y educativos como los propios investigadores, volvamos la mirada hacia los contextos de origen de dichos grupos. Por una parte es necesario partir de las diferencias entre cada contexto; obviamente Barcelona no es igual que Nueva York o que Guayaquil, y las condiciones de desarrollo de los jóvenes y de sus organizaciones pueden ser muy diversas. Pero al mismo tiempo sí es necesario observar los procesos seguidos en dichos lugares, porque algunas tendencias pueden tener su reflejo en el contexto catalán, y porque pueden ofrecer orientaciones interesantes. A la hora de realizar propuestas, por tanto, se recoge la información aportada por profesionales y bibliografía de los lugares de origen (Ecuador y Nueva York), así como las ideas aportadas por los participantes en el proceso de investigación.

Una primera propuesta pasa por *romper el vacío actual existente entre los profesionales y los grupos de jóvenes*. Aunque parece obvio que no todos los adolescentes latinoamericanos son Ñetas, o Maras, o Latin Kings, parece que muchos profesionales a menudo lo olvidan, y ante cualquier pandilla de amigos, cualquier grupo que se junta en un parque, o la presencia de alguna pintada, surge el miedo. Por tanto, un primer paso consistiría en romper ese miedo y situar las cosas: ¿se trata de unos amigos?, ¿pertenecen a una organización?, ¿cuál es su vivencia de esa organización?... Aun considerando que los jóvenes no quieran hablar de ello, un primer paso para eliminar el tabú que pesa sobre el tema debería venir de los profesionales. A partir de ahí puede ser más fácil contextualizar las cosas, porque posiblemente hablamos de muchas formas de agrupación diferentes que no siempre se corresponden con el perfil de «banda violenta». Algunos de los educadores entrevistados proponen esta «ruptura del hielo» como paso inicial para poder trabajar desde una perspectiva grupal con los adolescentes. Dado el clima actual, no puede lograrse poner el tema encima de la mesa si no se «trivializa» la adscripción a las organizaciones y se le quita parte del estigma que ello acarrea.

Yo pienso que de cara al joven, lo que me planteo como adulto es no transmitir ninguna trascendencia. Yo me cachondeo mucho de esto... Pienso que es peligroso que nosotros creamos que es trascendente, que ellos lo vean como que nosotros estamos muy preocupados por el hecho de que se junten así, porque entonces lo único que hacemos es reforzarlos. Entonces, hay que cachondearse de ellos, no sé, cada uno tiene su estilo de trabajo y el mío siempre ha sido ironizar, intentar hacerles reflexionar a partir de la ironía o de no darles muchas alas [Educador de Plan Comunitario].

[...] Empiezas a hablar con ellos de una forma más clara el tema de las bandas. Y empiezan a charlar y a darte información de cómo funcionan, de qué es y por qué, y un poco la argumentación de por qué están en esta banda y para ellos qué significa. Empiezan a hablar [Educadora de Centro].

Creo que el grupo potencialmente tiene grandes posibilidades de trabajo educativo con los chicos. Por tanto, creo que una banda, en tanto grupo, puede dar posibilidades para ser otras cosas, no una banda ligada a la desviación, sino a la socialización. Esto lo creo absolutamente [Educador].

Esas bandas pueden ser muy, muy positivas. Nosotros trabajábamos con las bandas de cholos en México con lo que es la autogestión positiva. El organizar tu barrio, el organizar tu vecindad, lograr que toda la gente de la vecindad, por ejemplo, se pusiera fuerte con el dueño y el dueño arreglara la vecindad. Organizar peticiones al gobierno, organizar marchas, organizar desfiles, pintar, arreglar jardines... es una fuerza muy poderosa que está allí y muy malgastada, y que se puede canalizar de otra forma. Imagínate todas esas bandas trabajando con la Cruz Roja o pintando el barrio antiguo... Se pueden hacer muchas cosas. Es un trabajo que lleva años, pero que es satisfactorio. Y que previene, más que la represión y más que el control [Psicóloga y Directora de Centro].

A un nivel más alto, una tendencia iniciada por los Latin Kings y por los Ñetas en Barcelona, en la línea de procesos seguidos en otros países, es la de *legalización como asociaciones juveniles*. A pesar de lo incipiente de este proceso, lo importante de este referente es que permite un trabajo en tanto que organización, no individual, en la medida en que su potencial como ámbito de solidaridad y participación prime sobre otras posibilidades.

Por eso te lo digo, que no me plantearía un trabajo inicial de que son pandillas y que hay que desestructurar esa organización inicial que tienen. Una organización así, como grupo organizado, que pagan cuotas y todo, es el perfil de una asociación juvenil, ¿no? En la asociación de vecinos tienes que pagar una cuota, tienes que seguir unas reglas, tienes que tener un respeto hacia los otros... si tienes cosas que no te parecen bien... la asociación de vecinos se junta muchas veces con el Ayuntamiento a la hora de reivindicar [Educador de Calle].

Me parece superpositivo trabajar para que estas bandas que tienen mucha energía dentro, tienen una capacidad de organización y movilización impresionante, canalicen en positivo su fuerza. Eso es mucho mejor que cerrarles la puerta. Lo que rechazas crea más violencia, más desconfianza. Es mucho más positivo abrir la puerta y mirar qué están haciendo y cómo podemos intervenir, que lo contrario. Por nuestra parte estamos contentos de cómo está yendo todo [Directora de Casal].

Pero la estructura no puedes ni criminalizarla ni magnificarla, pero tampoco la puedes dejar de lado, entonces, tienes que tratarla. Una manera es como se ha tratado toda la vida desde los educadores de calle con los patriarcas gitanos, ya sean marginales o no, ya sean delincuenciales o no, y nadie se ha escandalizado, entonces, ¿por qué no puede hacerse con esta gente? No estaría nada mal [Educador de Centro].

... son jóvenes que están, digamos, se sienten igual que cualquier adolescente de cualquier origen, que están fuera del sistema, que no hay sitio para ellos, que la escuela es algo que lo tienen que hacer, que es obligación y lo hacen... que dentro de la escuela se encuentran la misma... cuando son pequeños no, pero en la adolescencia, encuentran... ellos transmiten lo mismo que sienten los padres de sentirse discriminados, y de hecho dentro de la escuela, los adolescentes transmiten lo mismo que los padres de «uy, inmigración...» y qué sé yo, y entonces ahí se da, a veces, claramente el conflicto, de formarse ya los grupos, los grupos de los catalanes, los grupos de andaluces, los grupos de los inmigrantes latinoamericanos, los grupos de inmigrantes marroquíes, de distintos orígenes... ya hay una sectorización por culturas, o por orígenes, y ahí empieza el problema [Presidente de Federación de Asociaciones].

Parte II
Espacio público y cultura urbana

7
Jóvenes 'latinos' y medios de comunicación

Carolina Recio y Mauro Cerbino

El capítulo trata de desgranar qué papel juegan los medios de comunicación en la generación de realidad social y creación de opinión pública. Sin ser especialistas en el análisis del discurso, hemos pretendido utilizar una metodología que permitiese hallar respuestas. El capítulo recoge el análisis de noticias publicadas en la prensa escrita, mayoritariamente, y en menor medida de noticias televisivas. En primer lugar se estudia la evolución de la noticia y su establecimiento como tema y/o rutina periodística; en segundo lugar se estudian determinados aspectos relativos a las noticias, como pueden ser titulares y tipo de lenguaje utilizado. También hemos añadido un apartado sobre el análisis de dos programas televisivos en los que algunos miembros de la investigación participaron activamente, esto añade una perspectiva novedosa al tema. Finalmente, y posterior a la investigación en sí, hemos añadido un apartado en que se valoran cuáles fueron las consecuencias mediáticas de la investigación realizada. Las jornadas en las que se presentó el estudio tuvieron mucha repercusión mediática y por ello creemos que es útil ver cuáles fueron los elementos que más resaltaron.

Introducción

—¿Cómo crees que el reportaje ha tratado a los jóvenes latinoamericanos?
A ver, yo lo miré para ver si había alguien que defendiera el hecho que nos vestimos así pero no somos nada, y nada, todo lo contrario, diciendo sus cosas...

Brenik, Ecuador, 16

Los medios de comunicación social son un elemento clave para entender qué significados se están generando en torno a los jóvenes de origen latinoamericano que viven en Barcelona. Por esta razón es necesario conocer cuáles son los discursos que están produciendo los medios de comunicación, ya que éstos pueden traducirse en creencias y prácticas cotidianas de la población en general. Los medios son la vía mediante la cual el conjunto de la población recibe la información acerca de los acontecimientos que suceden a escala internacional, nacional y local. Pero no sólo explican lo que está pasando, sino que lo explican desde un punto de vista determinado, tienen el poder de construir y generar opinión pública. Por ello tenemos la convicción de que cuando se estudia un proceso o realidad social es muy interesante analizar qué es y cuál es el mensaje que los medios de comunicación hacen llegar a la población en general. Sin embargo, no nos gustaría que quedase la idea de que la ciudadanía (receptora de las noticias) se comporta como un ente pasivo ante las noticias que recibe, sino que se debe reconocer la capacidad de reinterpretar y modular críticamente el mensaje mediático. Pero sí que es lícito afirmar que los medios de comunicación tienen una enorme influencia en los procesos de creación de discurso y opinión y pueden modelar formas de entender el mundo (Díez y Fontal 2004: 5).

De este modo, y mediante el uso de un lenguaje, unas imágenes y un discurso determinado, pueden influenciar en las concepciones simbólicas y los sistemas de valores de la población receptora de la información, siendo también posible que se produzca un cambio de conductas de dicha población (Pedone, 2001). Por tanto, en un estudio como el que aquí estamos desarrollando, es necesario pararse un momento y analizar qué es lo que los medios nos están diciendo sobre la presencia de los jóvenes latinoamericanos en el espacio público de nuestra ciudad.

Metodología

Para hacer el análisis hemos intentado hacer un esfuerzo de recogida de la información aparecida en los periódicos nacionales, autonómicos y locales a lo largo de casi dos años. Concretamente, el periodo estudiado abarca desde finales del año 2003 hasta el verano del año 2005, y la información proviene principalmente de los siguientes periódicos:

- Prensa de ámbito estatal: *El País, El Mundo, ABC.*
- Prensa de ámbito autonómico: *El Periódico, La Vanguardia, L'Avui, El Punt.*
- Prensa gratuita: *20 Minutos, Metro, Qué.*

El motivo por el cual hemos recogido información sobre estos medios es porque consideramos que son los más relevantes para el objetivo de nuestro estudio. No cabe duda de que son los de mayor tirada (tanto a nivel nacional como autonómico) y que, por tanto, llegan a gran número de lectores y lectoras. Por el mismo motivo también hemos recogido las noticias aparecidas en la prensa diaria gratuita. Intuitivamente, nos parece que este tipo de prensa es central para entender los procesos sociales actuales. Es un tipo de prensa que se reparte en hora punta de la mañana y en puntos estratégicos, en el sentido que se da mucho tránsito de personas que se dirigen a sus centros de trabajo. Son periódicos cortos, repletos de titulares y colores, hecho que facilita una lectura rápida. Por ello pensamos que son diarios de gran implantación y que deberán ser fuente de estudios futuros.

La primera advertencia es que, dadas las características de la temática, nos hemos sentido desbordados por el sinfín de noticias que han aparecido en estos dos años. Por ello, somos conscientes de que hay mucha información que no hemos podido recoger ni sistematizar. Como ya hemos dicho, la recogida de información se remonta al último trimestre del año 2003, que coincide con el momento en que el tema de los jóvenes latinoamericanos se empieza a consolidar como una temática periodística recurrente. Es en este trimestre cuando sucede el trágico suceso conocido ya como el «caso Ronny Tapias», y que por tanto brinda una triste oportunidad para convertir a los jóvenes latinoamericanos en realidad periodística. Veremos más adelante cómo el caso Ronny Tapias es el punto de inicio y el hilo conductor de las noticias aparecidas. Hemos añadido un pequeño apartado sobre el caso específico de la televisión. Se trata de un pequeño esbozo sobre lo que podía haber sido. Se trata de dos ejemplos relevantes puesto que los dos programas analizados tienen la peculiaridad de que contaron con la presencia de varias personas que integran el equipo investigador. Por ello, la visión de los mismos es distinta, ya que no sólo se puede analizar desde el punto de vista del «investigador/a espectador/a», sino que hay elementos que pueden ser captados y analizados como parte integrante de la construcción del mensaje mediático. Finalmente, se ha añadido un apartado que intenta analizar cuáles han sido las consecuencias de la presentación pública del estudio. La puesta en la escena pública barcelonesa generó una reacción mediática que creemos que es un elemento susceptible de ser estudiado, puesto que puede marcar un antes y un después en el tratamiento mediático sobre las organizaciones juveniles latinoamericanas.

La prensa sobre «lo latino»

Una de las consecuencias que tiene el tratamiento periodístico de realidades y procesos sociales es la tendencia a crear generalizaciones y a estereotipar determinados grupos sociales. En el colectivo que nosotros/as estamos estudiando se da precisamente esta característica: el discurso periodístico contribuye a estigmatizar y a estereotipar negativamente a los chicos y chicas de origen latinoamericano. Además, hay que tener en cuenta que este colectivo reúne dos características que conjuntamente agravan las cosmovisiones generadas en torno a ellos y ellas. Los medios han contribuido a crear un discurso y una imagen determinada del proceso migratorio, y en este caso en particular, han generado una imagen de la juventud latinoamericana distorsionada, en tanto en cuanto la han construido mediante la información de hechos criminales que suponen una amenaza para la seguridad ciudadana. Además, se debe tener en cuenta que estamos hablando de personas que han protagonizado un proceso migratorio y, por tanto, el proceso estigmatizador es mayor, debido a que el colectivo de inmigrantes pobres ya ha pasado previamente por un proceso de construcción mediática, asimilándolo a condiciones de exclusión social y de peligrosidad social. Se produce un proceso de estigmatización (grupos violentos), discriminación étnica (dada su cualidad de inmigrantes) y de violencia simbólica (Queirolo, 2005). Por otro lado, varios autores han estudiado la juventud en los medios de comunicación. Los jóvenes, en general, también han sufrido un proceso de estereotipación por parte de los medios de comunicación. Cuando aparecen en los medios lo hacen en relación a hechos violentos, criminales o en relación a pautas que denigran su imagen (por ejemplo, estudios sobre consumo de drogas, mantenimiento de relaciones sexuales de riesgo, etc.): «Se trata de una visión deformada de la juventud actual. La mayor parte de la cual es positiva y se integra bien en su comunidad. Y sin embargo, esta imagen es raramente reflejada por los medios, que demasiado a menudo perpetúan una visión estereotipada» (García González 2005: 47).

Volviendo al tratamiento periodístico de hechos relacionados con la acción de las «bandas» juveniles de origen latinoamericano, los medios han contribuido a crear en este caso un retrato *general* de la juventud latinoamericana cuyos contornos, directa o indirectamente, han estado relacionados con hechos de carácter criminal. Si se revisan, aunque brevemente, las notas periodísticas aparecidas en diarios y televisiones en estos dos años, salta a la vista de modo absolutamente claro que una gran mayoría de ellas, al referirse a jóvenes latinoamericanos, lo hace relacionándolos con acciones violentas. Y esto se complica, además, si se tiene en cuenta que también se hace alusión al tema de las «bandas latinas» cuando la noticia tiene que ver con algún hecho delincuencial o criminal cuyos presuntos responsables son otros sujetos o colectivos.

De ello se deriva que parece ser que «banda latina» adquiere la cualidad de un significante metonímico que los medios utilizan para con él nombrar el conjunto posible del universo del crimen. De ahí que los medios contribuyen a generar un cuerpo de «noticias negativas» en relación a estos jóvenes y adolescentes. La presencia de jóvenes latinos en la prensa y en los demás medios de comunicación está ligada, pues, a delincuencia y criminalidad, hecho que genera la creación de un estigma de esos jóvenes en la opinión pública. A esto se le añade el hecho de que la opinión pública, con anterioridad al asalto periodístico del tema de las «bandas», ya tenía un imaginario social consolidado. Es decir, que ya estaba establecida la relación entre inmigración, pobreza y delincuencia. A este proceso debe añadirse la condición de juventud que presentan este tipo de grupos. Esto no hace más que complicar y agravar el problema de la estigmatización de estos jóvenes. Así, los medios enmascaran la realidad y dificultan el tratamiento de un proceso social que tiene múltiples facetas e implicaciones sobre el modelo social actual. El recurso del miedo impide, por tanto, el estudio de fenómenos sociales que tienen una importante relación con el tipo de sociedad actual. En otras palabras, los medios están contribuyendo a potenciar y extender un peligroso discurso sobre la alarma y el miedo social, lo cual tiene grandes consecuencias para la convivencia entre las personas que habitan la ciudad.

Evolución de las noticias: el proceso de construcción mediática

> Cuando llegué a Barcelona hace dos años, me empecé a fijar más en los diarios barceloneses, empezaban a hablar de los Latin Kings, era muy reciente la reproducción de esto en los periódicos: aún no había pasado el homicidio de Ronny Tapias [Periodista].
>
> Cuando el gran público conoció la palabra ñeta. La muerte de Ronnie fue la tragedia que destrozó a una familia y que alteró por el dolor la vida de un instituto. Pero tuvo muchas más implicaciones. Era la primera vez que se oía hablar de los Ñetas o Latin Kings, que rompían los círculos del barrio y que se convertían en términos a punto de ser socializados por los medios de comunicación [El Mundo, 4/04/2005].

La evolución

En el caso de Barcelona, se suele tomar como referente el asesinato de Ronny Tapias, pero las primeras noticias relacionadas con las «bandas latinas» se dan a principios de 2003 en Madrid y Barcelona. Pequeños actos imputados a estos colectivos (peleas entre grupos de jóvenes latinoamericanos) sirvieron a los medios de comunicación para empezar a construir y presentar ante la opinión pública una imagen determinada de estas «bandas». Así se fue construyendo un estereotipo de los grupos de jóvenes latinoamericanos, que tenía como punto fuerte la idea de que estos jóvenes estaban ocupando (en el sentido negativo de la palabra) el espacio público de las grandes ciudades. En septiembre de 2003, un mes antes de la muerte de Ronny, aparecieron noticias que daban cuenta de la presencia de «bandas latinas» en Barcelona. Éstas provenían de fuentes policiales y ponían en preaviso a la sociedad:

> Una peligrosa banda juvenil pone en alerta a la policía en Barcelona. La Guardia Urbana y los Mossos afirman que la banda capta menores en los institutos y comete agresiones [*El Periódico*, 10/09/2003].

Al mismo tiempo comenzaron a proliferar noticias que se ocupaban de retratar los atributos estéticos, en particular la vestimenta, de los jóvenes que supuestamente eran miembros de las «bandas». Lo de la «estética latina» fue (y sigue siéndolo) un hecho muy importante, puesto que los medios contribuyeron a señalar y generar ellos mismos el grupo en cuestión. Haciéndose públicas las características estéticas de estos chicos y chicas resulta más fácil para los receptores identificar, y por tanto criminalizar, a aquellas personas que se ajustan a estos «modelos estéticos».

> [...] Las primeras bandas aparecieron en Madrid: en Lavapiés, los hijos adolescentes de los inmigrantes modestos se ataron a la cabeza un pañuelo amarillo, se pintaron en la camiseta una corona amarilla de tres puntas, se dejaron caer los tejanos, adoptaron el nombre de Latin Kings y salieron a tomar las calles. En Barcelona la Guardia Urbana se topó con ellos por primera vez en abril de 2003: «Los detectamos en Ciutat Vella, ahora también están en Cornellà o l'Hospitalet» [*La Vanguardia*, 30/10/2003].

> Marginación y delincuencia juvenil a ritmo de rap. Sus miembros tienen un perfil muy determinado. Tienen entre 16 y 18 años, de origen iberoamericano, estética rapera y sin un líder muy definido. Visten pantalones anchos y caídos, camisetas amplias o de tirantes anchos y pañuelo en la cabeza estilo pirata. Suelen ir armados con navajas, cadenas o bates de béisbol y se dedican a abusar de estudiantes y robarles mochilas, chaquetas o zapatillas deportivas, protagonizar peleas de patio de instituto o cometer pequeños atracos, organizándose en grupos con otros jóvenes de su mismo centro escolar [*La Razón*, 30/10/2003].

La muerte de Ronny Tapias propició el aumento de noticias sobre las «bandas». Así, en los meses de octubre y noviembre se incrementó muy significativamente el número de noticias. Éstas giraban, por un lado, en torno a la descripción de los hechos (cómo murió Ronny, quiénes fueron los asesinos y qué motivos habían desencadenado el suceso) y, por el otro, aparecieron artículos de opinión sobre el fenómeno de las «bandas», que en los días posteriores a la muerte de Ronny tuvieron un carácter altamente alarmista e, intuitivamente, fueron claves en el momento de generar una visión determinada de los jóvenes y adolescentes de origen latinoamericano que estaban empezando a poblar nuestras ciudades.

> El crecimiento de las bandas juveniles reclama una mayor presencia policial. Los institutos que escolarizan a inmigrantes y autóctonos asumen una tarea ingente, en

solitario, sin apoyo ni reconocimiento social, para convertir a estos centros en laboratorios de convivencia y diálogo. Es una vergüenza que esta tarea se pueda arruinar sólo con cruzar la puerta de la calle ante la actividad de las bandas adolescentes [*El Periódico*, 30/10/2003].

Pandilleros. Ronny T., un joven colombiano de 17 años, acaba de morir, tras ser apuñalado en plena vía pública y a la luz del día, por un grupo de cinco jóvenes, presumiblemente sudamericanos. El drama parece una historia del West Side neoyorquino, pero ocurrió anteayer en el centro de Barcelona y en las cercanías del instituto donde estudiaba la víctima. [...] a falta de que se conozca el resultado de las investigaciones policiales, hay motivos para suponer que estamos ante un brote de pandillas juveniles. Ya se ha dado en otras ciudades (Nueva York, Londres, Quito, Madrid) y no es ningún consuelo saber que ahora Barcelona es también un terreno donde se sienten cómodos. Las fuerzas de seguridad vigilan las zonas críticas pero no será sencillo desarraigar esta forma de violencia juvenil nacida del desarraigo familiar, de la desintegración social y del ambiente de camaradería, territorialidad y violencia que los pandilleros crean para buscarse a sí mismos [*La Vanguardia*, 30/10/2003].

Desde ese momento no han dejado de aparecer noticias referentes al tema. Se entremezclan nuevos sucesos (por lo general peleas) sobre la investigación policial y judicial y artículos y editoriales que ayudan a configurar una imagen determinada de las «bandas». El tema se «institucionalizó», consolidándose su aparición frecuente en los medios. Los jóvenes latinoamericanos pasaron a ser jóvenes integrantes de «bandas latinas» (también conocidas como pandillas violentas, «bandas callejeras» o simplemente «Latin Kings»). Como muestra de este proceso hemos construido unas tablas que intentan dar cuenta de cómo se ha ido incrementando el interés periodístico sobre las «bandas latinas». Son gráficos de los años 2003, 2004 y 2005 (hasta julio). A lo largo del año 2003 apenas encontramos noticias que hagan referencia a estos grupos hasta el mes de octubre, coincidiendo con la fecha de la muerte de Ronny Tapias (28 de octubre).

El 28 de octubre representa un punto de inflexión puesto que, desde esa fecha, no encontramos ningún mes en que no haya alguna referencia (en forma de noticia, de reportaje, de artículo de opinión, etc.) a las «bandas latinas» juveniles y violentas (adjetivos que utilizan los medios para hablar de estos chicos y chicas);

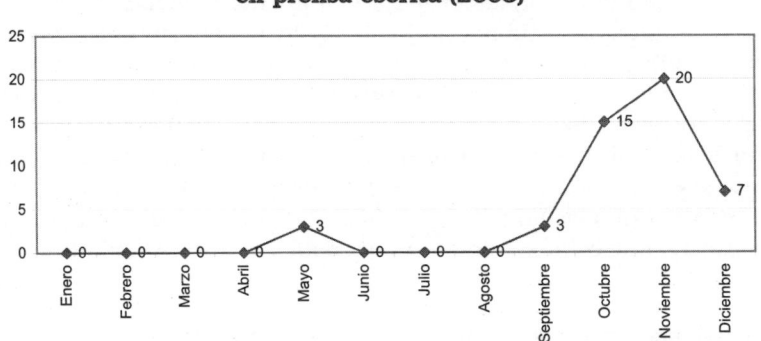

Gráfico 1. Evolución del n.º de noticias aparecidas en prensa escrita (2003)

si miramos en el año 2004 se constata lo que estamos diciendo: tan sólo en el mes de junio no tenemos recogida ninguna noticia referente al tema. El año 2004 finaliza con un repunte de noticias. Dos hechos pueden explicarlo: el apuñalamiento de un joven venezolano en Sants (27/11/2004) y una pelea entre «bandas» juveniles en el barrio de la Sagrera a principios del mes de diciembre.

GRÁFICO 2. Evolución del n.º de noticias aparecidas en prensa escrita (2004)

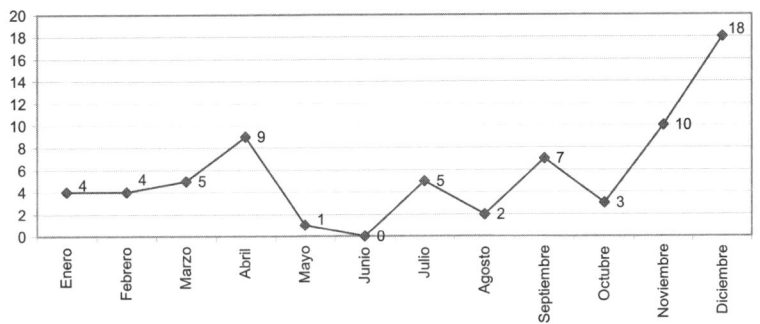

GRÁFICO 3. Evolución del n.º de noticias aparecidas en prensa escrita (1.er semestre 2005)

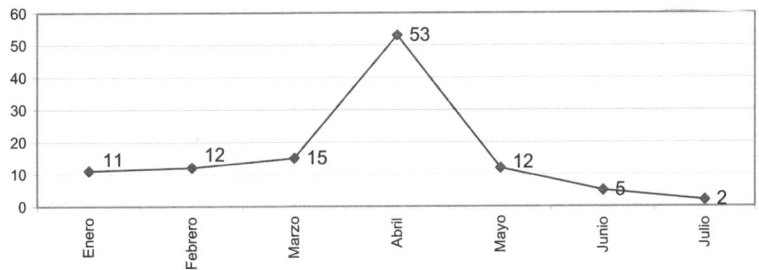

Finalmente, llegamos al año 2005. La tendencia es similar a la del 2004, excepto en el mes de abril. En la primera quincena del mes de abril se celebra el juicio de los cinco jóvenes mayores de edad acusados de la muerte de Ronny Tapias. Durante los meses de abril y mayo se produce un incremento espectacular de las noticias: la prensa hace el seguimiento diario del proceso judicial. Si bien se juzgaba un asesinato, el proceso se tradujo en un juicio a las «bandas», elemento que también reprodujeron los medios de comunicación. Bajo los titulares sobre el desarrollo y desenlace del juicio los relatos vinculaban los hechos con las «bandas», simultáneamente aparecían artículos de opinión sobre estos colectivos, noticias sobre «bandas» no relacionadas con el juicio y «mini reportajes» sobre las mismas. Debemos destacar que en los meses del año 2005 de los que tenemos documentación se percibe un cierto cambio en los contenidos de las noticias. Si bien persisten noticias sobre los hechos violentos y delictivos protagonizados por estos jóvenes, es más frecuente encontrar artículos de opinión y reportajes sobre la realidad de estas agrupaciones juveniles.

> El asesinato de Ronnie Tapias lleva a un juicio con jurado la violencia de las bandas. La Fiscalía pide 17 años de prisión para seis jóvenes tras obtener condena de tres menores. El de Ronnie fue un crimen que conmocionó a la sociedad. Por la juventud de la víctima, de apenas 17 años. Por la hora y el lugar del proceso, a las puertas de un instituto barcelonés a la salida de clase. Por la supuesta identidad de los agresores, jóvenes todos, algunos menores. Y sobre todo por los motivos que se escondían detrás de la puñalada que le atravesó el pecho y lo mató. La investigación concluyó que era un ajuste de cuentas entre bandas juveniles rivales, venganza que se materializó en la persona equivocada, la víctima Ronnie Tapias. El crimen puso de manifiesto que el creciente fenómeno de las bandas, grupos jerarquizados de jóvenes de origen sudamericano y de acuerdo con patrones de conducta importados de los Estados Unidos, no era un problema aislado de delincuencia. Ya tenía una víctima mortal con nombre y apellidos y una cara, la de un adolescente [...] La juez Sagrario Guitart (*jueza del juicio de los menores implicados*) recordó entonces que la «muerte del adolescente colombiano Ronnie Tapias tiene que enmarcarse dentro de un fenómeno más extenso de violencia callejera protagonizada por las bandas juveniles de origen sudamericano» [*El Mundo*, 04/04/2005].

> El juicio que esta semana se celebra en la Audiencia de Barcelona por el asesinato de Ronny Tapias debería servir para poner de manifiesto una realidad social que a veces parecemos emperrados en ocultar bajo el erróneo afán de ser siempre políticamente correctos con el fenómeno de la emigración. Los jóvenes de procedencia latinoamericana que cada vez en un número más grande integran las bandas actúan de manera planificada, muy violenta y sin el más mínimo indicio de ser conscientes de la gravedad, del mal y el dolor que causan a los familiares de las víctimas. Hace pocos días, la Sala Sexta de esta misma Audiencia condenó a dos integrantes de los Ñetas a seis años de prisión por herir con varias puñaladas a un chico, al parecer de los Latin Kings. Hace un mes, otro denunció amenazas y golpes por haberse atrevido a abandonar el grupo [*El Periódico*, 07/07/2004].

No es fácil ser joven en América Latina. Uno de cada cuatro jóvenes latinoamericanos de 15 a 29 años está fuera del sistema educativo y del mercado de trabajo. En Argentina en el 2002, más de 400.000 niños y adolescentes abandonaban anualmente sus estudios, y un millón de jóvenes de 15 a 19 años estaba fuera de la escuela. Se los llama jóvenes marginales, pero el nombre correcto es jóvenes excluidos: la sociedad no les hace lugar. La pobreza incide en su abandono escolar. Con baja instrucción en un continente con tanta desocupación no consiguen un primer empleo. Al no tener trabajo, no logran forjar un capital de relaciones ni integrarse socialmente. Acorralados injustamente, están en la tensión. Entre el 90 y el 2000 el número de jóvenes pobres subió en 7.600.000 en Latinoamérica. En el 2003, en Argentina, el 54% de todos los jóvenes entre 14 y 22 años eran pobres. Los jóvenes tienen ventajas naturales para absorber las nuevas tecnologías; sin embargo, les va muy mal en el mercado de trabajo. Su desempleo multiplica por 2,5 el general. De cada 100 nuevos contratos, 93 son para adultos. Sólo el 34% de los jóvenes latinoamericanos termina la secundaria: en los países desarrollados es el 85%. Un tercio no completa siquiera la primaria. Sólo el 6,5% la universidad. Entre el 20% más pobre de la población, sólo uno de cada diez acaba la secundaria. El resultado es una trampa intergeneracional. De cada cinco jóvenes con padres con primaria incompleta, cuatro no logran superar ese nivel educativo. Las consecuencias son graves. La CEPAL señala que para no ser pobre en América Latina un prerrequisito es tener por lo menos 12 años de escolaridad. Para muchos, juventud no significa oportunidades, sino estrecheces, deserción escolar y exclusión social. El aumento de la criminalidad juvenil tiene claramente una raíz estructural en estas realidades. Como ha destacado UNICEF, este problema no se puede abordar sólo desde la perspectiva de la seguridad pública. [...] Es hora de que América Latina se ocupe seriamente de los jóvenes, colocando el tema en lugar prioritario en las políticas públicas y forjando un gran pacto nacional entre gobierno, empresas y sociedad civil para abrirles oportunidades. Cuando ello se hace, el potencial joven se pone en marcha, como ha sucedido en experiencias exitosas como, entre otras, las escuelas abiertas promovidas por la UNESCO en Brasil, el programa de tutores educativos jóvenes de niños pobres impulsado por el Ministerio de Educación nacional y otras alentadas por UNICEF. ¿Ayudaremos a los jóvenes a recuperar la esperanza o seguiremos echándoles la culpa de las situaciones sin salida en que la sociedad ha colocado a muchos de ellos? [*La Vanguardia*, 11/04/2005].

Fuentes, adjetivos y titulares

Hay distintos aspectos que cabe destacar sobre cómo el discurso mediático ha contribuido a construir una imagen sobre la realidad de las bandas. En primer lugar, la información de los medios de comunicación se ha basado casi exclusivamente en la consulta de fuentes policiales y judiciales:[1]

> El aumento de asesinatos ha puesto en alerta al Ministerio del Interior, que ha ordenado actuar contra el millar de jóvenes latinoamericanos que integran estos grupos violentos. El objetivo es desarticular la docena de bandas que operan en España [*La Clave*, 27/02/2004].

> Los Mossos detectan la presencia de nuevas bandas latinas en BCN. Los Mara Salvatrucha y los Vatos Locos marcan con pintadas calles del Raval y de l'Hospitalet. Los agentes calculan que estos grupos, los Ñetas y los Latin Kings suman unos 400 jóvenes vinculados. Ahora parece que hay dos bandas más: los Vatos Locos y los Mara Salvatruchas. Aún mantienen una actitud muy discreta y reservada, pero están buscando jóvenes entre la comunidad latina para ingresar en sus filas. Se detecta la presencia de Vatos Locos en l'Hospitalet. De momento, la presencia de los Vatos Locos se ha limitado a las pintadas. Dos letras, una uve y una ele, se han ido diseminando por las principales calles de l'Hospitalet. Hay 400 miembros pero apuntan que «que quede claro que hablamos de gente que está en su órbita. Auténticos, lo que se dice líderes y miembros de estas bandas, no debe haber más de 70». Los investigadores aseguran que no representan un problema de seguridad ciudadana. Cuentan cada vez con más miembros y apuntan que en todo caso es conveniente «seguirlas de cerca para no tener sorpresas desagradables en el futuro» [*El Periódico*, 29/08/2004].

> *La policía espera frenar a las bandas latinas impidiendo que se apropien de los barrios marcados.* Unos 400 jóvenes están registrados como miembros de los Latin Kings y

---

1. Se debe tener en cuenta que los medios de comunicación frecuentemente utilizan fuentes preestablecidas. Es decir, que voces como las del grupo especializado en el tema de la policía autonómica apenas aparecían en los medios. Precisamente estas voces defienden la hipótesis de que no se trata de grupos violentos. Sólo en los casos que se quiere transmitir una información más sesgada se recurre al discurso de «expertos» y voces más críticas con la visión general y alarmista sobre el tema.

los Ñeta en el área metropolitana de Barcelona. [...] También reconocen que estas pandillas, más o menos organizadas, frecuentan espacios públicos que quieren hacer suyos, objetivo que todavía no han conseguido. Según los analistas policiales, impedir que se apropien de los barrios marcados es clave para que el problema no se desborde. La policía se muestra convencida de que las células barcelonesas de los LK y de los Ñetas no tienen la finalidad de delinquir: su comportamiento los lleva a delinquir porque se pelean, porque apalean a miembros del grupo que desean salir y porque cometen hurtos y tirones de prendas de valor, pero no están en el negocio del narcotráfico, ni roban organizadamente, ni secuestran a nadie [*El Punt*, 12/05/2005].

Evidentemente esto ha reforzado la relación directa entre banda y delincuencia. Y, en un mundo donde la percepción de inseguridad es cada vez mayor, este hecho no hace más que estigmatizar a estos jóvenes. De modo general debemos decir que el uso de fuentes policiales y oficiales significa abordar el fenómeno de modo indirecto, lo que imposibilita atender el papel del periodismo, que es el de crear su propia mediación y no apoyarse en la que le proporcionan las autoridades. Un periodismo de este tipo se muestra incapaz de usar el recurso de la investigación autónoma, rigurosa y posiblemente de *inmersión*, es decir, de una investigación que viabilice un entendimiento del fenómeno desde dentro, lo que le permitiría además abandonar la simple práctica de búsqueda de su representación espectacular. El periodismo que trabaja sólo con fuentes policiales corre además un doble riesgo, el primero es tender a la *policialización y judicialización* del fenómeno, es decir, tratarlo desde una óptica y con un lenguaje que se inscriben en el marco de las lógicas propias del orden público, de lo penal, y muchas veces de la represión y del autoritarismo. De ahí resulta la asociación directa entre «bandas juveniles» y organizaciones criminales. Esto tiene implicaciones sobre el tipo de políticas que se plantean, puesto que este tipo de discurso público promueve la aplicación de medidas coercitivas y represivas. En este sentido es muy probable que aun cuando haya investigación autónoma por parte de los periodistas, éstos terminen convirtiéndose en «detectives» reproduciendo las mismas prácticas de los agentes de policía. Otra fuente recurrente es la de los vecinos y vecinas de los barrios donde se han dado altercados. Habitualmente estas voces reproducen un discurso alarmista y basado en el *miedo ante lo desconocido*. De nuevo, el miedo está latente y de hecho, estas voces no hacen sino incrementar el discurso de *judicialización*. Además, son opiniones recogidas en momentos «calientes», es decir, poco después del suceso, por lo que el sentimiento de temor es presumiblemente mayor.

> La Sagrera se moviliza hoy en contra de las bandas juveniles. En un comunicado que reza «Queremos vivir en paz» los vecinos reclaman a las administraciones que se intensifiquen las medidas preventivas de forma inmediata para evitar que se instale entre nosotros la cultura de las bandas juveniles [*La Razón*, 21/12/2004].

> El rastro de las bandas se encuentra repetidamente en determinados espacios: Ciutat Vella, el parque de la Pegaso, el Clot y l'Hospitalet de Llobregat. Los vecinos de estas zonas no admiten el análisis policial: no quieren esperar que la sangre llegue al río. El presidente de la Asociación de Vecinos de la Sagrera, Oleguer Méndez, admitió que la presión policial ha amortiguado el problema, pero alerta de que no pueden aceptar el argumento de la excepcionalidad de los hechos [*El Punt*, 12/02/2005].

Especialmente en el último periodo en el que se han recogido las noticias, encontramos las voces de los propios protagonistas, especialmente de miembros y ex miembros de la «banda» Latin Kings. Chicos y chicas relatan en primera persona su experiencia en la «banda». Lo curioso es que las voces de los y las protagonistas, o bien se recogen en reportajes, repletos de fotos y a color, o bien los encontramos en los periódicos gratuitos e introducidos con titulares llamativos:

«Yo soy un Latin King». No quiere que lo reconozcan porque no le está permitido hablar de su organización y porque no está dispuesto a que los Ñetas, su banda rival, se fijen mucho en su cara. Por eso pide llamarse Adrián, se pone de espaldas, oculta los tatuajes de sus manos y, una vez hecha la foto, tira a una papelera de su barrio del sur de Madrid la camiseta vieja y la gorra —la gorra es tan importante como la camiseta— que ha usado para posar. Después de buscar un rincón apartado y en una escalinata pelada al lado del metro cuenta el principio de su historia: «Cuando llegué de Ecuador en 2003, tenía 14 años y no conocía a nadie. En mi barrio de Guayaquil la vida era dura: nos drogábamos con pegamento y cuando estábamos puestos nos hacíamos cortes en el brazo con un cuchillo para que vieran que éramos valientes. Nos peleábamos mucho con otros barrios. Y en casa no había plata. Pero en Madrid fue peor: me pasé un año entero solo, sin amigos, bajando todas la tardes al parque, donde me quedaba sentado en un banco. Luego me iba a casa a ver la televisión. Conocía gente en el instituto, españoles y ecuatorianos, pero no salía con ellos, no tenía conversación. Eso sí fue duro». Prosigue: «Echaba mucho de menos a mis amigos y a mis primos de Ecuador. Mucho. Por eso, a los dos meses de estar en España les pedía a mis padres que me devolvieran con mis abuelos. Pero dijeron que no. Al año de estar aquí, en ese mismo parque, conocí a los Latin Kings. Me preguntaron si aguantaría de todo para entrar, que me lo pensara. Les contesté que sí. Yo quería conocer gente. [...] Luego me pidieron para entrar como hermanito en observación 30 segundos de pared. Una pared es que te pones frente a un muro, te tapas tus partes con las manos y aguantas los puñetazos en el cuerpo que te da un rey o una suprema en el cuerpo y en las piernas. Así entré. Tenía que entregar tres euros a la semana, para el grupo, obedecer a los reyes o supremas y aprender la historia de los LK, que nacieron en Chicago en 1940. También aprendí saludos con las manos, las coronas de tres y cinco puntas», cuenta Adrián. «Nos reunimos siempre en parques, y siempre empiezan igual: nos colocamos pie contra pie, formando un círculo y nos saludamos, nombrándor con nuestra chapa [mote], luego los reyes preguntan qué tal en casa, si tenemos comida o sitio para dormir... Si no es así te ayudan. Hay grupos que te piden que robes para conseguir la cuota de la semana, y si no la consigues te dan una pared de 60 segundos, pero en el mío no. A mí me han castigado porque a veces he contestado a mi madre. Porque el padre y la madre son reyes y reinas y merecen respeto. Pasó el tiempo y ascendí: ahora soy aprobatoria juramentada. Y pronto seré rey». Cada tarde, al salir del trabajo, a las siete de la tarde, Adrián se junta con sus amigos ecuatorianos en el parque: varios de ellos pertenecen también a los Latin Kings. Los otros sólo son simpatizantes. [...] «Los LK son una asociación, son una nación, son mi gente», explica Adrián. «Hace meses vestíamos como LK, con pantalones anchos, con ropa negra y dorada. Ahora no: así evitamos a la policía. Además también están los Ñetas. Yo cuando voy a la zona de los Ñetas, en Vallecas, me visto como ellos. Con camisas blancas, rojas y azules, para que no me reconozcan», agrega. La guerra con los Ñetas se arrastra desde hace décadas y arrancó en Ecuador. En Madrid y en Barcelona se reproduce en una espiral de ataque-venganza-venganza de la venganza que tiende al infinito. Adrián no sabe ni cómo empezó ni por qué. Pero ya ha formado parte: «Yo tenía una novia ñeta que me vendió. Me citó a las nueve de la noche en el metro. Al llegar aparecieron cuatro ñetas. Ella les había avisado. Me pegué con ellos. Luego llegó un gajo de ñetas: por lo menos 30. Me botaron al suelo, me dieron patadas, puñetazos. Me quitaron el anillo, la gorra, me dejaron tirado, con los ojos hinchados y la boca partida. Ningún viajero me ayudó». Algunas peleas acaban incluso peor: el 14 de noviembre, en una pelea contra los Ñetas, en el barrio de Carabanchel, murió de una puñalada en el costado izquierdo un ecuatoriano de 20 años miembro de los LK, conocido como maestro. Desde entonces, en sus foros de Internet abundan frases así: «Tanto chicos como chicas lloran la muerte de un gran hermanito. El maestro ha muerto gracias a los Ñetas. Todos le lloran y vengarán su muerte». Adrián resume así su venganza particular: «Desde que me pegaron yo les tengo hambre a los Ñetas. Y si me encuentro alguno por la calle pues me los cojo. Porque yo soy tranquilo, pero si me enfado y me hacen pelear, soy así, medio loco, y me enfado bien feo. Eso sí, yo solo contra otro, de hombre a hombre, de balón a balón». En esto llega a la escalinata un amigo de Adrián. Se saludan chocando el puño derecho. Es un ñeta. O mejor, es un ex ñeta. Tiene 17 años. Es simpático, hablador, lleva un pañuelo blanco, azul y rojo en la frente. Cuenta que va a ser padre muy pronto. Su novia tiene 15 años. «No entiendo a los españoles que tienen hijos a los 40 años», dice riéndose. Adrián se lo explica: «Los españoles primero se buscan un futuro. Después tienen hijos. Y tú no tienes futuro. Ni yo». Pero unos minutos después, hablando con el antiguo ñeta a Adrián se le olvida lo del futuro: «¿Sabes? Dentro de poco seré rey» [*El País*, 02/07/2005].

Exclusiva 20 Minutos: habla una ex latin queen: «Todavía hoy voy por la calle con el corazón en la boca». Ingreso en la banda: «si entras aquí, estás muerta» le dijeron al llegar, con 12 años. «Robé móviles y las joyas de la familia, y me ausenté de las clases». «Para salir había que pagar. Me negué y me persiguieron». Las agresiones. Ha denunciado las palizas recibidas por dejar la banda. (en el interior): «*Si entras aquí, estás muerta*». No sabía lo que le esperaba. Lo que comenzó como una forma de hacer piña con los amigos se convirtió en pesadilla: «Era pequeña y no veía más allá, pero luego me di cuenta de que aquello era un infierno». Con sólo 13 años, esta chica llegó a ser una reina, el paso previo para convertirse en una líder. «Me pasé más de un año robando móviles, carteras, joyas de la familia, ausentándome de clase y recibiendo palizas en el grupo». Luego decidió dejar la banda. Pero no ha sido fácil. «Para salir había que pagar y yo me negué. Entonces empezaron las persecuciones. Todavía hoy voy por la calle con el corazón en la boca». Cuenta [*20 Minutos*, 15/06/2005].

Si bien esto proporciona un toque de optimismo, pues parece ser que se está logrando una interlocución entre periodistas y miembros de las «bandas», las opiniones de los y las jóvenes siguen teniendo un halo de alarmismo y peligrosidad. El discurso público los ha asociado a la delincuencia, y por tanto, es difícil hacer emerger en la escena mediática los relatos de unos chicos y chicas que están al margen de la ley.

¿Cómo llegas a los miembros de las bandas? Ellos no te reconocen su militancia. Alguna vez ha salido algo en algunos medios, pero protegidos por el anonimato. Puedes observar cómo piensan en Internet, en estos foros en los que todo el mundo dice lo que le parece y se sienten protegidos por el anonimato: no sabes nunca si son de un grupo de éstos o están haciendo el fantasma. Podemos coger un fragmento de Internet para dar color, pero no le acabamos de dar nunca credibilidad del todo, porque no sabes quién es el que hay allá. Puedes estar hablando con un fantasma [Periodista].

Existe otro riesgo, tiene que ver con un cierto grado de manipulación al que se prestarían los medios al transformarse en una caja de resonancia de los discursos oficiales de las autoridades. En este sentido un aspecto del que nunca hay que olvidarse es del interés que podrían tener algunas autoridades en poder «manejar» el recurso de incremento o disminución del miedo ciudadano con finalidades que tienden a influir en algunos procesos como, por ejemplo, los electorales o la administración del espacio público y las ciudades. Y, en un mundo donde la percepción de inseguridad parece ser cada vez mayor, el poder de algún modo influir en las condiciones que las generarían, podría ser un negocio atractivo para algunos, especialmente en el campo de la política. Así, podríamos tal vez encontrar diferencias en el tratamiento de la noticia en función de la orientación político-ideológica de los medios, sin embargo lo que parece ser común a todos ellos es que, aunque con diferentes matices, ofrecen una imagen de las agrupaciones de jóvenes latinoamericanos como una nueva forma de violencia juvenil que está empezando a hacer mella en nuestra sociedad y se está convirtiendo en un problema de inseguridad ciudadana:

> El peligro de las bandas. Barcelona se está convirtiendo en una ciudad insegura para sus ciudadanos [*20 Minutos*, 25/11/2004].

Esta última anotación nos permite pasar a señalar otro aspecto importante de la rutina periodística, que es el hecho de que para la cobertura mediática de las «bandas», probablemente más que para otros fenómenos o temas de diversa índole, los medios tienden a actuar por medio de lo que llamamos el «efecto eco». Si un medio empieza a hablar de las «bandas» en los términos que hemos señalado arriba, esto es, de peligrosidad, de alarma social e inseguridad ciudadana, es como si, por basarse en términos que tienen connotaciones muy definidas, por ejemplo en cuanto al aumento del miedo, pero sobre todo por considerarlos de antemano *altamente noticiables*, se determinara una especie de obligatoriedad para los otros medios de no «quedarse atrás» o rezagados en el manejo y reproducción de una mercancía que, proyectándose «al alza» en la cotización de noticias, se disputa la atención de las audiencias en el mercado informativo.

Otro aspecto muy interesante es el estudio del lenguaje. No tenemos las herramientas necesarias para hacer un análisis exhaustivo ni la suficiente formación en sociolingüística como para concluir que este análisis es altamente riguroso. Nos limitamos a cuantificar manualmente (recuento) la forma en que son nombrados estos jóvenes en los medios de comunicación. Presentamos dos gráficos. En el primero aparecen las frecuencias de los distintos términos, es decir, cómo son definidos estos y estas jóvenes en los medios. Vemos que predomina de forma muy significativa el término de «banda», que bien puede aparecer solo o acompañado de adjetivos que endurecen el carácter peyorativo que ya tiene de por sí (ver gráfico 4). Este gráfico nos muestra que el término «banda» es el que más se utiliza, seguido de los términos «bandas juveniles» y «grupos». Quizás es también relevante que los adjetivos que acompañan tanto a la palabra «banda» como a «grupo» suelen ser los mismos: son «bandas» o «grupos» juveniles, latinos, violentos, rivales y callejeros y de origen latinoamericano. Esto es un indicio del trabajo de encasillamiento de los colectivos sociales desempeñado por los medios de comunicación. Finalmente, hemos diferenciado entre términos con connotaciones negativas y neutrales, es decir, viendo qué porcentaje de estos términos utilizados

GRÁFICO 4. Palabras que utilizan los medios para referirse a los jóvenes latinoamericanos (noticias recogidas, mayo 2003 - julio 2005)

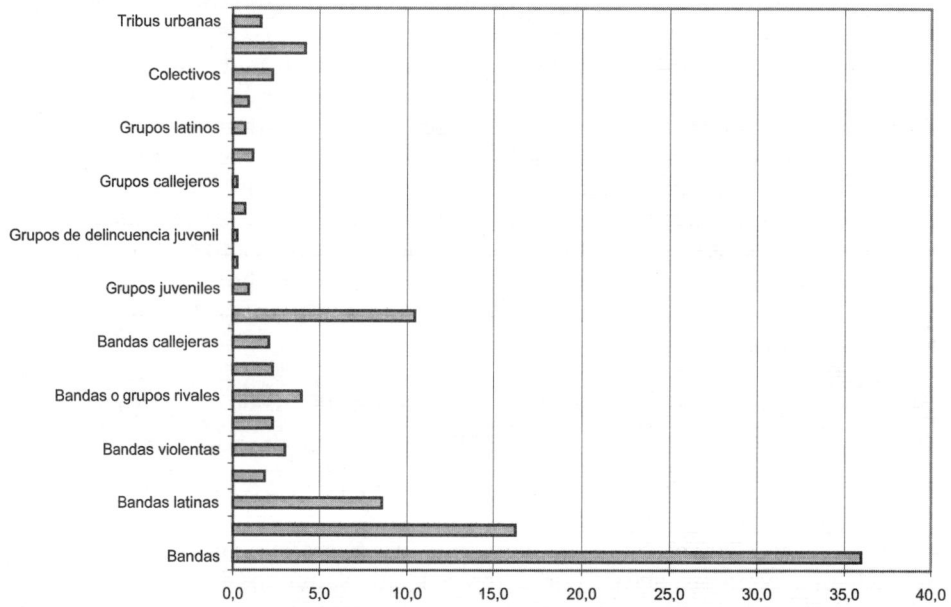

GRÁFICO 5. Porcentaje de términos con connotación negativa o neutral

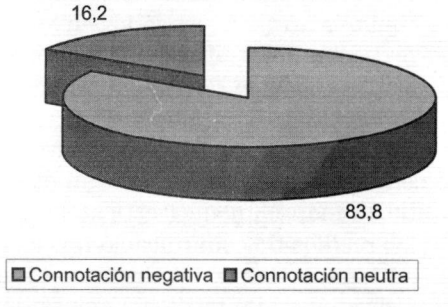

para describir a las «bandas» tienen un marcado carácter negativo. El resultado es claro y conciso: el 16,2% de todos los términos utilizados no tiene una carga semántica negativa. El 83, 8% tiene connotaciones negativas, en el sentido que las palabras con las que se nombran a estos jóvenes están estigmatizándolos y estereotipándolos (gráfico 5).

Otro aspecto interesante son los titulares. En ellos se condensa la información y se busca resaltar aquellos elementos más impactantes de la noticia en sí puesto que lo que se busca es captar la atención del lector o lectora. En un tema como el que nos ocupa, y a la luz de todo lo dicho hasta el momento, no nos debería extrañar cuál es el mensaje que se desprende de los titulares en torno a los jóvenes latinoamericanos en el espacio público. Sobre todo si tenemos en cuenta cuál es la información que los medios ofrecen en relación a estos jóvenes, deduciremos fácilmente cuáles son los términos que más se destacan en las cabeceras de las noticias. En efecto, se resalta la idea de delincuencia y violencia mediante términos como batallas, peleas, apuñalamientos, delincuencia juvenil, crimen, violencia, detenciones, asesinatos, policía y presencia policial:

> Detienen a tres pandilleros de los «LK» por una batalla campal [*El Mundo*, 04/10/2003].
>
> El crecimiento de las bandas juveniles reclama una mayor presencia policial [*El Periódico*, 30/10/2003].
>
> El asesinato de un adolescente en las cercanías del instituto barcelonés en el que estudiaba representa un tipo de violencia que la ciudad no había sufrido hasta ahora [*La Vanguardia*, 02/11/2003].
>
> El asesinato destapó el enfrentamiento entre bandas latinoamericanas en Barcelona [*El Punt*, 03/04/2004].
>
> Detenidos ocho Latin Kings por una paliza en un ajuste de cuentas [*El Mundo*, 10/09/2004].
>
> La pelea mortal de Sants pone en duda la seguridad en los parques [*20 Minutos*, 30/11/2004].
>
> Una pandilla de jóvenes da una paliza a un chico de 15 años en la Sagrera [*El País*, 11/12/2004].
>
> Dispositivo policial para disuadir a las bandas juveniles de los parques y plazas de Barcelona [*El Punt*, 17/12/2004].
>
> La Policía ha detenido en tres años a más de cien jóvenes latinos violentos en Barcelona [*La Razón*, 31/03/2005].
>
> La policía teme que jefes pandilleros de América aleccionen en el crimen a las bandas [*La Vanguardia*, 05/04/2005].

Análisis de casos televisivos

En este plano actúa de modo particular la televisión. Por ello, vamos a analizar brevemente los casos de dos programas televisivos (Tele 5 y TVE) en los que podemos darnos cuenta de que, a pesar de haber sido transmitidos por dos canales cuyas diferencias de imagen parecen estar claramente identificadas por la opinión publica, la una como más frívola y la otra más seria, cuando nos referimos al tipo de esquema narrativo, sobre todo pensando en el uso y dosificación de las imágenes con respecto a las palabras, la representación es la misma, y las diferencias, que son muy sutiles, son perceptibles sólo para los televidentes más atentos, es decir, para una minoría.

Nos referimos a los programas transmitidos en junio de 2005 por Tele 5 y en octubre del mismo año por TVE 2. En ambos casos se trata de un conjunto de reportajes, entrevistas y debates en estudio sobre el tema de las «bandas latinas». Los reportajes son construidos utilizando la técnica del videoclip, con una narración visual rápida y llena de efectos cromáticos, se usan ambientaciones oscuras y el guión esta compuesto, además del comentario de la periodista, por fragmentos de voces *en off* extraídos de entrevistas a presuntos miembros de las «bandas», todo acompañado por una base musical con motivos latinos provenientes del rap y del hip-hop. En el caso de Tele 5 se muestra una entrevista al supuesto líder de los Latin Kings efectuada en un parque, estando sentados los dos en un banco y la entrevistadora que formula preguntas mirando directamente a su interlocutor, que está de espaldas a la cámara. En el caso de TVE 2, se transmite un fragmento de una entrevista realizada a un marero en una cárcel de Centroamérica en la que declara haber matado a más de 40 personas. Finalmente, en ambos casos, se desarrolla el debate en estudio con la presencia de especialistas, académicos, funcionarios y policías. Pasando al análisis, podemos decir que, de modo particular en los reportajes y la entrevista, predomina el uso de recursos que dan cuenta de dos discursos principales: la criminalización y el pánico moral, desde los que la periodista construye una representación noticiosa que más que informar apunta a suscitar en los televidentes un conjunto de emociones ligadas a la ansiedad. El discurso de la criminalización se muestra sobre todo a partir del uso de un vocabulario que de modo enfático asocia la acción de las «bandas» con algunos tipos de delito que corresponden más bien al *modus operandi* de las bandas profesionales del crimen organizado (se repiten varias veces los significantes «pistolas», «asesinatos», «ajustes de cuentas»). Por otra parte, se establece que «los hechos» (sin citar cifras o análisis a fondo) indican que existen conexiones internacionales (en particular con los EE.UU. y Ecuador), creando así la convicción de que las «bandas» tienen una naturaleza de organización criminal con sus ramificaciones, cadena de mandos y niveles jerárquicos bien establecidos. Y sin embargo, al mismo tiempo se argumenta (de modo reductivo y simplista) que el fenómeno de las bandas está ligado a la inmigración latina, con la consecuencia de que ésta se vea reducida o en todo caso asociada a ese fenómeno y, por lo tanto, se alienta no sólo el estereotipo en torno al inmigrante sino el estigma. La presencia de jóvenes extranjeros se relaciona con alarmas sociales como la violencia y la criminalidad que terminan motivando actitudes racistas respecto a este colectivo. Los reportajes insisten mucho en proyectar una imagen de los jóvenes latinos como recién llegados que no se han adaptado a la sociedad receptora, lo que explicaría que sean conflictivos y que estén asustando (¡y podrían estar contagiando!) a los jóvenes «autóctonos». El retrato, en resumidas cuentas, es el siguiente: jóvenes con graves problemas de integración social, procedentes de familias desestructuradas y con elevado fracaso escolar que evidencian falta de control y ausencia de normas de conducta.

El otro discurso, el del pánico moral, es más contundente porque va dirigido a alimentar el miedo y la sensación de vulnerabilidad como consecuencia de la emergencia, alarma social y amenaza que representan las «bandas». Sin embargo, el miedo y la vulnerabilidad no son sensaciones sin rostro, al contrario, se encarnan en la imagen de los jóvenes inmigrantes latinos con sus estéticas y sus prácticas sociales, *de modo tal* que éstas sean leídas a partir de la aplicación binaria y moralista de la oposición de lo bueno *versus* lo malo. En otras palabras, el miedo y los riesgos a ello conexos no resultan ser una condición existencial en abstracto, dado que se pueden identificar con un responsable o, mejor dicho, con un culpable que son esos jóvenes. En síntesis, el pánico moral se construye en base a un esquema de este tipo. Primero, es necesario establecer una narración de «los hechos» recurriendo al recurso del *dramatizado* que los «reconstruye» entregando a los televidentes unos contenidos que crean un efecto de realidad-verdad. Este efecto viene amplificado con el uso «en directo» de testimonios de los propios «protagonistas», para que de su boca se escuchen los relatos «escalofriantes» de la acción violenta que cometen y que, obviamente, se usan para que sean «creíbles».

Segundo, la producción de imágenes debe ser prioritaria sobre cualquier intento analítico, aprovechando el lugar común que afirma que «una imagen vale más que mil palabras». Y de hecho es lo que se hace cuando, por ejemplo, mientras habla algún invitado, más allá de lo que esté argumentando, se transmiten al mismo tiempo imágenes que además, en este caso, se caracterizan por ser sensacionalistas. Está claro aquí que difícilmente el televidente podrá concentrarse en las palabras y que, en cambio, *quedara atrapado* por las imágenes debido a la capacidad que éstas tienen, en especial cuando muestran cadáveres, sangre y toda la parafernalia de una pornografía visual amarillista, de producir *fascinación*, es decir, adherencia irreflexiva a los objetos que se miran. «No importa», estando así las cosas, que las imágenes provengan de otros contextos geográficos (como en el caso de los reportajes que transmite TVE, que son de Centroamérica, que tienen que ver con un fenómeno de indudable complejidad y envergadura como es el de las maras), porque de lo que se trata es de aceptar el criterio dominante en la televisión de que, mientras más impactantes son las imágenes, mayor audiencia se obtendrá.

Tercero, toda la narración, tanto verbal como visual, debe mantener constante la tensión hacia lo que ya hemos señalado arriba como la «dimensión predictiva», que se manifiesta en crear una expectativa latente en cuanto al futuro del fenómeno de las «bandas». Esta tensión se logra por medio de preguntas como ésta: «¿estaremos preparados para hacer frente a esta amenaza?», o afirmaciones de este tipo: «no se sabe todo lo que puede pasar en un futuro dado que se han extendido por toda España». El resultado de esto es que se da a entender que lo que se está viendo no es más que un «capítulo» de los muchos que habrá de una historia policial que apenas comienza. De nuevo se plantea el interrogante sobre si el papel de estos medios es informar o mantener vivo el pánico moral a través de la generación constante de noticias sobre las «bandas» y, por consiguiente, el otro interrogante sobre el valor de la información y la responsabilidad social que a partir de su construcción asumen los medios ante la ciudadanía.

Reacciones a la investigación

Este artículo fue escrito en el marco de la investigación. Al releerlo para su publicación, nos vemos en la necesidad de hacer un último apunte. Tras la presentación pública del estudio se multiplicaron las noticias referentes al tema. Los medios de comunicación se hicieron eco de los avances de la investigación. Así, hicieron llegar al conjunto de la ciudadanía el mensaje que se trata de transmitir en este estudio. Es decir, reprodujeron otro mensaje opuesto al que habían estado produciendo hasta entonces: la deconstrucción de tópicos y el análisis de las condiciones y estilos de vida de los jóvenes y adolescentes latinoamericanos que habitan en Barcelona y su área metropolitana. También se hicieron eco del proceso de legalización que estaban iniciando algunas de las organizaciones juveniles latinoamericanas como los Latin Kings, resaltaron la presencia conjunta de miembros de Latin Kings y Ñetas, etc. Aun así, no dejaron de hablar de «bandas» en los términos en que ya lo habían venido haciendo, aunque a su favor debemos decir que sí se resaltaba su baja presencia y su diversificación en múltiples grupos:

> Latinos y sólo latinos. Un trabajo de campo sobre este colectivo, cada vez más numeroso, ha intentado por primera vez hacer un dibujo preciso y que quiere romper con los tópicos. El estudio se presentó ayer en Barcelona en unas jornadas organizadas por el Ayuntamiento donde se analiza la situación de los jóvenes latinos en Barcelona. El resultado del estudio, según explicó su director, Carles Feixa, habla de un colectivo numeroso; que ha crecido lejos de sus padres; chicos y chicas que aterrizan en Cataluña y que echan de menos su país de origen; se sienten solos en una sociedad que no les entiende. Pero aun así, ante estas condiciones adversas, sólo una minoría opta por integrarse en las bandas [*Avui*, 22/11/2005].

> Líderes de los Ñetas y de los Latin Kings entran en contacto y pactan una relación pacífica. Seguirán un proceso de legalización y proyección pública basados en el modelo de Nueva York. Ha empezado el proceso en Barcelona. Si el domingo eran los Latin Kings quienes acordaban iniciar el camino hacia su legalización, ayer se les añadieron los Ñetas. Líderes de las dos organizaciones entraron en contacto en las jornadas «Joves llatins: espai públic i cultura urbana» y plantaron la semilla de lo que deberá ser una relación formal y pacífica. También empezó el proceso de salida a la luz, mediante la intervención pública de una latin queen, Melody, y un ñeta, David. Aplicarán el modelo de Nueva York, puesto en marcha en 1997 por el padre Luis Barrios [*El Punt*, 22/11/2005].

De nuevo, fueron los periódicos gratuitos los que utilizaron un lenguaje más sensacionalista y mayores referencias visuales y recursos periodísticos vistosos, y los que más resaltaban las conclusiones del seminario sobre las «bandas» en sí.

> Barcelona tiene ya 25 bandas latinas con un millar de jóvenes. Los investigadores de las bandas latinas han hallado hasta 25 nombres de pandillas distintas en Barcelona. Consideran que el fenómeno no justifica ninguna alarma social y destacan que afecta sólo entre un 3 y un 5% (de 600 a 1.000 jóvenes) de los 50.000 latinoamericanos que viven en la ciudad. Además, las bandas no son organizaciones delictivas ya que algunas quieren que se les reconozca como cualquier otra asociación cultural [*20 Minutos*, 22/11/2005].

Debemos esperar que a raíz de dicha investigación los medios modifiquen mínimamente su discurso, es decir, sería de esperar que empezasen a tratar el tema en su conjunto y no haciéndose eco, únicamente, de los rasgos estéticos y conductuales de estos jóvenes.

Conclusiones

Lo que se ha presentado aquí es un pequeño esbozo de cómo aparecen las agrupaciones de jóvenes latinos en los medios de comunicación. Decimos esbozo porque somos conscientes de que tan sólo hemos apuntado algunos elementos para la reflexión que, evidentemente, pueden ser ampliados en un futuro. Sin embargo, con lo expuesto hasta el momento podemos extraer diversas conclusiones e intentar proponer ideas de intervención en el seno de la cobertura mediática.

Este artículo debe ponerse en relación con las entrevistas y el trabajo etnográfico realizado en el marco de la investigación. Sólo así podremos afirmar que lo que nos están noticiando los medios representa una realidad sesgada. Al margen de entrar en un debate sobre la veracidad o no de determinadas noticias, lo que sí se puede afirmar es que la vida de la mayoría de estos jóvenes no queda para nada recogida en los medios. Las observaciones etnográficas en espacios públicos (parques, plazas, centros comerciales) nos permiten en parte contrastar las noticias de prensa. Entendemos que la vida cotidiana de los y las jóvenes no es un hecho suficientemente interesante para la mirada sensacionalista de los periódicos y programas televisivos. Pero sería necesario que se fomentara un periodismo en el que los aspectos de la vida cotidiana se tuvieran en cuenta: en los espacios públicos observados hay jóvenes latinos que utilizan estos lugares como espacios de relación y de socialización. Se juntan en los parques a conversar, a jugar a básquet, para estar juntos, etc. Es decir, que la realidad es la de unos jóvenes que utilizan los espacios que han sido diseñados específicamente para eso: ser utilizados colectivamente. Y nada tiene que ver con una idea repetida constantemente por los medios: la ocupación (en el sentido negativo de la palabra) de los espacios públicos por parte de jóvenes violentos de origen latinoamericano. Con ello apostamos por el inicio de un debate real entre los propios redactores de los medios de comunicación que permita realizar una autorreflexión sobre su implicación en la construcción social de los fenómenos. Esto debería traducirse en el fomento de una imagen en positivo de estos jóvenes; el conjunto de la ciudadanía debe acercarse a la vida de los jóvenes latinoamericanos no desde la mirada actual que nos ofrecen los medios, puesto que esta investigación demuestra que ésta es sesgada y deja fuera la realidad cotidiana de la mayoría de adolescentes de origen latinoamericano que habitan en la ciudad de Barcelona. Esto implica que las noticias no sólo pueden dar cuenta de los hechos delictivos, sino que deberían generarse noticias sobre aspectos de la vida cotidiana de los grupos que nada tienen que ver con la violencia. Y ello requiere una interlocución directa con los jóvenes de origen latinoamericano: los medios deben acercarse y dar voz a este colectivo, no se puede hablar de ellos sin contar con ellos y ellas.

En cuanto a la utilización del lenguaje, los medios deben utilizar un lenguaje no discriminador de los jóvenes, ni por el hecho de ser jóvenes, ni por el hecho de ser inmigrantes. Esto implica tener mucho cuidado con los términos en que se redactan los titulares, así como con los fragmentos destacados. Las partes más llamativas de la noticia son precisamente las que más llegan al gran público y, por tanto, juegan un papel muy importante en la conformación de la opinión pública. Y, por último, recordar que se debería hacer un esfuerzo por ampliar o diversificar el tipo de fuentes de información consultadas. Organizaciones e instituciones sociales, los propios jóvenes, voces de académicos/as deben entremezclarse o dialogar con las voces de policías y jueces que, en la actualidad, son las mayoritarias. Sólo así se puede fomentar que las fuentes consultadas aporten informaciones detalladas, reales y contextualizadas, puesto que de ellas dependen el sentido y la orientación tanto del titular como del cuerpo de la noticia.

Por ello, instamos a una revisión y a una reflexión en torno a las imágenes y el discurso que se está generando. Éste es un ejercicio tan necesario como urgente. Los relatos de los propios jóvenes nos demuestran que se sienten atacados por el hecho de ser latinos y compartir un estilo estético determinado. El tratamiento periodístico no neutral al que estamos tan acostumbrados está favoreciendo que este grupo se convierta en más vulnerable, con lo que se generan graves problemas para la convivencia pacífica entre jóvenes y adultos de todas las procedencias. Finalmente, y a tenor de los hechos acontecidos con posterioridad a la realización de la investigación: como es sabido, en Barcelona se está produciendo un proceso lento, pero a la vez imparable, de legalización de las agrupaciones juveniles de jóvenes latinoamericanos. Sería fabuloso que los mismos medios que en su día sirvieron para construir una imagen negativa de estos y estas jóvenes sirviesen ahora como plataforma de expresión de las agrupaciones juveniles que están intentando legalizarse.

8
Jóvenes 'latinos' y espacio público

Laura Porzio y Santiago Martínez

Este capítulo pretende ofrecer una visión general sobre cómo los colectivos juveniles de origen latinoamericano viven los espacios públicos. En primer lugar se analiza la percepción que tienen estos jóvenes sobre el espacio público y se describen las actividades focales que llevan a cabo. Después nos centramos en el caso de las manifestaciones lúdico-festivas y en sus representaciones y significados simbólicos. Para acabar, analizamos las experiencias relacionales entre jóvenes con diferente adscripción cultural. Se ha optado para combinar el análisis con el material oral, y se acaba el texto con una selección de observaciones etnográficas.

Introducción

—¿No vais nunca a los parques?
No vamos porque no tenemos cerca. Generalmente la gente busca los parques pero nosotros no tenemos, hay uno que está en el barrio que ya está ocupado, como quien dice.
—¿Por quién?
Por otro grupo de latinos... con excepción de las canchas ésas de los filipinos, donde no hay ecuatorianos. [...] Poder ir podemos, el problema es que si vamos, hay mucha tensión en el ambiente. Al no conocernos ellos dudan, sospechan que podemos ser de algún grupo contrario... cualquier cosa, y se crea ahí una tensión en el ambiente horrible [...] Es cuestión de territorio... A ver, a mí no me pasa. Si estoy solo voy a cualquier sitio sin tener miedo de quien está o deje de estar. Con un poco de miedo... sí que me provoca un... no sé... cómo te explico... nervios, porque a lo mejor me han visto con ellos y se piensan que soy de la banda o cosas así [Christian, Ecuador, 16].

La observación y las entrevistas individuales en profundidad son las dos técnicas cualitativas que privilegiamos como herramienta de análisis y descripción de los usos que las y los jóvenes latinos hacen del espacio público. Durante el trabajo de campo se adoptó esta metodología cualitativa, intentando en todo momento que las dos técnicas se complementasen entre ellas. En otras palabras, se realizaron observaciones, participantes y externas, eligiendo los lugares según lo que explicaban los jóvenes durante las entrevistas. También se quiso comprobar quiénes eran estos jóvenes que cotidianamente «ocupan» el espacio público y qué tipo de actividades realizaban, eligiendo rutas urbanas marcadas por los discursos institucionales y mediáticos. En otras palabras, queríamos comprobar la veracidad de las informaciones que durante estos meses íbamos recopilando en la prensa. Al mismo tiempo, las observaciones proporcionaron nuevos informantes que accedieron a participar en nuestra investigación, dejando su testimonio como actores protagonistas. En las fuentes orales, además, se consideraron fundamentales los testimonios de todos aquellos adultos que, por su experiencia profesional o personal, tienen una visión privilegiada de los colectivos latinoamericanos en general y de sus jóvenes en particular. Este capítulo se basa en todas estas incursiones, se ha querido dejar testimonio eligiendo las notas del diario de campo y las citas de entrevistas más interesantes que nos permiten describir y analizar este fenómeno social emergente. El objetivo principal del capítulo es, pues, ofrecer una panorámica general sobre cómo estos jóvenes utilizan los distintos espacios de la ciudad.

La percepción del espacio público: entre legitimidad e ilegitimidad

El punto central de la reflexión de esta parte del estudio converge en torno a las redes de significación que las y los jóvenes construyen en los espacios públicos para definirse como sujetos. Hablamos entonces de sistemas de comunicaciones, formas de expresiones y de representaciones que «significan» mediante elementos materiales e inmateriales y las prácticas significantes que los revelan, en otras palabras, a través de las pautas en que se utilizan éstos mismos para expresar unas identidades (Hebdige 2004, Hall *et al.* 1983).

Lo que nos interesa es describir cómo los jóvenes latinoamericanos se transforman en individuos sociales y se reconocen como sujetos, cómo definen sus formas de ser «diferentes», cómo se relacionan con los «otros» y cómo crean sus espacios. El espacio público se puede definir como un conjunto de escenarios donde las personas que los usan tienen la oportunidad de desarrollar distintas acciones. Estas acciones representan modalidades de sociabilidad mediante las cuales los mismos usuarios pueden representar lo que son o lo que quieren ser. Cuando la acción no se limita a cruzar momentáneamente un territorio, sino que se desarrolla mediante la apropiación de un lugar donde llevar a cabo una actividad lúdica, el valor simbólico prevale sobre el empírico. Todo tipo de actividad que se realiza en el espacio público (festiva, deportiva, de consumo, etc.) tiene la peculiaridad de autoorganizarse mediante estas mismas prácticas y de transformar el espacio público en espacio ritual (Delgado 2003).

Los jóvenes latinoamericanos acostumbran a vivir el espacio público de manera intensa y continuada, ya que vienen de países donde la calle se considera un lugar destinado a la socialización primaria. De hecho, el tiempo dedicado a las actividades desarrolladas al aire libre se ve influido por los nuevos conceptos urbanísticos a que se enfrentan a su llegada (espacios de vivienda más reducidos, menor cantidad de espacios verdes, menos tiempo libre, etc.). Los estilos de vida de estos jóvenes se ven modificados repentinamente, generando valoraciones negativas respecto a sus nuevas condiciones.

> Cuando llegué fui a casa, donde estábamos antes de alquiler, era en el mismo barrio donde vivimos ahora, pero en un piso de compra. Cuando llegué y vi el piso me quedé... Era como en las películas, como un hotel.

—¿Por qué un hotel?
Porque en el hotel tienes esto, una cocina y es... un bloque de pisos, era un bloque grande y estábamos en el séptimo piso y claro, yo allá vivía en una casa de tres pisos. Me hizo una impresión, yo pensaba que tendríamos una casa... parecida a la que teníamos allá y cuando llegamos pensé: «Y esto qué es?». Y cuando entramos, uaf... era muy pequeño y yo estaba acostumbrada a un lugar grande, no sé... yo estaba acostumbrada a tener que ir de un lado a otro de la casa y aquí ibas al lavabo y ya te encontrabas las habitaciones y bajabas al salón. ¿Mi habitación? No me gustaba nada y las primeras noches tenía un miedo, no sé de qué... estoy en una ciudad que no es mía, en una casa que no es mía, me sentía sola. Ahora me he acostumbrado pero al principio sentía que nada era mío [Vanessa, Ecuador, 13].

En casi todas las entrevistas realizadas con las chicas y los chicos se ha discutido sobre la notable reducción de espacio a que se enfrentan cuando llegan a Barcelona y ven por primera vez sus nuevas viviendas. Amoldarse a vivir en unos pisos y ya no en casas con patios o jardines, no comporta sólo compartir habitaciones entre miembros de un núcleo familiar numeroso, sino aprender nuevas normas de convivencia entre vecinos, ya que en la nueva situación el confín entre su espacio privado y el de los demás no es un patio sino paredes.

—¿Estuviste contenta de venir a vivir a Barcelona?
No me gustaba mucho la idea porque allá estaba bien y allá podía hacer ruido toda la noche y aquí... no puedes hacer mucho ruido porque te vienen y te dicen: «Ay... porque no sé qué...». Y allá estaba toda la familia y cuando me fui me puse a llorar porque a mi abuelita yo la quiero mucho.
—¿Qué conocías de Europa, de España, de Barcelona... antes de viajar para aquí?
Que aquí habían edificios y eso a mí no me gustaba porque ya me imaginaba que te podían venir a decir algo... yo era muy gritona ya y me dicen que hablo muy fuerte y aquí no te dejan escuchar música muy fuerte. Además por el calor, sabía que aquí hacía frío y a mí no me gusta, me gusta más el calor [Mélani, Ecuador, 16].

En sus países de origen es muy común organizar fiestas en las propias casas o simplemente reunirse para escuchar música y charlar. Estas costumbres generan problemas en la convivencia con los nuevos vecinos que degeneran a veces en verdaderas incomprensiones y conflictos.

—¿Vivíais en un piso en Ecuador?
Qué va, en una casa. En mi pueblo no hay pisos, hay sólo casas. No sé, no me gusta cómo vivo aquí, la casa de allá era mucho más grande y eso de la música... Me gusta escuchar la música alta... no alta, normal... y tampoco te puedes quedar hasta muy de noche hablando y si te ríes un poco duro... y por la noche tienes que caminar despacio porque si no haces ruidos en el suelo y los de abajo se enfadan. [...] Ah, la de mi país es mil veces mejor. Porque en mi país podía poner la música en el volumen que me daba la gana y aquí, puedo escuchar música pero con la oreja pegada ahí porque si no los vecinos... Ya tuvimos un problema con una vecina. Parece ser que esta vecina ya tenía problemas con las parejas que vivían en mi casa... esta señora es de aquí y se ve que le molestamos. Una vez estaba escuchando música con mis amigos y esta señora pica a la puerta y yo: «Diga». «¡Puedes hacer el favor de bajar eso!». Y yo: «Vale, pero otro día se pide el favor con más tranquilidad». Y claro, empezó la discusión... Otro día me quedé sin llave y estaba esperando a mi hermana en la escalera, comiendo galletas y sube la señora y me dice: «¿Qué, otra vez molestando en la escalera?». Y me dice que qué

> hacemos aquí, que mi padre y mi madre ya tienen demasiado dinero y que nos vayamos, y claro, yo estaba con un amigo que la empezó a llamar racista y otra vez la discusión. Vaya que tenemos problemas con la señora ésta, y nada, está loca [Brenik, Ecuador, 16].

La imposibilidad de realizar cualquier tipo de actividad en su propio lugar doméstico empuja a estas chicas y chicos a pasar muchas horas en la calle y en los parques, para encontrarse con otros jóvenes que están viviendo sus mismas experiencias y con quienes comparten gustos y costumbres. De hecho, los espacios al aire libre son lugares de actividades y de encuentro para el colectivo latinoamericano en general, se puede afirmar que la calle es como una prolongación de la vida familiar. Eso tiene razón de ser, primero, por motivos económicos y la consiguiente imposibilidad, en la mayoría de casos, de obtener viviendas, como ya han demostrado los testimonios anteriores. Segundo, por el hecho de ser originarios de países calurosos, donde la población vive y pasa muchas horas en la calle para defenderse de las altas temperaturas que se alcanzan en sus casas.

> Y con mis amigos también... hay una cosa en Santo Domingo que se llama canales, de donde baja mucha agua y nos bañamos, y nosotros siempre estamos jugando y estamos en el sol... También siempre hay la mata del mango, vamos a coger mangos, también hay un fruto que se llama manzana de oro y también hay las verdes. Es que las frutas de aquí no son como las de allá y, qué más... siempre hay polvo y tierra, mucha tierra y siempre hay bulla... música puesta, subida y con el volumen a tope en las casas, en los bares, donde quieras. Si tú estás en tu casa en Santo Domingo y estás escuchando música y quieres subir el volumen, tú lo subes hasta donde quieras. En Santo Domingo es diferente de aquí, aquí tú no puedes subir el volumen mientras que allá tú lo puedes subir a tope y nadie te dice nada, la gente se pasa toda la noche oyendo música... sí, sí, hay mucha gente que amanece en la calle, sí, sí [Lucía, R. Dominicana, 15].

Durante las observaciones etnográficas hemos observado que hay una diferencia de género remarcable entre la presencia de las chicas y de los chicos en la calle.

> —¿Y chicos y chicas están en la calle de la misma manera?
> La calle es de los chicos. La mayoría son chicos. Y unas chicas, pero están más limitadas. Las chicas, por el hecho de ser chicas, tienen más limitada su movilidad y su libertad de movimiento, y más cuando los espacios de encuentro y de relación son en la calle. Porque están más controladas por los padres... porque... Bueno, están más limitadas, no se ven tanto, aunque en la calle hay de todo, chicos y chicas, pero podríamos decir que hay más chicos que chicas [Educador de Serveis Socials].

Las esquinas, los parques y las canchas son lugares masculinos donde las chicas tienen un papel secundario. Los grupos que hemos podido observar estaban formados casi exclusivamente por chicos que se dedicaban a jugar al básquet, a charlar, etc. Las chicas, en cambio, atravesaban estos espacios sin tener un rol establecido: aparecían en grupos de dos o tres, se quedaban al margen y finalmente eran casi siempre los chicos los que se acercaban a ellas, protagonizando la acción.

> A ver, es distinto, también las chicas están, pero ellas van a las peluquerías, están paseando... hay una maternidad muy precoz. Es normal que una chica dominicana con 16 o 17 años ya sea madre, y entonces ahí sí que las ves en la calle con el coche del bebé

y yendo a comprar y p'aquí y p'allá, y tienen un pequeño local, se han hecho un pequeño local donde juegan al dominó y se pasean p'allá. Los bebés son muy queridos por la sociedad y de esta manera ya sacan a sus bebés a la calle donde para el primo, el amigo, hay familias... es la proyección absoluta de su medio social, ahí se hace sociedad, en la calle, sobre todo en el verano. Durante el invierno se guardan más, lo sufren. El chaval, en cambio, está más en la calle mirando si se pasa la chica tal, haciendo sus historias, sus intercambios de lo que sea... hay algunos que no son tan inocentes, otros que están pillando su poco de porro. Todo lo que conlleva un grupo de chavales por la calle, que eso no es nada nuevo, lo hacen los chavales españoles también, o sea... [Educadora].

Las chicas demuestran preferir otro tipo de lugar de encuentro, más íntimo y más alejado de las miradas ajenas, donde construir su identidad subjetiva como latinas. Ya veremos cómo y de qué manera utilizan los espacios lúdicos y las fiestas para representarse e interactuar con los chicos.

Los espacios públicos como escenarios lúdicos y festivos

—¿Crees que los latinoamericanos nos divertimos de otra manera en comparación a los españoles?
Sí, bueno. Tenemos diferentes, a ver, por ejemplo, los sudamericanos somos más, eh, que nos podemos tomar una cerveza en una plaza, ¿sabes?, y el español va y se junta en un restaurante, comen, bueno, cenan, se toman sus copas. Pero el sudamericano, no sé si será por ahorrar o por estar ahí en una plaza, tomarse una cerveza, tomarse algo en la playa. A lo mejor, como aquí en España no está prohibido beberse una cerveza en la playa y en Sudamérica sí, por lo mismo se hace. Se nota ver gente yendo a la playa, y dices... éstos son sudamericanos, el español no lo hace [Damián, Chile, 22].

Marcel Mauss, en su artículo «Técnicas y movimientos corporales» (1991), propone la idea de que convertirse en un individuo social implica un aprendizaje corporal. Sobre la base de esta definición proponemos pensar el cuerpo humano como un sistema de clasificación y metáfora del sistema social y la corporeidad como un eje central en el proceso de construcción de los sujetos juveniles (Turner, 1994). Fundamental es la noción de *embodiment*, donde el cuerpo es un agente social en sí mismo y participa en los procesos de creación, representación y transformación de las prácticas culturales (Bourdieu 1988 y 1997). Los jóvenes latinoamericanos construyen y representan su identidad alrededor del concepto de «lo latino» que utilizan para estructurar su pertenencia al grupo y definir su identidad alrededor de su origen, su lengua y sus gustos estéticos, musicales y lúdicos. Como se apuntaba anteriormente, este sentimiento identitario, que nace en el momento en que se emigra y se llega a un territorio ajeno, se podría definir como un recurso que estos jóvenes tienen para identificarse con otros jóvenes que están viviendo su misma situación. Como un recurso para expresarse. Como un recurso para diferenciarse de las y los jóvenes autóctonos y finalmente como un recurso para defenderse de otros colectivos que pueden parecerles hostiles.

Los espacios públicos son escenarios ideales donde representar esta identidad colectiva mediante sus prácticas culturales y, de hecho, existen determinadas palabras claves que para estas chicas y chicos se han vuelto sinónimos de latinidad como «ir de ancho», «vestir de rapero», «llevar gorra».

> Visten rapero, allá le dicen vestir de you. Hay mucha gente que viste así, también gente de 25 o 30 años. Les gusta llevar viseras, gorras por los lados, que aquí casi no se la ponen. Llevan ropa ancha, con los pantalones casi al culo, a muchos dominicanos les gusta mucho vestir así, aquí también visten así los dominicanos.
> —¿Sólo los dominicanos?
> No, también españoles pero a mí la combinación que hacen no me gusta.
> —¿Por qué? ¿En qué se diferencia?
> Los dominicanos se ponen un pantalón ancho, con unas botas, pero unas botas grandes con los cordones desatados y llevan un polo ancho que les llega hasta el culo, y se lleva una cinta aquí y una gorra. Aquí les gusta, visten ancho pero no tanto, no van tan de raperos [Lucía, R. Dominicana, 15].

Lucía identifica determinados elementos estéticos como los pantalones y camisetas anchas, gorras y cintas en la cabeza, etc., con el colectivo dominicano. Además, evidencia que lo que diferencia al colectivo latino de los jóvenes autóctonos no son los objetos en sí mismos, sino la manera de llevarlos. Lo que construye esta identidad, por lo tanto, es el significado que adquiere llevar «los pantalones casi al culo» y las gorras con viseras y «por los lados». La mayoría de chicas y chicos nos hablan de la existencia de estos elementos dentro del abanico de posibilidades de sus gustos, tanto si los comparten como si no. Por ende, los latinos utilizan explícitamente determinadas prendas y formas de llevarlas como símbolos de identificación y, al mismo tiempo, de diferenciación.

> Por ejemplo, se empezó a vestir como... mmm... el típico español que va con ropa ajustada, delgado, todo blanquito, pelos de punta... optó por esa forma de vestir, por esa estética. Yo sé que en el fondo él no es así pero es lo que empezó a aparentar. También cambió la forma de hablar por la forma de hablar que tienen aquí, sus amistades, en cambio, de ser de ahí variaron, se hizo sólo con españoles... Lo que no me gustó es que diese la espalda a lo que es él, él es ecuatoriano y con orgullo que es ecuatoriano, porque no es nada malo, pero es que a él no le gusta, él a lo mejor cuando ve otro ecuatoriano dice: «¡Qué hace ese payaso!». E incluso llega a insultarlo. Porque a lo mejor lo ve todo de ancho, ancho y moreno, un ecuatoriano, ecuatoriano [Christian, Ecuador, 16].

La música y el baile son otros dos elementos que dotan de valor simbólico para representarse colectivamente. Los ritmos latinos como el reggaeton, la bachata, la salsa, etc., llenan su tiempo libre como música para escuchar, música para crear en el caso del rap, y ritmos para bailar. Muchas chicas entrevistadas nos han hablado del baile como práctica cultural que se realiza en la intimidad, entre un círculo reducido de amigas.

> —¿Y el reggaeton?
> ¡Sí! También me gusta, es muy movido y a mí me gusta bailar, aunque yo soy muy tímida, pero a mí me gusta bailar. Claro, bailo con mis amigas... y ya está... bailar nos gusta a nosotros... El baile es diferente, no es vulgar. Es un manera de dejarte ir, para descargar adrenalina y estrés [Vanessa, Ecuador, 13].

Se baila en las discotecas, en las fiestas y en los conciertos con amigas y amigos, aunque nos parece muy interesante cuando el bailar escenifica un espectáculo.

—¿Por qué te gusta tanto bailar?
No sé, la costumbre... haciendo el corrillo y bailando. Aquí también bailo, el día 17 vamos a hacer un baile en una plaza. Vamos a hacer un merengue, queríamos hacer un reggaeton pero vamos a hacer un merengue porque es más movido. [...] Sí, nos avisaron... un casal aquí del barrio, es una fiesta y nosotras bailamos y decidimos ensayar un baile para bailarlo el viernes... Tengo un grupo de baile... te dan una invitación a una fiesta para bailar reggaeton, merengue y todo eso. Y nada. Con la música y probamos pasos. Y nada, me gusta, a veces me da vergüenza pero cuando me subo arriba y veo toda esta gente y comienza la música se me olvida todo [Lucía, R. Dominicana, 15].

Los testimonios orales recogidos durante el trabajo de campo demuestran que los elementos estéticos, los estilos musicales y las actividades focales descritas no tienen por qué significar ser miembro de una organización estructurada, ni ser responsable de acciones delictivas y/o violentas. La explosión mediática del fenómeno de las «bandas latinas» ha creado un estereotipo que identifica tener rasgos latinos, vestir de ancho y escuchar rap y reggaeton con ser violento, peligroso y antisocial. Este tópico viene siendo denunciado por los protagonistas de nuestra investigación que en algún caso han optado por renunciar a estas expresiones culturales para evitar que los identifiquen con prácticas y acciones que no les pertenecen.

—¿Qué es para ti ser rapero?
No sé bien si decirlo así, me gusta y me... estoy acercando. Me gusta la forma de vestir: pantalones y camisetas anchas y los zapatos que casi todos los raperos los llevan de básquet. Es que eso del rap, se lleva casi todo de básquet, camiseta de equipos de básquet. [...] Vamos a mirar a los que hacen graffiti por la calle también. Pero los que hacen graffiti no son raperos. A ver, éstos no son raperos pero hacen graffitis, y luego hay los raperos, que bailan y también hacen graffitis, bailan y rapean y no sé, después cada uno hace lo que le gusta más. Yo prefiero rapear [Andrés, Ecuador, 14].

Vemos cómo Andrés, después de haber explicado qué le gusta del movimiento hip-hop, explica qué diferencia su cultura juvenil de las organizaciones latinoamericanas.

—¿Qué opinas sobre el hecho de que tu estética se identifique con las bandas callejeras?
Que una cosa es la música, que a uno le guste la música y que uno sea de una banda. Yo creo que éste es el problema, el grupo... los raperos también tienen su banda para escuchar música, bailar... las bandas es que sólo se visten de raperos, no rapean [Andrés, Ecuador, 14].

Los raperos se definen por sus gustos y sus actividades focales, mientras que, según Andrés, los miembros de las organizaciones utilizan simplemente la estética y dejan de lado los otros elementos de esta cultura juvenil. Andrés, como otros, finalmente decide suavizar y no adoptar todos aquellos elementos estéticos estigmatizados que podrían traerle problemas. Cuando quienes se expresan con estos elementos identitarios son chicas, las estigmatizaciones pueden ser aún más violentas y conflictivas. La opción entonces es renunciar a lo que les gusta o ser juzgadas por lo que se aparenta y no por lo que se es.

Algunas chicas también se visten así, yo a veces me visto así pero a mi padre no le gusta porque dice que soy una mujer y queda mal, tengo ropa pero casi no me la pongo. Aquí en España me da vergüenza... de lo que pensarán, en Santo Domingo me da igual, allá no me preocupa. No sé, en Santo Domingo iba así pero aquí las cosas han cambiado mucho, me dicen que soy ya una señorita, que tengo a mi novio y que no puedo ir vestida de rapera (ríe). Antes llevaba gorra, yo venía al colegio con gorra pero ahora no, me dicen que me puedo poner visera pero no gorra.
—¿Quién te dice eso?
Mi padre, mi hermano, mi novio... no sé, yo a veces me la meto de lado, así, pero ellos dicen que me buscaré problemas aquí en España. Los amigos míos me dicen que se confunde mucho con los Latin, los Ñetas y todas estas cosas. Me dicen que no me meta en problemas, que si yo me meto me ayudarán, pero yo tampoco me quiero meter en problemas [Lucía, Santo Domingo, 15].

A ver, hace poco, me parece que en el mes de mayo, mi tutora me dijo que quería hablar con mis padres. Me preguntó si tenía miedo que hablara con mis padres y yo, claro, le dije que no, que yo no me había portado mal ni nada por el estilo y que entonces por qué tenía que tener miedo. [...] Yo pensé que iba a decir cosas a mis padres que no eran verdad, que igualmente se iban a enfadar conmigo. Por esa razón le pedí a mi hermana de ir ella, a la mayor. Y vino mi hermana mayor y estaban hablando y yo pensaba que iban a hablar de cómo me iba el instituto y me llaman y mi hermana me dice que me tengo que portar bien, y yo, claro: «¿Cómo que me tengo que portar bien?». Y salimos de ahí y mi hermana me dice: «Brenik, tu tutora dice que estás en una banda». Yo: «¿Qué?». Y yo, claro, que me estoy enterando que estoy en una banda, y claro, yo pensé ¿y ella qué sabe?, ¿y cómo?, ¿y por qué?... yo nunca había dicho nada de bandas en el instituto ni nada por el estilo... y mi hermana me dice: «¡Por la forma de vestir!». ¡Joder! A ver, me molestó por dos razones principales: que diga cosas que no son verdad y que me juzgue por mi manera de vestir [Brenik, Ecuador, 16].

Cuando Brenik u otras chicas y chicos como ella se juntan con sus amigos en la calle, en un parque o en una plaza, la estigmatización individual se vuelve colectiva y quienes los miran creen y afirman que se encuentran delante de una «banda» violenta y peligrosa. Las observaciones etnográficas llevadas a cabo en distintos espacios públicos han demostrado que no existen elementos externos que a simple vista puedan ser acusatorios, que los usuarios de origen latinoamericano de estos espacios utilizan la calle como lugar de encuentro y de socialización, sin que eso desemboque automáticamente en comportamientos incívicos o delictivos.

En febrero participamos en una fiesta donde la mayoría de asistentes eran latinoamericanos. La fiesta se desarrolló sin hechos relevantes o extraordinarios, sino que fue muy interesante poder observar las formas rituales que en que se suele utilizar la música en todas sus manifestaciones (actuaciones de rap, bailes, etc.). A la salida, mientras los chicos se aglomeraban delante del lugar de la fiesta para despedirse entre ellos, unos jóvenes autóctonos se nos acercaron y nos aconsejaron irnos de allá ya que «estaba todo lleno de Latin Kings». Sus rasgos étnicos y su estética fueron suficientes para que los viandantes los identificaran y juzgaran y para que nuestra presencia como observadores fuera vista como arriesgada.

La hora del patio

En el barrio donde se encuentra sumergido el IES residen la mayoría de comunidades de inmigrantes, aunque en los últimos cinco años la manera de vivir se ha transformado radicalmente. Mientras que antes los inmigrantes, de cualquier nacionalidad, llegaban para quedarse, ahora la comunidad latina está experimentando nuevas formas de ocupación de este territorio: algunos jóvenes y adultos entrevistados explican que muchas familias empiezan su experiencia como migrantes aquí para después alejarse del centro y conseguir así viviendas más grandes, con más prestaciones y mejor calidad. La juventud, sin embargo, sigue teniendo como punto de referencia el barrio, para pasar el rato durante el tiempo libre y porque tienen allí el centro educativo de referencia. De hecho, las inscripciones de estudiantes que no residen en el barrio han aumentado mucho a lo largo de los últimos años. A veces los estudiantes marchan hacia otros centros escolares próximos a las nuevas viviendas, aunque cuando no consiguen integrarse o adaptarse piden poder volver a su instituto de antes. Con todos estos datos en la cabeza empiezo a mirar a mi alrededor. Ya es la hora del patio, los más grandes salen a la calle, los que se quedan (hasta segundo de ESO) empiezan a llenar los pasillos, las escaleras, los espacios comunitarios y principalmente los dos patios. Lo que diferencia a los patios es que en uno se puede jugar a baloncesto y al otro van los amantes del fútbol. Para empezar decido quedarme en el primero y después cambiar la perspectiva de observación. La extensión del patio está ocupada en buena medida por una pista de baloncesto, alrededor unos peldaños para poderse sentar y después espacios abiertos para descansar entre clase y clase. La primera impresión es bastante caótica: chicos y chicas de cinco nacionalidades diferentes, agrupados por país de procedencia, por género, por actividades. De hecho no consigo fijarme en el desarrollo de la acción y descubrir de qué manera puedo averiguar el entramado de culturas y costumbres. Junto a la puerta hay un grupo de chicos paquistaníes que hablan y hacen bromas entre ellos, ante ellos están las chicas de la misma nacionalidad. Las cinco llevan el vestido tradicional de su país y me sorprende mucho ver cómo estas chicas de 14 o 15 años pasan el tiempo jugando, cogiéndose las manos y haciendo juegos de corro. En la otra punta del patio, sentadas en los peldaños, seis chicas latinas del centro y del sur del continente miran una revista, como por ejemplo *Ragazza* o *Vale*, donde se pueden encontrar noticias sobre el grupo musical o cantante favorito, hablan de sexo, etc. En medio de estos dos escenarios está la pista ocupada por la gran mayoría de estudiantes. Al principio me parece que filipinos, autóctonos, latinos, marroquíes están jugando todos juntos, pero después me doy cuenta de que hay varias pelotas en el campo y, gracias a la ayuda de la profesora encargada del control, descubro que cada grupo nacional gestiona su pelota y su juego. Los chicos que destacan más por su estética espectacular son los filipinos, que parece que siguen los patrones culturales del hip-hop. De pronto se genera un conflicto y la profesora tiene que intervenir: un chico paquistaní ha molestado verbal y físicamente a una chica dominicana, que reacciona de manera muy animada. La profesora consigue que el chico pida perdón y el ambiente se vuelve tranquilo. Me desplazo hacia el otro patio, que está ocupado por chicos y chicas latinas de unos 12-13 años. Esto se debe a que los más grandes, teniendo la opción de salir, prefieren aprovecharla, en el otro espacio, en cambio, he visto a chicos y chicas más grandes, que quizás prefieren quedarse en la infraestructura del instituto. Diez chicos juegan a fútbol en dos grupos y hay alguna chica que se sienta alrededor del campo, a la sombra. En comparación con la otra zona aquí está más vacío y más tranquilo, la acción principal se concentra en el fútbol y las chicas se quedan sentadas todo el rato, sin demostrar demasiada vitalidad. ¿Será debido a que el encargado de vigilar es el director del instituto? Se acaba el recreo y los pasillos, las escaleras y los espacios comunitarios vuelven a llenarse de estudiantes que se cruzan con los que habían salido afuera, vuelven a mezclarse voces, idiomas, estéticas y rasgos físicos. Esta torre de Babel no desaparece hasta que todo el mundo vuelve a entrar a su aula [Diario de campo, 24 de mayo de 2005].

La esquina del barrio

Llego a la estación de metro donde había quedado con Christian y le espero. Ya me estoy acostumbrando al significado del tiempo para estos chicos, todo se dilata y el concepto de las horas, de los minutos, es totalmente arbitrario. La espera es más corta de lo que me pensaba y Christian ya está conmigo. Salimos del metro y empezamos a andar hacia la plaza, cuando llegamos me encuentro en un lugar que no es bien bien una plaza, pero igualmente hay espacio suficiente para que un grupo de chicos y chicas se puedan reunir, ellos le llaman la habitación. No hay nadie, es pronto y esperamos. Llegan dos chicos ecuatorianos y me los presenta, se muestran sonrientes y amables pero se nota que se sienten incómodos... de hecho, ¡la sensación es recíproca! Uno de los dos chicos tiene la pierna izquierda del pantalón levantada porque se acaba de tatuar, Christian me explica que tiene 19 años, que trabaja en una lavandería por la noche. El tatuaje es de estilo tradicional *new school*: un corazón con llamas y un pergamino con el nombre de su madre que se murió. El otro chico tiene 16 años, los dos llevan pantalones y chaquetas anchas, uno lleva un pañuelo en la cabeza y el otro va rapado.
Deciden moverse y vamos hacia un jardín lleno de gente que pasea a sus perros. Es muy interesante cómo me mira la gente por la calle, parece que no entiendan qué hago yo (mujer, adulta y europea) con un grupo de chicos ¡jóvenes y latinos! Cuando llegamos al lugar, encontramos un grupo de chicos españoles de estética maquinera, Christian me dice que son pelaos racistas, pero que han preferido intimar con su pandilla porque «nosotros somos más». Los chicos no me hablan, me miran muy sorprendidos y todo el mundo pregunta quién soy y qué hago allá, de hecho me siento bastante incómoda, una sensación que no había tenido en trabajos de campo previos. Intento hablar con ellos, les enseño mis tatuajes para intentar empezar una conversación, pero no obtengo resultados. Volvemos a la habitación y encontramos a dos chicas peruanas, un chico dominicano y una pareja española con un acento castellano del sur muy marcado. El grupo se aparta y me quedo sentada sola con Christian... mi incursión no ha tenido un gran éxito... decido marcharme [Diario de campo, 28 de enero de 2005].

Los Centros Comerciales

Este viernes hemos decidido visitar uno de los centros comerciales que hace unos años se construyeron en la ciudad. Nuestro interés es descubrir si la juventud latinoamericana utiliza este espacio, si se lo apropia como punto de encuentro y/o si le da un particular sentido simbólico. En otras investigaciones se afirma que los centros comerciales son lugares neutrales puesto que no se caracterizan con elementos nacionales propios, sino que adquieren las mismas características en todo el mundo ofreciendo a sus usuarios unos espacios idénticos tanto en Barcelona como en Génova, París, Nueva York, etc. La juventud inmigrante ya no se sentiría como un visitante en un país desconocido, sino que percibiría el espacio como algo más familiar. El centro comercial que estamos observando tiene dos plantas y unos bajos con los aparcamientos. En la primera planta están las grandes superficies como el Carrefour, Miró. Tampoco faltan las cadenas de moda como Zara, H&M, Bennetton, etc. En otras palabras, no falta ningún tipo de oferta dirigida al consumo, desde la moda infantil-juvenil hasta las tiendas de tallas grandes, zapaterías, todo tipo de complementos, etc. De hecho, los comercios son omnipresentes pero carece de una extensa zona de recreo con bares, locales de ocio, tampoco hay ninguna sala de videojuegos. El único espacio dedicado al tiempo libre son las multisalas del cine. La gente que se mueve por aquí mirando escaparates, comprando o paseando es un público en su gran mayoría familiar: parejas con niños pequeños, madres con hijas adolescentes, parejas jóvenes, etc. Después de sucesivas incursiones en el lugar de observación podemos afirmar que este centro en concreto, situado en la zona metropolitana de Barcelona, no es un punto de encuentro para los jóvenes de cualquier adscripción cultural, ni tan sólo un lugar donde desarrollar actividades de ocio. Debe evidenciarse cómo a lo largo de las entrevistas, los y las jóvenes informantes no hablaron nunca espontáneamente de los centros comerciales, y respondiendo a nuestras preguntas a menudo afirmaron que no los utilizan como punto de encuentro. Decidimos intentarlo en otro lugar.

El centro comercial que hemos escogido esta vez se encuentra en un barrio periférico de Barcelona, comprendido dentro de su zona municipal. Quedamos en el metro y decidimos llegar al lugar dando un paseo. Tras pocos minutos escuchamos una melodía familiar y después de girar la esquina descubrimos a un grupo numeroso de jóvenes que están cantando rap. Nos quedamos sorprendidas y miramos con más atención para averiguar de qué se trata. Un chico con unos panfletos en la mano se nos acerca, nos da uno y nos invita a acercarnos más al grupo para poder escuchar. Le preguntamos de qué se trata y nos explica que son un grupo de raperos que han decidido juntarse para actuar en la calle y recrear su «scenario urbano». Hoy es el último día y los fines de semana anteriores estuvieron en dos plazas del centro de Barcelona. El panfleto dice:

100% rap underground. SCENARIO URBANO. Sólo rap, freestyles, acapellas, beatbox... de la calle para la calle.

La placita está dividida en dos espacios principales: al fondo, hacia la iglesia, se concentra el grupo más numeroso, habrá unas veinte personas, chicos y chicas de edades comprendidas entre los 16 años hasta los 20-25. Nuestra primera impresión es que son todos autóctonos, pero cuando nos acercamos vemos que en el corro formado por los raperos que cantan, hay un chico con rasgos latinoamericanos. El corro consiste en un grupo de cuatro chicos, rodeados por el público, que improvisan raps de calle sobre una base melódica grabada. El ambiente es muy distendido, todo el mundo escucha con atención y aplaude cada vez que un chico acaba y empieza el turno del otro. No toda la gente que los chicos han conseguido concentrar viste de rapero, especialmente las chicas (todas autóctonas) utilizan ropa más a la moda y no próxima a este estilo. Entre los chicos predominan los tejanos anchos, la camisetas con rayas y no exageradamente anchas. Ninguno de ellos trae pañuelo o gorra y, de hecho, su estética no recuerda a la de los raperos de Estados Unidos, modelo imitado a menudo por la juventud latinoamericana. El chico con rasgos latinos imita este modelo de vestimenta autóctono y su acento revela que debe de haber nacido aquí o haber llegado a Cataluña de pequeño. A unos metros de distancia se encuentran los que hacen *break-dance*. Seis chicos ensayan, prueban nuevos movimientos demostrando tener una increíble flexibilidad, especialmente en las extremidades superiores. Decidimos avanzar en la observación y nos dirigimos hacia al centro comercial.

Las instalaciones constan de una extensión notable y decidimos empezar por una planta para después pasar a la otra. Hay tres zonas claramente separadas entre ellas: la de consumo, con grandes superficies y tiendas que satisfacen a personas de todos los poderes adquisitivos. De hecho, algunas galerías están dedicadas a la ropa más accesible y otras a las firmas de estilistas más o menos prestigiosos. En la planta superior predominan los bares, las heladerías, etc., donde sentarse con la pandilla de amigos para tomar algo. La última parte es la que está dedicada al ocio infantil y juvenil. Por una esquina encontramos un parque donde pueden jugar los más pequeños y por el otro una sala de juego. Hasta este momento no nos hemos topado con ninguna pandilla de jóvenes y decidimos entrar, como último recurso. Este intento tampoco tiene éxito y ratificamos la hipótesis de que los jóvenes latinoamericanos no utilizan los centros comerciales como lugares de encuentro, sino que los atraviesan de vez en cuando para comprarse ropa y adornarse los cuerpos con aquello que les gusta [Diario de campo, 18 de marzo de 2005].

Los locutorios[1]

El trabajo en el locutorio se dio porque una vez fui a llamar por teléfono a México y el dueño se dio cuenta por el ordenador que estaba llamando a un país latinoamericano. Cuando salí de llamar y me dirigí a pagar me preguntó que de dónde era, qué estaba haciendo en este país. Terminando la conversación me dijo que si quería trabajar en el locutorio. Semanas después acepté su oferta. Me dijo que mi horario iba a ser de ocho de la noche a una de la madrugada, que trabajaría todos los días a excepción del viernes, que el domingo estaría de tres de la tarde a una de la madrugada. El sueldo sería 340 euros mensuales. Me capacitarían unos días previos para aprender el manejo de los programas del cibercontrol (programa que controla los tiempos de acceso a Internet de los ordenadores) y del programa que tarifa las llamadas, también me familiarizaría con los productos que se venden como chuches, palomitas, zumos, cerveza, entre otros. La capacitación fue de dos días y al tercero ya empecé a trabajar, al principio fue complicado el manejo de los programas y de los productos, aunado con el manejo del dinero. El trato por parte del dueño fue bueno, yo recibía el turno de su hija, y me tocaba hacer las cuentas del día, haciendo los egresos e ingresos del día y lo que había quedado en caja. El dinero libre de gastos era de 150 a 200 euros aproximadamente a principios de mes, y a finales era de 80 a 100 euros. Los fines de semana y principalmente domingos por la noche era cuando más llamadas se hacían al extranjero. Generalmente la gente que llamaba eran de 30 a 45 años de edad. Los jóvenes de 15 a 20 años eran quienes acudían para utilizar Internet y las llamadas que hacían eran locales, principalmente a móviles.

Los primeros meses me sirvieron para darme cuenta de la forma en que el dueño trataba a mis compañeros, él tenía otro locutorio donde laboraban dos chicas ecuatorianas, y tenía un chico de origen boliviano que le ayudaba a hacer trabajos de reparación o compras de productos para los dos locutorios. Les gritaba enfrente del público si ellos cometían algún error, cada vez que podía hablaba mal de los latinoamericanos, expresaba frases notando que nosotros éramos basura, que veníamos a invadir su país, que éramos ladrones y asesinos. Al menos cuando se refería a mí lo hacía con respeto, después comprendí que mi situación era distinta a la de mis compañeros, ya que tenía residencia legal y estaba estudiando un curso para entrar a un doctorado. Él se sorprendía que tuviera más amigos de origen europeo que latinoamericano. También que esos amigos estuvieran pendientes de mí, eso contribuyó para que me tratara diferente. Igualmente me sentía mal por cómo trataba a los otros que eran mis hermanos de región.

Los dos locutorios estaban «especializados» en latinoamericanos, tenían fotografías de paisajes colombianos, había una bandera de ese país. La música que se ponía para ambientar el lugar era principalmente salsa, bachata y vallenato. Él tenía la creencia de que los latinos escuchamos ese tipo de música todo el día y todos los días. Cuando él estaba ausente aprovechaba para poner otro tipo de música, había gente que se acercaba a darme las gracias porque ya estaban cansados de oír siempre lo mismo. Los que nos encargábamos de los locutorios, a excepción de su hija, éramos latinos para que así las personas que llegaban se sintieran en confianza, por verse reflejados en los dependientes al ser de la misma región.

---

1. Este apartado es un extracto del diario de campo de Santiago Martínez.

El locutorio tenía cuatro cabinas telefónicas y cinco ordenadores para acceder a Internet. Las cabinas tenían un teléfono, una silla para que el cliente se pudiera sentar, y podían cerrar la puerta para que tuvieran más privacidad. En cuanto a los ordenadores eran de torre, ensamblados de varias marcas, uno de los monitores estaba defectuoso. Tenían instalados el Windows 2000, aunque desconozco el tipo de procesador y capacidad de memoria, intuyo que no eran actuales ya que era lenta la navegación en Internet. Los clientes se quejaban principalmente de lo «tardado» que era usar la web. El dueño cuando les escuchaba respondía que en Latinoamérica seguramente teníamos peores máquinas y que nosotros no sabíamos manejar Internet [Diario de campo, 22 de julio del 2005].

El espacio público como un lugar para todos

El espacio público es un espacio de socialización, de conocimiento, de encuentro y de aprendizaje. La palabra aprendizaje introduce una visión dinámica del espacio público que tiene que ser capaz de adaptarse a los cambios que padecen sus usuarios, como individuos o como colectivos. Durante el trabajo de campo hemos podido observar cómo se generan diferentes tipos de relaciones entre los jóvenes migrantes y los autóctonos, que sugieren la estructuración de múltiples discursos de los unos sobre los otros. A lo largo de este capítulo hemos descrito grupos que se crean por lazos de solidaridad justificada por el origen (latina) y la situación (ser inmigrantes). Pero también existen grupos donde el eje de unión no es la nacionalidad sino más bien la generación; se debe subrayar que las chicas demuestran dar menos importancia a la pertenencia étnica de sus coetáneos masculinos y describen más a menudo sus grupos de amigas y amigos como mixtos.

La investigación nos ha proporcionado elementos para afirmar que a menudo estas relaciones entre jóvenes de diferentes orígenes se desarrollan de forma paradójica. Durante los coloquios informales hemos recogido testimonios de jóvenes que tenían un discurso racista y afirmaban no tolerar la inmigración, aunque en la práctica se juntaban muy a menudo con chicos y chicas latinoamericanos. En cambio, aquellos colectivos que parecen más tolerantes y defienden las diferencias culturales como eje fundamental de la sociedad catalana, se juntan con más dificultad con sus compañeros latinos. Las incomprensiones lingüísticas entre castellano y catalán explican estas posturas, que en algún caso llegan al extremo de mirar con recelo a los colectivos latinoamericanos en comparación a otros colectivos de migrantes, por el hecho de no entender la importancia del aprendizaje lingüístico del idioma del país de acogida.

Todas las situaciones descritas a lo largo del capítulo demuestran que la presencia de estos jóvenes en el espacio público es vivida por los otros usuarios como conflictiva, tanto si estos conflictos son reales como si se trata de una simple percepción. Para solucionar esta problemática consideramos necesario trabajar desde la perspectiva de lo social, previniendo los conflictos antes de que se presenten. Se cree necesario realizar tareas educativas entre los vecinos de los barrios de la ciudad para que todos aprendan a vivir intensamente sus espacios, ocupándose de su mantenimiento. Por último, se tiene que repensar la relación entre viejos y nuevos llegados como unidireccional. Se debe reconsiderar y reorganizar el espacio público a través de un diálogo continuo y constante, aceptando que nuestros referentes identitarios no son inmutables.

9
Jóvenes 'latinos' y música

Walter Pinilla y Alexis Rodríguez

A través de este trabajo intentaremos explicar brevemente cómo surge el interés por estudiar la música que un grupo o colectivo escucha o produce. Acto seguido nos ocuparemos de hacer un primer acercamiento a la historia de la música 'latina' a partir de dos de sus géneros más conocidos, con la intención de observar los procesos y las relaciones que se construyeron para alumbrarlos. Y por último, intentaremos imaginar nuevos campos en los cuales podríamos seguir investigando las músicas 'latinas' y sus mutaciones, introduciendo una breve mirada sobre las músicas mestizas que se producen en Barcelona.

La Música (siempre la música)

> El reggaeton es en realidad un arma revolucionaria de origen puertorriqueño y no sólo una excusa para bailar perreo.
>
> Vico C[1]

Siempre la misma canción, diríamos desde lo coloquial, los sonidos y la música siempre han acompañado al hombre. Es innegable que estamos rodeados de música y, tanto si personalmente la valoramos como si no, juega un cierto papel en nuestras vidas. Desde las ciencias sociales el interés en aproximarse a la música se da en la medida en que ésta forma plenamente parte del mundo social. Hay muchas maneras distintas de estudiar la música, la que nosotros proponemos es la mirada —por lo pronto rápida— a las prácticas y convenciones a través de las cuales las personas producen y experimentan colectivamente la música. Entendemos que las actividades musicales no son en absoluto un elemento «desplazado» en la sociedad contemporánea, todo lo contrario, tener algún tipo de liga o compromiso musical construido a través de diversas formas es un rasgo común en la vida de mucha gente. Y cuando hablamos de música y jóvenes, casi siempre la presencia de estos compromisos es más clara. En casi todos los grupos juveniles la música es un elemento capital. El interés de estudiar la música —en este caso la música de los jóvenes 'latinos'— está siempre en atender la relación dialéc-

---

1. Cantante de rap latinoamericano, residente en Nueva York, conocido como *El filósofo del rap*.

tica que se construye entre ellos y su música. La música les sirve a los jóvenes muchas veces como espejo con reflejo doble: es un espacio *sintomático* donde se proyectan vivencias de su trayectoria vital, pero también la misma música aporta elementos que ellos recuperan para recrear sociabilidades e imaginarios.

Recuperamos ahora la frase usada al principio de este pequeño apartado, decíamos que cuando hablamos de música es «siempre la misma canción» ya que el imaginario que se construye cuando se mira a las nuevas músicas y, generalmente, a los jóvenes que las siguen es casi siempre con un sesgo de desviación, tal como lo expresa McClary (1994), en la música se encuentra un sentido rebelde, si no subversivo. Ya sea por las letras, por lo provocativo del baile (y gestión del cuerpo que abre las puertas a lo sexual), o por la imagen que proyectan los jóvenes que la usan.

En este texto canalizaremos nuestro interés en la música 'latina' a través de una perspectiva en la que tendremos en cuenta por un lado los *reflejos* y modos de vivir la música, y por el otro los imaginarios que se construyen en y sobre la música 'latina'. Creemos que a través de estas dos perspectivas lograremos acercarnos a la música y a los que la oyen y viven, en consecuencia podemos aventurarnos a estudiar la una en sus relaciones y así lanzar pequeñas luces al entendimiento de ambos.

Historia de la Música 'latina'

> Donkeo!
> Ladies and Gentlemen: now, the scoring leader
> Of this league, from Puerto Rico
> Don!
>
> Don Omar. *Donqueo*[2]

En el momento de intentar hacer un primer acercamiento a la historia de la música 'latina' nos preguntamos sobre las fuentes que podríamos utilizar. Nos encontramos con dos casos muy diferentes, por un lado el de los géneros —ahora— clásicos, y por otro el de un nuevo género del que queríamos ocuparnos y que nos planteó decantarnos por una opción en la que daríamos prioridad al uso de una reconstrucción histórica que proponen los propios generadores del movimiento musical y no a los estudios académicos. En este primer esbozo de reconstrucción no nos ocuparemos tanto de las fechas, los nombres y los hechos; pero la intentaremos centrar en el proceso global en el que se gesta y desarrolla la música 'latina'.

En el caso de los clásicos, la *salsa* (Aparicio 1998, Quintero 1998) y el merengue (Austerlitz 1997, Sellers 2004), la aproximación se pudo hacer a través de los trabajos existentes que se ocupan de la reconstrucción histórica así como de sus posibles lecturas a nivel social. En los trabajos que consultamos se hace énfasis en el poder aglutinador de estas vertientes sónicas en los procesos de formulación de la identidad y, en gran medida, en los ecos que generan entre los grupos de migrantes. Sobre la salsa coinciden los textos en que el alumbramiento de este

---

2. Letra de una canción de reggaeton titulada «Donqueo», del CD *Los bandoleros*.

género tiene unas raíces largas y profundas que alcanzan a Cuba, Puerto Rico, Venezuela, Colombia (Manuel *et al.* 1995) y cuyo florecimiento se da en Nueva York y Miami. La *salsa* es un género musical surgido en Nueva York que se empieza a gestar en los años sesenta y vive su momento culminante en la década siguiente, afirma Quintero, quien hace hincapié en el sentido desterritorializado de sus ritmos e influencias y en la conciencia que tiene este género musical, tanto en su producción como en sus letras, de ser una música que surge y se nutre de la migración.[3] Este mismo autor explica que la migración como proceso social define una nueva realidad social y mundial que cambia las formas en las que la música se produce y escucha. Este proceso social presenta obvias relaciones con el florecimiento de la *salsa*, gracias a los medios masivos de comunicación y al poder económico que, en este caso, tenía los Estados Unidos, que fue el país receptor de la migración (Quintero 1998). Actualmente la *salsa* sigue siendo un género importante para la cultura 'latina' y no 'latina' dada su internacionalización e impacto en los diversos países que este sonido ha ocupado (Loza 1999, Storm 1999). En cambio, han surgido nuevos géneros musicales que han dado mucho de qué hablar, entre ellos el reggaeton es la *vedette* del momento.

Cuando intentamos ponernos a la tarea de escribir la historia del reggaeton nos dimos cuenta de que la bibliografía sobre este género es escasa. Internet nos presentaba muchas posibles reconstrucciones históricas más o menos fiables (algunas de improbable comprobación) que parecían estar en disputa sobre la autenticidad y la tradición de este nuevo género, que por otro lado había adquirido una difusión y éxito sorprendente en todo el mundo. En nuestra indagación sobre fuentes que utilizar para reconstruir una historia de este género nos encontramos con un producto —audiovisual— que había sido creado para cubrir ese vacío: *Chosen few: el documental*. Dirigido por Boy Wonder (Manuel Alejandro Ruiz), uno de los productores de *El Draft*, uno de los discos más importantes de reggaeton, entre otros, nos interesó, por un lado, porque es una reconstrucción propia sobre lo que es la historia de un género y, por otro, ya que en la forma y el contexto en que está hecho nos es muy ilustrador sobre los caminos y las redes que siguió el reggaeton en su gestación.

Este documental propone entender el reggaeton como un cruce de caminos entre el rap y los nuevos sonidos del reggae. En él se propone Panamá como el país que vio nacer este nuevo género, a través del trabajo musical precursor de El General; y sería entonces Puerto Rico el sitio en donde éste evolucionó, se comercializó y saltó a Nueva York, en donde sus nuevos representantes son artistas como Tego Calderon y Daddy Yankee. El documental aporta datos sobre el «movimiento», ya que para grabar este documental Boy Wonder ha tenido que viajar a Panamá, Puerto Rico, Nueva York, Miami, Orlando y Los Ángeles. Igual que la *salsa*, el nuevo género se forja de y en la migración. Es a partir de una serie de recursos y redes, posibles en este orden global de flujos, que se logran las coyunturas para que un nuevo sonido se desarrolle, se nutra y florezca. Este documental se podría pensar como el del viaje de la música, una trayectoria en la que ésta

---

3. Ver el capítulo de Quintero (1998) «De 'El Pablo pueblo' a 'La Maestra Vida': Mito, hitoria y cotidianidad en la expresion salsera».

se apropia de posibilidades y elementos y se va transformando, lo mismo que los hombres y mujeres que la viven y producen. Se podría pensar como una *latinización* de hip-hop/rap o —explica el rapero Vico C en el documental— como un intento de compatibilizar la esencia hip-hop con el Caribe. Y en el sentido del doble reflejo que mencionamos al principio, se puede pensar también como un proceso paralelo en el que los migrantes compatibilizan sus gustos con los nuevos sonidos y experiencias que se encuentran, ya que de esto también da cuenta la música.

Cuando hemos mencionado a los hombres y mujeres que viven y producen el reggaeton, ha sido consecuentemente con el documental, ya que éste dedica la atención a las mujeres que producen y cantan estas músicas, haciendo evidente que era un paso necesario darles esta atención a las mujeres que se mueven dentro de un espacio en el que los hombres dominan y en el que el machismo es un valor que se palpa. A través de este trabajo audiovisual podemos recuperar algunos elementos que construyen el imaginario cultural que circunda a los sonidos y a los protagonistas de éstos. Por ejemplo, se entrevista al cantante Tempo (David Sánchez) desde la cárcel Federal de San Juan, quen pone sobre la mesa las relaciones que algunos de los grandes ídolos del reggaeton tienen con las drogas y algunos espacios de ilegalidad. Además de él, otros cantantes hablan de los obstáculos a los que se han enfrentado: adicciones, presidio. Sin embargo, el discurso intenta dejar un mensaje positivo a los jóvenes, ya que son jóvenes la mayoría de sus seguidores.

Cuando en el documental se habla de las letras de sus canciones se dice que algunas veces han jugado en contra suya por ser muy fuertes y por esa razón algunas radiodifusoras no las transmiten. En cambio, se ve que hay un claro intento del uso de la «controversia» para vender, como un instrumento de márketing. Se echa de menos un tratamiento más profundo del contenido de las letras de las canciones, ya que aparte de los grandes éxitos, en el resto de las letras de sus canciones hemos encontrado frecuentemente referencias a la vida en la calle, a ser los más bravos y valientes, e incluso claras alusiones a armas de alto poder. Queda, entonces, pendiente un trabajo que trate más de cerca las letras o *líricas*, como ellos las llaman, de sus canciones, ya que lo que nosotros mencionamos aquí no es más que una primera mirada a un mundo que da, aún, mucho de sí.

'Latinos' produciendo música en Barcelona

> No existen países en el mundo, existen ciudades;
> no existen banderas, existen lenguas;
> no existen músicas, existe música.
>
> Manu Chao

Otra arista que se puede trabajar cuando se quiere estudiar la música es la que explora en el contexto urbano las prácticas musicales. Nos referimos a llevar a cabo un estudio etnográfico de la música y las actividades musicales en una ciudad como Barcelona. Dada la diversidad que presenta una ciudad de estas dimensiones y el interés de este texto, el enfoque estaría limitado a aquellas prácticas musicales en las que participan los jóvenes 'latinos'. En un primer acercamiento a este campo nos encontramos con un fenómeno interesante que surge de la participación de jóvenes de distintos orígenes, que crean un lenguaje musical nuevo que en Barcelona es catalogado como *Mestizo*. Estamos hablando de un lenguaje que se aleja de lo que hasta ahora hemos llamado música 'latina', tanto en cuanto a la producción como a la escucha, pero que nace con una propuesta que no podíamos dejar de mencionar.

El mestizaje, en términos musicales, consiste en la mezcla de elementos de folclor latinoamericano o africano, con otros de tipo más anglosajón. Las bandas que practican este estilo musical suelen estar integradas por miembros de distintas nacionalidades que aportan sus respectivas influencias en el posterior sonido del grupo. El gran icono del mestizaje es Manu Chao, y en la actualidad, existen bandas de una gran importancia dentro del estilo y cuyo centro de operaciones es Barcelona: entre ellas podríamos citar a Che Sudaka, Cheb Balowsky o Macaco. El mestizaje surge como un fenómeno que pretende la integración de las culturas, que se unen en torno a un movimiento musical que se quiere situar al margen de nacionalidad, sexo, raza o color. Es aquí en donde podemos intentar poner la mirada. Por un lado explorando las prácticas musicales y el espíritu con el que nacen estos nuevos sonidos: la idea de integrar a múltiples individuos, contribuyendo a solucionar —en parte— los problemas de marginalidad que se manifiestan en algunos colectivos de migrantes. Y por otro lado, tendríamos que explorar los modos de vivir y escuchar estas músicas: qué circuitos siguen, quiénes son los que las consumen. El análisis que queda pendiente es justamente el que contraste las intenciones con las que surgen estos sonidos y las maneras en las que las personas que siguen esta música la viven. Es decir, con respecto a las trayectorias que han seguido las músicas 'latinas' de las que nos hemos ocupado brevemente en este trabajo, este nuevo lenguaje sónico es nuevo también porque lo crean gente que se posiciona en espacios diferentes, que se piensa de manera distinta. Quizá tendríamos que comenzar a mirar quiénes son estos nuevos 'latinos' que hacen música en Barcelona, y también tendríamos que preguntarnos de qué manera dialogan sus sonidos con los de la «tradición» que los vio crecer.

10
Jóvenes 'latinos' y geografías nocturnas

Alexis Rodríguez

El trabajo propone ocuparse de la experiencia de ocio nocturno que tienen algunos jóvenes de origen latinoamericano, haciendo un intento de encontrar las relaciones simbólicas que se construyen en los espacios de ocio. Para hablar de estas geografías nos ocuparemos de explorar los elementos que componen estos espacios: los locales en su espacio físico y disposición, el consumo cultural de los bienes simbólicos (música, ídolos, etc.), el baile y la gestión del cuerpo como catalizadores sociales, al tiempo que intentaremos desvelar algunas de las relaciones que guardan con el contexto social que experimentan dichos jóvenes. Este espacio de ocio nocturno se diferencia de los otros que existen en Barcelona, en tanto que el factor identitario de los jóvenes migrantes que los ocupan juega un papel central, como si se tratara de un eje en el tejido de esta red de significados compartidos que componen el espacio de la fiesta.

El «espacio» nocturno

> Cualquier mirada y pique y ya comienza allí la pelea.
> —¿Durante la fiesta?
> No. ¡Nunca durante la fiesta! ¡Si hay fiesta hay fiesta!
>
> Carlos, Ecuador, 17

Cuando hablemos de espacio estaremos hablando de dos conceptos distintos y, creemos, complementarios. Por un lado, nos referiremos al *espacio* que construyen los jóvenes a través de las relaciones simbólicas y el conjunto de significados compartidos y, por lo tanto, se trata de un territorio común entre ellos. Y por otra parte, nos referiremos a *geografías* más amplias, que son aquellas que nos indican en dónde se sitúa un espacio construido en relación con los demás que existen en el universo de espacios juveniles, en este caso de la ciudad de Barcelona. Hablar de la noche y el espacio que los jóvenes latinos construyen en ella nos lleva a intentar desentrañar el nudo de relaciones y redes de significado que ellos comparten en la noche y que sirven para contenerlos en su fiesta. En las geografías nocturnas de estos jóvenes existen diversas fiestas, este trabajo centrará su mirada en las que se hacen dentro de locales y discotecas.[1]

---

1. Dada la diversidad de espacios juveniles de ocio nocturno, este texto es sólo un primer acercamiento a los locales que se presentan con una oferta de música latina, con todas las

Cuando hablemos de «espacio» nos referiremos —más allá del espacio físico— al evento espacio-temporal[2] que se crea en una fiesta. Es decir, a ese territorio que se construye a partir de las prácticas, de las maneras de hacer y vivir la fiesta (Malbon 2000). Por tanto, desentrañar los hilos de este «espacio» quiere decir hablar de los elementos que lo conforman. Elementos que vienen de aquí y de allá, es decir, es un «espacio» que surge como un producto de la modernidad, de la des-localización y re-localización de productos culturales y «maneras de hacer» (García-Canclini 2001). Los elementos que componen este «espacio» pueden tener su origen en un país de América Latina, pero usarse y vivirse en L'Hospitalet de Llobregat, incluso tener un valor simbólico para los jóvenes, aquí y ahora, distinto del que tenían en sus países de origen. La música que se escuchaba en una casa de Guayaquil para hacer las tareas del hogar, ahora puede ser escuchada en clave de resistencia cultural, de mantenimiento de la memoria y de redefiniciones locales de la identidad.

Los elementos que destacamos en esta mirada al «espacio» nocturno son: el espacio físico sumado a la manera de «hacer» la fiesta, que casi siempre imita la estructura de la fiesta de los países de origen; la música como el elemento que da unidad y cohesión al «espacio»; pondremos especial atención en ver cuáles son los géneros musicales que suenan y cómo, a partir del gusto compartido por esta música, los jóvenes se congregan, socializan, establecen afinidades, significados y valores (Thornton 1997). En su mayoría, las músicas que se consumen son producidas en América Latina y traídas aquí, todos son sonidos pensados para el baile. El baile, y la gestión de cuerpo en general, aparecen como un saber compartido, las formas de bailar y los acercamientos que permite el baile lo convierten en un catalizador social que arroja luces sobre las relaciones de género. El baile y música construyen un «espacio» sensual entre los jóvenes.

Una noche de marcha

> Las discotecas latinas, la gente; yo siempre digo por bromear que es que me siento como en mi país. Se nota en las caras de la gente, de latinoamericanos, también la música, no paran de tocar salsa, merengue y eso, la verdad es que se nota, solamente al entrar y ver la cara de la gente, que son latinoamericanos [Damián, Chile, 22].

> Nos encontramos a la salida del metro. Fuimos caminando hasta la discoteca, no había mucha gente, pero ya se oían los ecos de música que se escapaban del local. Las caras que se veían en la entrada del local eran todas latinas, rasgos indígenas se leían en los ojos de algunos. Pagamos la entrada: 10€, y nos incluía una consumición. Pasando la primera puerta a los chicos nos revisaron, buscando armas o drogas, supongo. Entramos en un *hall*. Había una pequeña mesa en el *hall*, en esa mesa había volantes promocionales de comercios latinos: tiendas de ropa, agencias de viajes y alimentación. En las paredes del *hall* había pintado un mural con caras conocidas de la constelación de estrellas de la salsa y el merengue. Había dos caras que, musicalmente, salían de tono; uno joven, roquero, cabello largo: Juanes, y el otro provisto de un sombrero de charro, que se adivina mexicano: Vicente Fernández.

---

limitaciones que ello implica, para esbozar algunos de los rasgos más característicos y significativos de estos espacios juveniles.
2. Evento en el sentido de una *performance*.

Entramos por una de las puertas que se abría al extremo derecho del *hall*, una vez dentro la música y el baile lo ocupaban todo. Hacía calor, el ambiente era húmedo. Había una gran pista de baile, bien concurrida, rodeada de un par de niveles de mesas. Cada mesa tenía una botella de licor, casi siempre whisky. En los dos extremos del local se podía encontrar una barra en la que servían cubatas y cervezas, sobre todo cubatas, de 8€. En una de las paredes había una gran pantalla en la que se proyectaban imágenes de Colombia, que se iban alternando con imágenes de chicas, colombianas y no, que parecían tener tanto calor como el que teníamos nosotros en el local, a juzgar por la poca ropa que llevaban. Los amigos colombianos con los que iba se fueron encontrando conocidos. Mis amigos españoles y catalanes, en cambio, iban con ojos grandes y atentos, un amigo de ellos que vivía en la zona en la que se ubica la discoteca les llamó y dijo que vendría a encontrarles. Muy sorprendido de saber que ellos se encontraban ahí les dijo: «ese lugar es chunguísimo, ¿qué coño hacéis allí?». Cuando este chico llegó nos explicó que este local tenía mala fama, que siempre había problemas, que era peligroso. Le pregunté si había venido antes y me dijo que no, que era la primera vez que venía, pero que la gente del barrio se daba cuenta de lo que se cocinaba en este local. Él se agobió mucho y al final se marchó. Sus amigos se quedaron con nosotros en el local bebiendo de pie, viendo lo que pasaba. Algunos no se animaron a bailar nunca, otra bailaba intermitentemente, pero nunca fue a la pista de baile. Había poca gente que no fuese latinoamericana, pero sí los había, aunque como en el caso de mis amigos, casi todos venían con latinos.
A lo largo de la noche las músicas se sucedían unas a otras: bachata, merengue, salsa, reggaeton. Bailamos todos. La pista estaba casi siempre llena de parejas. Algunas veces había menos personas, pero en cuanto ponían de nuevo alguna pieza conocida de reggaeton o bachata, la pista se volvía a poblar. Las barras del bar eran espacios especialmente masculinos, no es que las chicas no bebieran, pero sin duda los clientes de las barras eran en su mayoría chicos. Las chicas estaban en la pista bailando o sentadas entre amigas las que no iban con pareja. Los chicos que iban solos hacían uno o varios intentos de llevar a alguna chica a la pista, los que conseguían llevar pareja a bailar, se esforzaban por «bailar a la mujer», es decir, llevar a la chica, guiarla lo mejor posible en el baile. Me daba la impresión de que los que bailaban el «perreo» eran parejas, por lo menos entre mis amigos sólo lo bailaban unos que venían en pareja, un poco en broma además. En cambio, había otros que se lo tomaban muy en serio. Pero estoy casi convencido de que las parejas que bailaban «perreo» se conocían de antes, supongo que eso es lo que les permite atreverse a tener esa clase de movimientos que imitan posiciones sexuales. A aquellos que no lograban llevar pareja a la pista de baile, pasado el tiempo se les comenzó a notar el alcohol, y lo mismo en el ambiente.
Algunos de mis amigos me mencionaban las imágenes de la pantalla: «Mira, eso es Bogotá», «aquello es Medellín» o «ya vio qué bonito es Santa Marta». Mis amigos también comentaban lo buenas que estaban las empanadas que vendían en ese momento —ya sobre las 3 de la mañana— en el *hall*, que se parecían mucho a la empanadas de allá. Costaban 2,50€, pero valía la pena pagarlos porque el baile y el alcohol llamaban al hambre y porque era un lujo comerse unas empanadas con un sabor muy parecido a las de allá.
Había algunas canciones que se convertían en reclamo y que llevaban sin problemas a las personas a la pista, estaban los «clásicos» de la salsa, lo que suena del reggaeton y algunas híbridas, como «Tengo la camisa negra» que, cuando sonó, arrancó gritos entre las personas de la discoteca.
La noche se va haciendo vieja y la gente menos constante en la pista. Muy cerca del final de la noche se hace una pausa en la música y comienza un show en vivo, un hombre canta canciones rancheras y alguna que otra canción popular colombiana. Muchos se sientan a verlo, otros se van a las barras para pedirse algo que tomar

mientras vuelve la música bailable. Me explica Ángelo, un amigo colombiano, que eso lo hacen también mucho en Colombia: «para que la gente tome más y consuma más». Después del intermedio musical, otro hombre coge el micrófono del escenario para decir: «¿dónde están los colombianos?», y muchos responden con chiflidos y gritos. «¡Viva Colombia!», gritaba, y la gente le respondía, luego dio la bienvenida al resto de nacionalidades latinas que acudían también a la discoteca: ecuatorianos, salvadoreños y todos los demás. Aprovechó que tenía el micrófono para anunciar los próximos conciertos-baile que habrá en el local. La mayoría de los grupos son conocidos y «míticos», como menciona Frank, otro amigo colombiano. «Acá se pueden dar el lujo de traer a estos grandes de la música», me dice Frank, mientras salíamos del local, tras la última media hora de baile. Estábamos cansados y caminamos de vuelta al metro. En la estación nos encontramos con muchos de los que compartían la fiesta con nosotros. El buen rollo y el ambiente festivo se suben con nosotros al vagón. Jeison, uno de los amigos de Frank, me comienza a explicar que trabaja en la construcción y que está intentando que le salgan los papeles. Se comparten experiencias y estrategias utilizadas en la última regularización migratoria. En las siguientes paradas otros jóvenes noctámbulos se suben al vagón, las estéticas son bien distintas, unos son góticos, los de más allá visten al último grito de la moda. Jeison tararea un canción cuando nos despedimos, quedamos en que saldríamos juntos dentro de 15 días, me quieren presentar a otros amigos que no pudieron salir esa noche.

Hacer la fiesta

> Un sábado me fui a una discoteca con mis hermanas [...] a bailar lo que bailamos casi todos los jóvenes, el perreo éste, el reggae. Y los latinoamericanos lo bailamos de una manera, así, más loco, y pues... que tiene movimientos fuera de lo normal, que bailas con un chico y te bajas al suelo y subes y haces cosas... [Brenik, Ecuador, 16].

Las maneras de hacer la fiesta y la música suelen ser utilizadas por los jóvenes selectivamente para autodefinirse, marcar distintos planos de identidad, y al hacerlo, reflejan lo social (Morín 2002). En este sentido, explicar este «espacio» nocturno nos pone en una situación privilegiada para entender cómo estos jóvenes con itinerarios migratorios similares recomponen su identidad. Hacer la fiesta al modo latino es un intento por habitar una ciudad que les acoge. Es construir un espacio que les ayuda a definir su identidad, a recomponerla muchas veces en la creación de una nueva identidad que los acerca a personas con trayectorias biográficas parecidas a las suyas. Los lugares que ofertan el ocio nocturno al modo latino en Barcelona y extrarradio son numerosos. Los hay de distintos tipos, desde los que proponen una clara vinculación a adscripciones nacionales, hasta aquellos que se promocionan como espacios exóticos de cultura latina-tropical. La diversidad también se ve reflejada en el perfil económico, hay algunos en los que las entradas y las consumiciones cuestan poco, aunque los más rondan sobre los 10-14€ por la entrada y entre 8 y 10€ las bebidas. No hay mucha diferencia con respecto a la media entre la oferta de ocio nocturno en Barcelona.

La especialización de estos locales es otro elemento que los hace singulares, porque se convierten en espacios privilegiados para cierto tipo de jóvenes que comparten el gusto por un tipo de música. Este elemento es importante porque nos habla del diálogo o relación que tienen estos locales con aquellos que no ofertan este mismo tipo de música, ya que los locales de ocio operan bajo una constante producción de «otros» y de «afueras», es decir, una lógica de inclusión y exclusión. Se puede elegir a qué local se va, dentro de cierta gama, condicionada por el sector social al que se pertenece, por los hábitos de clase, por el cuerpo y la condición étnica (Margulis 1994). De cualquier manera, no todos los lugares de ocio para jóvenes cuentan con un rígido control de inclusión y exclusión, como ocurre con la mayoría de los locales latinos. En los locales latinos, la exclusión funciona de otro modo: «al no compartir los signos del lugar (gusto por la música y sobre todo el baile), lo más seguro es que uno se autoexcluya o que la propia comunidad emocional lo haga» (Morín 2002: 168). Los locales de oferta especializada por géneros, que atraen a grupos de jóvenes específicos, posibilitan lo que Thornton llama ideologías subculturales o *underground*, esto es, sistema de pensamiento, red de significados compartidos que proporciona a los jóvenes interpretaciones a partir de las cuales pueden imaginar a su propio grupo y al de los otros. En ese sentido, para hablar del «espacio» que construyen y escenifican los jóvenes latinos en estos locales de la ciudad es indispensable tomar en cuenta el *saber* cómo hacer la fiesta, sobre todo porque muestra cómo se recuperan y reciclan «saberes» del país de origen. Saber cómo hacer la fiesta quiere decir saber *estar* en ese territorio construido por la música y el baile. Es a través de las prácticas, el acceso a sus códigos, reglas y simbologías como se tejen los vínculos fundamentales entre el «yo» y el «nosotros» (Reguillo 2003), los «otros» son los que no entran, los que se quedan fuera de la fiesta. Lo que es interesante es que este espacio, estos locales con sus fiestas, son un sitio ideal para ver de qué forma y con qué elementos se construye este nuevo «nosotros».

Lo que se oye y siente

—¿Y vos qué extrañás de allá?
También la música, la extraño mucho, la vida, las mujeres, cuando te ibas con tus amigos y te juntabas en las casas, tú allá no vas a tener una grabadora a este volumen [...] allá tú no tienes esta grabadora, ¡tú tienes un tremendo equipo!, y mientras más potente mejor, mejor si te puedes comprar el mejor [La Cruz, Ecuador, 17].

«Para la mayoría de los grupos juveniles, la música es central, ya sea creándola o escuchándola desde lo racional, lo emotivo o lo corporal» (Ochoa en Morín 2002: 155). Los géneros musicales ayudan a configurar identidades, a crear grupos o comunidades emocionales como los llama Thornton. Lo que es interesante en la música es ver cómo la consumen los jóvenes, es decir, cuáles son los procesos socioculturales con los que se realizan la apropiación y los usos de estas músicas (García-Canclini 2001), y por lo tanto, cuáles son las formas en las que se escucha y se vive la música. Sabemos que el baile juega un papel fundamental a la hora de consumir esta música, pero antes de llegar a él, me gustaría pensar, por un momento, en los tipos de escucha que hacen los jóvenes latinos de sus músicas. El nivel del volumen al que se suele oír esa música siempre es mucho más alto con respecto del que se suele usar entre los jóvenes autóctonos, o al menos eso es lo que perciben los jóvenes latinos, como podemos ver en las siguientes citas:

> Siempre hay bulla, música puesta, subida y con el volumen a tope en las casas, en los bares, donde quieras. Si tú estás en tu casa y estás escuchando música y quieres subir el volumen, tú lo subes hasta donde quieras. En Santo Domingo es diferente de aquí, aquí tú no puedes subir el volumen mientras que allá tú lo puedes subir a tope y nadie te dice nada, la gente se pasa toda la noche oyendo música... Si, sí, hay mucha gente que amanece en la calle, sí, sí [Lucía, R. Dominicana, 15].

> [...] en mi país podía poner la música al volumen que me daba la gana y aquí, puedo escuchar música, pero con la oreja pegada ahí porque si no los vecinos... [Brenik, Ecuador, 16].

Además de la forma de escucha y su componente rebelde, queda pendiente observar los circuitos comerciales, al margen de Internet —que se ha convertido en una herramienta de acceso, que permite una comunicación entre espacios culturales— y analizar qué es lo que pasa con las clasificaciones musicales en las tiendas y los sitios en los que se pueden adquirir músicas de América Latina. Podríamos descubrir nuevos elementos, a saber, si se comienzan a separar estos géneros como especializados, con consumidores específicos, o si se mantienen en el *Mainstream* —como resultado de una moda pasajera—, o si es que tienen un apartado especial dentro de la tienda o, por el contrario, están junto con otras músicas en español. El espacio físico en el que se colocan las músicas nos indica dónde se sitúan en el imaginario cultural, y nos puede ayudar como un punto de referencia a la hora de situar las geografías nocturnas también. Y por otro lado, queda también para un futuro trabajo observar cuáles son los flujos de consumo y producción de estas músicas, ya que al hacerlo nos encontraríamos con claves para entender estos productos y las formas en las que los jóvenes los convierten en patrimonio cultural suyo. Explicar cómo las músicas se producen en Latinoamérica y luego son consumidas en Barcelona, es decir, el proceso de re-localización de productos culturales, puede resultar útil para explicar las prácticas de sus consumidores. Consumidores con identidades híbridas, la idea de hibridación viene a explicar las culturas populares y las de masas sobre todo en cuanto a consumo y reapropiación se refiere (García-Canclini 2001), en este caso a la hora de explicar el consumo y la manera en que éste sirve para dar nuevos usos y significados a productos que en el momento de su producción tenían otro valor, nos sirve como metáfora para pensar de qué manera se reciclan las identidades de los jóvenes latinoamericanos, ya que las identidades de estos jóvenes también son el resultado de este proceso de re-localización. La re-localización para ellos quiere decir que reelaboran sus tradiciones y gustos a causa del encuentro con otras maneras y otros gustos. Y los grupos del «yo» y los «otros» en esas geografías también se reconfiguran, es decir, la experiencia migratoria se va asimilando en sus propias vidas, en su cuerpo. Esta cita de un chico de 12 años muestra cómo se van incorporando gustos que pueden no pertenecer a la tradición cultural del país de origen, pero se recogen en el país de acogida:

> —¿Qué tipo de música te gusta?
> Reggaeton, hip-hop, cumbia y todo eso. Hay muchas canciones que me gustan, «la gasolina». Hay muchas que me gustan.
> —¿Sabes bailar reggaeton?
> No.

—¿Por qué te gusta el reggaeton?
No sé, será porque es lo que se escucha ahora. Conocí esta música por la tele y por la radio [Paolo, Chile, 12].

Estas músicas y el imaginario que se crea alrededor de ellas: la biografía de los cantantes, sus letras... son otros temas que nos quedan pendientes para futuras investigaciones, en todo caso es pertinente mencionar cómo, algunas veces, a estas músicas se les crea un origen lejano y casi mítico, así como interpretaciones y lecturas, como veremos en las siguientes citas que se refieren al reggaeton:

No! eso viene de allá [el reggaeton]. Ya viene de allá. Allá es de toda la vida, allá tú lo escuchas en todas las casas, allá no prohíben la música [La Cruz, Ecuador, 17].

Salsa y reggae. En las fiestas se pincha sólo reggae, el reggae no de ahora, el antiguo, el del 2000, reggae dominicano como El Gringo y grupos así, eso es lo que más se escucha [Carlos, Ecuador, 17].

A mí siempre me ha gustado el reggaeton, porque el reggaeton te da a entender que seas de la raza que seas siempre está mezclado, porque es tanto para negros como para blancos el reggaeton [Yankee, Ecuador, 16].

Parece que el baile es una de las maneras a través de las que se siente y vive la música que los jóvenes escuchan dentro y fuera de estos lugares de ocio. El saber bailar cada tipo de música de manera correcta se convierte en ese *saber* que vincula a los jóvenes entre ellos. Es en esta relación con el baile y la música donde se construye un lenguaje que vehicula los sentidos emergentes de lo que es social-identitario para los jóvenes. Bailar con otro u otros se convierte en la posibilidad de romper el encierro de su propia piel (Reguillo 2003). El baile como lenguaje permite la comunicación, diferencia y aproxima a los que comparten esta tradición de «rumba». Es un saber que se comparte en una fiesta dentro del grupo de iguales y que se convierte en un signo de identidad que también es reconocido por los «otros»:

Reggaeton, salsa, merengue, cumbia... nosotros, los sudamericanos, bailamos todo. A mí incluso, una vez, cuando recién llegué aquí, en el colegio querían sacar grupos de salsa. Y me hicieron bailar a mí, una vez, y se ve que, como nosotros, los sudamericanos, llevamos el ritmo en la sangre, me puse a bailar y dijeron que sí, que les enseñe, y yo no quería porque me daba vergüenza. Cuando estás en grupo y bailas aprendes cosas como el *breakdance* y cosas de ésas. Después pasaron los años y no lo sé hacer tan bien, ya no me acuerdo de nada de lo que hacía antes [Yankee, Ecuador, 16].

Mencionamos antes cómo el baile era el elemento que servía como catalizador social, por un lado porque potencia este espacio sensual junto con la música en el que los jóvenes pueden estar cerca y tocarse, y por otro lado porque es uno de los elementos fundamentales para el acercamiento entre chicos y chicas. En el baile, chicos y chicas usan sus cuerpos de una manera en la que se escenifican cuerpos sexuales. Los movimientos del baile de estos sonidos ponen en relieve los atributos sexuales de sus cuerpos jóvenes: las caderas que se mueven, los acercamientos de pelvis... El sentido sexual del baile se mezcla con el lúdico. El «perreo» es esa manera de bailar que imita posiciones sexuales, es una forma de divertirse, de entrar en un espacio de baile en el que —para ellos— sólo los latinos se pueden expresar. Sin embargo, otros jóvenes no latinos también se pueden atrever a entrar en su espacio y aprender a bailar y vivir la fiesta. Junto a este juego del baile también nos encontramos el *ligue,* ya que lo que permite establecer el primer contacto entre chicos y chicas es la posibilidad de compartir la pista de baile. Podemos ver en las siguientes citas la manera en la que se nos habla de este lenguaje corporal del «perreo» y del baile en general:

> O sea, ¿cómo te explico? [bailar perreo] Es una manera de hablar, como quien dice, muy sensual [Brenik, Ecuador, 16].

> —Cuéntame, ¿cómo es el baile?
> Apretaditos con las chicas (ríen). Hasta abajo y se sube... Hay algunas chicas que sí les gusta el reggaeton, pero son muy secas para bailarlo, son más de conversar y no tanto de bailar. Y hay otras chicas que ya... ¡Ya son mucho para uno! Las que saben bailar mejor son las dominicanas, con todas las dominicanas que conozco, ¡uf! ¡Cómo se mueven! Es que no hay latino ni latina que no sepa bailar. Tampoco puedo decir que los españoles no sepan bailar, porque tengo amigos y amigas españoles que bailan ahí, con mis amigos o sus novias que son latinos. Bailan bien, además, todo se aprende. Eso no se lleva en la sangre, siempre se aprende [Toño, Perú, 17].

Los ecos de machismo que se pueden oír en las letras de las canciones, que la mayoría de los jóvenes bailan, algunas veces se leen en clave lúdica, pero lo que es cierto es que estos valores siguen estando presentes en las relaciones de género. Algunas muestras de cambio comienzan a verse con respecto a nuevas libertades y espacios de acción que comienzan a ocupar las mujeres. Sin embargo, el cortejo entre latinos —sobre todo en los espacios de ocio nocturno— recupera en la negociación los viejos valores machistas y lecturas que se hacían en los países de origen. No es lo mismo cuando el *ligue* es entre autóctonos y migrantes, ya que entonces se sobre-escriben las lecturas, pero el machismo sigue ahí. Lo que se oye y lo que se siente en este «espacio» es la música que se convierte en este territorio sensual, de interacción entre el interior y el exterior, y para algunos se convierte en el lugar privilegiado para conciliar el espacio tópico —el lugar concreto y preciso que habita el cuerpo— con el espacio teletópico —el lugar lejano, lo social (Reguillo 2003: 257). La música en la noche sirve para reencontrarse en el nuevo espacio, localizarse y localizar a los demás. Es decir, configura los lugares en los que se sitúan los espacios de ocio de jóvenes latinos en las geografías de la noche.

«Localizarse» en las geografías nocturnas quizá sirva para pensar a los jóvenes a la hora de imaginar la suma de elementos que conforman la nueva identidad de «latino» migrante, alejándonos de la idea de identidad fragmentada o compartimentada y, más bien, que se convierta en el resultado de todos los elementos y accidentes biográficos que la componen en un resultado único sin fisuras (Maalouf 1998).

Los que bailan

> —¿Extrañas Colombia?
> Sí, la extraño. Los amigos más que todo, aquí es muy difícil conseguir en realidad amigos, porque en Colombia yo tenía amigos de toda la vida y es mucho más fácil

relacionarse con ellos [...] tengo algunos amigos de aquí, creo que caigo bien a todo el mundo, porque soy un «man» que se ha afincado bien en este país, he cogido muchas costumbres de ellos; tengo las mías pero sé cómo comportarme, cuando estoy con ellos me comporto como ellos y no me disgusta, y cuando estoy con mis amigos de Colombia me comporto como ellos [David, Colombia, 22].

Los jóvenes son los que bailan, los jóvenes latinoamericanos son los que componen este espacio. Lo que les aproxima son las similitudes que hay en sus trayectorias biográficas. Lo que les aproxima es la pérdida y la búsqueda de un espacio de relaciones afectivas, de personas con visiones de la vida similares. El desarraigo es uno de los elementos que comparten la mayoría de los jóvenes latinos que han migrado y viven ahora en Barcelona. La migración se convierte en un movimiento que ha roto sociabilidades originales (los amigos de toda la vida) y esa sensación de desarraigo se puede ver expresada en las siguientes citas:

Salgo más, tengo pocos amigos, pero hago amistades, no muy profundas... pero aquí tengo muchos amigos. [...] Y no es lo mismo que allá, allá hay muchos problemas y aquí no [Carlos, Ecuador, 17].

—¿Cuáles crees que son las necesidades que tienen los chicos latinoamericanos?
Tener comunicación con la familia y amigos de verdad.
—¿A qué te refieres con amigos de verdad?
Que no hay amigos sinceros, que cuando los necesitas no están ahí para ayudarte [Carolina, Bolivia, 16].

En el plano de las emociones y relaciones de afectividad casi todos los jóvenes se encuentran divididos, y muchas veces esta división se ve expresada en términos de lo *práctico* y lo *sentimental*, lo europeo y lo latino respectivamente. Por un lado la ciudad de acogida, europea, representa una serie de posibilidades económicas, de un cierto tipo de bienestar, muchas veces estar lejos de los problemas; mientras que por el otro, nos encontramos con la ciudad latinoamericana, sentimental, el lugar en donde se ha crecido, donde se quedan los amigos de verdad, los lazos de familia, el lugar en donde les conocían, en donde eran alguien. Los jóvenes latinoamericanos viven en piel propia esta división, estos dos polos separados por un océano como podemos ver reflejado en las siguientes citas:

—¿Cómo te llevas con ellos [españoles y catalanes]?
Mejor que con los de Sudamérica, porque mi forma de ver las cosas es más europea.
—¿Cómo miras tú las cosas?
Más a lo práctico que a lo sentimental [Carolina, Bolivia, 16].

—Pero, ¿te gusta vivir aquí?
Sí, pero estoy dividida: por mi familia, que está toda en mi país, y aquí. [...] Y por mi futuro también, por la manera de vivir aquí [Amanda, Brasil, 16].

En el «espacio» construido por los jóvenes se pueden leer intentos por encontrar ese grupo de iguales, al mismo tiempo que se pueden ver rastros de resistencias simbólicas a la asimilación. Ambas cosas son un intento de recomposición del yo, de la construcción de una identidad que emerge frente al impacto social y las dificultades que se presentan para *encontrarse* en la sociedad que les acoge.

No se quiere olvidar el sitio del que se ha venido, y se encuentran en un espacio emocional dividido. Esto podría ser lo que motiva todo, son jóvenes que intentan encontrar un espacio entre iguales, un espacio donde reconocerse y *situarse*.

Conclusiones

> Tan-tan-tan, ¿ves?, la música se te queda en la cabeza, y así se te queda por el resto de la semana. Esto es lo que vale la pena de salir de noche, que la música te acompaña cuando regresas y tienes que ir al curro [Jeison, Colombia, 21].

En esta primera aproximación al ocio nocturno de los jóvenes latinos podemos observar la unión de los elementos que construyen este espacio. Y pensar este espacio construido como una metáfora de la identidad personal del joven 'latino', como un espacio de disputa y solución —quizá momentánea— de lo que es la experiencia vital de un joven inmigrante que vive en Barcelona. La pantalla en uno de los locales que visitamos, que se abría como una ventana a ese lugar de origen que se recuerda y celebra por la noche, me hizo pensar en esta metáfora. Metáfora de estas identidades híbridas —en continuo proceso de hibridación— que corresponden al cruce de tradiciones y trayectorias (Velho 1994). Esa pantalla hace una ilusión de paralelo en esa vida dividida: que añora, pero que al mismo tiempo hace patente que, ahora, ese lugar está lejos —situación que es, muchas veces, vista como una mejora en la trayectoria vital.

El espacio nocturno del que hablamos es un espacio donde los jóvenes —que son los constructores y el elemento más importante del mismo— problematizan su identidad y adscripción nacional; es decir, el aprecio de sentirse ecuatoriano, colombiano, salvadoreño, que al mismo tiempo se aprende como un estigma que no nos podemos quitar. Creemos que este espacio podría ser de reconciliación, un espacio en donde los demás se reconocen como cercanos en la experiencia migratoria (en las aventuras, las exclusiones, el acceso al trabajo, el desarraigo emocional, entre otros factores que van dejando mella en su biografía), es un espacio seguro, de iguales que comparten y construyen un espacio sensual inundado por la música. Y es para algunos el espacio que repara y da aliento, para seguir el día a día.

Las geografías nocturnas nunca son estáticas, sino que cambian a través del tiempo, como reflejo de los cambios en los contextos sociales. Los jóvenes pueden ser migrantes también en estas geografías nocturnas, junto con los artistas y los estilos (Martínez 2004); creemos que la movilidad y la transformación de este espacio podría ser un lugar clave para observar el diálogo y la comunicación entre los jóvenes latinos y la sociedad receptora; con suerte, en algunos años estas geografías nocturnas se habrán reconfigurado y el *estar juntos* pase, entonces, por registros distintos de los de ahora; si así ocurriera querrá decir que la sociedad se ha recompuesto.

11
Jóvenes 'latinos' y relaciones de género

Anna Berga

El género, en tanto que categoría relacional, debe analizarse en el contexto de las relaciones que se producen tanto entre hombres y mujeres como entre los miembros del mismo grupo. Hombres y mujeres tienen un papel activo en la construcción y mantenimiento de este sistema de género. Si entendemos el género como una categoría relacional, aplicar una perspectiva de género a la situación de los jóvenes latinoamericanos en Barcelona no equivale a un estudio de la situación de las jóvenes, es decir, a un estudio de la situación de la mujer. El propósito de este análisis sectorial es, por una parte, visibilizar a las chicas, así como explicar por qué han sido relegadas a un plano secundario. Por otra parte, se plantea también analizar hasta qué punto algunos componentes de la identidad de género pueden ser explicativos, para chicos y chicas, de su incorporación social exitosa en la sociedad de acogida.

Introducción

El género es uno de los ejes estructuradores de las desigualdades en nuestra sociedad. En cambio, a menudo ha sido una variable olvidada en los estudios sobre juventud, tanto los que se han centrado en las transiciones a la vida adulta como los estudios de las culturas juveniles. En el primer caso, como apunta Feixa:

> De hecho, la transición juvenil es esencialmente un proceso de identificación con un determinado género, aunque a menudo se haya confundido con un proceso de emancipación familiar, económica e ideológica que históricamente ha sido privilegio casi exclusivo de los varones (y aun de los pertenecientes a determinados estratos sociales). Ello explica por qué, hasta fechas muy recientes, las imágenes sociales predominantes de la juventud se hayan asociado inconscientemente a las de la juventud masculina [Feixa 1998: 19].

Así mismo, la invisibilidad de las chicas en los estudios sobre las culturas juveniles ha sido explicada, desde la teoría feminista, como una consecuencia de la mirada androcéntrica dominante entre los estudiosos de la juventud. El protagonismo masculino en los estudios sobre las culturas juveniles se ha naturalizado hasta el punto de que casi nunca se han cuestionado datos tan reveladores como la presencia mayoritaria de los chicos en los centros de Justicia Juvenil,[1]

---

1. En Cataluña, el 87,3% de la población infractora de Justicia Juvenil es masculina, frente al 12,7% que representan las chicas (*Justidata*, n.° 42).

en las denominadas «tribus urbanas» o las «bandas juveniles», así como el hecho de que la denominada «violencia juvenil» sea, en realidad, un problema social fundamentalmente masculino. Este sesgo nos permite interrogarnos, más que por los problemas sociales en sí, por quien los define como tales. En este sentido, los estudios de juventud han tendido a estudiar más a los chicos que a las chicas porque, en realidad, sus actividades culturales han sido, a la vez, consideradas problemas sociales. Como afirma Helena Wulff:

> [...] el estudio de las subculturas juveniles en las sociedades occidentales ha tenido mucho más que decir sobre los chicos que sobre las chicas. Esto se ha debido en parte al hecho de que los chicos jóvenes se han implicado más en actividades de confrontación delicuenciales —sus culturas han sido al mismo tiempo «problemas sociales» [Wulff 1988: 165].

En este capítulo queremos aproximarnos al análisis específico de las relaciones de género de los jóvenes de origen latinoamericano en Barcelona. Entendemos por género la construcción social de lo masculino y lo femenino, es decir, aquellas características sociales, culturales y psicológicas —que son relativas socialmente— y que devienen normativas en tanto que se imponen a cada uno de los sexos a través del proceso de socialización. Ésta es una construcción cultural e histórica que cambia de una sociedad a otra, de una cultura a otra (Berga 2005). A través del proceso de socialización se transmiten los roles sexuales y, como apunta Bourdieu, la dominación masculina se legitima porque se naturaliza (Bourdieu 2000). Así, la masculinidad y la feminidad se construyen a través de la socialización diferencial de género, y no como categorías polarizadas e independientes, sino como categorías relacionales y conflictivas en el marco de una sociedad patriarcal.

Reajustes y negociaciones de una identidad de género

Los chicos y chicas latinos provienen de una realidad cultural donde los roles de género son, en términos generales, más rígidos que en nuestra sociedad. Es muy recurrente en las entrevistas, tanto de los jóvenes como de los adultos, las referencias a la cultura machista de origen.

> Todos los hombres, casi todos los hombres latinoamericanos piensan que la mujer tiene que ser la que cuida los hijos, la que tiene que estar en casa, la que tiene que estar barriendo, limpiando, fregando, la comida, la compra. El machismo es tanto que no les cabe que una mujer pueda trabajar, y trabajar en puesto de hombre sería muy... las pocas que hay son igualmente corruptas, o sea que... [Brenik, Ecuador, 16].

Esta realidad contrasta, sin embargo, con un elemento clave para la visibilidad del papel de la mujer latina, tanto en la sociedad de origen como en la de acogida: el protagonismo de la mujer latinoamericana en el proceso de migración. La mujer migrante asume, por lo tanto, el papel de «ganadora del pan» y los padres y abuelos, en muchos casos, son los que se quedan al cargo de los hijos. Así, a partir del proceso de migración los chicos y chicas redescubren a su llegada a su madre, a quien no veían desde hacía años, y se encuentran con una persona distinta que, además, asume un papel central tanto en el ámbito productivo como reproductivo. Este protagonismo tiene importantes consecuencias en la reconstrucción de nuevas pautas para las relaciones de género, así como en las posibilidades y límites del papel de la familia como agente de socialización.

> Nos estamos encontrando también con unos chicos, pues, que en casa... casi no son atendidos. En el sentido de que el padre, si está, pues no tiene demasiada ascendencia sobre el resto de la familia, la madre está fuera trabajando todo el día, y el chico, pues, está bastante solo. Y fuera del centro docente tiene unas horas que nadie está por él. Esto creo que debe ser un perfil que se repite bastante... [Técnico de Prevención].

El grupo de iguales es un agente de socialización clave para todo adolescente, y en el caso de los jóvenes en situaciones de *riesgo social*, cumple un papel en cierto modo «sustitutivo» del familiar. En el caso de los jóvenes latinos, en muchos casos a su llegada aquí se encuentran en plena adolescencia, un momento vital clave de su socialización y, en particular, de su socialización de género. En este proceso de construcción de su identidad, deben negociar su identidad de género en un contexto diferente, aparentemente más permisivo y con unos roles sexuales más laxos e igualitarios. Esto también provoca contrastes a su llegada aquí y la necesidad de nuevas adaptaciones que, fundamentalmente, se negocian en el contexto grupal. Así, como apunta Connell, existen diferentes masculinidades y feminidades que están jerarquizadas, y cada uno debe negociar en una dinámica grupal basada en relaciones de poder cuál es el lugar que ocupa (Connell 1989). En este sentido, tanto chicas como chicos participan de estos modelos y son los primeros que, en los contextos grupales, contribuyen a mantener este control sobre las conductas del otro sexo. Estas adaptaciones, por lo tanto, afectan tanto a chicas como chicos e influyen en sus relaciones con jóvenes del otro sexo. En las entrevistas aparecen múltiples referencias a las relaciones con sus iguales, sean migrantes (latinos o de otros orígenes) o autóctonos. Por parte de los chicos, y desde su referente simbólico del modelo de masculinidad hegemónica, la permisividad sexual de la sociedad de acogida influye en las chicas latinoamericanas, hasta el punto de que pueden llegar a ser más liberales que muchas de las chicas españolas.

> La Cruz: Una latina no sabe a lo que vamos nosotros, no se dejan llevar porque les gusta la libertad que hay [...]. Claro, como allá no salen y aquí se les abren las puertas, ellas aprovechan más. Como aquí las españolas ya saben lo que hay, por eso se te hace más difícil.
> —¿Qué se te hace más difícil?
> La Cruz: Comerse a una española, o convencerla hablando la primera vez.
> El Parcero: Hay algunas españolas que sí les gusta que vayas de una la primera vez.

Esta censura de la feminidad transgresora con el modelo tradicional no sólo es ejercida por parte de los chicos latinos, sino que parte de las mismas chicas viven con incomodidad este cambio.

> Las mujeres cuando vienen aquí cambian, como ven un país tan liberal... como que... se hacen lo que les da la gana, porque piensan: «Estoy en un país tan liberal, nadie me conoce y hago lo que se me antoja». Mira, un sábado me fui a una discoteca con mis hermanas y había una mujer ecuatoriana, estábamos allí y esta señora se

puso a bailar, a bailar lo que bailamos casi todos los jóvenes, el *perreo* éste, el *reggae*. Y los latinoamericanos lo bailamos de una manera así, más loco, y pues... que tiene movimientos fuera de lo normal, que bailas con un chico y te bajas al suelo y subes y haces cosas... [...] Es una manera de bailar, como quien dice, muy sensual, y en mi país tú nunca vas a ver a una señora de 35 años bailando así, como bailo yo. Y el hecho es que estábamos en la discoteca y la señora empieza a hacer sus cosas y yo... ni yo bailo así, ¿sabes? A mí me daba una vergüenza ajena que todo el mundo se la quedara mirando... [Brenik, Ecuador, 16].

Esta feminidad más abierta de la sociedad de acogida obliga a los chicos a resituarse en un rol masculino que orienta sus relaciones a partir de valores y modelos tradicionales de la caballerosidad, la seducción... que cada vez más se encuentran en desuso por parte de la mayoría de jóvenes autóctonos y que, sin embargo, tienen éxito entre una parte de la juventud femenina.

—¿Qué idea tienen las españolas de los latinos?
Parcero: Es que parece que los españoles la tienen chiquita (risas).
—Pero aparte del tamaño, que a veces no influye mucho y sí influyen otras cosas.
Parcero: Es que si la tienen pequeña no le hacen nada a la mujer. Además, ellos van directo, ¿me entiendes? Ellos van directo a comerse a las mujeres. ¿Tú sí me entiendes?, en cambio, un latino no...
—Qué querés decirme, ¿que los latinos saben hacer precalentamiento?
La Cruz: Claro, eso, y el precalentamiento es fundamental.
Parcero: Es que los españoles llegan y les dicen: bajen los pantalones y tal... hay españolas que van con españoles y no les ha gustado.

Usos «problemáticos» del espacio público: ¿la masculinidad como problema?

La imagen de los jóvenes latinoamericanos en España está marcada por la realidad de las denominadas «bandas latinas», que ha contribuido a una estigmatización y criminalización de todo el colectivo juvenil. Esta realidad está mayoritariamente protagonizada por chicos, que constituyen el colectivo más visible por sus usos «problemáticos» de los espacios públicos. En este sentido, nuestro estudio ha permitido aproximarnos a esta realidad con la voluntad de comprenderla desde dentro, intentando encontrar el sentido que tiene para estos jóvenes, desterrados de sus lugares de origen, la pertenencia a estos colectivos juveniles.

—Pero, entonces, para vosotras, ¿por qué existen estos grupos?
Nerea: Ya te lo ha dicho ella, es gente que tiene problemas.
Marina: Tienen un complejo de inferioridad. Quieren tener un papel en la sociedad.
Brenik: Por eso muchos chicos se meten, porque un chico dice: mira —entre chicos se dice—, tú eres maricón porque no te metes donde me meto yo. Pues un hombre por naturaleza nunca se va a dejar decir que es maricón, por naturaleza son un poco machistas y no se va a dejar decir: eres un maricón. Y dicen: ¿a que no tienes huevos de meterte? [Grupo de discusión 3, Barcelona barrios].

Como plantean Nerea y Marina en la cita precedente, la incorporación a una banda no debe ser entendida simplemente como una desviación social, sino como una acción llena de sentido que, en realidad, puede perseguir la mayoría de las veces fines socialmente legitimados: ser alguien en la sociedad, encontrar su papel. Este anhelo, si tenemos en cuenta la variable género, cobra todavía más sentido. La necesidad de identificarse con un grupo de iguales y de encontrar un referente identitario que pueda contenerlos y darles un refugio ante las situaciones familiares conflictivas es un mecanismo propio de la adolescencia. En el caso de los chicos, sin embargo, adquiere todavía mayores dimensiones, porque su posibilidad de tener un papel reconocido en nuestra sociedad es quizás más difícil que en el caso de las chicas. Los itinerarios de transición a la vida adulta para muchos de estos chicos quedan bloqueados ante la sistemática exclusión del sistema escolar y la dificultad para incorporarse con un mínimo de garantías al mercado laboral, que conlleva un límite claro para la posibilidad de emancipación familiar.

La pertenencia a colectivos juveniles se puede explicar, también, desde una perspectiva de género. Partiendo de una perspectiva interesada por la comprensión del sentido que tiene la propia experiencia de los jóvenes, podemos afirmar que, muchas veces, detrás de la vinculación a una «banda» acostumbran a esconderse motivaciones e intereses plenamente legítimos. Como plantea Muncie, en relación al análisis de la delincuencia juvenil, el crimen lejos de ser meramente una desviación social puede ser un camino para expresar algunos valores socialmente venerados, como el individualismo, la competitividad o la masculinidad (Muncie 1999). Así, más allá de la mirada alarmada de los adultos que parte de la perspectiva de los riesgos y la desviación social, estas afiliaciones se deben analizar desde la perspectiva de los atractivos que despiertan en los jóvenes. ¿Por qué la mayoría de las «bandas» son fenómenos masculinos? La necesidad de crear vínculos con sus pares latinos es una respuesta de estos jóvenes, como se ha reflejado en este informe, a la sentida soledad y desarraigo en una nueva realidad que les muestra hostilidad.

Entre estos atractivos y motivaciones, el género es un elemento transversal a tener en cuenta para analizar las dinámicas de los grupos juveniles. Así, se pone de manifiesto la importancia que adquiere el grupo en estos contextos marcados por la precariedad social, y ante la fragilidad que adquieren otros agentes socializadores (como la escuela y la familia). El grupo constituye el espacio por excelencia para la experimentación y negociación de la identidad de género. La demostración de virilidad que los adolescentes deben adoptar para integrarse en el grupo ha explicado, para muchos autores, la relación entre masculinidad y conductas violentas o delictivas. Así, en contextos de grupo los chicos deben responder a las expectativas que se derivan de su rol masculino, es decir, puede ser una necesidad para sobrevivir en el grupo demostrar valentía, la capacidad de riesgo y la utilización de la violencia física como recurso para solucionar los conflictos.

La invisibilidad de las expresiones femeninas

Otro aspecto relevante de la realidad de las «bandas latinas», y de su estigmatización de todo el colectivo juvenil de origen latinoamericano, es que en tanto que definidas como el principal «problema social» en torno a los jóvenes latinos, invisibiliza tanto los procesos de incorporación social que protagonizan estos jóvenes (especialmente las jóvenes) como las particulares estrategias femeninas de respuesta ante las dificultades para conseguirla. En el estudio se ha puesto de manifiesto la realidad de muchas chicas de origen latino con elevadas expectativas de integración social que trabajan en el servicio doméstico. Estas chicas acostumbran a tener un papel invisible, paralelo al de sus madres, por su reclusión en el espacio privado y por sus pocas oportunidades de salir e interactuar con jóvenes catalanes.

> Lo que me frena es la poca relación con los demás, porque estoy de mi trabajo a la iglesia, de la iglesia a la vivienda, de la vivienda a mi trabajo y el fin de semana con las amigas. Entonces, es eso. Y también porque trabajo en una sola casa... En esta casa tengo relación con mis jefes, su sobrino, digamos, pero... de «hola, hola» y de ahí no más, y... esto es lo que me frena, que solamente trabajo en una vivienda, si trabajara... ¿cómo se dice?, de forma independiente, digamos por horas, entonces creo que ahí tendría más relación, conocería a más gente, pero como por el momento trabajo en una sola casa no tengo la posibilidad de contactar... Y muchas veces, digo yo, ¿no?, una conoce a más gente cuando va a discotecas de aquí, españolas, pero... (ríe) no he tenido la posibilidad de ir [Gisela, Bolivia, 20].

A pesar de su juventud, son chicas que en realidad con su viaje (muchas veces en solitario) han realizado una transición a la vida adulta y que luchan día a día para conseguir una incorporación social que les permita hacer una transición de estatus social. En cambio, esta realidad invisible contrasta con la alarma social que suscitan las chicas miembros de «bandas», una realidad que es relativamente nueva y que pone de manifiesto la doble penalización que reciben estas jóvenes: en tanto que transgresoras de la norma social y, a su vez, transgresoras de lo esperable de su género femenino. Entorno a las afiliaciones femeninas en las «bandas» queda mucho por conocer. A nivel social, y también se ha visto reflejado en las entrevistas, se convierte en dominante un discurso mitificado en torno a los ritos de iniciación que deben superar las integrantes femeninas.

> —¿Y las chicas cómo entran en los grupos?
> Teniendo relaciones con el rey, el corona, y después el príncipe, el rey es el corona y el príncipe es el que, si le sucede algo al rey, sube. Teniendo relaciones con los dos, y después ya eran reinas. Aquí en el colegio hay una reina, es la hermana de uno de los reyes de la ciudad [Carlos, Ecuador, 17].

Este discurso, aparte de generar una mayor alarma social y contribuir al confusionismo, también entronca con los análisis que otros autores expertos en el tema han puesto de manifiesto. En este sentido, el papel visible y activo de las mujeres en las «bandas», en realidad, no expresa una contribución a una mayor igualdad de género, sino un ejemplo de la masculinización de las chicas aunque, en el fondo, continúen sometidas a la dominación masculina (Campbell 1984). Aparte de la vinculación a las «bandas», que representa a una proporción ínfima de las jóvenes latinas en nuestro país (dado que es una realidad de por sí minoritaria y, además, mayoritariamente protagonizada por chicos) existen otras realidades problemáticas que sí que afectan en primer plano a las chicas y que, en cambio, continúan siendo realidades ocultas e invisibles. Nos referimos a la realidad de la maternidad adolescente y de la prostitución, dos temas que no se han abordado específicamente en este informe, pero que ponemos de manifiesto como realidades a tener en cuenta para las intervenciones de las políticas sociales.

Como apunta el último informe del CIIMU, las mujeres embarazadas menores de 20 años han aumentado los últimos años en nuestra ciudad, aunque tres de cada cuatro de estos embarazos terminen en IVE. Según el estudio, «el aumento de la natalidad y la fecundidad se ha asociado precisamente a la mayor presencia de familias de otros países, que mantienen otros modelos culturales en cuanto a la reproducción, la sexualidad, la iniciación sexual y la estructura y medida familiar» (CIIMU 2005: 413). Según el informe, no se disponen de datos sobre el país de origen de las gestantes, pero el incremento de embarazos e IVE entre las chicas adolescentes se explicaría, en buena medida, por la mayor presencia de las adolescentes inmigradas de clase desfavorecida, especialmente procedentes de Marruecos y Ecuador.

> —Entre la gente con quienes se juntan, ¿hay muchos casos de embarazo adolescente?
> La Cruz: ¡Uf!, hay un montón.
> Parcero: ¿Te acuerdas de X?
> La Cruz: Sí.
> Parcero: Bueno, estaba preñada, pero ya abortó, ya ha abortado dos veces.

Desde una perspectiva de género, la maternidad «prematura» de estas adolescentes se explica sólo en parte como una reproducción de unos modelos culturales de origen. En cambio, la búsqueda de formas de vinculación y el vacío y la dificultad de integración en el nuevo contexto social son aspectos que permiten dar un sentido a la maternidad en la adolescencia como una particular respuesta «femenina» a la voluntad de incorporarse socialmente y tener un papel en la sociedad (Berga 2006). A pesar del discurso dominante sobre la generalización de la información sobre métodos anticonceptivos entre los jóvenes, en las entrevistas se pone de manifiesto que en este tema es necesario situarse en la lógica de los y las jóvenes, para intervenir desde sus necesidades y referentes de género particulares.

> Mire cómo me cuido yo, verás, yo me puedo comer a unas cinco mujeres, ¿sí, me entiende? Pero yo lo hago con preservativo. Yo con la única que no me pongo preservativo es con mi novia, ¿tú me entiendes? Porque yo sé que mi novia no se va a enrollar con nadie. Yo ya llevo casi un año con ella, entonces, si yo me voy a comer a alguna mujer lo uso, porque yo no sé qué me puede pasar ella y yo no se lo quiero pasar a mi novia [Parcero, 16, Colombia].

Así mismo, una de las realidades emergentes más preocupantes y a la vez más silenciadas actualmente es la de la prostitución de menores procedentes, entre otros destinos, de Latinoamérica (especialmente Ecuador y Colombia).[2] Se calcula que el 30% de las mujeres explotadas sexualmente en nuestro país son de origen latinoamericano (frente al 45% procedentes de países del este y el 20% de subsaharianas). La situación de estas menores, de número indeterminado dada la dificultad de control sobre la realidad de las mafias que actúan a nivel internacional, queda invisibilizada ante los sistemas de protección a la infancia de nuestro país.

---

2. Datos presentados por la subdelegación del Gobierno en Madrid e las Jornadas «Derechos de Ciudadanía para las trabajadoras y trabajadores del sexo», organizadas por Comisiones Obreras, en Madrid, el 26 de mayo de 2005.

Conclusiones

Como conclusión de este apartado nos gustaría destacar algunas ideas que, a partir del análisis realizado, sugieran líneas de intervención. En primer lugar, tener en cuenta la realidad de las jóvenes latinas que son invisibles dado que, mayoritariamente, su presencia es menos problemática para la sociedad de acogida. Socialmente parece que tenemos mayor capacidad para incorporar este tipo de realidades —como la maternidad adolescente o la prostitución— dado que no generan los mismos problemas sociales que las denominadas «bandas juveniles», que generan una gran alarma social. En este sentido, sería un error considerar que las intervenciones y las políticas tienen que ir dirigidas exclusivamente a los chicos, en tanto que protagonistas del «problema social».

Así mismo, proponemos una lectura de la realidad de los jóvenes que pertenecen a colectivos juveniles como una búsqueda en sus pares latinos de un refugio y una identidad que se entiende, en muchos aspectos, como una negociación de la masculinidad. Desde una perspectiva de género, cambiar la mirada centrada únicamente en los riesgos para plantear los atractivos y las motivaciones de los jóvenes, puede permitirnos una intervención mucho más ajustada a su realidad y a sus necesidades. Por todo ello, consideramos que las propuestas de intervención con estos jóvenes deben plantearse desde la perspectiva del acompañamiento educativo, partiendo siempre de su realidad y desde el máximo respeto. Un elemento clave para la reflexión por parte de los profesionales sería, finalmente, la capacidad de tomar conciencia del papel socializador que ejercen sobre los jóvenes, y su influencia como referentes y modelos, también, de distintos roles de género.

12
Jóvenes 'latinos' y medio escolar

Montse Palou Díez

El presente texto propone ocuparse de las experiencias escolares de los jóvenes de origen latinoamericano, intentando buscar las relaciones entre su condición de adolescentes y, al mismo tiempo, de migrantes. Para hablar del sistema educativo y de lo que implica la inmigración en su estructura y funcionamiento, nos centraremos en los procesos que se generan durante la acogida del alumnado extranjero a partir de su distribución en los centros catalanes, su adaptación lingüística y a los ritmos y horarios autóctonos. Después nos centraremos en sus vivencias y convivencias con otros sujetos con los que interactúan en el ámbito escolar. Cabe señalar que este texto se distancia de los demás por su perspectiva: las experiencia docente de la autora guía sus reflexiones.

Introducción

Éste es un barrio de inmigración, donde un importante sector de la antigua inmigración ha prosperado económicamente y se ha marchado hacia otros barrios, espacio que ha sido ocupado por los inmigrantes extranjeros [...]. Nuestro centro es el reflejo del barrio. No salen casi ingenieros de aquí [...]. La educación y los centros educativos segregan socialmente, no estamos al margen de la injusticia social que nos envuelve [...]. La educación pública y gratuita, que habría de ser un factor de igualdad, en realidad produce desigualdad. Muchos padres que antes se mataban por traernos a sus hijos, ahora, no nos los traerían ni borrachos. No, porque aquí, dicen, hay muchos inmigrantes, un nivel social bajo, etc. Si vas al centro de la ciudad, constatarás que, en la enseñaza pública, el nivel social de las familias es mucho más alto y que casi todos hablan catalán. También son institutos públicos, pero al final producirán más ingenieros que nosotros. Si esto no cambia, los institutos públicos no servirán para dar las mismas posibilidades a todo el mundo, que era lo que, desde la enseñanza pública, se luchó [Profesor de secundaria IES 4].

¿Por qué viniste para acá? Para estudiar y porque tenía una hermana de 7 años y no podía estar sola... También para vivir con mi madre, mis objetivos eran estudiar y después volver a mi país. Pero la situación es mucho mejor que en mi país. Vine el año pasado, marzo de 2004. Cuando salí lloré mucho. Cuando he venido aquí ha sido una cosa muy diferente, que no se puede explicar. En todos los sitios tienen cosas malas, pero mi país tiene mucha... Aquí no son la mayoría drogadictos, tienes alguna amistad buena si sabes escoger, pero en mi país la mayoría son malas... Y la gente, la manera de vestirse, los estudios, el instituto aquí es más civilizado, en mi país se rompe una puerta y allí se queda. Aquí es más limpio, no sé explicar... [Amanda, Brasil, 16].

El espacio escolar está sometido a constantes cambios y tensiones, es un espacio dinámico, en el que se reflejan las diversas realidades sociales. Dos voces abren nuestro discurso, la del profesor y la del alumno. Ambas reflejan los dos vértices de una realidad controvertida y compleja. La una sigue expresando el deseo de seguir ofreciendo una enseñanza pública que posibilite la igualdad de oportunidades entre las clases sociales populares, y la otra manifiesta el deseo de prosperar socialmente a través del estudio. Estas realidades entrecruzadas nos obligan a un ejercicio crítico de las actuales prácticas docentes y a la reubicación en el espacio escolar de las nuevas generaciones de niños, adolescentes y jóvenes que albergan nuestras escuelas e institutos venidos desde los rincones más remotos del planeta, y a la potenciación de nuevos ideales humanistas y críticos como equipaje escolar para los nuevos tiempos. Esas nuevas realidades se complementan con otros factores socioeconómicos: la globalización, las crisis políticas, éticas, económicas y sociales que vienen arrastrándose desde los años ochenta y con variada respuesta, tanto en el espacio urbano como en el espacio escolar. Seguiremos como herramienta de interpretación una estrategia rizomática, a la manera de Gilles Deleuze (1977), persistiendo en reconocer que la multiplicidad se extiende desde el centro, desde la raíz múltiple, inundando los territorios «humanos y sociales», reordenando el caos, porque en el rizoma se funden lo mejor y lo peor, y es allí donde concurren los dialectos, los argots, impidiendo la homogeneidad de las miradas y dicotomizando las pesadas maquinarias binarias de poder-saber, destapando las contradicciones, los conflictos, los prejuicios y las ignorancias, a los que el ámbito escolar es muy sensible y, a la vez, muy resistente.

En los últimos veinte años el sistema escolar ha pasado por cuatro leyes, primero fue la LGE (1970), después la LOGSE (1990), más tarde la LOCE (2000) y ahora la LOE (2005). En cualquier caso todas estas leyes han regulado la promesa de mejora de la institución escolar, obteniendo un resultado diverso e incluso adverso, como regular la burocracia, mercantilizar los *curricula*, normativizar la convivencia, pero sin conseguir que se desarrolle ni el terreno democrático de la escucha, de la racionalización de los múltiples intereses entre los diversos interlocutores, ni reproducir en su interior una verdadera organización democrática que haga copartícipes en la acción a los diversos colectivos que lo habitan. No se ha plasmado la esperada alternativa necesaria de renovación y rejuvenecimiento de los saberes sociales, ni un avance instrumental de las nuevas tecnologías que habían de cambiar los procedimientos tanto en el aula como en la institución y el sistema. La institución escolar, ajena a las nuevas problemáticas sociales, está consiguiendo reproducir los déficit escolares y sociales que propulsan nuevas formas de desarrollo de la tan ansiada igualdad de oportunidades, de convivencia y de integración social desde finales del siglo XX, y nos empuja en el siglo XXI hacia la consolidación de estructuras perversas, como la segregación y la inacción frente a ideologías deshumanizadoras y violentas.

El espacio abierto a la refundación de guetos urbanos, en los barrios de Barcelona y de las ciudades colindantes, ha generado la concentración de una nueva, e importante, clase pobre. La completa soledad y el desarraigo emocional en el que viven muchos de los niños y jóvenes, inmigrantes de aquí y escolares de aquí y de allí, ponen al descubierto la situación de malestar en la que se vive en el espacio escolar y la necesidad de una reacción, para incidir y trastocar las tipificaciones y criminalizaciones que se hacen estereotipadamente de los jóvenes y especialmente del colectivo inmigrante, tanto respecto de sus conductas como de sus formas de agruparse y de vivir. Debemos incidir en el riesgo de identificación de la inmigración con la imagen de la violencia, y de los jóvenes en general con el ejercicio de la violencia, además de otros estereotipos que circulan en el ámbito escolar sin demasiadas cortapisas, que son propios de un doble discurso moral y social. Estas imágenes están encontrando un verdadero sistema de reproducción exclusivista en la segregación, en el espacio del gueto urbano y muy especialmente en el escolar, que permite la existencia de centros escolares públicos prácticamente integrados sólo por el colectivo inmigrante (70 a 95%). En las dinámicas de guetización constatamos una distribución desequilibrada del alumnado inmigrante entre escuela pública y escuela privada concertada, ocasionada en parte por las omisiones de gratuidad y la discriminación social y cultural llevadas a cabo en los procesos de admisión de alumnos en la privada concertada (Calero y Bonal 2003) y otros aspectos destacables (Fundació Jaume Bofill 2003).

También debemos destacar el papel significativo de los *mass media*, que como altavoces de discursos sensacionalistas impactan en las opiniones y juicios de los ciudadanos, pero que también están difundiendo en los diferentes niveles de discursos el ruido y la confusión afianzando los prejuicios, reproduciendo y dejando que calen en la sociedad y se trasladen con una segunda voz a una escuela que todavía no ha estandarizado en su *curriculum* una cultura de paz y una educación para la ciudadanía y no ha normalizado transversalmente el marco de una educación intercultural. Por último, no podemos negar ni ocultar la existencia de conductas disruptivas que van de lo individual hasta las violencias grupales, que encuentran un verdadero caldo de cultivo y sistema de reproducción en una escuela e instituciones políticas, administrativas y educativas que tienden a la invisibilidad de tales violencias y no a su tratamiento coherente y compartido socialmente.

Sistema educativo e inmigración de los escolares de origen latino

La matriculación de los niños y adolescentes en los centros de enseñanza públicos depende especialmente de la percepción de las problemáticas que los habitantes del barrio tengan del centro educativo. Primero aparece la desconfianza y finalmente el abandono de los centros públicos por los habitantes de los barrios y su substitución por la concentración de jóvenes inmigrantes, donde resalta un alto número de alumnos procedentes de Centroamérica y Sudamérica. Se ha producido en los últimos cinco años un incremento de este tipo de situaciones, modificando el equilibrio deseable para poder llevar a cabo un proceso de integración razonable, que debería ser de entre el 20 o 30% como máximo por aula, aunque en su lugar nos situamos en cifras que van entre el 70 y el 80%, dependiendo de las zonas de Barcelona y de Cataluña. Estas situaciones suponen riesgos notables, como acentuar los efectos perversos de la concentración y de la segregación escolar e imposibilitar procesos de integración individualizados o en pequeños grupos, con los que se obtienen mejores resultados tanto académicos como convivenciales.

> Hace unos 4 o 5 años que todo empezó a explotar, empezaron las diferentes problemáticas. Provocó que pasáramos de ser uno de los centros con más demanda de la

zona a uno de los que menos tenía. ¡En estos momentos tenemos una preinscripción de 20 alumnos! [...]. En el centro no hemos tenido problemas, pero el acceso al mismo estaba rodeado de heroinómanos, se pinchaban en la misma puerta del instituto; esto, en un barrio, genera miedo, y muchas personas del distrito optan por otros centros. Además, si se mezcla con el fenómeno migratorio, ¿qué pasa? Se mantienen las líneas porque a medida que llega la inmigración las va llenando. Hemos pasado a tener un 70% de población escolar emigrada, fundamentalmente latinos y en menor medida gente de otras culturas: tenemos algún chino, algún marroquí y algún alumno procedente de los antiguos países del Este, entre los latinos fundamentalmente ecuatorianos y dominicanos. Un 60% son latinos. Esto se ha producido en un intervalo de 4 o 5 años [Director IES 5].

El proceso de matriculación en los centros de enseñanza viene determinado por la ley de la oferta y de la demanda educativa. Por un lado, el Departamento de Educación de la Generalitat de Cataluña determina el número de grupos clase o líneas escolares que tendrán los centros escolares, fijando así el número de vacantes, las plazas ofrecidas, es decir, la oferta. Y la demanda viene determinada por el reconocimiento del derecho de los padres a elegir centro de enseñanza para sus hijos, de tal manera que los padres realizan la preinscripción durante el mes de marzo de cada curso, en los centros de enseñanza públicos, privados y privados concertados. Son *las comisiones de matriculación* u *oficinas municipales de escolarización* (Decreto 252/2004 de 1 de abril y Decreto 56/2005 de 20 de febrero) de la zona escolar las encargadas de la distribución de los alumnos dependiendo de las demandas de los padres y adecuándolas a la oferta. Esta comisión está presidida por el Alcalde o Alcaldesa del municipio, quien delega en un representante, casi siempre un técnico de los servicios educativos del municipio, y también por el Delegado o Delegada de los Servicios Territoriales de Educación de la Generalitat de Cataluña del municipio o zona, quien delega en el inspector y/o un representante de los Directores de la zona, quienes reciben asesoramiento del EAP (equipo de asesoramiento y orientación psicopedagógica) de la zona que, a su vez, puede estar en contacto con otras instituciones educativas, médicas, judiciales (CREDA, CSMIJ, EAIA, CDIAP, entre otras). A pesar de la existencia de estos servicios no se ha evitado que en los últimos cuatro años se haya disparado hasta un 70 a 80% la presencia de alumnado inmigrante matriculado en centros públicos, frente al 20 a 30% en la privada concertada. Esto supone un peligro inminente de guetización y estigmatización para los centros públicos:[1]

> Esto continúa pasando: otros institutos estaban entre un 5 a un 7% y han subido al 20% de alumnado extranjero. Todo el mundo dice que cuando se llega al 20% comienza a ser un problema para el centro. El Departamento calcula las «ratios», la proporción de alumnos, aula y profesor, al 20%. Pero, ¿qué pasa cuando estamos en un 60 o un 80%? Por lo menos que la experiencia que han padecido unos centros no se extienda a todos. Por ejemplo, en Barcelona, los centros de educación secundaria

---

1. Algunos autores reconocen el riesgo y la necesidad de poner en marcha mecanismos de compensación social: «La integración de todo el alumnado puede estar impulsada por políticas que favorezcan la heterogeneidad de los alumnos que asisten a un mismo centro escolar. Es fundamental evitar la formación de la escuela gueto donde asisten alumnos de un mismo origen social, étnico, religioso o del mismo nivel cognitivo» (Tedesco 2002).

estamos en un 70% para la pública, un 30% para la privada. Esto quiere decir que el 70% de las familias votantes en Barcelona van a un centro concertado, por eso, al Alcalde de Barcelona no le interesa nada potenciar la pública, porque el 70% va a la privada... todo esto puede ser que sean elucubraciones mías: estamos convirtiendo la pública en asistencial. En Barcelona hay 74 institutos, no todos están igual, depende de la zona, muchos compiten con la privada de la zona, porque en aquella zona no hay inmigración. El número de alumnos extranjeros en la pública no tiene nada que ver con la privada: en los jesuitas no hay, en los escolapios no hay, en los maristas no hay [...]. Es un tema difícil, pero se da una movilidad constante, siempre estamos a punto de morirnos [Directora IES 3].

El análisis de la población escolar en la actualidad y en los próximos años está en manos de los técnicos del Departamento de Educación y de las políticas del gobierno de la Generalitat de Cataluña, y de las leyes presentes y futuras de los Parlamentos Catalán y Español, que tienen la oportunidad de compensar y evitar los errores cometidos por otras leyes e incidir en esta situación con actuaciones institucionales para encontrar el reequilibrio entre los centros de enseñanza, para generar un sistema educativo digno para todos y no caer en exclusivismos, en hacer de la enseñanza pública una escuela para pobres inmigrantes tal como resumiría el lema pestalozziano,[2] *educar al pobre para vivir la pobreza,* que se encontraría en la trastienda de algunos de los dilemas centrales del profesorado de educación secundaria y de las instituciones escolares académicas y administrativas de nuestra época: elegir entre la asistencia o la excelencia, entre las competencias básicas o el fomentar el elitismo. En definitiva, el dilema se torna paradójico: elegir entre la escuela de la pobreza y la escuela de la ignorancia de las nuevas clases populares en la escuela pública, donde aparentemente se estaría generando la igualdad de oportunidades y la compensación social, o elegir la excelencia y el elitismo de las escuelas privadas concertadas desde el exclusivismo del acceso a una élite y excelencia pese a la apariencia de la igualdad social fomentada desde la perspectiva económica por la inversión del dinero público.

La integración de los jóvenes latinos

A medida que aumenta la proporción en número y presencia del alumnado inmigrante, disminuyen espectacularmente las posibilidades de integración, tanto como proceso global o parcial. Es decir, la integración se hace cuestionable en sus resultados, pues aproximadamente tan sólo del 5 al 10% de los alumnos inmigrantes superan y acreditan la ESO, ya que, por las experiencias vividas, nada nos autoriza a pensar que integración y socialización se produzcan paralelamente, ni que sean equivalentes y transferibles de uno a otro alumno, ni al grupo, ni al conjunto de los inmigrantes de un mismo centro. Un alumno o alumna, recién llegado, con unas competencias básicas no adquiridas o insuficientemente adquiridas (leer, escribir y realizar las operaciones matemáticas básicas), con 14 o 15 años, tiene graves

---

2. Johann Heinrich Pestalozzi (1746-1827), suizo, discípulo de J.J. Rousseau, conocido como el educador de la «humildad», se dedicó a la formación de los niños pobres para integrarlos en la vida social desempeñando un oficio.

obstáculos para seguir las clases de un aula ordinaria, de esta situación derivaría su dispersión y aburrimiento y del mismo modo su disrupción y el conflicto. Cabe decir que se acentúan las dificultades de la integración por el mismo proceso vital de la adolescencia, momento especialmente difícil, lleno de cambios, que el adolescente vive en diferentes formas: sus crisis identitarias, sus rebeldías, sus cuestionamientos, sus momentos de desarraigo, sus reivindicaciones, sus rupturas, sus adscripciones, sus reclamaciones de pertenencia a grupos, etc.

Entre el profesorado hay un lenguaje de desánimo, extendido e instalado, sobre las posibilidades de integración de los jóvenes inmigrantes, y de los jóvenes latinos en concreto, sobre todo cuando se trata de adolescentes llegados con alrededor de 15 años de edad y que son ubicados en el nivel correspondiente a su edad cronológica, 4.º de ESO, y que tienen que acreditar la enseñanza educativa obligatoria en un período temporal breve (entre uno o dos cursos). Se deja sentir un verdadero escepticismo que se fundamenta en el desconocimiento de las enseñanzas, *curriculum* y procedimientos de los sistemas educativos de los países de origen: Ecuador, República Dominicana, Colombia, etc., y también en el descrédito y la valoración acrítica de esos conocimientos. Se traslada y centraliza el déficit y fracaso en el alumno, se argumenta sobre su incapacidad para superar retos académicos y culturales haciéndole responsable de la propia idiosincrasia, dejando de lado y devaluando todo su *curriculum* «oculto» que permanecerá desconocido para el psicopedagogo, el psicólogo, el tutor, el profesorado y el equipo directivo.

Los profesionales de la educación hemos de revisar nuestros imaginarios acerca de los orígenes, formaciones y culturas del nuevo alumnado, y substituirlos por una formación que nos posibilite el conocimiento de las enseñanzas en los diferentes países de Centroamérica y Sudamérica, ya que desconocemos sus prácticas educativas, los *curricula*, la organización de la convivencia y la gestión de los conflictos en los centros, en definitiva, todas las peculiaridades de sus sistemas educativos. Acrecentar nuestro conocimiento podría servirnos para no atribuir determinadas generalizaciones a los efectos de un imaginario pesimista. Pero, sobre todo, lo que sería decisivo sería preparar nuevas dinámicas educativas sin prejuicios y culpabilizaciones dirigidos a un alumnado en concreto y a un colectivo en general. También hemos de superar el estereotipo que relaciona niveles de exigencia y edad cronológica, ampliando nuestras percepciones y generando una mayor comprensión y atención referidas al *curriculum* formal y oculto del adolescente que tenemos delante, ya que desconocemos su biografía educacional y vital. Los estudios de Matute-Bianchi (1986) han sido centrales para explicar los procesos del desarrollo de la identidad étnico-cultural en la etapa preadolescente y adolescente, que podemos identificar claramente en la película japonesa *Go* de Isao Yukisada (2000), en la que un joven de origen coreano, en el marco de la escuela y sociedad japonesa, hace de la rabia y de la violencia su respuesta frente a los constantes obstáculos y degradaciones de la cultura dominante. Nos muestra, especialmente, cómo algunos comportamientos violentos, individuales y grupales, tienen su fundamento conceptual en la persistencia de factores como la raza, la integración, la discriminación, la violencia en sus diferentes formas, y en definitiva, en la llamada banalidad del mal de las sociedades globalizadas y pluriétnicas, que ocultan con sofisticación y tecnología en superficie una profunda brecha social que queda destapada y que, por analogía, podríamos relacionar con la situación de los jóvenes latinos y de las llamadas «bandas» latinas. Para este ejercicio no deberían perderse de vista dos películas esenciales del ámbito latino, *La vendedora de rosas* de Víctor Gaviria (1998) y *La virgen de los sicarios* (2000), que tienen como referente seguro *Los olvidados* de Luis Buñuel; estos filmes nos permitirían acceder al ceremonial de la catástrofe de la humanidad «desechable», residuo del mercado bajo la lógica y la violencia del capital globalizado, que sigue en sus reflexiones la magnifica obra del sociólogo Z. Bauman (2005), trasladados al espacio latinoamericano.

Los profesores de educación secundaria quizá estamos pidiendo demasiado y queremos que el alumno tenga una omnicomprensión crítica de su propia situación cuando es prácticamente imposible para su edad cronológica, y lo único que estamos consiguiendo es debilitar su ya debilitada autoestima y su precaria situación socioemocional. El alumno inmigrante, ya sea latino o de otra procedencia, esta enredado en un viaje que arriba a un primer puerto, la escuela o el instituto, donde traslada su perplejidad frente al mundo que empieza a conocer, del cual no sabe ni su extensión ni sus límites, lo que le genera un inmenso sentimiento de inseguridad y miedo. Los retos de esos microcosmos, muchas veces, no son leídos ni literalmente ni conceptualmente, y sólo en parte emocionalmente; son muchas las dificultades en el dominio del alfabeto emocional de cada adolescente, desde la propia la familia a la sociedad catalana en el marco de su propia complejidad.

Cabe añadir que, para hablar de la integración del joven latino en los centros de enseñanza, hay que hacerlo paralelamente al prácticamente inexistente debate en la sociedad catalana y española sobre la educación multicultural y la educación intercultural, términos que se confunden en ocasiones interesadamente, con connotaciones ideológicas. Este debate no se ha producido en la práctica y está pendiente de dejar aflorar contradicciones persistentes en las politicas institucionales de los centros educativos. Sabemos que el Departamento de Educación de la Generalitat de Cataluña ha tomado una línea decidida de intervención desde la interculturalidad, puesto que se evidencia en diferentes documentos: instrucciones de principio de curso, en el programa para el 2004-2007, pero todo ello todavía está lejos de ser una realidad e incidir en la cultura de centros, que deberían abrirse en sus claustros y espacios de debate para externalizar y verbalizar gran parte de los estereotipos y anclajes que no dejan al profesorado y a los centros como comunidades educativas avanzar hacia elementos más críticos y prácticas más relevantes en este terreno.

La acogida y la lengua en los centros educativos

A pesar de las expectativas levantadas por la generalización[3] del recurso de las aulas de acogida y de los TAE, estas respuestas institucionales a la demanda educativa y social son insuficientes y destacan por ser, en gran parte y únicamente, lingüísticas, quedando la acogida del joven, en su totalidad, insatisfecha como

---

3. Durante el curso 2004-2005 se implantaron 650 aulas de acogida en toda Cataluña (A. Quintana Oliver: «Un any d'aules d'acollida», *Perspectiva Escolar*, n.º 297, Barcelona, septiembre 2005, pp. 31-37).

necesidad emocional, cultural, ética e incluso económica. Las aulas de acogida son intermedias o de transición, abiertas, intensivas y flexibles, son un espacio de transición entre la llegada al centro y el paso al aula ordinaria. Pero la realidad es que el alumno pasa el 90% de su tiempo escolar en el aula ordinaria, prácticamente sin soportes; claro, también hay que decir que todo depende de los recursos que el centro tenga asignados por el Departamento de Educación de la Generalitat de Cataluña, lo cual variará substancialmente según el cómputo de horas que el alumno/a puede pasar en esta aula de aprendizaje.

> Estamos experimentando con las parejas lingüísticas, pero encontrar 10 chicos que sean catalanoparlantes, aunque no sean de origen catalán pero que hablen un catalán fluido y establezcan una relación con estos chicos... [...]. Por lo tanto, el instituto entra en una situación de dificultad para integrar a estos chicos... dándose una serie de fenómenos: el primero, se da un rechazo a la lengua; en el barrio la población castellanoparlante es muy grande, ellos acaban de llegar y no entienden por qué han de hablar el catalán. Esto genera una cierta disfunción en el ámbito educativo, después del esfuerzo que se ha hecho para convertir el catalán en la lengua vehicular del centro. Nos encontramos con una clase con 30 o 25 chicos, 20 son latinos, 5 son de aquí, de los que 4 son castellanoparlantes... Hablarles en catalán —esto es difícil hacérselo aprender a la administración— ellos lo viven como una imposición absurda: «Usted, ¿por qué me está hablando en una lengua que no entiendo?». Éste es un tema que ha creado enfrentamientos entre el propio alumnado del país que tiene una conciencia nacional más clara y no acepta este rechazo. Y con el profesorado: alguna vez hemos tenido alguna situación en la que los chicos se han negado a hacer las cosas en catalán. Un caso concreto: una vez vino *El Periódico*, para hacer unos talleres para hacer un diario, naturalmente en catalán, y los chicos se rebelaron, pidiendo hacerlo en castellano, encabezados por uno de los líderes del centro: «Somos latinos, lo queremos en español». Éste es un tema: el de la dificultad de integrarlos en los procesos normales del centro en el nivel lingüístico [Director IES 5].

Estas aulas de acogida son vistas por los alumnos latinos como una clase de estudio de un idioma obligatorio más y no como una necesidad vital imprescindible para su comunicación, ni para su desarrollo tanto en la vida cotidiana como en el centro o para acceder o progresar en su nivel académico o para desarrollarse en la sociedad catalana.

El aula de acogida: seguir inventando para sobrevivir

> Para solucionar especialmente los problemas de integración, nosotros organizamos una cosa que este curso se ha convertido en oficial, las aulas de acogida. Son unas aulas donde sólo van los estudiantes extranjeros que acaban de llegar, para empezar a orientarse en algunas materias básicas, especialmente las lenguas. Nosotros lo pusimos en marcha por nuestra cuenta. Nosotros vimos el problema y decidimos hacer un experimento, en aquel momento, destinado especialmente a los marroquíes, con los que teníamos una buena relación, algunos de los cuales estaban ya estudiando carreras universitarias, en especial una alumna que cursaba segundo de Derecho, a la que pedimos que nos ayudara en el proyecto de integrar estudiantes que no conocían la lengua y con los cuales era imposible entenderse y trabajar. Era inútil tenerlos en el aula porque no entendían nada, ¡pobres! Venían estos alumnos mayores y estaban con ellos entre tres o cuatro horas, nosotros intentábamos sacar dinero de donde

fuera para pagarles algo y compensarles. Ellos, desde luego, no lo hacían por dinero, sino porque tenían «buen rollo» con el instituto y les gustaba ayudar a aquellos chicos y chicas. Les enseñaban cosas como la lengua, cosas de la ciudad, historias y costumbres del país, cómo funcionaba la sociedad de aquí, etc. Por primera vez empezaron a desaparecer alumnos, dando vueltas alrededor del instituto, cuando les preguntabas: «¿dónde vas?», se quedaban mudos, no entendían nada ni sabían decirte nada o incluso no sabían adónde tenían que ir... Después, esto, con el nuevo gobierno se ha traducido en un recurso, que se llama las aulas de acogida, es oficial y cada centro tiene una con una dotación de profesorado que se dedica exclusivamente a esta tarea. Estas aulas están destinadas para aquellos alumnos que acaban de llegar, para facilitar su integración y están dando buen resultado [Profesor de secundaria IES 4].

De las respuestas experimentales de los centros han salido múltiples respuestas didácticas para hacer viable esta acogida, por ejemplo las «parejas lingüísticas», que resultan inviables si nos encontramos en un gueto escolar, ya que no disponemos del número de parejas necesarias para llevarlo a cabo. La participación voluntaria de alumnos, ex alumnos, alumnos universitarios en prácticas, etc., ha sido y es también un hecho, loable pero insuficiente.

¿Cuál es el objetivo del aula de acogida? La prevención. Si estos chicos que eran tan activos, con tantos problemas, podemos reconducir mínimamente todo este malestar, dolor psíquico, con un poco de suerte, no sólo estarán bien en el aula, sino que además serán buenos acogedores de los que irán llegando... ¿Qué ha pasado? Como con tantas otras cosas en el Departamento de Educación, hacemos hoy un proyecto que al año siguiente ya no servirá. El próximo curso nos viene implantada un aula de acogida, con unas directrices muy claras, que son clases de catalán. Todo esto no tiene nada que ver con lo que estoy haciendo. Esto es lo que debería ser el TAE, y eso, a mí, no me interesa. Es una lástima, porque una experiencia como la que estoy llevando a cabo ha funcionado. Es cierto que estos chicos tienen un talante distinto... Esto ha servido para que, de entrada, hayan endulzado un poco el golpe emocional [Profesora secundaria IES 1].

De alguna manera, los centros fueron respondiendo y responden a las necesidades del alumnado inmigrante, sin los suficientes recursos añadidos, agudizando el ingenio y con pocos recursos técnicos. En las propuestas de algunos centros educativos la acogida del joven latino se trata de una forma bien diferenciada a la de otras culturas. En algunos centros se aborda la acogida de una manera integral y se tienen en cuenta sus propias circunstancias. Y también se realiza una propuesta atenta al desarrollo de los conflictos tanto internos como externos, así se trata y se crea un espacio de manifestación y tratamiento de los duelos, las angustias, los miedos, una especie de «terapia de grupo» o de «asesoramiento filosófico».

El espacio de la acogida es un espacio mental, un espacio también para el asesoramiento ético y filosófico, un espacio de tratamiento individualizado y tutorial, un espacio en definitiva más de acompañamiento, de *mentoring*, que de acogida, o por lo menos simultáneamente de ambos. Cabe decir que la no-participación de todo el centro como centro acogedor supone la recreación de espacios de exclusión y de responsabilidades adscritas a unas pocas personas, unos pocos profesores, y una minoría de alumnos y de alumnas, que viven desde los márgenes del aula ordinaria y del centro, mientras que la mayoría vive la experiencia en el distanciamiento y la invisibilidad. La superación de estos obstáculos ofrecería una oportunidad a la acción comunitaria predisponiendo al centro a una acogida integral, lingüística y académica, ética y emocional que favorecería el crecimiento integral del alumno inmigrante, que estaría en disposición de hacer un aprendizaje más rápido y más significativo.

Vivencias escolares de los jóvenes latinos en Cataluña

Los horarios

> Ellos (los dominicanos) nos explicaban que su horario escolar era nada más de dos horas diarias, entre otras cosas porque no había suficientes escuelas y se hacían varios turnos durante el día [...]. A los dominicanos les cuesta. Porque estaban acostumbrados a dos o tres horas de clase diarias. A los ecuatorianos, que son la mayoría, les cuesta menos porque estaban escolarizados durante todo el día [Directora IES 3].

> Paquito: En Quito iba por la tarde, de 1 a 6.
> Pablo: En República de 8 a 12 los mayores, de 12 a 5 los menores.
> Rosa: Y de noche también. Van los que trabajan de día.
> Matute: (En Argentina) hay dos turnos, el de mañana y el de tarde, de 8 a 12 y 2 a 6. [Grupo de discusión IES 5 2.º ESO].

Los horarios organizan la actividad escolar, pero los alumnos latinos han estado, durante una gran parte de su experiencia escolar, inmersos en una realidad temporal de menor permanencia en los centros escolares. Las 30 horas semanales, comparativamente, son claramente desproporcionadas. La contención, el mantenimiento de la atención y del interés prolongado, en ocasiones se salda o bien con un absentismo parcial o total, o con la presencia de conductas disruptivas. Estas conductas que introducen el conflicto en el aula, interrumpiendo el ritmo de las clases, las hay de baja intensidad (como levantarse y moverse en la clase, como las de hacer caso omiso del profesor, cantar, bailar, etc.) hasta las de alta intensidad donde tomarían el nombre de conflicto y donde se evidencian diversas formas de violencia (insultar, pegar, romper cosas, etc.) impidiendo tanto el desarrollo de la labor educativa como el proceso de enseñanza-aprendizaje.

> Muchos vienen de situaciones académicas habituales de tres horas de escuela. En muchos países hemos observado, especialmente en las zonas rurales, que el maestro hace 6 horas de clase, en dos turnos: unos niños van de 8 a 11 de la mañana y otros de 12 a 3 de la tarde. Así que cuando les dices que han de estar aquí 30 horas a la semana, se les ponen los pelos de punta. ¿Pero, esto qué es? Usted aquí, ¡me está machacando! Tienen un fuerte rechazo, además, en sus países, tienen un mayor tiempo libre, mucho más amplio que aquí. Si además les cargamos con deberes, actividades y otras cosas, se da un fuerte rechazo a la institución, no a ésta en particular, sino a todas, porque el nivel de exigencia al que están acostumbrados no tiene nada que ver con el nuestro. No están acostumbrados y además no entienden la utilidad de esta demanda [Director IES 5].

> Dicen: «¡La cabeza me va a estallar!». Hacen comentarios como éste. Entre las pocas horas que hacían en su país y lo que nosotros les pedimos, no pueden más [Profesora de secundaria, IES 1].

Los horarios extensos de nuestro sistema educativo para los alumnos acostumbrados a horarios de asistencia mínima llegan a propiciar desde una palpable sensación de falta de libertad a una asfixia espacial, con la aparición de ansiedad y de angustia, que en ocasiones llegan incluso a las fobias escolares o forman parte de trastornos más complejos, como el síndrome de Ulises[4] o las neurosis infantiles y juveniles que, con dificultades, son reconocidas y tratadas psicológicamente en el ámbito escolar.

El profesorado entre aquí y allí

> Uno de los valores más fijos es el profesorado, pero no sirve para el alumno, porque en esta edad a los adolescentes no les interesa el profesor sino los compañeros. No se visten para ti, sino para los compañeros de clase. No, los profesores, no somos un modelo desde el punto de vista social [Directora IES 3].

Uno de los síntomas de nuestro tiempo es el vaciado conceptual, ético y cultural de la escuela, ese nihilismo extremo (*nihil*: nada) que devalúa los saberes, que sofoca los valores éticos y que propulsa consumismos y mercantilizaciones de emociones y sentimientos. El profesor se encuentra entre dos polos; por un lado, la asistencialidad, y por el otro, la búsqueda de la excelencia. Así que, entre esas polaridades, en los últimos años ha trabajado más en la contención que en un verdadero trabajo de fundamentación y de ampliación del conocimiento. No podemos dejar de lado la existencia de una inexpresada ética de la transmisión, una deontología, que obliga al profesor consciente y sensible de su papel social a trasmitir el legado del saber, cada vez como un acto renovado, en cada una de las clases, un acto que le subleva contra la reproducción mecánica y burocratizada de la transmisión como esencia. El riesgo de la desaparición de determinados saberes o procederes es real, encuentra un vehículo de expresión en la metáfora que identifica la enseñanza con una cadena de montaje fabril, que coloca la enseñanza como un mecanismo más de reproducción del sistema capitalista, que se retroalimenta en cada una de nuestras renuncias, en esos: «no me escuchan», «no les interesa nada» enunciados en innumerables ocasiones por el profesorado. Dejarse llevar por esta debilidad comporta condenar al alumnado a la violencia del sistema y a sustentar por complicidad la modernidad líquida, si bien es cierto que no es necesario convertirse en héroes individuales de causas perdidas, pero sí es necesario no perder el horizonte social

---

4. El llamado *síndrome de Ulises* se caracteriza por un gran sentimiento de soledad, de fracaso vital frente a la supervivencia cotidiana, se vive en una situación de miedo y terror continuo junto a una gran desorientación espacial y vital. Puede presentar más de 12 síntomas: tristeza, fatiga, insomnio, desorientación, pérdida de memoria, grandes dolores de cabeza, pensamientos negativos recurrentes, etc. Sus síntomas recuerdan a la depresión, pero se trata más de un trastorno de estrés crónico. Este síndrome está siendo tratado en el SAPPIR (Servicio de Atención Psicopatológica y Psicosocial a Inmigrantes y Refugiados) del Hospital Pere Claver de Barcelona por el psiquiatra y fundador de este servicio Joseba Achotegui (www.migra-salutmental.org/catala/news/art_001.htm). Se puede constatar la falta de un protocolo de investigación y una valoración poblacional de los casos de trastornos psicológicos y emocionales en adolescentes en general, y especialmente los padecidos por el colectivo inmigrante o sus familias y las consecuencias derivadas de los mismos.

del trabajo educativo como tampoco el componente crítico especialmente importante para encontrar «ventanas» en un espacio escolar guetizado.

> Te encuentras, los que vienen de Ecuador, que el primer día se ponen en pie cuando entra el profesor a la clase. Después ven que esto no lo hace nadie y que no hace falta ni saludarlo. Ellos estaban acostumbrados a decir: «Bienvenido, señor profesor». Y todo les choca. Pasan de una educación muy formal en las formas a pensar que todo vale: al profesor no es necesario hablarle de usted, le puede llamar por el nombre. Para ellos, hay una serie de cosas que les chocan mucho [Directora IES 3].

La misma deshumanización e incomunicación que provoca la cultura del mercado, o la ausencia de cualquier cultura, o el predominio de la cultura del *mass media* como cultura del espectáculo, aísla a los individuos en cápsulas sin interacción con el medio ambiente y con los otros. Encuentra en el espacio escolar un magnífico reproductor para los «encantadores de serpientes», otra manera de nombrar a los medios de comunicación audiovisual, que han hechizado, con su poder hipnótico, el que tiene la televisión y la imagen en movimiento sobre los espectadores, en este caso, a los alumnos a través del consumo de las sombras, de los «eikones» platónicos, que reproducen en las cavernas, en la oscuridad, la soledad y la desesperación, que se expresa con incomunicación o con un rito gestual más que como palabra compartida, más con una forma de vestir o de saludar como forma de representación de la identidad personal, y en definitiva con múltiples formas de romper con el convencionalismo que muchas veces nos reduce al obligado silencio.

Las prácticas educacionales «de amabilidad», que no de subordinación, prácticamente han desaparecido, aunque para el latino, acostumbrado a las mismas, perdieron su carácter de subordinación para ser amabilidad, pero todo se pierde y a los pocos meses ya no existen. Así, las relaciones con el profesorado pasan desde la admiración por el modelo autoritario de profesor que vivieron durante años en sus países de origen, al respeto basado en el reconocimiento de la autoridad otorgada socialmente desde la aceptación del castigo físico como forma de castigo y de control jerárquico del alumnado. Para los latinos se trata de una verdadera «contradicción» entre la autoridad de allá y lo que entienden como falta de la misma aquí.

> Yo tengo muy buen rollo con ellos, saben que yo les respeto. Si tú los respetas, el alumno te respetará a ti. Si el alumno recibe de manera sibilina una cierta hostilidad, un cierto rechazo o menosprecio, el alumno lo nota y se vuelve contra ti. Yo soy un profesor muy riguroso en el comportamiento en clase, pero nunca he expulsado a ningún alumno, sólo digo a los alumnos que yo soy el profesor y que las normas las marco yo. Y parece que añoren la autoridad de allí, cuando aquí te la discuten. Porque para ellos el respeto es, por ejemplo, la falta de control. Para ellos, por ejemplo, sus familias les controlan más que a los de aquí, cosa que no acabo de ver clara... ¿Qué es lo que ellos entienden por control? Yo lo que he notado es que hay una gran desestructuración familiar y, entonces, lo que no acabo de ver es dónde ven ellos el control. Tienen un montón de entuertos familiares. El rol de padre, madre, etc., allí es muy complicado, y yo no me aclaro nunca [Profesor de secundaria IES 4].

Cada una de las formas de autoridad es bien diferente, una, la autoridad que se basa en el poder no cuestionado y acríticamente aceptado por la jerarquía, por la posición social, por la jerarquía del saber y porque se fundamenta en la fuerza y en el castigo físico. La otra, la autoridad de aquí, se elabora en la confrontación entre el acuerdo y el desacuerdo a partir de la negociación de las partes, que son reconocidas como interlocutores válidos y capaces de la negociación. Se basa en el diálogo y en el tomar decisiones consensuadas, en el establecimiento pactado de las normas, aunque como vemos en el discurso de profesor también existen contradicciones e incluso desavenencias derivadas de nuestra propia historia escolar que también recurría a la fuerza y al castigo. Hoy, más que nunca, la autoridad está cuestionada ya que el 73,3% de los conflictos devienen por falta de respeto al profesor (Conflictos en la escuela, CIIE Idea, febrero 2005, *La Vanguardia*). El joven latino identifica confianza con respeto y falta de control y en el caso del profesor se identifica el respeto como confianza y autocontrol, el primero identifica debilidad, y el segundo, negociación. Hay que decir que el joven latino no es el único que entiende esto, sino que tiene la posibilidad de añadirse al grupo disruptivo que ya estaba operando en el aula y en el centro o, autoaislándose del clima hostil, asistir como espectador a un complicado espectáculo que incluso puede convertirle en víctima.

El rendimiento escolar

> La mayoría tienen un discurso muy bajo, algunos son analfabetos. Esto crea un rechazo muy grande, sobre todo con los grupos en los que se vive esto como una pérdida, como una devaluación de la persona. Entonces, aquel chico reacciona mal habitualmente cuando está en 3.º y es un analfabeto [...]. Se crea una situación de burla y de menosprecio: no en el aula delante del profesorado, pero sí en un centro, donde hay muchos momentos y muchos espacios en los que el profesorado no está [...]. El objetivo de la mayoría de los chicos que entran en el centro no es hacer bachillerato, ni hacer ciclos formativos: están aquí esperando a cumplir los 16 años o los 18 para entrar en el mercado laboral. Sin ninguna formación. ¿Por qué? Porque aquí se hace una función de guardería y de notario [Director IES 5].

> Con los más pequeños es más fácil hacerlos recuperar el nivel. Tienen un nivel académico muy bajo; cuando llegan, nos dicen: «Yo en mi país tenía buenas notas». No sé cuáles son allí los criterios, pero constatamos que vienen todos con unas notas académicamente muy altas y, por el contrario, su nivel es muy bajo. Y entonces, pensamos que el nivel académico de algún país, como por ejemplo Ecuador, ha de ser muy bajo. Lo que es más curioso es que vienen todos con una fuerte distorsión de lo que es su realidad académica. Yo tengo alumnos que quieren ser médicos, pero ¿cómo quiere ser médico, sin saber leer ni escribir? Tienen todos un nivel muy bajo, pero todos quieren seguir una carrera. Dicen: «yo quiero hacer bachillerato». Y tú piensas, pero, ¡si tú no estás para hacer el bachillerato! Nosotros trabajamos en el Crédito de Síntesis de 4.º de ESO, en el último año, un crédito que se llama «Búscate la vida» y les enseñamos ahí lo que pueden hacer, qué pueden estudiar, cómo pueden ir a buscar trabajo, etc. [Profesor de secundaria IES 4].

> Hay chicos con muchas ganas de tirar hacia delante y también muchos chicos desubicados. Mira, tuvimos uno que padecía una fobia escolar y no podía venir, ahora viene, pero viene disfrazado, viene pero no trabaja, pero viene al centro. Cada chico reacciona delante del hecho de la inmigración de una manera diferente [Profesor de secundaria IES 4].

Un gran número de alumnos no disponen de la panoplia de herramientas suficientes para equipararse al nivel correspondiente a su edad cronológica. La desigualdad de partida imposibilita el camino, se da una bajo rendimiento, sin saber las causas reales del mismo, lo atribuimos al lastre, en gran parte, de los sistemas educativos de los países de procedencia. Añadiendo factores individualizadores del chico o chica y el colapso emocional en el que se encuentra inmerso, añadiendo también un cierto pesimismo hacia los resultados obtenidos y esperables con los chicos que con 14 o 15 años acceden a nuestro sistema educativo. No tenemos datos concretos, estadísticas fiables sobre el fracaso escolar de los diferentes colectivos de alumnos inmigrantes, nuestros datos proceden de los resultados de las pruebas realizadas respecto a la valoración de las competencias básicas o del Informe Pisa, informe que evalúa la calidad de los sistemas educativos de los diferentes países de la OCDE, a través de cuestionarios valora las competencias del alumnado en comprensión lectora, ámbito científico, ámbito humanístico, lenguas, etc., el último se ha publicado en 2003, pero ambos estudios estadísticos no tienen en cuenta diferentes aspectos como año o mes de llegada al curso escolar, tipos de destrezas anteriores y adquiridas en los países de origen, etc., que deberían ser tenidas en cuenta para obtener resultados más objetivos y significativos para orientar nuestras estrategias educativas con estos alumnos. La práctica docente nos enuncia una idea aproximada de lo que está pasando. Hay un alto índice de alumnos inmigrantes, más o menos según el país de procedencia, que no puede acreditar la ESO. No se trata de una percepción negativa infundada sino de recoger estadísticas orientadoras para reajustar las prácticas docentes, incrementar los recursos y propulsar cambios significativos que puedan generar la tan deseada igualdad de oportunidades entre el alumnado inmigrante.

El fracaso académico en el aula lleva al desinterés, y éste al aburrimiento y el aburrimiento al conflicto. Saberlo obliga a buscar recursos y metodología innovadora para generar nuevas prácticas y conductas que pueden significar una revisión muy profunda del sistema educativo. Detrás del fracaso escolar siempre hay una causa o una multiplicidad de factores que lo explican, son muchos los factores socioeconómicos y socioeducativos que lo posibilitan e intensifican. Hay que reconocer, en positivo, que el colectivo que progresa, lo hace a fuerza de grandes esfuerzos personales e incluso a contracorriente. Se trata de un fracaso que comporta o aterrizar sin el bagaje pertinente en el mundo laboral o bien tener que repetir el curso, lo cual puede suponer un *handicap* insalvable desde el punto de vista económico y, por lo tanto, lleva, nuevamente, al mundo laboral, sin poder compensar la desigualdad económica y social. Hay que reconocer el peso específico que comporta el fracaso emocional para el fracaso académico, y cómo ambos desembocan en el fracaso compartido del individuo, del profesor y de la institución escolar.

La convivencia, entre el aislamiento y las violencias

La convivencia en los microcosmos que son los centros educativos no es fácil, un claro ejemplo tiene como base de observación el tiempo del recreo. Durante el recreo podemos ver dos niveles de realidad, una en superficie, la actividad consiste en desayunar, jugar a baloncesto o a fútbol, pasear, hablar, correr, etc.; dos, en los intersticios y por debajo, donde se manifiestan las jerarquías, los intereses prohibidos, las transgresiones, etc., que sólo aparecerán en la superficie, si el conflicto las levanta hasta hacerse presentes, o bien permanecerán en el silencio delante del profesor de guardia. Pero en superficie, el iceberg también asoma, así, se manifiestan las restricciones en las relaciones, las agrupaciones selectivas y los juegos aislados.

> Los sudamericanos van todos en grupo, no se mezclan. Tienen una convivencia normal en clase con los otros, pero en el patio, los ves siempre todos juntos, ellos forman una familia y fuera del instituto se unen a los sudamericanos de otros institutos, en los que hay pocos, y están más repartidos, y cada día vienen para aquí. Se agrupan por nacionalidades, más que por origen por nacionalidad, porque algunos colombianos se unen a los ecuatorianos. Los que no actúan de esta manera, y notamos una gran diferencia de comportamiento, son los argentinos. Los argentinos se integran mucho más [Profesor de secundaria, IES 4].

Como espacio de conflicto, en el recreo tienen lugar los retos, que se resuelven allí mismo o después, a la salida del instituto. No son extraños los movimientos grupales y la publicidad en los retos que derivan después en disputas y peleas de mayor o menor intensidad. Las diferentes formas de violencias, insultos, intimidación, la provocación para iniciar una pelea, la pelea misma, no son fenómenos nuevos, ya estaban aquí antes de que la presencia de los jóvenes latinos se hiciera evidente. Quizá las violencias hacen su aparición de una forma notable a partir del curso 1995-1996, y aparecen en la escuela como continuidad de fenómenos sociales y económicos vividos en los barrios populares. Culpabilizar a la escuela de no saber tratar los conflictos u ocultar su existencia, como en ocasiones hemos visto hacer, no es la mejor manera de resolverlos. Se trata, más bien, de que, una vez evidenciada la existencia de diversas formas de violencias en el ámbito escolar y juvenil, no se ha logrado hacer una política social escolar antiviolencia efectiva y, sobre todo, pese a los proyectos existentes. Hemos dejado crecer la semilla de la violencia y recuperar el terreno perdido costará un gran esfuerzo por parte de todos. La violencia es un fenómeno social y psicológico que tiene consecuencias negativas para todos los involucrados, porque las víctimas reciben una fuerte carga que debilita su autoestima, y los agresores se socializan en la conciencia de la clandestinidad de sus acciones punitivas, cosa que les afecta en su desarrollo sociopersonal y moral de tal modo que los pone en una situación de predelincuencia y, por último, también los espectadores se ven moralmente implicados porque, o bien no han intervenido, o han intervenido pasivamente sin hacer nada por la víctima, por lo que desarrollan sentimiento de miedo y de culpabilidad. Hoy, como coartada de los sistemas políticos, en muchos países se prefiere, en lugar de tratar el tema de la violencia en la escuela y poner los medios, recursos, coordinaciones y profesionales, generar una política de seguridad que espectaculariza y criminaliza las expresiones de los jóvenes a través de sus culturas y grupos espontáneos y renovación de modos de vida. El siglo XX vio a la adolescencia como sinónimo de peligro, para la sociedad y para la familia, ahora el siglo XXI los sindica violentos.

Una convivencia mediatizada por el racismo

Hace ya unos años E. Pisani (*El País* 1994) decía que es necesario «combatir el racismo que duerme con un ojo abierto en nuestro interior, porque la raza es uno de los temas que caracteriza a las sociedades humanas», es muy fácil encontrar en el otro el chivo expiatorio (R. Girard 1983), así se logra la cohesión de una comunidad, a costa de una víctima arbitraria, de un chivo expiatorio. Esta dimensión de violencia es negada por quienes la realizan, y se cronifica gracias al desconocimiento. Desde aquí, se explica como la tendencia a ejercer violencia sobre otros.

Esta manera de «discriminar», de seleccionar excluyendo, de sacrificar para que se restablezca el orden, sigue siendo actual aunque no tenga la misma eficacia que en las comunidades primitivas. Además, hay ámbitos que se han hecho impermeables a esta búsqueda, como el de la política; o por el desarrollo material de los pueblos, como el de la economía; o el mismo de la filosofía. Esta tendencia a buscar y encontrar chivos expiatorios nos garantizaría una zona de seguridad, una zona de paz, de orden restablecido que se erige sobre las ruinas sacrificiales. Lo cual nos hace pensar en la víctima, en proyectarle nuestros miedos y en cómo hacerla responsable de nuestros padecimientos, culpabilizarla, criminalizarla. Así, es muy fácil buscar en el otro, en el desconocido, en el emigrante, en el joven, etc., la relación causal, la causa y el responsable del paro, de la pobreza, de las frustraciones, etc., cosa que vemos frecuentemente como recurso reiterado de los discursos más conservadores como el de J. M. Le Pen, en Francia, y de otros políticos ultraconservadores de nuestro país, especialmente en las filas del Partido Popular. Pero ese racismo biologista, social, económico y político, esa violencia contra el género humano, no sólo está presente en la sociedad, en una franja estrecha y ultraconservadora, sino que también está presente en las instituciones sociales como la escuela, en mayor o menor grado. Por esto, se hace necesario el análisis y la reflexión de la presencia del racismo en nuestro sistema educativo. Las muestras reiteradas de las que se hacen eco los profesionales, tanto profesores como equipos directivos del ámbito escolar, las acusaciones repetidas de los jóvenes inmigrantes de sus compañeros como sujetos capaces de insultar, despreciar, degradar e incluso agredir, son una constante. Así también es persistente la presencia en el *curriculum* de etnocentrismo, de xenofobias culturales e históricas y racismo.

Se pueden estar reproduciendo los estereotipos xenófobos que recurren a mecanismos psicológicos en los que individuos frustrados compensan su baja autoestima atacando al otro, al débil, en los acosos o casos de *bullying* en el extranjero, en los casos de diferentes tipos de xenofobias y de racismos o, en el caso del pobre, de las discriminaciones económicas. También vemos cómo la interiorización del mecanismo de proyección posibilita transformar el «los odiamos» en la personalización «nos odian», justificando la propia intolerancia, agresión, culpabilizando a los otros y racionalizando los prejuicios. Los argumentos más extendidos son la generalización por inducción apresurada, la falacia naturalista y la falacia *ad hominem*, como forma de anticipación o defensa defectuosa que permite evitar recibir dando el primer golpe. También entre los adultos, es decir, los profesores, suele darse una conciencia tranquilizadora que permite considerar las injusticias como «naturales» o «normales». Los adolescentes latinos pueden estar siendo objeto del racismo más burdo y absurdo, en la medida en que se los asimila a otros colectivos,[5] con los que tendrían

---

5. Otros grupos objetivo de los colectivos racistas: los negros, los homosexuales, e incluso las mujeres, los adolescentes en general «como aquejados de defectos graves o incluso repulsivos» que les permiten pensar mal de ellos, e incluso acosarlos y hacerlos objeto de daños psicológicos y físicos (Rojas Marcos 1995).

en común sus «signos de debilidad», lo que permite criminalizarlos como capaces de infligir grandes daños, rechazarlos, deshumanizarlos e incluso demonizarlos.

Las expresiones de racismo desde los alumnos de aquí

> En ningún momento me considero racista, pero desde que han llegado tantos extranjeros a España y desde que se forman las bandas: Latin Kings, Latins Queens, Big People, Ñetas, etc., porque hay muchas, todo ha empeorado mucho. Cuando salgo a la calle, tengo miedo, también sabes que no puedes ir con faldita corta, porque a mí me han llegado a perseguir. Todo lo que pienso sobre estas bandas es negativo, no sabría decir si es asco, repugnancia, odio, no lo sé. Además, ellos dicen: «estamos aquí para defender la calle». ¿Qué calle? Esto es España, y aquí no estamos en guerra. Y si lo único que quieren hacer es dar palizas, violar, e incluso hacer «la sonrisa del payaso», es mejor que vuelvan a su país para hacerlo [Nenika, L'Hospitalet, 16].

En esta afirmación el sujeto está a la defensiva, desde el primer momento acude a la causa, en este caso, en primer lugar los responsables son los extranjeros, todos, hay una generalización indebida y después concreta, son los que forman parte de los grupos o asociaciones de jóvenes latinos, los hace responsables de su odio, repugnancia, de todo lo «malo» que pudiera haber, y acaba por decretar su expulsión. A continuación, el siguiente texto lo primero que hace es degradarlos a una condición de arracionalidad, «subnormales», para imposibilitarlos, deshumanizarlos, después continúa devaluándolos (inútiles, vagos, asesinos) a causa de una percepción personal que él tiene acerca de cómo se comporta la gente, «chulería». Acaba sentenciando: expulsión.

> Los veo como a una panda de subnormales que sólo quieren llamar la atención y que quieren hacerse los amos del mundo, cuando en realidad no valen nada. Existen porque la chulería que corre por sus venas es tan grande que la tienen que enseñar a todo el mundo. Pienso que la unión hace la fuerza. Opino que todos son unos inútiles, y que estos chicos habrían de volver a su país, porque se supone que vienen a España para buscar trabajo, no para matar españoles. ¿Qué les costaría vivir tranquilos y dejar vivir a los otros? [Kaiser, L'Hospitalet, 16].

En la siguiente afirmación, se recurre a la proyección, son ellos los que se excluyen y no nosotros, vuelve a recurrir al ataque, la anticipación, para así devaluar al otro. Aquí argumenta con la premisa de que son unos privilegiados frente a los habitantes autóctonos, que no reciben nada, y son objeto de preferencias institucionales y sociales. Acaba diciendo: son unos desagradecidos.

> [...] Son ellos los que se excluyen de nosotros, a ellos les dan muchas más oportunidades que a nosotros, y «antes de preocuparte de los demás, has de preocuparte de tu país, y de los de tu país», nosotros, también somos personas y necesitamos cosas. Si nosotros nos fuésemos a otro país, no creo que nos tratasen igual de bien que los tratamos nosotros a ellos, y así nos lo pagan [Diva, L'Hospitalet, 17].

La última afirmación acaba haciéndonos un reconocimiento generalizado, la mayoría de la gente es racista, yo también, no hay nada malo en ello, nos estamos defendiendo, porque ellos son los violentos. Nuevamente generalización, ellos son todos los «latinos», violentos, nosotros somos por comparación «pacíficos y buenos», y por último acaba encontrando una excusa que le autoexculpe de lo que ha dicho, una falsa moral, una conciencia tranquilizadora, puede ser que se haya pasado y muestra sus inseguridades, a lo mejor me equivoco, por el cambio de nacionalidad, también utiliza incorrectamente el concepto, ya que sólo, en principio, se nacionaliza una parte muy pequeña de los inmigrantes latinos, en principio, los que tenían ascendencia española y lo pueden demostrar.

> La gente los trata despectivamente, la mayoría de gente es racista, y en cualquier caso, en las conversaciones se puede escuchar que la mayoría de disputas están provocadas por gente latinoamericana. Podemos ver que la mayoría de peleas están provocadas por gente extranjera, pero contra la gente española. Puede ser que el cambio de nacionalidad todavía no esté asumido, y por esto se pelean [Feimus, L'Hospitalet, 16].

Vemos en todas estas afirmaciones la justificación de un racismo latente que no se expresa en forma de insulto ni de agresión. Pero que sí favorece la justificación de una xenofobia activa y de un racismo combativo ideológica y verbalmente, e incluso puede justificar la agresión violenta en último extremo.

Expresiones de racismo desde los profesores de aquí

> Entonces había muchos insultos, había una más oscura que ella, senegalesa, que me decía llorando en 2.º: «Profe, cuando yo era pequeña en primaria me llamaban negra y lloraba, en 1.º de ESO me llamaban negra y yo les pegaba, y ahora que ya no me importa ya no me lo llaman». Claro, no les importaba porque se había hecho más madurita y le iban los chicos detrás como moscas. Ya les daba lo mismo ser negra que blanca que azul. En cambio, otros que habíamos tenido, un chico de 1.º que no sabía leer ni escribir, decía: «¡Yo no soy negro!». Era oscuro, oscurísimo, una piel brillante y preciosa. Más lo decía él, más los otros le llamaban negro. Y la madre decía: «Es que mi hijo no quiere ser negro». El hermano, que estaba en 3.º, era más clarito, porque era de padre distinto, y (el pequeño lo vivía como) un problema muy grande. Un muchacho muy belicoso, que se dedicaba a pegar pero bien. El color de la piel es una forma de insultar que saben que agrede a la otra persona [Profesora de secundaria, IES 4].

En el anterior párrafo nos habla una profesora que se hace eco de la confidencia de una alumna, que durante años, desde la infancia y en la escuela primaria, ha sido objeto de insultos y para ello se defendía a golpes con los otros para intentar evitar una nueva agresión verbal, con el tiempo, o no sabemos cómo, la joven deja de ser receptiva al insulto y ya no contesta de ninguna forma, la profesora parece insinuar que se ha acostumbrado y ya no le importa, no le da valor, pero más que un reconocimiento de la propia identidad, encontramos una renuncia y un olvido. El otro caso, que también es una absoluta muestra de racismo burdo, basado en los caracteres secundarios como el color de la piel, que hoy no se sostienen de ninguna manera, vemos cómo se sigue manteniendo, reiteradamente, el color de la piel como eje de la diferencia y la diferencia como base para la degradación. El caso del chico, en la respuesta, es muy diferente al de la chica, prefiere rechazar la evidencia, prefiere rechazar lo que es, disminuyéndose a sí mismo, autoagrediéndose para imposibilitar esa misma agresión a los demás, como respuesta, como defensa, también acaba generando él mismo violencia.

> Un chico hizo un trabajo de investigación sobre la inmigración, le hace una entrevista a la que hoy es coordinadora del centro, y es de un racismo de libro. ¿Cómo se le ocurre decir estas barbaridades a esta mujer? Hay una parte de racismo institucional muy fuerte, y a nadie se le ocurre decir nada: (Leemos el texto de este trabajo de investigación) «Respecto a la migración actual pienso que está mal. Está llegando gente que tienen unas costumbres, unos comportamientos, que no se asimilan a los nuestros, porque crean inseguridad, conflictividad en la sociedad, y sobre todo por parte de esos grupos que traen unas ideas muy fanáticas y que me da miedo de que puedan imponerlo. Existen muchos derechos, pero no tienen ninguna obligación a cambio... Yo no me considero racista dado que no me importa la raza... lo que me puede llegar a molestar son sus costumbres o el hecho de cambiar el mundo en el que yo vivo. Estoy totalmente en contra de mezclar las culturas, me parece que es malo para ellos y malo para nosotros...» [...]. Yo denuncié todo esto en el claustro, denuncié el racismo institucional, pero yo soy la rara [...]. Pienso que la mayoría de la gente de aquí piensa lo mismo, aunque no se atreven a decirlo, a la mínima que se dejan ir, acaban diciendo lo mismo... Es comprensible: te envuelve tanta agresividad y tanto conflicto que hay momentos en que ves al moreno y te vas por otro lado [Profesora de secundaria, IES 1].

Es extraño ver que un profesor caiga públicamente en el racismo, aunque se trata de una entrevista, de una confidencia, pero que se encuentra en un texto público, como un trabajo de investigación; se trata de un racismo diferencialista que culpabiliza a través de la generalización al colectivo de los extranjeros, en general, los considera fanáticos, irresponsables, causa de los conflictos. Argumenta a favor del asimilacionismo y reniega de su racismo aunque sólo sea por no fundamentarlo en la raza, pero en cambio, lo hace en la cultura.

Habla el racismo a través de los jóvenes latinos

> Nerea: Que en vez de caernos mal por la persona, nos caemos mal por el país. En vez de decírmelo a mí misma me lo dice como española, como si tuviera algo contra mí por ser española.
> Marina: A mí no me gusta eso, si vos sois española, pues bueno.
> Pamela: Pero casi nadie dice puta española [Grupo de discusión 3, Barcelona barrios].

> Sí, me han gritado «sudaca, sudaca de mierda vete pa' tu país» en la calle, a veces me lo han dicho en la escuela. Pero más pasa afuera, porque en la escuela si me agarran me expulsan, dicen «este latinoamericano que es nuevo», van a decir que empiezo yo, entonces esperaba afuera, pero afuera del colegio no, sino más retirado, en otro lado [El Nene, Perú, 17].

> Hay muchas contradicciones... por ejemplo, aquí la gente, de vez en cuando, es racista, mientras que allí, si has llegado de otro lugar o de otro país, haces amistades, te consideran una persona, aquí en cambio te tratan como si fueses una cosa rara [...]. Mis compañeros... a veces en mi clase hay racismo porque unos se consideran más grandes que los otros, mejores... (Silencio) [...]. Somos 22. Hay 12 ecuatorianos, dos de Chile, una argentina, una rusa... y el resto son españoles. No tenemos el mismo trato. Los españoles se ayudan entre sí, ahora acaba de llegar un chileno y ya

se burlan de él. No te consideran como una persona, te consideran como a un objeto y no somos objetos. Mira, se burlan de ti, de la manera como vistes... mira, un día un compañero mío llegó con un jersey que era de color naranja y le empezaron a decir que era... como los que utilizan los basureros de la calle. En castellano, como de barrendero... eso... y por la cara que puso este chico, dejaba notar que no se sentía muy bien. No tienen la misma consideración con un chico que viene del barrio vecino que con un chico que viene de otro país, por ejemplo, mi compañera es rusa y, a veces, no sabe alguna palabra, una palabra fácil, ella pregunta y los otros se burlan diciéndole que es tonta o también, porque ella trabaja o estudia, le dicen: «¡Ah, ésta es una empollona!». Esto no es así, para mí, los estudios son una obligación, si quiero ser una... persona de mayor, y los que no le dan tanta importancia, se relacionan contigo, también estudian. Los que no quieren estudiar, no te consideran como uno de ellos sino como un bicho raro.
—¿Por qué dices que son racistas?
Porque si eres de fuera te discriminan más, no sólo porque quieres estudiar, sino por la forma de vestir, por tu acento, etc. En esto las chicas son menos racistas que los chicos. Las chicas están contigo, mientras que los chicos se cierran entre ellos y por eso comienzan las peleas [Vanessa, Ecuador, 13].

Estos alumnos nos explican su percepción del racismo que padecen, se trata de un racismo vivido y vivido recurrentemente, en el espacio público y en el espacio escolar. Un aspecto reiterado en el discurso de los latinos, en cuanto al racismo, es que ese racismo va dirigido a aspectos externos, por lo tanto más a discriminar por la forma de vestir, por el aspecto, por el acento. Coinciden plenamente las diferentes narraciones de todos los interlocutores y podemos concluir la existencia de la presencia de racismo en las aulas, en los institutos. A pesar del incremento de los niveles de libertad e igualdad, derivados del reconocimiento de los derechos humanos, a través de la Constitución y el Estatut d'Autonomia, a pesar del reconocimiento de valores democráticos en la escuela, aunque yo sería de la opinión de que están poco realizados, ejercidos en la práctica, pues vemos cómo no se ha generalizado el paso de la teoría a la práctica, hecho muy preocupante, porque al igual que pasa con los episodios de otros tipos de violencia, no hemos sido capaces institucionalmente de generar respuestas efectivas y rotundas de devaluación de los comportamientos discriminadores, xenófobos y racistas. Si favorecemos estas conductas racistas, ya sea por omisión o por ocultación, nos volvemos cómplices de ese racismo que pretendemos combatir. Los adolescentes que han padecido y padecen situaciones de racismo y otras formas de violencia y exclusión social están en situación de riesgo, y es necesario reaccionar ante ello.

Las organizaciones culturales latinas y los jóvenes latinos

Al valorar los signos identificadores de los jóvenes adscritos a las organizaciones juveniles latinas, hemos podido comprobar que la proyección escolar y vital durante la pubertad y la adolescencia presenta las mismas características: pueden estar o no adscritos por su país de origen, han pasado varios años, entre 2 y 4, junto a sus abuelos y otros parientes, ya que su madre, luego el padre, o ambos, ha emigrado a España con la finalidad de mejorar las condiciones de vida y lograr un futuro mejor para sus hijos. Después son traídos sin su consentimiento por los padres, tienen una gran melancolía y duelo por las pérdidas de su infancia, amigos, familia y país. Éstos chicos, unos presentan, otros no, crisis propias de las adolescencias, disrupciones y rebeldías, otras respuestas y fases iniciales de trastornos de personalidad derivados de las situaciones emocionales radicales a las que se ven impelidos por su realidad familiar, tienen gustos y *hobbys* similares, les encanta bailar, todo tipo de música latina, pero especialmente el *reggaeton*, suelen pasear, prefieren un ocio exterior, al aire libre, practican deportes como el baloncesto, el béisbol o el fútbol, suelen tener un alto valor respecto al honor, el respeto y el orgullo. Así que podemos decir que un joven latino perteneciente a Latin Kings o Ñetas presenta prácticamente los mismos rasgos de otro que no lo sea, de modo que se nos evidencia la necesidad de evitar, a través de la investigación y otros recursos sociales y políticos, la criminalización de todo el colectivo latino de jóvenes adolescentes, en general.

> Cuando acabamos de hablar con ella, durante la hora del patio, el jefe de estudios quiso hablar con nosotros: «Perdona que sea indiscreto, ya sabéis que esta chica es una joven en situación de riesgo». Éstas son las primeras palabras que nos dijo de ella. Nos explicó que habían convocado a la familia de la chica y que habían pasado su caso a un asistente social ya que era «miembro de una banda». El profesor afirma con mucha seguridad que la población juvenil inmigrante: «no aprovecha las oportunidades que la sociedad democrática les ofrece» [Prologo entrevista a Brenik, Ecuador, 16].

Esta visión de un adulto, de un cargo de gestión de un instituto público, nos permite insistir en el fantasma de la «banda», como una especie de imaginario simbólico de los miedos que a través de los *mass media* han eclosionado poniendo una etiqueta que prejuzga sin conocimiento a esta chica y organiza la desconfianza a su alrededor, en este caso en el medio escolar. La «banda» es una agrupación de jóvenes que encuentran entre sus iguales una mano y un abrazo que la sociedad y la escuela exclusivista les niega, allí, encuentran esperanza. Tal vez comprender su realidad social nos cueste, pero convendría darles el soporte necesario para que hagan su camino en paz, no en el subsuelo ni en los márgenes, sino a plena luz. Nos toca desde la escuela acompañar, mientras nos sea posible, a «seres que hacen su camino, y que, al hacerlo, se exponen y se entregan a ese camino que están haciendo y que a la vez, los rehace, a ellos, también», y nuestro objetivo debe ser «educar en un encuentro donde se busca el conocimiento», y nuestra tarea como educadores «problematizar a los educando y el contenido que los mediatiza» (Freire, citado en Gómez-Martínez 1970).

Conclusiones y propuestas en el medio escolar

Hacer de la escuela una comunidad de vida y de aprendizaje donde la participación sea un ejercicio de democracia activa es una necesidad para fundamentar la convivencia, las culturas de paz y la empatía intercultural, en la escuela de hoy y del futuro. Con esta investigación hemos constatado las diferentes zonas problemáticas y también los diferentes retos que tienen presentes las enseñanzas secundarias públicas: acoger la diversidad de las inmigraciones, transmitir los saberes clásicos, profundizar en los saberes sociales, divulgar y convivir en las culturas de paz contra todas las formas de violencia (verbal, física, psicológica e ideológica, racismos y xenofobias), fomentar la igualdad de oportunidades y desarrollar las culturas democráticas de participación y corresponsabilidad, potenciando el diálogo, la negociación y la toma de decisiones compartida entre todos los alumnos y jóvenes en la escuela, etc. Los nuevos tiempos requieren un esfuerzo compartido socialmente por enseñar a vivir juntos y a compartir un mundo muy complejo y en transformación.

A través de este estudio se nos ha revelado el gran desconocimiento presente en la comunidad educativa catalana (profesores, padres y madres, alumnos, personal no docente) de las culturas hispanoamericanas, lo cual recalca la existencia de todo un imaginario desfocalizado y ajeno a la realidad, Produciendo con ello la reproducción de estereotipos y de prejuicios étnicos en el marco escolar, que centralizan su discurso en una imagen degradada del adolescente y joven inmigrante, en nuestro caso, latino, amplificado por el boca a boca popular y por los *mass media*. Constatamos la progresiva identificación generalizada del adolescente y joven latino en el ámbito escolar, valorados a través de estereotipos, como la apariencia, interpretándolos como miembros de grupos a los que se adscriben actitudes violentas, así es como hemos descubierto los ambivalentes discursos presentes en la definición del concepto *gangs* o «bandas» en el lenguaje popular. La riqueza y diversificación de los entornos juveniles exige la diferenciación clara y distinta entre agrupaciones culturales juveniles, «pandillas», «tribus» y «bandas» de carácter delictivo. Para lograr la superación de estas visiones distorsionadas y reduccionistas se requiere potenciar una valorización positiva de la imagen social del inmigrante, sobre todo de los niños y de los jóvenes latinos y de otras procedencias, e implicar a los *mass media* y a la sociedad civil para proyectar imágenes estimables de los adolescentes en general y de los adolescentes latinos e inmigrantes en especial.

Por otro lado, cabe realizar un trabajo socioeducativo con las actuales agrupaciones culturales juveniles latinas desde la superficie, desarrollando y potenciando salidas educacionales, económicas y sociales de sus miembros, estando atentos a los movimientos y giros que la situación actual pudiera tomar y potenciando a los integrantes como líderes de movimientos juveniles sociales, en la defensa de los derechos del colectivo inmigrante latino, la creación de espacios de uso y publicaciones, etc. La desproporción y desigual presencia escolar del colectivo inmigrante, entre escuela pública y privada concertada, ha hecho posible la concentración de la población escolar inmigrante en la escuela pública, produciendo una verdadera guetización en algunas zonas o barrios populares de Barcelona y de su conurbación, lo cual hace necesaria la implementación de políticas educativas eficaces en la redistribución de este colectivo y en desactivar los guetos escolares, desconcentrando los actuales, donde conviven entre un 70 y un 90% de inmigrantes de todos los orígenes, pero especialmente latinos. La rigidez de la estructura escolar y del sistema educativo, la burocracia administrativa de los centros y de las administraciones educativas, así como la persistencia de las prácticas docentes tradicionalistas, nos han evidenciado la gran dificultad para flexibilizar la escuela frente a las nuevas realidades sociales, culturales y tecnológicas, a la vez que ha hecho emerger la crisis de fundamentación en la que viven los sistemas educativos en todo el mundo.

Cabría potenciar organizaciones escolares más flexibles y autónomas, centradas en y capaces de trabajar con proyectos, y tomar el mismo centro como proyecto. Capaces de reemplazar el modelo actual, lateralizado en la asistencialidad y la precariedad, por un modelo digno de enseñanza, de excelencia inclusiva adecuadamente financiada. Ahora resulta posible rediseñar el espacio de comunicación, apoyándonos en el desarrollo tecnológico, creando espacios de comunicación e intercomunicación en el marco escolar, además, haciendo viable la flexibilización de los horarios del centro y del alumnado, incluyendo la individualización y casos de colectivos específicos que pudieran requerir seguimientos no presenciales educativos y la colaboración con otras entidades educativas y sociales a través de Internet, entre las que podrían incluirse las que presentasen programas de formación preprofesionalizadora a partir de los 14 años.

Frente al desconocimiento de las realidades culturales, conviene a esta nueva escuela la realización de proyectos de intercambio de profesorado entre los diferentes países de procedencia del alumnado. También la realización de cursos de formación y de todas aquellas iniciativas que sirvan para potenciar un mayor intercambio cultural, como la propuesta de materias o créditos variables para conocer y profundizar en las culturas centro y sudamericanas, materias que desarrollen las preocupaciones y traten las situaciones del alumnado latinoamericano; un posible ejemplo de crédito variable podría ser: *Jóvenes latinos: culturas, narratividad y estereotipos de ayer y de hoy a través del cine*. La diversidad de tipologías de las aulas de acogida, vertebradas únicamente a través de la lengua, debería pasar a un estándar de acogidas integrales, éticas, emocionales, sociales y lingüísticas. El intercambio de papeles intergeneracional que se ha producido en la sociedad contemporánea nos hace replantearnos el rol del alumno, ya que han dejado de funcionar los papeles de dependencia y sumisión otorgados al alumnado en el actual sistema escolar; así pues, deben ser reemplazados por una interlocución y participación directa del alumnado en el marco de la educación para la ciudadanía y en el ejercicio de la democracia activa.

En el alumno cabe potenciar el lenguaje del altruismo, el pensamiento crítico y la reflexión y la argumentación basadas en el conocimiento científico, histórico, político y social. La constatación de la soledad de la escuela ante los conflictos de origen emocional y social genera la necesidad de la aparición y el trabajo de agentes sociales en el ámbito escolar: educadores sociales, profesores auxiliares, mediadores sociales, etc., así como la necesidad de crear una red estable de trabajo social con carácter socioeducativo junto a otros organismos como servicios sociales, sanidad, poder judicial, policía, etc. La existencia de conflictos entre iguales es habitual en el ámbito escolar, los conflictos forman parte también de nuestra preparación para la vida, pero no aquellos conflictos cuya resolución va más allá de la mediación, la negociación y la superación dialogada. La prevención y el tratamiento de los casos de violencia requieren la promulgación de una ley o decreto-ley, con un programa estándar contra las violencias entre iguales en el ámbito escolar.

El desarrollo de los programas escolares de convivencia y de prevención de actitudes violentas debe partir del aprovechamiento del trabajo ya realizado, tanto por el Departamento de Educación de la Generalitat de Cataluña como por los Ayuntamientos, los mismos centros y otros profesionales en activo, procurando proyectar en una coherente sistematización ese trabajo realizado y una ampliación de metas y procedimientos que pueden ser decisivas para lograr un efectivo tratamiento institucional y social del tema. En el terreno de la prevención de la violencia, todos los integrantes de la comunidad escolar deben estar informados y formados tanto en la descripción de sus formas de presentación como en los sistemas de detección y tratamiento de la misma. Así mismo, debemos conocer el espacio convivencial del centro, el edificio, el patio, la entrada, el camino y los alrededores del instituto, sus puntos débiles en la vigilancia, los intraespacios de posible descontrol y conflicto, para poder anticiparnos y prevenir las situaciones de riesgo.

Sólo el tratamiento integral y social de la violencia en una red formada por interlocutores de todos los colectivos, por los especialistas de la prevención y profesionales de las instituciones sociales, puede dar una respuesta diferenciada a los diversos casos de violencia. Igualmente, es especialmente relevante, en el tratamiento de la violencia, imposibilitar la divulgación a través de nuevas tecnologías de imágenes de la violencia, y así mismo, crear un clima de seguridad y libertad capaz de superar la ley del silencio, hoy instaurada en muchos centros escolares, con la colaboración de mediadores sociales, integradores sociales y otras instituciones públicas, departamentos y regidurías de Juventud, asociaciones de jóvenes locales, etc., así como hacer prosperar en cada centro y zona escolar un observatorio de la violencia que promueva una acción social de rechazo a la violencia, promoviendo y ejecutando planes antiviolencia y la cultura de la paz.

Proponer a los centros como ejes de acción social conlleva reconocer que los centros escolares y los institutos son referentes sociales y culturales para los niños y adolescentes. Proponemos el uso comunitario del espacio escolar y la realización de actividades de carácter educativo y lúdico en horario no escolar, lo que facilitaría al colectivo inmigrante y latino el acceso a espacios socioeducativos de ocio. Una parte de nuestros, de todos los adolescentes, no saben salir del círculo vicioso de la complejidad del mundo contemporáneo, inmersos en una falacia que ellos no han producido; ante la vaciedad de las respuestas esquemáticas de las instituciones y de los interlocutores sociales, reclaman con la cuestionable banalidad convertida en eje transmutado de sus frustraciones, en violencia; ahora bien, que esto ocurra no debe convertirlos ni en objeto de exclusión ni de criminalización, sino en sujetos imán para el trabajo social y ético, es necesario abrirles desde la educación formal y no formal un camino de esperanza de un futuro con igualdad de oportunidades reales y más justo.

13
Jóvenes 'latinos' y políticas de juventud

Roser Nin

El presente capítulo está centrado en el análisis de las políticas de juventud catalanas y las potencialidades que éstas presentan en el fomento de la participación de los jóvenes latinoamericanos. Así, tras hacer un repaso a las diferentes concepciones de lo que significa una política de juventud, se muestra el estado y la orientación actual de las políticas de juventud en Cataluña. Posteriormente se incide en la forma en la que las políticas de juventud deben fomentar y englobar la participación de los jóvenes en general y de los latinoamericanos específicamente. Finalmente, termina con una reflexión en torno al proceso actual de legalización de las Asociaciones de Jóvenes Latinoamericanos, un proceso iniciado recientemente y que pretende ser un avance para la participación plena de estos jóvenes. Este capítulo se basa en las experiencias profesionales como técnica de juventud de su autora.

Introducción

Actualmente muchas sociedades y ciudades europeas, como la barcelonesa, están viviendo un rejuvenecimiento de la inmigración que desborda los diferentes servicios, administraciones y asociaciones a la hora de ofrecer respuestas que atiendan y hagan un acompañamiento real al colectivo de jóvenes latinoamericanos, a sus familias y que preparen el entorno para que éste favorezca la convivencia, la igualdad de oportunidades, y que permita un mayor diálogo entre las personas de diferentes etnias que residen en un mismo territorio y forman parte de una misma sociedad en condiciones de igualdad real.

A principios del siglo XXI la edad, como condición natural, se convierte en una explicación demasiado utilizada por todos para intentar entender las explosiones cíclicas de violencia que sacuden a las actuales sociedades modernas. Esta edad se considera de forma intrínseca como conflictiva, de modo que no solamente queda naturalizada la juventud como categoría global y como universal cultural (dado que no es lo mismo tener 15 años en Guayaquil que en Barcelona), sino también la violencia (atribuyendo una relación causa-efecto entre la crisis psicológica y la tensión social). Así pues, desnaturalizar la violencia juvenil supone analizar las causas de fondo que tienden a asociar ambas categorías tan frecuentemente, deconstruyendo discursos sociales, represivos y de los *mass media*, que paradójicamente muchas veces favorecen la creación del universo simbólico y las prácticas violentas que intentan erradicar y/o juzgar o analizar (Ferrándiz y Feixa

2005). Es necesario visibilizar la juventud de forma global y contrarrestar la estigmatización del colectivo juvenil (como ha sucedido de forma muy preocupante con los jóvenes de origen latinoamericano), ayudando a evidenciar la infinidad de aspectos y acciones positivas, creativas y transformadoras llevadas a cabo por la mayoría de jóvenes de nuestro territorio, entre ellos los jóvenes «latinos».

En relación a las políticas públicas que pueden contrarrestar esta estigmatización, es importante destacar que, desde el año 2000, se ha acelerado un proceso de cambio y de regularización de las políticas de juventud catalanas, que tienden hacia la consideración de la juventud en su condición de plena ciudadanía. A lo largo de las entrevistas realizadas para esta investigación a diferentes profesionales y miembros de asociaciones, que se encuentran relacionados de una manera u otra con las políticas públicas dirigidas a jóvenes, hemos podido comprobar el desconocimiento y la alarma social de muchos de éstos a la hora de atender y tener en cuenta a los jóvenes de origen latinoamericano. Pese al marco existente desarrollado por las diferentes administraciones (especialmente por la Generalitat, gobierno de Cataluña), al iniciar nuestra investigación no existía una línea clara y coordinada para atender a este colectivo de jóvenes, sin olvidar que dicho colectivo se encontraba envuelto por una aureola de peligrosidad y criminalización fomentada por los medios de comunicación. Es por ello que creímos interesante incluir un capítulo específico que permitiera analizar el momento en el que se encuentran las políticas de juventud de nuestro país así como el papel de las diferentes formas de participación, analizando el lugar de las asociaciones juveniles, sean éstas formales o informales, centrándonos progresivamente en el caso de los jóvenes latinos y algunas de sus formas de organización y/o participación en su actual sociedad de acogida (Barcelona), que tanto se han maltratado desde los medios de comunicación. En este artículo también hemos intentado hacer un análisis de algunos de los vacíos e insuficiencias existentes en las políticas públicas dirigidas a jóvenes que se realizan actualmente para pasar finalmente a ofrecer una serie de medidas generales, muchas de las cuales han surgido a raíz de las entrevistas realizadas a diferentes profesionales, que podrían ayudar a mejorar la situación de los jóvenes de origen latinoamericano, de sus familias y de la sociedad catalana en general.

Evolución de las políticas de juventud catalanas

Políticas de transición

Las políticas de juventud entendidas como *políticas de transición* son políticas dirigidas a los jóvenes en tanto que individuos que se encuentran en una etapa de paso, en un proceso de emancipación social, por lo que se articulan, de forma clara, alrededor del binomio educación/trabajo. Por lo tanto, este proceso se encuentra definido como una etapa de transición hacia la vida adulta. Desde este punto de vista la administración debe desarrollar políticas centradas fundamentalmente en aspectos nucleares (económico-sociales), por lo que las actuaciones se centrarán en favorecer el salto de la niñez a la edad adulta a partir de las áreas de educación, vivienda y empleo, fundamentalmente. Es por ello que se dejan más de lado aspectos periféricos (como son aquéllos más relacionados con la ciudadanía, las vivencias y la cultura). Estas políticas definen un campo de actuación centrado en: educación y formación profesional, políticas de ocupación, vivienda social y orientación escolar, laboral y sanitaria. Desde esta perspectiva la juventud, como etapa de vida, es casi inexistente, es sólo una etapa de *passage*, que cuanto menos dure mejor, porque puede pervertirse. La persona triunfadora será aquella que, una vez finalizados sus estudios, pueda emanciparse con la adquisición de un empleo y una vivienda, pasando de forma «exitosa y normalizada» de la niñez o la adolescencia a la etapa adulta con el mínimo de desviaciones. Consideramos que este modelo es difícil de desarrollar en nuestra actual sociedad globalizada, dado que los problemas estructurales (dificultades de acceso a la vivienda, fracaso escolar, inestabilidad laboral, globalización y migraciones transnacionales, etc.) dinamitan este tránsito, sobre todo si se entiende de forma lineal el paso de una etapa a otra.

Políticas afirmativas

Las políticas de juventud entendidas como *políticas afirmativas* se centran fundamentalmente en aquellos aspectos que son específicos de los jóvenes (políticas explícitas centradas en la cultura juvenil, la identidad y el ocio). Desde esta perspectiva se considera que el resto de políticas que inciden en la ciudadanía y la emancipación de los jóvenes deben ser tratadas desde otros departamentos sectoriales, que se encargan de forma general de políticas de ocupación, vivienda, sanidad, etc. (políticas implícitas). Es por ello que las acciones llevadas a cabo se centran en la ciudadanía, la creación y la experimentación juvenil, la movilidad, etc. Estas políticas, al contrario de las de transición, se centran claramente en los aspectos periféricos más que en los nucleares, entendiendo a la juventud como una etapa llena de vida que debe desarrollarse y potenciarse a partir de acciones vivenciales y culturales (parece como si, con su llegada a la condición de adultos, los jóvenes ya tendrán tiempo para preocuparse de cosas más desagradables e importantes: conseguir una vivienda o conseguir un trabajo). Desde este punto de vista se idealiza a la juventud y se alarga ésta como etapa de vida, ya que todos los ciudadanos, aunque ya hayan cumplido los 30, quieren vivir bien y disfrutar el momento, *carpe diem*. Un ejemplo de este tipo de políticas es el paulatino alargamiento que se ha producido en la edad de los jóvenes catalanes para acceder a diferentes tipos de carnés que favorecen el acceso a productos culturales y de ocio (carné joven, carné de alberguista juvenil). El límite de edad para acceder a estos carnés ha pasado de los 25 a los 29 años.

Políticas integrales

Las políticas de juventud entendidas como *políticas integrales* se dirigen a los jóvenes en tanto que jóvenes, ocupándose de las necesidades de la gente joven con el objetivo de favorecer su autonomía personal. Por ello, se trata de dar un paso más, es necesario que las políticas de juventud sean capaces de desarrollar una lógica propia, y no solamente centrarse en aspectos vivenciales y culturales, sino también respecto a los aspectos materiales de la autonomía de los jóvenes (vivienda, trabajo, salud, movilidad, etc.). Como su nombre indica, estas políticas parten de una visión integral de la persona joven, entendiendo que las distintas acciones llevadas a cabo, sean éstas nucleares o bien periféricas, forman parte de un conjunto de relaciones entrelazadas que definen las posibilidades de decidir su propio proyecto de vida (Sinergia 7 2004:15). Para conseguir el objetivo de construcción de un proyecto de vida propio y de creación de las condiciones para una plena ciudadanía las actuaciones entre las distintas áreas deben desarrollarse de forma coordinada, es decir, a partir de la transversalidad, la interdepartamentalidad y la interinstitucionalidad, fomentando diferentes acciones clave:

- La educación como transformación social.
- El acceso a la cultura y el reconocimiento de la cultura juvenil y también el ocio.
- El trabajo como actividad productiva y flexible, además de remunerada y no precaria.
- El acceso a la vivienda, entendido como cuestión política y estructural.
- La salud responsable.
- La diversidad de género.
- La cohesión social y territorial.
- La educación y vida en sociedades interculturales.
- La corrección de las desigualdades y la democracia participativa.

En definitiva, se trata de entender a la juventud como modelo positivo. Es de gran importancia que, sobre todo desde el año 2000, con la creación del Plan Nacional de Juventud que se tratará más adelante, la Generalitat de Cataluña, que tiene las competencias exclusivas en materia de juventud en el territorio catalán, haya apostado por el desarrollo de políticas integrales, políticas que también está adoptando el Ayuntamiento de Barcelona desde hace tiempo. De todos modos, hay que destacar que las tres últimas acciones clave de las políticas integrales son las que se encuentran menos desarrolladas por la mayoría de administraciones que llevan a cabo políticas de juventud en Barcelona, y que básicamente la cohesión social y la corrección de desigualdades se atienden desde los Servicios Sociales, pero no desde la integridad de los departamentos de Juventud. Estas tres acciones clave, que son transversales a las políticas de juventud (junto con la diversidad de género) son las únicas que, si se desarrollan de verdad, pueden garantizar a los jóvenes la igualdad de condiciones y de acceso.

Marco actual de las políticas de juventud catalanas

La Generalitat de Cataluña tiene competencias exclusivas en materia de juventud (art. 9.26 Estatuto de Autonomía), aunque el Estado también puede legislar en políticas de juventud en el ejercicio de sus competencias sectoriales. En este apartado analizaremos los diferentes elementos con los que cuentan actualmente y con los que contarán en un futuro próximo las diferentes administraciones para poder desarrollar políticas de juventud integrales: El Plan Nacional de Juventud y la nueva Ley de Política de Juventud. Dentro de este marco hay que tener en cuenta su despliegue a partir de las dos velocidades, a las que se hace referencia en este fragmento de una entrevista, a la hora de planificar, ejecutar y evaluar las políticas de juventud.

> Pero, mientras tanto, ¿qué? Mientras tanto, hoy en día hay jóvenes que están ahí en la banda que seguramente saldrán mañana o pasado mañana en el periódico, que uno mató al otro, que... y claro, mientras tanto, nosotros podemos seguir en la teoría, que está muy bien, pero mientras tanto algo habría que hacer a dos velocidades. Una velocidad de programas y proyectos urgentes y otra velocidad de mediano o largo plazo de seguir investigando bien... [Presidente Federación de Asociaciones].

El Plan Nacional de Juventud: poniendo hilo en la aguja

El Plan Nacional de Juventud de Cataluña,[1] proyecto impulsado por la Secretaría General de Juventud del Gobierno de la Generalitat, con el consenso del Consejo Nacional de la Juventud de Cataluña[2] y de todas las fuerzas políticas en el Parlamento Catalán, es un documento de gran importancia que ha impulsado desde el año 2000 una reorganización y un cambio fundamental en las políticas de juventud catalanas. Este documento marco, que establece las líneas generales, tanto a nivel de gestión, de coordinación como de aplicación de las políticas públicas diseñadas específicamente para jóvenes, fue aprobado por el Consejo Ejecutivo del Gobierno de la Generalitat el 7 de noviembre de 2000 y presentado en el Parlamento Catalán el 27 de noviembre de 2000, ante la Comisión de Estudio sobre la Situación de la Juventud en Cataluña.

Después de su reciente renovación a finales de 2005, actualmente el PNJCAT se estructura en dos líneas de actuación y en nueve ejes que constituyen su modelo estratégico. La primera línea de actuación es la de *emancipación*, y en ella se encuentran seis ejes: educación, empleo, vivienda, salud, cultura y movilidad. Los tres primeros (educación, vivienda y empleo) son definidos en el PNJCAT como ejes que constituyen los elementos centrales de la vida de la persona y por este motivo deben ser nucleares en la definición de las políticas de juventud, ya que constituyen la base para el acceso a la autonomía personal y la plena ciudadanía [sic]. Los otros tres ejes: salud, cultura y movilidad, son considerados como ejes consustanciales a la vida de la persona y por esta razón son entendidos como ejes mixtos, por un lado se consideran específicos y relevantes en el proceso de construcción de identidades juveniles, y por el otro se encuentran presentes en todas las dimensiones de la vida de la persona.

La segunda línea de actuación es la *participación*, y en ella se encuentran los tres ejes restantes: la interlocución en el diseño y la gestión de las políticas por parte de los jóvenes, el soporte al asociacionismo juvenil y el fomento de la cultura de la participación. El PNJCAT no sólo contempla la posibilidad de construir un proyecto de vida propio, sino que además también contempla las posibilidades de vincular el proyecto vital con los proyectos colectivos, por ello la participación

---

1. A partir de ahora se utilizarán las siglas PLNJCAT para hacer referencia al Plan Nacional de Juventud de Cataluña.
2. A partir de ahora se utilizarán las siglas CJB para hacer referencia al Consejo de la Juventud de Barcelona.

como tal es considerada también como línea estratégica fundamental para impulsar y fomentar la participación de la gente joven en la construcción de la sociedad catalana. Además, el PNJCAT se propone garantizar la implementación de políticas de juventud adaptadas a las necesidades específicas del territorio catalán, teniendo en cuenta su diversidad y garantizando unas políticas que procuren la igualdad de oportunidades de todos los jóvenes del país.

Este modelo se desarrolla con un plan integral que se caracteriza por disponer de una estrategia de diseño global con una metodología centrada en tres elementos: interdepartamentalidad, interinstitucionalidad y participación de la gente joven. Pero, además, hay que tener en cuenta los principios rectores específicos de las políticas de juventud, que son: integralidad, transversalidad, atención a la diversidad, políticas de proximidad, participación y corresponsabilidad e innovación y aprendizaje social.

La nueva Ley de Políticas de Juventud de Cataluña: sueños y razones

Actualmente la Generalitat mantiene abierto un proceso de participación ciudadana para elaborar la Ley de Políticas de Juventud de Cataluña. Es importante tener en cuenta que el Área de Juventud es uno de los departamentos de la Generalitat que no cuenta con una ley propia para desplegar sus acciones en el territorio. Otro aspecto a considerar reside en el hecho de que actualmente en el Estado español existen cuatro Comunidades Autónomas que disponen de una ley específica que regule las políticas de juventud: La Rioja, Madrid, Castilla y León y las Islas Canarias (las Islas Baleares se encuentran en proceso de aprobación de una ley propia como ocurre con el caso de Cataluña); pero las leyes aprobadas por dichas Comunidades son leyes que regulan aspectos muy específicos y concretos, por lo que no fijan un marco amplio a nivel metodológico, simbólico y conceptual general como se está haciendo en Cataluña. Así pues, la catalana será la primera ley de estas características, cosa que garantiza su viabilidad, aplicabilidad y fuerza a lo largo del tiempo. Tal y como se expone en la web de la Secretaría General de Juventud[3] la LPJC[4] se impulsa por la necesidad de establecer un marco normativo en políticas de juventud que dé fuerza legal al marco metodológico establecido que constituye el PNJCAT, y con el objetivo de reordenar las funciones y competencias de las administraciones que implementan políticas de Juventud en Cataluña.

La LPJC también tiene las funciones de reconocimiento de las políticas de juventud adecuándolas a la nueva realidad social, cultural y económica de los jóvenes [sic]. Aparte de este objetivo, otros objetivos específicos son:

- Definir los conceptos de joven y de políticas de juventud.
- Definir y regular las administraciones competentes en políticas de juventud.
- Definir los ejes e instrumentos de aplicación de las políticas de juventud.
- Definir y regular la participación juvenil.

---

3. La web de la Secretaría General de Juventud es http://www.gencat.net/joventut
4. A partir de ahora se utilizarán las siglas LPJC para hacer referencia a la Ley de Políticas de Juventud de Cataluña.

El marco conceptual, jurídico, simbólico y político que define la futura LPJC es sumamente interesante y valiente, aunque consideramos que hay que destacar varios aspectos que también deberían ser tenidos en cuenta a la hora de incluir en este marco al colectivo de jóvenes de origen latinoamericano en el que hemos centrado esta investigación. En primer lugar, analizaremos el proceso de participación abierto por la Generalitat de Cataluña para recoger la opinión de la ciudadanía en relación a la LPJC. Sería muy importante analizar quién está participando realmente en este proceso, es posible apuntar que los agentes implicados son aquellos que ya participan de una forma normalizada y regular en la escena política de los jóvenes: políticos, técnicos de juventud y otros profesionales, y por parte de la población joven fundamentalmente asociaciones juveniles muy consolidadas. Por otro lado, y en relación con lo dicho, si no participa un número considerable de jóvenes de a pie, deberíamos poder saber cuántos jóvenes inmigrantes y, concretamente, cuántos jóvenes de origen latinoamericano están participando en este proceso.

En segundo lugar, y relacionado con el punto anterior, hay que tener en cuenta el tema de las dos velocidades, así como el de las acciones clave señaladas anteriormente. Es fundamental para muchos de los profesionales entrevistados tanto en el diseño como en la ejecución y la aplicación, que dicha ley favorezca la creación de un marco general que permita atender la heterogeneidad del colectivo al que va dirigida, pero que también disponga de mecanismos suficientes para hacer posible la igualdad de oportunidades y de acceso del colectivo juvenil, teniendo en cuenta especialmente aquellos colectivos más vulnerables dentro de la vulnerabilidad en la que ya se encuentra inmerso el colectivo de jóvenes: mujeres, inmigrantes, etc.

> Cuando estás allí tienen una mentalidad que no es la correcta, están pensando: «Estoy allí, voy a trabajar y voy a vivir mejor». No llega mucha información sobre si tienes que estar legal o cosas así y la idea es que puedes estar mejor porque allí el trabajo es muy duro y poco remunerado... [Christian, Ecuador, 16].

En tercer lugar, hay que destacar que la LPJC se propone contener una definición conceptual de joven, entendido como genérico de un colectivo muy heterogéneo que es el beneficiario de las políticas de juventud. Es importante establecer y delimitar conceptos y el despliegue de una ley necesita de un marco conceptual y normativo. De todos modos, este marco debe tener en cuenta la diversidad de la población juvenil de Cataluña en cuanto a etnia, género, ideología, vulnerabilidad, etc. No es lo mismo tener 15 años y haber nacido en Guayaquil o en Barcelona, ni tampoco es lo mismo tener permiso de trabajo o no tenerlo, etc.

> Recién llegados, nuevos ciudadanos... Esto es todo una mentira, porque ni en general somos bienvenidos... sí por una parte de la sociedad, pero por la administración no... ni tampoco somos nuevos ciudadanos. Ciudadano, ¿de qué? Ciudadano se es o no se es, no nuevo ciudadano, futuro ciudadano... [Presidente de Federación de Asociaciones].

Lo importante es poder participar

Para analizar las posibilidades de participación de nuestros jóvenes en general y de los jóvenes latinoamericanos en particular se hace necesario ver qué entendemos por participación. Participar es el proceso de tomar parte en las cosas, este poder tomar parte en las cosas implica necesariamente el hecho de estar incluido, de formar parte del grupo para poder implicarse y tener capacidad de decisión y de intervención. Creemos que este apunte es importante, dado que hay que tener en cuenta que la posibilidad de elección revela el grado de libertad en las acciones humanas (Marquina 2005). Pero resulta difícil hablar de elección cuando muchos de estos jóvenes «latinos» ni siquiera han decidido el hecho de venir aquí.

> Yo me quiero volver a Guayaquil, porque allá tengo mis amistades, allá conozco a casi todo el mundo y todo el mundo me defendía [Jimy, Ecuador, 14].

Resulta complejo hablar de integración si no se facilita un asentamiento sin traumas, si no existe una acogida y un acompañamiento reales, significativos y progresivos que ayuden a asimilar las diferencias con una figura de referencia, y si se obliga a que estos jóvenes pasen por el choque cultural sin ninguna almohada con la que poder suavizar el golpe.

> Me da temor, como madre me da mucho miedo, porque las influencias son aquí 1.000 a 1, comparando aquí y allá, aquí se pierde la idea de familia y eso es muy importante, ellos allá tienen un núcleo familiar y para ellos es importante ese núcleo, así no me tengan a mí y alrededor cien problemas, por lo cual en esta situación yo no soy nada y puede, entonces, que mi esfuerzo no tenga sus frutos porque, además, para que vengan cada vez voy a tener que trabajar más horas y no voy a tener tiempo para ellos. Como yo esto ahora, ya tener tiempo para mí ya es justo, les vería menos y sin nadie que me ayude a mí a suplir esa falta de tiempo, aquí no tengo madre, no tengo tías, no tengo hermanas que les anden echando un ojo, no tengo a nadie. *Es como dejarlos huérfanos* traerlos en estas circunstancias [Graciela, madre].

—¿Tenías *saudade*?[5]

> Sí, sí, mucha. El segundo día que he venido he llorado mucho. La primera semana me he quedado en casa: encendía la tele y no entendía nada, escuchaba la radio y no entendía nada y tampoco podía bajar a la calle porque mi madre no me dejaba. Después, cuando he ido al instituto, me he quedado poco tiempo y lo he dejado para trabajar. Los primeros tiempos que me he quedado aquí ha sido muy malo, pero después estaba bueno [Amanda, Brasil, 16].

La buena voluntad legislativa se complica a la hora de hablar de participación si no se apuesta de forma clara por favorecer la implicación de estos jóvenes como personas/miembros activos de la sociedad para favorecer la gestión y la organización de sus intereses y necesidades por medio de políticas públicas, en este caso a través de políticas de juventud integrales, interculturales y participativas.

> Sí, lo que siempre quise, digamos, es tener la oportunidad de relacionarme con alguien que esté interesado en saber más sobre los jóvenes en Latinoamérica, o jóvenes inmigrantes, entonces, yo creo, ¿no?, es que todos los jóvenes tenemos un propósito, tenemos un sueño que queremos alcanzarlo, queremos hacerlo realidad. Pero por falta de una oportunidad no hacemos realidad todo aquello que tenemos pensado. Entonces, a mí me encantaría, digamos, me encantaría tener una oportunidad,

---

5. La pregunta es si sentía añoranza, si estaba triste.

> que hubiera una oportunidad para todas aquellas personas que tienen esas ganas de superarse, de querer ser alguien en la vida, de querer estudiar... la mayoría quiere estudiar [Gisela, Bolivia, 20].

La democracia debe garantizar el pleno desarrollo de los derechos y deberes de la ciudadanía. Para ello deben crearse los mecanismos necesarios para que cualquier persona, esté o no organizada, pueda acceder y disfrutar de estos derechos y deberes, por lo que deben existir unas condiciones sociales que lo permitan.

> Entonces, la verdad, que hasta que no haya una apertura del derecho a voto de los inmigrantes... ahí sacas un montón de violencia [Presidente Federación de Asociaciones].

Según Aurora Marquina discriminación (del lat. *Discriminare*: separar, diferenciar) designa un tipo de trato de inferioridad en cuanto a derechos y consideración social de las personas, organizaciones y Estados, por su raza, etnia, sexo, edad, cultura, ideología, según los casos. Privación premeditada o limitación de los derechos y ventajas. Una de las formas de la discriminación política es la restricción de los derechos para elegir o ser electo (*sic*. Aurora Marquina Espinosa 2005: 30).

> Porque la ciudadanía se ejerce mediante el voto. Entonces, nos ponen en un escenario grande y nos dicen: «tú pórtate bien, intégrate, adáptate, aprende catalán, haz todo eso y algún día serás ciudadano» [Presidente Federación de Asociaciones].

Es evidente que para poder participar hay que poder jugar con las mismas reglas para todos. Pero resulta muy complejo desarrollar la participación con los jóvenes de origen latinoamericano (y por extensión con sus familias) si no pueden ejercer sus derechos más elementales: el derecho a una vivienda digna, el derecho a un trabajo sin que te exploten, el derecho a la educación, el derecho a la libre organización, el derecho a voto, etc.

> A un chico de 17 o 18 años, si me dice a mí «quiero trabajar» y le digo «puedes hacer un curso de tal», pero resulta que para hacer ese curso tiene que estar inscrito en el paro, para estar inscrito en el paro tiene que tener permiso de residencia y trabajo... es una cadena en la que te es muy difícil entrar [Secretario de Asociación].

El marco actual contempla pero no favorece ni desarrolla los recursos necesarios para atender a estos jóvenes. Para poder dar impulso a las propuestas del tejido social es necesario crear y favorecer mecanismos que establezcan un puente, un diálogo, en definitiva, que actúen como canales de transmisión de las demandas de los jóvenes hacia los poderes públicos, favoreciendo que las acciones llevadas a cabo por estos poderes públicos respondan de forma más o menos fiel a estas demandas. Pero, ¿cómo hacerlo si tenemos una parte de la ciudadanía que reside en nuestra ciudad invisibilizada, anulada, restringida?

> La cosa que falta más para los extranjeros de aquí son los papeles, que son muy difíciles de obtener. Yo conozco muchos amigos que se han marchado para su país porque no tenían papeles. Sólo pediría papeles para los extranjeros. Primero, los padres tienen que tener los papeles. Y si los padres no tienen papeles, peor todavía. Se van todos a su país. Yo conozco a mucha gente que se ha marchado a su país por no tener papeles [Amanda, Brasil, 16].

En Barcelona y en Cataluña existen formas de participación juvenil bien diferentes, y cierto es también que unas más criminalizadas que otras, si bien nunca ensalzadas aunque sean capaces de cambiar el rumbo de un Estado (ver Ferrándiz y Feixa 2005). La participación ciudadana implica la libre iniciativa de los grupos ciudadanos (organizados o no) para poner en práctica, de forma libre y directa, sus propuestas de acción. Por ello resulta imprescindible impulsar las nuevas propuestas del tejido social favoreciendo su interlocución con los poderes públicos y facilitando el intercambio de propuestas y de intervenciones. La democracia no puede, ni debe, excluir estos vínculos y redes formales o informales, sino fomentarlas incentivando la creatividad y la iniciativa de grupos, colectivos y asociaciones, favoreciendo el reconocimiento y el protagonismo de los ciudadanos en su futuro como miembros de la sociedad, para que puedan ser de verdad ciudadanos del presente y del futuro. Es por ello que hay que tener en cuenta a los jóvenes «latinos» como personas con derechos y deberes, y también a sus colectivos (grupos de amig@s) y organizaciones (las mal llamadas «bandas latinas») sin potenciar el «drama y/o la alarma social».

> Aquí los chicos pasan solos, aburridos, encerrados en estos pisos, pierden el tema de los abuelos. Los chicos extrañan mucho la presencia de los abuelos, muchos empiezan a interrogarte y te dicen «pa' qué me trajiste?». Los niños aquí solos en estos pisos se ponen nerviosos y hacen tonterías... hacen muchas tonterías, es porque no encuentran qué hacer, han perdido un espacio que era suyo. Aquí solamente tienen a los padres y un pequeño espacio para jugar. Porque después de que llegan de la escuela y llegan a la casa hay que saberlos controlar, saberlos llevar. Porque pueden tener juguetes nuevos y caros, pero están solos para jugar. Cuando son chiquitos no la pasan tan mal, porque no alcanzaron a vivir el sistema de allí, estar con las compañeritas, jugar en el patio, no ha habido un conocimiento de todo lo de allá [Rosa, madre dominicana].

Para ello debe reconocerse el trabajo que hacen las asociaciones de ciudadanos y la Administración, favoreciendo los mecanismos que faciliten el intercambio de propuestas y de intervenciones. Como se desprende de las entrevistas llevadas a cabo a profesores de IES y otros profesionales y adultos, fundamentalmente los problemas aparecen en el caso de los adolescentes, que se encuentran a caballo entre su cumplimiento de la formación básica y que aún no han entrado en el mercado laboral.

> Hay como una franja de edad, que es de los 16 a los 18 años, que se quedan colgados [Educador de Calle].

La mayor parte de estos adolescentes cumplieron su socialización primaria en su país de origen, por lo que su inserción y adaptación cultural y lingüística resulta más compleja y problemática.[6]

---

6. Evidentemente, los currículos académicos de cada sociedad son etnocéntricos por definición. Este hecho dificulta el aprendizaje significativo por parte de los jóvenes de origen latinoamericano, cuyos conocimientos de buena parte de las asignaturas no universales (entendemos como asignaturas universales y objetivas las matemáticas, la lógica, la física, la química, y como no universales la historia, la geografía, las ciencias naturales, la lengua, etc.) están centrados en las características sociodemográficas e históricas, geográficas y culturales de sus lugares de origen. El hecho de que las aulas de acogida de los IES se centren en el aprendizaje del catalán pero no favorezcan una aprendizaje significativo e interrelacionado entre el lugar de

> No sabía catalán, no entendía nada, me tuvieron que llevar a refuerzo y a eso. Le dije a un maestro que no entendía el catalán, pero me dijeron que poco a poco iba a aprender. Fue difícil aprenderlo, no lo hablo perfectamente, hablo un poco y lo entiendo [Paolo, Chile, 12].

Además, algunos no disponen de un espacio de uso particular ni en los institutos ni en sus casas, por lo que han pasado a ocupar el espacio público en busca de su lugar.[7]

> Hay viviendas que hace unos treinta años que se construyeron, son de baja calidad, entre 40 y 45 metros. A veces me han comentado cómo viven, realmente son muy pequeños [Profesora de secundaria IES 1].

De todos modos, como se desprende de diferentes entrevistas, son muchos los profesionales y adultos que creen que se ha descontextualizado y criminalizado el uso del espacio público por parte de estos jóvenes.

> No es más intensivo el uso del espacio público ahora que como lo era hace diez, quince o veinte años. El Paralelo mismo era una avenida desde la Plaza España hasta abajo toda llena de terrazas de arriba abajo, pero, en cambio, tengo la sensación de que, un poco, como a nivel individual siempre nos hemos recluido más en el espacio privado, empezamos a ver mal que haya un uso más intensivo del espacio público, ¿no? Cuando, seguramente, los mismos que ahora se quejan de que hay mucho ruido en la calle, pues en su momento estaban ellos, ¿no? [Grupo de Discusión de Técnicos de Juventud].

Estos factores son los que tienen que afrontar la mayoría de las llamadas «segundas generaciones»: ya no son ni de allí ni de aquí. Creemos que ésta es la base para la emergencia de «bandas» juveniles de base étnica. El caso de los jóvenes de origen latinoamericano debe ser analizado desde la emergencia de nuevas formas de sociabilidad juvenil relacionadas con las migraciones transnacionales. Hasta ahora este tema se ha criminalizado y estereotipado, especialmente desde los medios de comunicación, pero hay que destacar que existen pocos estudios en profundidad sobre las condiciones de vida de estos jóvenes y de sus familias. Debe encontrarse la manera de ceder lugares para que estos jóvenes puedan organizarse de manera normalizada. A partir de esta investigación hemos podido comprobar que actualmente el trabajo que se está realizando con las llamadas «bandas» juveniles es fundamentalmente individual,[8] por lo que el objetivo primordial de la acción actual implica el abandono de los jóvenes latinoamericanos de estas organizaciones, a lo que también han contri-

---

origen y el de destino dificulta este tránsito y favorece el choque cultural, la desmotivación e incluso el fracaso escolar.

7. En relación a este tema creemos que también es importante no olvidar, como se ha analizado de forma específica en otro artículo de este libro, que el uso del espacio público y la percepción de este uso también es un tema cultural. Los jóvenes latinoamericanos están acostumbrados a utilizar con menos restricciones el espacio público en sus países de origen.

8. Por ejemplo, abordado desde el tratamiento de las adicciones sociales, trabajo centrado tradicionalmente en la recuperación de individuos de sectas.

buido de forma espectacular los medios de comunicación con sucesivas oleadas de «pánico moral» a raíz del asesinato del joven Ronny Tapias. Por lo tanto, actualmente la perspectiva de trabajo con las organizaciones de jóvenes de origen latinoamericano es básicamente nula.

> Lo que digo ahora sí que lo digo institucionalmente y salgo en televisión o donde haga falta, que es un problema que no tiene solución policial, como la mayor parte de problemas sociales, no tienen solución policial, aunque haya gente que se empeñe en poner policías. No. No es un grupo criminal porque no es un grupo que se haya formado con una finalidad criminal. Es tan sencillo como esto [Policía].

Las organizaciones culturales de jóvenes latinoamericanos en Barcelona: fomentando el asociacionismo

Actualmente, en Barcelona, como ya ha sucedido en otros países, los Latin Kings están trabajando para legalizarse como asociación juvenil y han manifestado su disposición a trabajar en proyectos solidarios y conseguir que sus miembros respeten la sociedad donde viven. Este proceso podría marcar el contrapunto a la línea seguida hasta ahora marcada, por el miedo a lo desconocido, la criminalización y la estigmatización de estos jóvenes.

> La prensa, dentro de todo este panorama, ha creado una alarma innecesaria y ha dificultado el trabajo. El hecho de magnificar los temas hace que los jóvenes se escondan y sea más difícil [Extracto Diario de Campo de Entrevista con Policía].

Como se desprende del Grupo de Discusión llevado a cabo con técnicos de juventud de diferentes administraciones que actúan en la ciudad, así como con representantes del tejido asociativo juvenil de Barcelona, es necesario: disponer de información comparada a nivel internacional que sea fiable, dialogar con estos grupos y aprovechar su potencial de forma positiva, acompañar y animar a estos jóvenes y a sus colectivos y organizaciones a insertarse de forma normalizada en el tejido social de Barcelona, así como hacer llegar todos los servicios y recursos juveniles a todos y cada uno de los jóvenes que residen en la ciudad.

> [...] desde las políticas de juventud, básicamente lo que tenemos que intentar es que todo aquello que ya está presente para los jóvenes autóctonos, pueda estar presente también para los jóvenes inmigrantes, latinoamericanos o quien sea, ¿no?... [Grupo de Discusión de Técnicos de Juventud].

Es importante ver si existe el fantasma de las «bandas» que nos anuncian los medios de comunicación, comprobando realmente si se trata sólo de un fantasma que tal vez se ha maximizado demasiado por el hecho de haber establecido relaciones de causa y efecto un tanto precipitadas.

> Yo creo que la policía tiene una visión de estas bandas que dices...Yo, ya te digo, cuando solamente tenía la versión policial, yo quería que estuviesen fuera del Casal... yo los quería fuera de aquí [Grupo de Discusión de Técnicos de Juventud].

Resulta de especial importancia garantizar que el paso de las organizaciones de jóvenes de origen latinoamericano de Barcelona a asociaciones juveniles legalizadas sea llevado a cabo con todas las garantías para estos jóvenes. Para que los Latin Kings y los Ñetas de Barcelona se normalicen como asociaciones juveniles es necesario que el hecho de la pertenencia a «bandas», con estas siglas pero haciendo referencia a organizaciones de jóvenes latinoamericanos, no esté perseguido y criminalizado por nuestras leyes.[9] Ellos han decidido dar la cara, sus nombres, ser valientes, porque quieren impedir que desde los medios de comunicación se les relacione permanentemente con actividades violentas y/o delictivas, porque estas organizaciones tienen el objetivo de ayudar a sus «hermanitos y hermanitas» y porque quieren mantener ciertos rasgos de su cultura de origen.

> Hay una cosa que me ha sorprendido de este proceso, la capacidad de organización que tienen estos jóvenes, o sea, es impresionante, porque están muy, muy, organizados. Unos se encargan de pedir la sala, otros se encargan de traer las fotocopias, otros de traer la comida... O sea, es alucinante, a nivel asociativo querríamos que muchas asociaciones de aquí tuviesen estos niveles de organización [Grupo de Discusión de Técnicos de Juventud].

En su *universal*,[10] reunión a la que nos dejaron asistir los Latin Kings de Barcelona, éstos hablaron de la familia, de la preocupación por sus futuros hijos «príncipes», del esfuerzo y el valor del estudio, de la paz, del amor, etc. Como apuntó Jaume Funes, adjunto del Síndic de Greuges[11] por los derechos de la infancia y la adolescencia, en un artículo en *El Periódico*: «El mundo al revés: los jóvenes que buena parte de la sociedad ve como amenaza son pacíficos, integrados y conservadores». Por tanto, parece que estamos hablando de agrupaciones formadas y dirigidas por jóvenes inmigrantes que tienen el objetivo de ayudar a sus integrantes para mejorar su situación en Barcelona, en Cataluña, y eso no debe darnos miedo. Ellos reivindican su papel como asociaciones de autoayuda para inmigrantes, como también las necesitaron crear los inmigrantes catalanes cuando tuvieron que emigrar a América Latina, dejando atrás la tierra que querían, pero llevándose también, entre sus pertenencias, rasgos de su cultura que se han traducido en la creación, por ejemplo, de Casales Catalanes en numerosos países de fuera de Cataluña.

> Fui a escuchar a Nelsa Curbelo[12] en el departamento de interior, dijo una cosa que me gustó mucho: dijo que las bandas latinas eran un fenómeno a evitar que se hiciera más grande, y que la ciudad de Barcelona dispone de los anticuerpos necesarios para conseguirlo. Me gusta pensar que el casal o otros equipamientos pueden llegar a ser este anticuerpo, porque en el fondo, si no hacemos esto nosotros, no sé quién lo puede hacer. Me parece superpositivo trabajar para que estas bandas que

---

9. Nos estamos refiriendo a la reforma de la Ley de Responsabilidad Penal del Menor, que criminaliza aún más, si cabe, a las llamadas «bandas» juveniles.
10. Reunión de los Latin Kings, parecida a una asamblea general de cualquier asociación juvenil catalana.
11. Institución catalana equivalente al Defensor del Pueblo.
12. Presidenta de una ONG de Ecuador que trabaja por la mediación y el fin de la violencia entre el gobierno y los jóvenes pandilleros, que hizo una ponencia en el Departamento de Interior de la Generalitat.

> tienen mucha energía dentro, tienen una capacidad de organización y movilización impresionante, canalicen en positivo su fuerza. Esto es mucho mejor que cerrarles la puerta. Lo que se rechaza, crea más violencia, más desconfianza. Es mucho más positivo abrir la puerta y mirar qué están haciendo y cómo podemos intervenir que no lo contrario. Por nuestra parte estamos contentos con cómo está yendo todo [Directora Casal de Asociaciones].

Esta investigación nos ha permitido acercarnos a la realidad de los jóvenes de origen latinoamericano que residen en Barcelona, así como a la de sus familias y la de los diferentes profesionales que trabajan con y para ellos. Tal y como apuntan las diferentes entrevistas, debemos entender que hay que atender a este colectivo desde la normalidad.

> [...] yo personalmente iniciaría un trabajo partiendo de la normalidad, partiendo de que son jóvenes adolescentes, porque si partes de que es una banda organizada, parece que estés allí para desorganizarla, y esto es un trabajo *que hace la policía...* Se juntan 4 chavales que cantan *rap*, la policía va allí a pedir documentación, para deshacer, y estos 4 chavales se quedan 2 aquí, 2 aquí y 2 allí. Se juntan 40 en una plaza y va la policía para que haya 20 aquí, 2 aquí, en diferentes plazas... y no se identifiquen con su espacio... Por eso te lo digo, que no me plantearía un trabajo inicial de que son pandillas y que hay que desestructurar esta organización inicial que tienen. Una organización así, como grupo organizado, que pagan cuotas y todo, es el perfil de una asociación juvenil, ¿no? [Educador de Calle].

De todos modos, no quisiéramos acabar este apartado centrado en la importancia de la participación de los jóvenes de origen latinoamericano en Barcelona sin dedicar unas líneas a la importancia no sólo de garantizar una participación normalizada a las organizaciones de jóvenes «latinos», que como ocurre con las asociaciones juveniles catalanas, tan sólo representan un porcentaje mínimo del total de los jóvenes de origen latinoamericano que residen en nuestro territorio. Todos los jóvenes, incluidos los de origen latinoamericano, deben poder participar de forma individual, colectiva y organizada en igualdad de condiciones. Lo importante no es cómo ni en qué nivel de compromiso cada cual desee participar. Lo importante es poder participar, favoreciendo que el grado de participación sea, tan sólo, una decisión personal y no un nicho social.

> Sí, sí... «que pueden venir y hacer lo que quieran...». ¿Qué ofreces tú para que vengan? Y lo que ofrecen realmente no es muy atractivo para los jóvenes. ¿Qué encontramos? Pues que no participan, no van los jóvenes [Educador de Calle].

Las entrevistas evidencian las dificultades que experimentan los jóvenes de origen latinoamericano a la hora de poder acceder a los recursos que desde las políticas de juventud se destinan a todos los jóvenes, así como la participación real y significativa. Tema que hay que relacionar con la creciente privatización y la venta de actividades que se lleva a cabo en muchos Centros y equipamientos de la ciudad de Barcelona, como es el caso de los Centros Cívicos.

> Lo único que hay un poco es el tema deportivo, los cuatro equipitos de fútbol o fútbol sala que hay, y después tampoco hay espacios cerrados.... [Educador de Plan Comunitario].

> A nivel de juventud en general, yo no sé si... como institución estamos ofreciendo... no sé si... tenemos una política de juventud demasiado acertada. Un joven que tiene inquietudes, no sé qué alternativas estamos dando como institución. Hace años había los casales de jóvenes,[13] que alguno queda, que esto se ha convertido en centros cívicos, centros cívicos que ofrecen actividades de muy diversa índole, que algunas pueden resultar interesantes para los jóvenes, pero quizás la mayoría no lo resulten demasiado, si tú coges un programa de algún centro cívico, pues a lo mejor te encuentras talleres de música electrónica, por ejemplo, pero después macramé, yoga, *tai chi*... bueno... ¿qué inquietudes tiene un *chaval* de 14 o de 16 años?... Cuando había los casales de jóvenes tengo la sensación de que había espacios, si no autogestionados, con un margen de autonomía bastante importante, donde los jóvenes podían llevar a cabo sus proyectos. Ahora no sé si los jóvenes tienen estos espacios [Técnico de Prevención].

Hasta que no consigamos que todos los jóvenes puedan participar en el nivel de compromiso que ellos y ellas deseen y dispongan de los recursos necesarios para poder hacerlo, no podremos hablar de políticas participativas reales, porque quien no conoce o no puede acceder a los recursos es difícil que pueda hacer uso de ellos.

> Para jugar en una cancha de básquet nosotros tenemos que pagar... no sé si eran 100€ por dos meses para jugar una hora a la semana. Estamos hablando de 50€ por cuatro horas. Y si para el año que viene pedimos que sean dos horas en vez de una hora a la semana, pues tendremos que pagar 100€. Entonces, un chico que no está trabajando y que no tiene unos recursos, ¿le tengo que pedir que me pague para jugar en este equipo? ... pues, digamos, no hay los suficientes recursos o alternativas de ocio para estos jóvenes [Secretario de Asociación].

Conclusiones

A lo largo de este artículo hemos intentado ir apuntando aquellos aspectos que ya existen y que podrían ayudar a mejorar el trabajo con los jóvenes de origen latinoamericano y sus colectivos y organizaciones. En este último apartado quisiéramos aportar una serie de aspectos concretos que nos ayuden a poner el hilo en la aguja para empezar a trabajar con ilusión y al mismo tiempo con rigurosidad y valentía. Por ello, a continuación, presentamos diversas propuestas generales que implican cambios estructurales y de funcionamiento viables teniendo en cuenta el marco actual del que disponemos, analizado hasta ahora. Las propuestas de este apartado pueden concretarse en un sinfín de prácticas que deben ser consensuadas y adaptadas a la realidad social y territorial a partir del diálogo entre responsables políticos, responsables técnicos, asociaciones juveniles y de inmigrantes, así como por parte de los jóvenes individuales y sus familias, independientemente de su lugar de origen.

> Creo que la verdad es que, claro, si yo te digo que la verdad es que habría que empezar a trabajar a partir de incluir a la gente al sistema, de no maltratar a la gente en las escuelas, en el trabajo... esto sería 100 años. Pero bueno, ahora que ya está

---

13. En Cataluña los Casales de jóvenes son el equivalente a las Casas de Juventud españolas.

todo hecho, todo muy terrible y muy mal... ¿cómo lo solucionamos ahora? Trabajando entre todos. Que la administración se involucre con la sociedad de acogida, se involucre con los vecinos y se involucre con las asociaciones de inmigrantes de la zona, y entonces decir: «aquí estamos todos los interlocutores sociales, estamos todos» [Presidente de Federación de Asociaciones].

El secreto de nuestras intervenciones, como señalan los diferentes profesionales entrevistados (profesores y directores de IES, educadores sociales y de calle, asistentes sociales, técnicos de juventud y otros técnicos, representantes de asociaciones juveniles catalanes y de asociaciones de inmigrantes, representantes de las fuerzas de seguridad, etc.), intuimos que debe consistir en potenciar, aproximar y facilitar el uso de todos los recursos, servicios y actuaciones presentes y futuros a todos y cada uno de los jóvenes de Barcelona y de Cataluña, vengan de donde vengan.

Que hablen de jóvenes en general y que no se trate esto como un fenómeno o como un problema particular, sino general. General es el problema y particulares tienen que ser las soluciones, porque evidentemente que hay una forma de expresión distinta que tiene que estar focalizada para cada colectivo. Lo mismo cuando hacen las campañas de publicidad... todavía el *marketing* no conoce bien a los inmigrantes [Presidente de Federación de Asociaciones].

La administración de la Generalitat de Cataluña, que tiene las competencias exclusivas en materia de juventud en el territorio catalán, debe velar para que las políticas de juventud que se aplican desde las diferentes administraciones en relación a los jóvenes se adecuen a su realidad territorial, económica, étnica y sociocultural. Las políticas de juventud deben tener en cuenta y hacer explícitamente partícipes a sus verdaderos protagonistas: los jóvenes, independientemente de su lugar de origen. Es deseable potenciar el desarrollo de políticas de juventud integrales, interculturales y participativas junto con el trabajo comunitario y de calle, para preparar a la comunidad[14] en su conjunto y facilitar la acogida, el acercamiento y el convivir con la diferencia.

[...] yo creo que una figura profesional que es clave aquí es la figura del educador de calle, lo que pasa es que es clave pero no es suficiente, ¿eh? [Grupo de Discusión de Técnicos de Juventud].

Para hacerlo posible se debería velar por la creación de equipos, mesas de trabajo y redes interdisciplinares, interdepartamentales, interinstitucionales y transnacionales. Básicamente, es imprescindible aumentar los esfuerzos y que los Departamentos responsables de Juventud, Inmigración, Educación y Servicios Sociales, así como aquéllos más sectoriales,[15] trabajen al unísono, teniendo

---

14. Entendiendo por comunidad a la sociedad catalana en su conjunto, dado que no se puede desvincular a los jóvenes de su entorno, por lo que se hace necesaria la intervención desde las políticas de juventud con las familias, con las asociaciones de vecinos, juveniles y de inmigrantes, con otros profesionales (profesores, policías, etc.).
15. Entendiendo como sectoriales aquellos que deben realizar políticas públicas dirigidas a todos y cada uno de los jóvenes que residen actualmente en nuestro territorio: Trabajo, Vivienda, etc.

en cuenta la diversidad de ritmos de ejecución de las políticas públicas: unos centrados en las acciones y programas urgentes y otros, en aquellos que deben irse desarrollando a medio plazo. Para ello serían muy importantes líneas de actuación conjuntas, relacionadas con la investigación-acción. Es necesario potenciar la investigación junto con el trabajo de trinchera y la creación de equipos mixtos de técnicos-investigadores de juventud.

> Lo que falla es la información. Cada uno trabaja desde la perspectiva de su puesto y se intenta trabajar en solitario, sin asumir que la capacidad de incidir de esta forma es muy pequeña. Hay que establecer estrategias comunes. Los problemas que hay a la hora de compartir la información pasan por la desconfianza y los estereotipos internos con los que funcionamos respecto a los otros agentes sociales. Otro problema es que muchos recursos no tienen especialistas en el tema, y no lo trabajan [Extracto Diario de Campo de Entrevista con Policía].

Relacionado con lo anterior hay que tener en cuenta que existe una necesidad urgente de desburocratización para favorecer una mayor celeridad en la aplicación de políticas, intervenciones y programas, teniendo en cuenta que la sociedad catalana en su conjunto, y concretamente sus jóvenes, son especialmente cambiantes y heterogéneos. Es necesario el cambio a estructuras de proximidad que permitan un trabajo *in situ*, esencial para disponer de estructuras que nos permitan afrontar los retos del presente y del futuro.

Para garantizar la cohesión social y desarrollar el Estado de Bienestar se hace imprescindible la corrección de las desigualdades sociales, actualmente globalizadas. Es fundamental no aislar a los jóvenes de origen latinoamericano a la hora de planificar, ejecutar y evaluar políticas públicas. Estos jóvenes pertenecen a una comunidad, tienen familias, van a la escuela, trabajan, etc. Los problemas socioeconómicos, tanto estructurales como coyunturales, afectan a aquellos conjuntos de la sociedad más vulnerables y en riesgo, entre ellos los jóvenes de origen latinoamericano y sus familias. Tal vez haya que introducir aspectos de discriminación positiva e incrementar los recursos para atender la diversidad, porque lo que no puede ser es que los jóvenes que se encuentran en situaciones sociales desfavorecidas, como muchos de los jóvenes de origen latinoamericano (especialmente aquellos que han llegado mediante procesos de reagrupación familiar), sólo sean atendidos desde la urgencia de los Servicios Sociales. Deben incluirse estos jóvenes, en tanto que jóvenes, en las políticas de juventud catalanas actuales y futuras.

Es necesario que se llenen los vacíos legales, que las políticas de juventud puedan aplicarse a todos los jóvenes, y que por ende todos los recursos y mecanismos que se ofrezcan desde las diferentes administraciones puedan ser conocidos y utilizados también por los jóvenes «latinos». Es imprescindible que estos jóvenes sepan dónde y cómo: acceder a Internet de forma gratuita, poder solicitar una sala para reunirse, recibir información y asesoramiento, encontrar trabajo, emanciparse con el acceso a una vivienda, cuidar de su salud, desarrollar sus potencialidades, acceder a la cultura y al ocio, ejercer sus derechos, poder educarse y aprender, participar y mantener su condición de «jóvenes latinos». Para ello deben poder acceder todos ellos, y la responsabilidad de políticos, técnicos y asociaciones es acercar y adaptar todos estos recursos a todos estos jóvenes, así como estar preparados para ofrecerles una atención, un acceso y una participación igualitaria, adecuada y con garantías.

Debería realizarse una revisión de las políticas de juventud y de los perfiles profesionales, así como potenciar la profesionalización rigurosa y la formación permanente y actualizada de calidad. Las políticas de juventud catalanas están siendo mejoradas y reguladas, pero hay una parte de la población juvenil que aún tiene un espacio demasiado reducido en las diferentes intervenciones. Es importante apostar por aumentar el número de profesionales y referentes, para que los colectivos más vulnerables también puedan ser atendidos desde la normalidad. Para ello es esencial que desde las políticas de juventud integrales se desarrollen aquellas acciones más olvidadas en la práctica, pero más necesarias para garantizar la igualdad de todos los jóvenes y las jóvenes en el acceso a los recursos: la cohesión social y territorial, la educación y vida en sociedades interculturales, y la corrección de las desigualdades junto con la democracia participativa.

Las nuevas formas de participación (individual y colectiva) y los nuevos usos del espacio público deben ser analizados y tenidos en cuenta a la hora de diseñar políticas públicas. Se hace necesario renegociar y compatibilizar los diferentes usos del espacio público, especialmente en las ciudades catalanas y concretamente en Barcelona. Hace falta valorar el papel de las nuevas formas de agrupación de jóvenes de origen latinoamericano, estableciendo puentes de diálogo entre estos jóvenes y los profesionales (que deberán actuar a su vez como mediadores entre los jóvenes y la sociedad en general).[16] Merece la pena acompañar estos procesos en vez de criminalizarlos para así poder obtener resultados positivos para todos y todas, rompiendo de una vez por todas el vacío entre los profesionales y estos jóvenes y sus colectivos y organizaciones.

Es fundamental unir esfuerzos para poder visibilizar y analizar las diferentes formas de violencia[17] y así establecer protocolos y estrategias de intervención que puedan aplicarse por parte de los diferentes profesionales de forma coherente y coordinada. Esta demanda ha sido una constante en las diferentes entrevistas realizadas a profesionales y representantes de organizaciones juveniles. Leyendo a Ferrándiz y Feixa nos damos cuenta de que es necesario buscar treguas en medio del conflicto, pues «aunque la violencia puede en último término remontarse a una condición de conflicto, no toda competición deber resolverse por medios violentos» (Schmidt y Schröeder 2001: 4), y «todo lo que impulsa evolución cultural actúa contra la guerra» (Freud 2001: 94). En relación a la nueva LPJC, creemos que deben definirse marcos amplios, conceptos amplios donde puedan incluirse con cierta comodidad toda la diversidad de jóvenes que constituyen nuestra actual sociedad

---

16. En relación a este tema creemos que puede ser muy positivo el hecho de que se lleve a cabo la oferta de acompañamiento que ha hecho el Consejo de la Juventud de Barcelona (CJB) para ayudar a que emerjan hacia la normalidad estas nuevas formas de organización juvenil, aunque ello no resta importancia a las estrategias que se deberían llevar a cabo desde la administración pública en relación a la intervención con estas nuevas formas de organización juvenil y con el resto de jóvenes de origen latinoamericano a nivel individual y colectivo.

17. «Cuando se habla de violencia, generalmente se hace alusión a la violencia física, por ser ésta la expresión más evidente de la agresión corporal. Otras formas, como la violencia económica, racial, religiosa, sexual, etc., en ocasiones pueden actuar ocultando su carácter, desembocando, en definitiva, en el avasallamiento de la intención y la libertad humanas. Cuando éstas se ponen de manifiesto, se ejercen también por coacción física. El correlato de toda forma de violencia es la discriminación» (Marquina 2005: 75).

catalana. Es necesario abrir una puerta para una sociedad de futuro en la que quepamos todos y todas, a nadie se le puede cerrar la puerta en las narices, sobre todo si nuestro objetivo está claro: fomentar la libertad y la igualdad de los jóvenes a través de la responsabilidad, lo que siempre requiere sentirse implicado, y que puede convertirse en irresponsabilidad para aquel que no puede implicarse.

Para acabar, quisiéramos animar a todos aquellos responsables políticos y técnicos, así como a la sociedad civil, y especialmente a sus jóvenes, a establecer puentes de diálogo, a tener ganas de descubrir, de acercarse, de conocer lo desconocido para poder hablar de ello. Debemos construir ciudades cívicas y respetuosas, donde tengamos sitio todos y todas. Creemos sinceramente que las organizaciones culturales de jóvenes latinoamericanos, que tan famosas y temidas se han hecho a lo largo del pasado año, han llamado a la puerta de la administración, y por tanto, están llamando a la puerta de entrada en nuestra sociedad. Piden poder entrar para poder mezclarse, para poder formar parte de nuestra comunidad. ¿Y a cambio, ellos, qué nos piden? No ser perseguidos ni criminalizados, conservar sus elementos culturales y poder vivir su condición de «jóvenes latinos». Parece un discurso razonable... Este discurso puede servir como experiencia de acercamiento y reconocimiento positivo para todos y cada uno de los jóvenes de origen latinoamericano que residen actualmente en Barcelona, miembros de organizaciones o no. El futuro también está en nuestras manos, tal vez llegó el momento de acercarnos y actuar.

14
Jóvenes 'latinos' y circo

Marco Antonio Coelho Bortoleto

Esta aproximación etnográfica al circo como práctica cotidiana tiene como objetivo describir el estilo de vida de los jóvenes de origen latinoamericano que residen en Barcelona y que tienen en el Circo su forma de manifestación artístico-cultural y también su salida laboral. Un relato construido en base a una serie de entrevistas llevadas a cabo a lo largo de los meses de agosto y septiembre del 2005, en espacios donde estos jóvenes suelen acudir para practicar el Circo. Empezaremos por describir la realidad circense en Barcelona en general y en el caso específico del colectivo latinoamericano, para centrarnos luego en las vivencias y experiencias de los mismos jóvenes. El capítulo se acaba con un reflexión sobre el papel de esta actividad artística-sociocultural como recurso para la «integración» de las y los jóvenes migrantes.

Las observaciones indican que la migración a Europa de jóvenes artistas latinoamericanos se trata de un proceso que pretende fomentar su actuación profesional, aprovechando las mejores infraestructuras, el mejor nivel artístico que existe en Europa y el mayor reconocimiento sociocultural que recibe este sector artístico en el continente europeo. Este traslado también busca dar continuidad a su formación artístico-profesional y perfeccionar sus conocimientos circenses, un aprendizaje iniciado anteriormente en sus países de origen. Además, les permite una mayor movilidad, dentro y fuera del territorio español, y por tanto, un aumento significativo en su bagaje cultural. Su desplazamiento a España, y particularmente a Barcelona, suele ser incentivado por otros compañeros que ya lo hicieron anteriormente, y está amparado en gran medida por amigos que también ejercen una actividad circense. Los discursos advierten de las dificultades que ofrece la inmigración, especialmente cuando es ilegal, tanto en el momento de encontrar trabajo como en lo que se refiere a la adaptación a la nueva realidad sociocultural. Se señala la necesidad de volver a su tierra natal periódicamente para mantener el contacto familiar y su deseo de continuar viviendo en Barcelona. La formación circense se produce de manera informal y los contactos con las instituciones oficiales parecen no haber sido especialmente satisfactorios en la mayoría de los casos. Su aprendizaje se basa en el intercambio con otros compañeros y en frecuentar diferentes ambientes y locales donde se practica el Circo. Su práctica cotidiana salta a algunos espacios públicos, como por ejemplo el Parque de la Ciudadela, aunque normalmente entrenan en espacios cerrados. Su deseo de continuar trabajando con el Circo de forma profesional les condiciona a una dura rutina de entrenamiento, más o menos organizada y/o planificada, modelada según los parámetros del mercado laboral. Una actividad envolvente y que ocupa gran parte de su tiempo y que, en definitiva, refleja su voluntad de obtener cierto reconocimiento profesional y de poder vivir dignamente del Circo.

El circo, la ciudad y los jóvenes: mundos convergentes

Las grandes urbes transformadas por la modernidad en polos culturales siempre atrajeron la atención de los jóvenes, en especial de aquellos que buscan en el arte su forma de expresión. La vocación modernista y vanguardista de Barcelona, y su apoyo al arte contemporáneo, han atraído desde hace mucho tiempo a todos aquellos que buscan su espacio en el sector artístico. Como no podría ser diferente, las características del Circo moderno, o del «Nuevo Circo», como lo denominan la mayor parte de los estudiosos (Menrt, 1998), se adecuan perfectamente a una ciudad como Barcelona. La receptividad y el espacio que este arte ha encontrado en la capital catalana atrajeron la atención de muchos jóvenes circenses y promovieron la creación de un gran mercado laboral y, consecuentemente, de excelentes compañías circenses. Es un fenómeno también observado en otras metrópolis europeas, como París, Londres o Berlín.

Paralelamente, observamos un aumento significativo de la migración latinoamericana hacia los países europeos, creando un momento oportuno para la unión de estos dos fenómenos. Así pues, artistas consagrados y jóvenes aspirantes al mundo del espectáculo circense se dispusieron a afrontar este mercado en construcción y, naturalmente, ayudar a su desarrollo. Muchos de ellos, especialmente los de habla hispana, escogieron Barcelona como la puerta hacia Europa.[1] Los esfuerzos realizados hasta el momento para comprender la situación de los jóvenes de origen inmigrante se han centrado especialmente en las organizaciones culturales juveniles o los hinchas deportivos (Feixa 1998: 2001). Para conocer este colectivo en su globalidad no podríamos dejar de analizar otras agrupaciones urbanas y sus respectivas manifestaciones artísticas, sus modos de relación social y los espacios en donde construyen su identidad cultural. En este sentido, el Circo, así como el *break*, el *skate*, la *capoeira*, etc., originan un movimiento juvenil suficientemente importante y merecedor de un análisis más profundizado.

Tejer un relato sobre un colectivo tan dinámico y complejo como es el caso de los jóvenes representa una difícil tarea. Un ejercicio de paciencia y dedicación lleno de sorpresas y hallazgos. Nuestro objetivo en esta oportunidad es escribir acerca de la cotidianeidad de los jóvenes de origen latinoamericano que residen en Barcelona y que tienen en el Circo la manifestación de su peculiaridad cultural. Una labor justificada entre otras cosas por la posibilidad de ampliar nuestro conocimiento sobre la realidad vivida por este colectivo, que apenas ha sido estudiada desde la óptica de la antropología social urbana. Posiblemente este trabajo nos permita comprender mejor los caminos seguidos durante el proceso de integra-

---

1. La presencia de artistas circenses latinoamericanos en Barcelona se remonta a siglos, como podemos observar en la obra de Dalmau (1947). Por otra parte, la movilidad de los artistas circenses y la migración como forma de ampliar su formación y su campo laboral también representan aspectos típicos de la cultura circense desde sus orígenes (UNESCO, 1988).

ción de estos jóvenes en la sociedad catalana en particular y en la española-europea en general. Reconocemos que apenas hemos adentrado en el universo de los jóvenes latinoamericanos que se dedican al Circo, pero creemos estar en condición de presentar algunos apuntes sobre la cultura circense y sus peculiaridades en el caso concreto de los jóvenes inmigrantes que actualmente residen en Barcelona. Estas aproximaciones preliminares posiblemente nos guiarán de cara al futuro a una descripción más profundizada acerca de este colectivo y su particular forma de entender, sentir y vivir el Circo durante su juventud.

La cultura circense a partir del discurso de jóvenes latinoamericanos

> Hoy por hoy el Circo es mi forma de vida, porque es mi forma de vida, porque es la forma que gano la vida, que ocupo mi vida y es en lo que me enfoco mi vida... Mi visión de futuro es dentro del Circo, es mi pasado, mi presente y en mi mente también es mi futuro. Me dedico el día, la vida, porque tienes que vender el espectáculo, tienes que ensayar el espectáculo, tienes que ensayar la técnica, tienes que pensar en el vestuario, tienes que hacer todo [Sebastián, Argentina, 28].

Lo primero que observamos en los relatos de estos jóvenes artistas es que la migración a Europa se trata de un proceso que pretende fomentar su actuación profesional, aprovechando las mejores infraestructuras (festivales, convenciones y escuelas de Circo), el mejor nivel artístico que existe en Europa en sus respectivas disciplinas circenses y el mayor reconocimiento sociocultural que recibe este sector artístico en el continente europeo. Este proceso migratorio busca además dar continuidad a su formación artístico-profesional, ampliar y perfeccionar sus conocimientos circenses (participar en cursos, hacer contactos, adquirir experiencias...), un aprendizaje iniciado anteriormente en sus países de origen. Este traslado también les permite una mayor movilidad, dentro y fuera del territorio español, y por tanto, un aumento significativo en su bagaje cultural tanto a nivel personal como profesional. Estos objetivos conducen y condicionan en gran medida su futuro y sus actividades personales y profesionales en Barcelona.

> Vine buscando el conocimiento del Circo. Aquí hay más información, una forma diferente de hacer Circo. Hay un mercado más grande, diversificado, más oferta de trabajo. Aquí se practica más, hay más escuelas, más informaciones, más festivales [Javier, Brasil, 34].

Su desplazamiento a España, y particularmente a Barcelona, suele ser incentivado por otros compañeros que ya lo hicieron anteriormente, y está amparado en gran medida por amigos que también ejercen la actividad circense. Nos cuentan que en la actualidad hay muchos otros jóvenes latinos (brasileños, uruguayos, venezolanos, colombianos, mexicanos...), destacadamente los argentinos,[2] que se

---

2. Personalmente, durante estos últimos años que vengo actuando como profesor en la Escuela de Circo Rogelio Rivel de Barcelona (http://www.escolacircrr.com), es notable el incremento en el número de jóvenes latinoamericanos que acuden a este centro en busca de ampliar y/o perfeccionar su formación profesional. También es cierto que el colectivo más numeroso es el de jóvenes argentinos.

han propuesto este mismo desafío migratorio y que están viviendo en la Ciudad Condal. Javier señala que en la actualidad la llegada de jóvenes procedentes de Latinoamérica es notablemente más acentuada que hace 5 o 7 años, probablemente facilitada por la experiencia anterior de otros jóvenes que regresan a sus países y cuentan al detalle cómo realizar esta aventura. Los relatos nos revelan la mayor facilidad de trabajar en el Circo en Europa respecto a sus países de origen, donde su trabajo se lleva a cabo mayormente a través de actuaciones callejeras.

> Yo te diría que un 90% de los artistas en Argentina hacen espectáculo de maleta, digamos, malabares, humor, animación, espectáculo de maleta como se conoce. Se vive de la gorra, del espectáculo de maleta [Sebastián, Argentina, 28].

> Aquí (en España) puedes vivir de un mismo espectáculo durante varios años. En Brasil eso es imposible, tienes que hacer varios espectáculos al año para poder trabajar [Javier, Brasil, 34].

Así mismo, destacan las dificultades que ofrece la inmigración ilegal en el momento de encontrar trabajo y la problemática de adaptarse a la nueva realidad sociocultural. Hacerse un hueco en el mercado local, lo mismo que para aquellos que disponen de los «papeles», no es fácil, requiere mucho trabajo, dedicación y sobre todo un buen espectáculo o un buen nivel técnico, además de buenas relaciones y contactos, tal y como menciona Javier. Competir con los jóvenes latinos (europeos) que no tienen el problema de los «papeles» es una dura tarea, por lo que sólo les resta apoyarse en su esfuerzo y talento, la capacidad de encontrar soluciones a cualquier tipo de problema, y en su mayor experiencia (la mayor parte de los inmigrantes empieza a trabajar antes debido a las dificultades y a la cultura laboral de sus países de origen). Pese a estas dificultades todos los entrevistados han logrado vivir exclusivamente de su trabajo en el Circo, condición imprescindible para seguir perfeccionando su calidad artística, según nos indican. La dificultad de integración se ve minimizada por la presencia de sus compañeras sentimentales y, especialmente, por la proximidad y apoyo constante de sus amigos, en su mayoría también artistas. Aunque no se trata de una regla, por lo general los compañeros de Circo suelen ser abiertos y facilitan la integración y el intercambio de conocimientos. A nivel personal señalan la necesidad de volver a su tierra natal periódicamente, especialmente para mantener el contacto familiar, aunque su deseo principal es seguir viviendo en Barcelona debido a las facilidades de ejercer la profesión que ellos eligieron.

> No logro todavía sentir quizá esta relación que tengo con mis amigos de mi ciudad (de Bariloche). A ver, tengo grandes amigos aquí, gente que quiero muchísimo, pero todavía no siento este vínculo quizás de amistad. Aquel vínculo con mis amigos que recorrimos varias etapas de la vida. Hecho de menos cosas, ir a comer el domingo al mediodía con mi mamá, hablar de fútbol con mi papá, que a él le gusta el fútbol. Lo normal, encontrarme con mis amigos y hablar con esta confianza y esa soltura que te da hablar con la gente que tiene los mismos códigos, porque a veces no tenemos los mismos códigos, el mismo humor sobre todo, y eso se nota. Yo estoy en pareja con una chica española, entonces como que eso ayuda a equilibrarme un poco [Sebastián, Argentina, 28].

La formación circense que reciben estos jóvenes es en gran medida informal y sus contactos con las instituciones oficiales parecen no haber sido especialmente satisfactorios, excepto en el caso de Javier. Su formación se basa en el intercambio con otros compañeros, y especialmente en frecuentar diferentes ambientes y locales donde se practica el Circo. Es precisamente por eso por lo que se reúnen a menudo con otros jóvenes en diferentes locales (Escuela de Circo Rogelio Rivel-Ateneu de Nou Barris,[3] Casa Okupa Macabra, INEFC...), así como en algunos espacios públicos, como por ejemplo en el Parque de la Ciudadela, para practicar Circo y también para mantener sus vínculos de amistades. Dichos lugares pueden ser de lo más formal (regulado, controlado, normativizado, etc.), como es el caso del Instituto Nacional de Educación Física de Cataluña (INEFC),[4] hasta de lo más informal, como en el caso de la Casa Okupa Macabra (local autogestionado por sus usuarios).[5] Este contraste social que podemos observar entre los espacios frecuentados por los jóvenes circenses es un indicador relevante de su capacidad de moverse por la ciudad y de integrarse en lugares tan diferentes. Por diversos motivos (necesidad de materiales especiales, luz, protección de la intemperie ambiental...) estos jóvenes artistas suelen entrenar en espacios cerrados y sus incursiones por espacios abiertos, como es el caso del Parque de la Ciudadela, son momentos de diversión, práctica recreativa y de intercambio. Su deseo de continuar trabajando en el Circo de forma profesional les condiciona a una dura rutina de entrenamiento, más o menos organizada y/o planificada, modelada según los parámetros del mercado laboral circense (festivales y eventos a que suelen acudir, actuaciones en los fines de semana).

> [...]. La vida del Circo es dura. Hay que trabajar mucho, hay que querer mucho. En mi opinión, el único factor limitante son las ganas, el resto cualquiera puede conseguirlo. A unos les cuesta más, a otros menos, pero todos tienen espacio en el Circo [Javier, Brasil, 34].

Una actividad envolvente y que ocupa gran parte de su tiempo, y que, en definitiva, refleja su voluntad de obtener cierto reconocimiento profesional y de poder vivir dignamente del Circo. Una dinámica que, en palabras de Francisco, es vista de la siguiente manera:

> El Circo es todo, es mi vida... No lo sé, sin el malabares no soy nadie. Quiero ser reconocido, espero que la gente vea mi trabajo y que yo puede tener una vida normal, digna [Francisco, Chile, 21].

Al menos en los casos que conforman este estudio, el Circo se muestra como un agente aglutinador con una explícita función social, cívica y cultural. Una actividad que promueve la paz y la producción artística, y que termina por constituirse en

---

3. En la Escuela de Circo Rogelio Rivel los jóvenes comparten, además del espacio para práctica y creación artística, vivienda (caravanas y/o pisos de alquiler) con los demás alumnos. En nuestra opinión, este tipo de proximidad es, probablemente, uno de los agentes promovedores de su integración a la nueva realidad sociocultural.

4. En el caso del INEFC, y a veces en la Escuela de Circo Rogelio Rivel, los circenses comparten su espacio de práctica, sin ningún tipo de problemas, con otros jóvenes que entrenan gimnasia deportiva (artística, acrobática, cama elástica), así como con los que se dedican al *break dance* o a la *capoeira*.

5. En la vecina ciudad de L'Hospitalet de Llobregat muchos circenses frecuentan la Casa Okupa, o como prefieren denominarla, el Centro Social Okupa «La Òpera».

una práctica para la respetuosa convivencia social. Tal vez sea por eso que este colectivo de jóvenes represente una contradicción con otras agrupaciones juveniles que tienen actitudes violentas o incívicas para manifestar sus ideologías y sentimientos. En este sentido, pese a que las agrupaciones sean evidentes, y que exista una ideología común, no observamos algunos aspectos que aparecen nítidos en otros grupos juveniles, como pueden ser las jerarquías de comando, una estética bien definida, rituales iniciáticos o también la asociación a estilos musicales. Lo que sí podemos observar es la influencia de la experiencia o del mayor estatus artístico que una persona o una *troupe* (grupo de artistas) llega a ejercer sobre los demás. La calidad de su producción artística y su capacidad de relacionarse es lo que determina su integración y su fuerza dentro de este colectivo juvenil. También se observa una gran diversidad y simplicidad en su vestuario cotidiano.

La cotidianeidad de la vida de estos jóvenes no expresa ningún tipo de actividad violenta y su constante relación con los demás artistas, así como con jóvenes de otros colectivos como pueden ser los deportistas, los *breaks*, los *capoeristas*, *rastas*, *punks*... se establece sin ningún tipo de problemas. Su relación con los jóvenes «nativos» también suele ser normal aunque reconozcan que se les exige más por el hecho de ser extranjeros. La mayor dificultad que tienen que afrontar diariamente es la que todos los circenses afrontan: el reconocimiento oficial (desde la ley) del Circo como un arte.[6]

A pesar de esta manifiesta buena relación con los demás jóvenes, sus discursos procuran marcar la diferencia con los «pseudo-artistas», que suelen ser estereotipados (clasificados) como «punks» (o «pies negros»), «bufones urbanos» o «artistas de semáforo». Encontramos opiniones divergentes sobre este tema, o sea, gente que cree que este tipo de actuación callejera es algo normal y benéfico para el arte circense, y otros que se muestran molestos con este tipo de actividad. Algunos dicen que la actividad callejera ejercida en los semáforos, por ejemplo, suele ser asociada a la práctica que ejercen los verdaderos artistas por las calles de Barcelona, infravalorando su esfuerzo por un arte circense de calidad.

Conclusiones, perspectivas de futuro y aplicaciones

> El Circo es el último vestigio de un saber antiguo, existencial e iniciatico. Para perpectuar este saber, este arte ancestral y único que es el Circo, hay apenas dos maneras: la transmisión de padres a hijos y la enseñanza que ofrece una escuela [Jean Ziegles, por Monica Reneyev en UNESCO 1988: 24].

Nos gustaría advertir que esta breve descripción ilustra con cierta claridad la aportación que una actividad artístico-social-cultural, como es el caso del Circo,

---

6. Recordamos, tal y como advierte el manifiesto de la Asociación de Profesionales del Circo de Cataluña APCC (http://www.catcirc.com), que el Circo todavía es visto como un arte menor y, consecuentemente, sus profesionales no gozan de los mismos derechos que los artistas del teatro o de la danza, por ejemplo. De la misma forma, no existe en España, al contrario que en Francia, por ejemplo, una titulación reconocida en Circo, lo que dificulta aún más su actividad profesional. En el caso de Francia, así como de otros países como el Reino Unido, Australia y Bélgica, no solamente las políticas públicas son más favorables al desarrollo del arte circense, sino que las infraestructuras, las ayudas económicas y las escuelas oficiales destacan por su calidad (material, espacial y pedagógica) y por la producción constante de grandes artistas y espectáculos.

puede tener respecto a la integración de jóvenes inmigrantes, cuya realidad viene a menudo acompañada de grandes dificultades de adaptación sociocultural. Entendemos que la vía artística puede ser empleada como medio para impulsar la integración de estos jóvenes en la sociedad barcelonesa, y también para hacerles sentirse útiles, además de concretizarse en una salida laboral con buenas expectativas de éxito profesional y personal. Es por ello que los proyectos sociales podrían incorporar este tipo de práctica en sus programas de actividades.

Posiblemente la informalidad de la formación circense sea responsable de la relativa facilidad de la incorporación de estos jóvenes latinoamericanos en la realidad barcelonesa. No podemos olvidar que existen apenas dos escuelas oficiales de Circo en España (Barcelona[7] y Madrid), y que ambas, así como los demás centros de formación (pequeñas escuelas, talleres regulares comunitarios y los cursos impartidos en instituciones oficiales), admiten alumnos sin ningún tipo de impedimento político y/o institucional. El filtro que deben superar es tener una buena aptitud física y artística y poder pagar estos cursos. También debemos considerar que una buena y amplia formación artística (circense, teatral, etc.) o deportiva (como es el caso de Javier) ayudan sustancialmente en el momento de conseguir trabajo en España. También debemos mencionar que el Circo es un mercado en expansión y eso facilita sensiblemente la incorporación de estos jóvenes al mercado laboral, aun cuando no tengan los papeles (su situación de residencia y trabajo reglamentada oficialmente). La informalidad de la actuación circense también permite una rápida incorporación profesional. Pese a eso, todavía son escasos los espacios de práctica en Barcelona, una situación semejante a la que se observa en las otras localidades españolas, o también en países como Italia y Portugal.

Desde el punto de vista metodológico cabe resaltar que hemos tenido mucha facilidad para acceder a este colectivo de jóvenes, posiblemente debido a la habitual movilidad del autor por los ambientes circenses, por la «pertenencia» a este grupo, y sobre todo porque se trata de un brasileño que vive en Barcelona y que se dedica, entre otras cosas, al Circo. No obstante, somos concientes de la necesidad de continuar investigando, observando, de llevar a cabo otras entrevistas, y también de ampliar la documentación de referencia para poder elaborar una descripción más detallada del fenómeno que nos ocupa en esta ocasión. Un fenómeno que seguramente merece mucha más atención de la que recibe en la actualidad. Las informaciones que presentamos en este manuscrito podrán ser usadas para entender las diferencias que pueden existir entre éste y los demás colectivos juveniles, y la forma con que cada uno de ellos afronta el proceso de integración sociocultural. Un colectivo con motivos y formas de expresión propias, en plena expansión y que parece estar todavía forjando su identidad cultural dentro del marco artístico, así como en el marco juvenil.

> El Circo: tan importante como cualquier otra arte escénica, pero totalmente desconsiderado por la cultura oficial [Jané 2003: 14].

---

7. Tenemos constancia de un ambicioso proyecto para la constitución de la Escuela Nacional de Circo de Cataluña, encabezado desde hace muchos años por la Escuela de Circo Rogelio Rivel, el Ateneu de Nou Barris y otros muchos organismos públicos y privados de la ciudad de Barcelona y del gobierno de la Generalitat.

Parte III
Barcelona y más allá

15
Barcelona desde la Academia
(o los avatares de una antropología implicada)

Oriol Romaní

No sé si por el hecho de haber sido profesor de algunos de los miembros del equipo que ha realizado este trabajo y, más en concreto, de Carles Feixa, cuya tesis de doctorado —que ya apuntaba por dónde se iba a meter— fue la primera que dirigí, la cuestión es que me han pedido estas reflexiones «desde la Academia». Y lo primero que quiero decir es que, la verdad, poder seguir de cerca una investigación como ésta ha sido una gozada, pues (más allá de las vivencias personales que siempre se ganan en estas historias) el conjunto de procesos que la anteceden, los que han constituido su desarrollo como tal, y los que se derivan de la misma muestran una serie de características de gran interés, tanto desde el punto de vista teórico-metodológico como desde el punto de vista del análisis político. En las pocas páginas que siguen, intentaré poner en orden algunas de las cuestiones más relevantes que desde dichas perspectivas creo que vale la pena tener en cuenta. Por ello no hablaré tanto de los jóvenes latinos en Barcelona —los realizadores de la investigación lo hacen muy bien en este mismo libro— como de lo que se ha generado con ellos y a su alrededor en el proceso de la investigación.

1. En primer lugar, su origen. Por desgracia, no es muy común que ante un acontecimiento que provoca una gran alarma social, como fue el asesinato de Ronny Tapias, las instituciones —en este caso, el departamento encargado de la seguridad del Ayuntamiento de Barcelona— reaccionen (más allá de que ya «estuvieran sobre la pista» de esta cuestión) como lo han hecho en este caso. Es decir, sin priorizar medidas de cara a la galería, sino intentando enterarse de qué es lo que pasa en un ámbito de la contradictoria y compleja realidad, como es el de los jóvenes latinos en Barcelona y su área metropolitana, para después poder actuar en consecuencia. Es decir, no planteando la seguridad desde los estereotipos generados por los discursos más hegemónicos, o sea, aquellos que la identifican sólo con la actuación (normalmente de carácter policial) frente a los efectos más visibles y últimos de la conflictividad social, producto de la sociedad desigual en la que vivimos, sino intentando conocer sus causas más profundas antes de acometer un tipo u otro de intervención... que se supone pueda ofrecer unas garantías de seguridad a la mayoría de la población, entre ellos, desde luego, los propios jóvenes latinos y sus familias. Y que lo hayan hecho sin caer en la trampa de pedir una investigación «rápida y espectacular» con las que, de forma harto errónea, se

identifica muchas veces la investigación científica, sino demandando una perspectiva metodológica como es la etnografía, seguramente más lenta, pero capaz de producir datos primarios estratégicos para el conocimiento y la intervención.

No quiero decir con ello que las instituciones públicas de nuestra sociedad no hayan tomado nunca una iniciativa como ésta. De hecho, una parte significativa de mi propia trayectoria investigadora se debe a encargos de diferentes instituciones sobre problemas relacionados con las drogas y ámbitos conexos que, con la perspectiva del tiempo, parece que algún tipo de influencia —no sé si siempre la deseada— habrán tenido en la evolución de las políticas —sobre todo, locales— al respecto. Pero lo que me parece digno de señalar es el compromiso público que adquirió, por lo menos a partir de un determinado momento, esta iniciativa, la convicción explicitada de que, a pesar de que como institución tienen todo el derecho (y supongo que el deber) de hacer lo que crean más conveniente a partir del conocimiento del que disponen, su intervención estará indisolublemente ligada a los flujos de interacción, a una cierta negociación, con los protagonistas: en este caso, los jóvenes latinos y su mundo, un mundo que, en una parte sustancial, es el mismo en el que están insertadas dichas instituciones.

Porque un elemento que ha puesto de relieve este trabajo sobre los jóvenes latinos en Barcelona es que muchos agentes sociales habían ya interactuado con ellos: profesores de institutos, trabajadores de los servicios sociales, policías, etc. Pero cada uno desde su perspectiva casi personal, con la interferencia mayor o menor de los estereotipos mediáticos según los casos, y evidentemente, sin ningún tipo de coordinación y casi sin apoyos que les permitieran ubicarse ante unas situaciones que al principio eran percibidas como muy nuevas. Algunas, desde luego, lo eran, como por ejemplo que en poco más de cinco años se les llenaran las aulas de chicas y chicos de sitios tan distantes como Latinoamérica, Marruecos, China o Europa del Este. Aunque, debajo de ello, afloraran otras situaciones que, a partir de la experiencia, el conocimiento o la sensibilidad de cada uno, podían dar la sensación del *«déja vu»*: las dificultades provenientes del hacerse mayor, de las relaciones entre géneros, de las distintas formas de aprehensión del conocimiento, de la convivencia urbana, de los procesos de exclusión personales y/o familiares, etc. La posibilidad que ofrece esta investigación de que fluya entre todos los interesados un conocimiento más ajustado a la realidad, que permita tanto una orientación en la actividad cotidiana como una cierta planificación, creo que es una de sus buenas utilidades.

2. Otro elemento, no sé si menor, pero significativo, es el que se refiere a la composición del equipo. Estamos ante una investigación antropológica, sin duda, por su dirección y orientación general, su metodología, las principales teorías que se manejan... pero en el equipo han participado, como se señala en su momento, especialistas de otras ciencias sociales y humanas. Ello corrobora (además de que la configuración de las distintas disciplinas se deben más a contingencias histórico-institucionales que a «la teoría»; o, dicho de otra manera, que ésta no es tan independiente de aquellas contingencias como algunos quieren creer...) que, más importante que la disciplina concreta de la que parte cada cual, lo es el hecho de clarificar el marco teórico en el que se trabaja, de trabajar desde determinadas perspectivas teórico-metodológicas que atraviesan el conjunto de las ciencias sociales y humanas, como sería en este caso el constructivismo, por decirlo escueta-

mente. Ello permite superar visiones parciales, como por ejemplo la perspectiva patológica de las «bandas» que, centrándose en los aspectos más conflictivos —a partir del no cuestionamiento de los discursos hegemónicos— de los grupos juveniles que se etiquetan como tales, ignora que son también ámbitos de sociabilidad y solidaridad entre ellos, frente a múltiples presiones (clasistas, étnicas, generacionales...), y que como tales deberían ser tenidos en cuenta. Esta forma de trabajar exigirá, eso sí, un consenso conceptual básico para superar algunas confusiones iniciales a las que puede dar lugar la fragmentación de los lenguajes disciplinares («cada maestrillo tiene su librillo»), pero al mismo tiempo supondrá el enriquecimiento de la aportación de aquellos elementos que en cada tradición disciplinar se han trabajado más que en otras.

En relación al equipo, me parece muy significativo de la manera de conducir esta investigación el hecho de que se hayan «cambiado los papeles» de algunos «investigados» en «investigadores», lo cual es un síntoma de que se ha trabajado no tanto «sobre» los jóvenes latinos, sino «con» ellos y ellas. Con esto no quiero soslayar las tensiones que las relaciones de poder, también presentes en todo proceso investigativo, provocan, ni afirmar que estamos ante un proceso de investigación-acción en el que la transversalidad y equiparación de todos sus participantes es total. En este tipo de procesos, en los que se da una socialización de los conocimientos en diversas direcciones, lo que se exige a los «expertos» es precisamente que aporten lo que saben, su rigor teórico y metodológico y, en este sentido, aquí se ha confirmado una vez más que «no hay nada más útil que una buena teoría»... que, precisamente por ser tal, no deja fuera del cuadro el propio proceso de investigación, con todos sus elementos teóricos, metodológicos y políticos. Creo que también se debe a la reflexividad que impregna este trabajo el hecho de que el equipo de colaboradores se haya ido transnacionalizando a medida que avanzaba, aumentando así su poder explicativo, en una clara homología con su objeto de estudio, de forma coherente con los «aquís» y «allás» que caracterizan la vida de los jóvenes latinos entre América (incluida la del Norte) y Europa.

3. Aunque he empezado estas breves reflexiones «fuera de la Academia», en estos últimos párrafos nos vamos acercando a lo que pretende ser el meollo de las mismas, es decir, la valoración de una antropología que no sé si se podrá llamar aplicada o se tratará, como en recientes expresiones allá por los USA, de una *public anthropology*, pero que de buen seguro se trata de una antropología implicada con las personas y las situaciones que estudia; y de las consecuencias de tal aproximación a la realidad. Este estudio estaría en la línea de aquella antropología que aúna la agenda académica con la agenda pública, con el intento de responder a aquellas situaciones que se definen como problemas sociales, cosa que siempre se podrá hacer de la mejor manera si el antropólogo redefine la demanda social a partir de sus propios presupuestos científicos y no quedándose sólo en lo que viene definido como problema; en todo caso, esto será un elemento más a estudiar. En este caso, ello ha significado pasar del «problema de las bandas» al conocimiento de la vida cotidiana de los jóvenes latinos, de cómo vivían allá (quizás con una cierta idealización, pero que debe ser tomada como un dato más de la realidad) a cómo viven aquí, de la relación con sus familias transnacionales, con sus iguales más próximos y con los otros jóvenes, con otros adultos y con las instituciones, de sus formas de habitar

los espacios urbanos, de sus situaciones respecto al estudio, el trabajo o la vivienda, de sus situaciones legales, de sus distintas formas de reaccionar y buscar cobijo afectivo y presencia social ante el rechazo de las etiquetas —tantas veces vehiculadas por los medios de comunicación— y la triple crisis (como adolescentes, miembros de familias transnacionales y migrantes) que les ha tocado vivir, de sus rituales, aspiraciones y sueños... Con estos temas, y con muchos otros que se plantean en el estudio, se logra una aproximación a la heterogeneidad de la realidad, superando las intuiciones y el simplismo de las etiquetas, y explicando la construcción del estigma, elemento clave para su deconstrucción.

Todo ello permite, por un lado, responder a la demanda, pero por otro, avanzar en el conocimiento teórico de temas «clásicos» de las ciencias sociales, como son las relaciones de subalternidad-hegemonía, las relaciones intergeneracionales e intergéneros, el impacto de las migraciones, las formas culturales de la ocupación del espacio, el rol de las simbolizaciones en la interacción social o la construcción de la identidad, entre otros. Por cierto, que estos dos últimos temas constituyen aspectos centrales de la investigación: por un lado, el análisis del «fantasma de las bandas», de cómo este fantasma acaba haciéndose realidad, aunque ésta no sea exactamente la que predica el discurso que habla de ellas; esto nos remite al lugar de las imágenes culturales dentro de la sociedad. Por otro lado, el análisis de la identidad latina como una «etnogénesis», producto de la reacción frente a determinadas presiones socioculturales, que nos permite avanzar teóricamente contra las interpretaciones esencialistas de la identidad. Ambos, temas clásicos de la antropología donde los haya.

Quiero decir que este tipo de «antropología de los problemas sociales» (o aplicada o como le queramos llamar) no sólo no es ninguna especialización menor de la disciplina, sino que es una de las mejores vías para responder, ahora y aquí, a las grandes preguntas que se plantean las ciencias sociales y humanas, y al papel que éstas juegan en la sociedad: por un lado, la profundización en un tema como el que aquí nos ocupa, u otros semejantes, no sólo nos permitirá disponer de información sobre él, sino que será como una lente que nos mostrará elementos clave de la realidad sociocultural más amplia en la que se inserta dicha temática; por otro lado, querámoslo o no, nuestros conocimientos siempre pueden ser utilizados por otros, así que lo que parece más pertinente desde un punto de vista científico es intentar controlar la orientación de los procesos en los que estamos implicados a través de la investigación, y no exclusivamente desde el supuesto *sancta sanctorum* de la ciencia, sino junto con otras instancias y grupos sociales concernidos por el asunto del que se trate. Evidentemente, no se trata de negar la validez de una investigación básica o de una antropología académica, en el mejor sentido del término, sino de subrayar que una «antropología implicada» deberá poner a prueba sus teorías de forma tanto más precisa, más «fina», cuanto que éstas van a ser contrastadas con la realidad empírica. Y, en definitiva, de reivindicar la mejor tradición académica, aquella que —en colaboración o no con otras instancias públicas— produce el conocimiento crítico que contribuirá a la transformación social.

Evidentemente, para producir este conocimiento crítico y riguroso la metodología es fundamental. En este sentido, creo que la adaptación creativa de la metodología clásica de nuestra disciplina que encontramos en esta investigación es francamente productiva: la perspectiva del *Rashomon* o la «observación flotante», al lado de las técnicas más habituales de las entrevistas en profundidad o los grupos de discusión, contribuyen a construir el mosaico final mediante el cual podemos comprender las dinámicas, muchas veces encontradas, que configurarán la realidad de los jóvenes latinos en Barcelona. Y es además una buena demostración de que «aplicabilidad» no es sinónimo de «rapidez»: precisamente en ocasiones como ésta la metodología debe ser lo suficientemente sofisticada para permitirnos aquella contrastación entre las teorías de partida y los procesos desencadenados por la investigación. Es verdad que ciertos estudios aplicados han acudido a veces a los RAP (*Rapide Assessment Procedures*) o etnografías rápidas, sobre todo en el caso de agencias de intervención, gubernamentales o no, y que son métodos válidos como herramientas exploratorias o complementarias, cuyo papel en el *continuum* acción social-conocimiento-acción no se puede minusvalorar; pero no hay que confundir los niveles y pedir a los RAP lo que no nos pueden dar, pues nunca podrán suplir una investigación etnográfica propiamente dicha, con la profundidad y la complejidad, y por lo tanto, la utilidad que las caracteriza cuando están bien hechas.

4. Hablemos ahora de los procesos que se «han encontrado», dinamizado y crecido junto con el proceso de la investigación. Lo primero que hay que subrayar, aunque creo que se dice ya en otros lugares, es que el proceso de legalización y/o de acercamiento a las instituciones del principal grupo concernido por este estudio, los Latin Kings, empezó por su propia iniciativa cuando pidieron poder reunirse en un «Casal de Joves» a la responsable del mismo. Son ellos los que deciden que les conviene ir por esta senda a imagen y semejanza de lo que se ha hecho en otros lugares, senda nada fácil pero en la que se han encontrado, después de muchos «dimes y diretes» (que también se cuentan en su momento), con el equipo de esta investigación. Creo que es muy importante tener en cuenta esta capacidad de autogestión para evitar las tentaciones de suplirlos o de representarlos en ciertos momentos; no se puede negar que el apoyo que ha representado la investigación ha dinamizado este proceso, ha facilitado que salieran a la luz pública y que, de ese modo, hubiera cambios (ni que sean pequeños, pero significativos) en las percepciones y las imágenes que de ellos han transmitido los medios de comunicación, lo cual es importante: el pánico moral bloquea la capacidad de conocimiento y de una interacción social positiva para el conjunto de los implicados en ella. En este sentido, y en el de poner a discusión los principales resultados de la investigación con los sectores sociales interesados en ella, las jornadas de presentación del estudio en el CCCB creo que fueron importantes. En definitiva, creo que colaborar a «negociar su situación en el mundo» de este grupo subalterno de la sociedad barcelonesa que son los jóvenes latinos es un elemento a valorar de la investigación.

Pero precisamente porque son muchos actores los implicados en estos procesos de interacción social, y porque son muchos los elementos materiales y simbólicos —es decir, los intereses y emociones— que se manejan en ellos, resulta bastante complicado navegar por los procelosos mares que van del desconocimiento y el recelo al conocimiento y a la confianza o, por lo menos, el respeto mutuo. Y, por lo menos en este momento del proceso, las relaciones personales y el rol de mediadores de los investigadores son muy difíciles de sustituir. Éstos se encuentran entonces en una situación de ambigüedad, podríamos decir casi de liminalidad; no porque se hayan convertido de investigadores en mediadores, como se dice en algún momento, ya que creo que, por lo menos en este tipo de investigación antropológica, lo segundo viene contenido en lo primero; de hecho, una de las principales definiciones del rol del antropólogo es el de mediador entre culturas. Sino porque uno de los objetivos finales que se ha ido concretando en este proceso de investigación es la «normalización» de las relaciones entre jóvenes latinos organizados y las instituciones, situación en la que, por lo tanto, las relaciones personales deberían pasar a un segundo plano, por lo menos desde un punto de vista estructural. Y desde las ciencias sociales sabemos que estas situaciones de ambigüedad generan también una gran riqueza, pues hacen emerger situaciones y significados, con todos sus matices, que en otros momentos permanecen ocultos. Ésta es otra de las aportaciones de la investigación, haber llegado hasta aquí, pero el momento es delicado y creo que no sería sensato querer quemar etapas, con los peligros que ello supone.

Porque no tenemos que olvidar que los jóvenes latinos organizados, tal como se pone de manifiesto en el estudio, son una minoría, como ocurre, por cierto, con los otros jóvenes y, en general, con todos los sectores organizados de la sociedad civil. Habrá otros sectores que «pasarán» de este proceso y puede haber otros que, en respuesta a la situación en que les ha colocado la violencia estructural de nuestras sociedades globalizadas, todavía no estén en condiciones de elaborar sus sentimientos de rabia, de desposesión (no sólo material) y de vacío, que reaccionen con violencia ante los constreñimientos que les impone la vida cotidiana en esta sociedad desigual. No hay que esconder que la violencia tiene una cierta capacidad transformadora, lo malo es que no se sabe muy bien hacia dónde, y las experiencias más recientes, por lo menos en sociedades como la nuestra y las de nuestro entorno, basadas en el consumo y el espectáculo combinado con la represión selectiva, nos muestran que en general acaba girándose contra los sectores subalternos de las mismas. Ésta es una temática que en la investigación sólo se apunta en el análisis de algunas de sus peores consecuencias, es decir, la de los jóvenes presos, y que quizás sería necesario profundizar, aunque sea francamente incómoda.

Sea como fuere, estos sentimientos, que podemos encontrar también en otros grupos oprimidos, sólo podrán ser elaborados, encauzados y transformados en capacidades creativas que tanto necesita nuestra sociedad si, respondiendo a las iniciativas de las minorías organizadas de los jóvenes latinos, las instituciones y el resto de la sociedad se convencen de que éste es el mejor camino, aunque quizás no parezca el más fácil, para lograr algo más de cohesión social: el camino de poner las condiciones sociales para lograr el reconocimiento, lo que equivale a decir la ciudadanía plena, de los jóvenes latinos, y no sólo de ellos. Pues algunos de sus problemas son específicos, pero muchos otros son compartidos por jóvenes, y también por adultos, de nuestra sociedad. Por ejemplo, esta especie de «limbo» legal en el que se encuentran entre los 16 y los 18 años, es decir, entre el final de la escolaridad obligatoria y la posibilidad de tener «los papeles»; o el *décalage* existente entre las expectativas de muchos de ellos de venir a trabajar como adultos, y el hecho de que aquí se considere que todavía no están en plena capacidad para entrar en el mundo del trabajo con todos sus derechos y deberes. Esto lo comparten con otros jóvenes migrantes, entre ellos los conocidos por este acrónimo tan feo de los MEINA (los menores migrantes no acompañados, magrebíes en su mayoría, conocidos éstos también como «los pequeños *harraga*» a partir de algunas investigaciones antropológicas). Pero otros aspectos, como el poco tiempo disponible para la convivencia familiar (que hace que se hable de los «niños teléfono móvil» o de los «niños llave», en referencia a los aditamentos que llevan colgados y que son las herramientas que facilitan sus relaciones a distancia —o «a destiempo»— con el resto de su familia), las dificultades de acceso a una vivienda digna, la precariedad de los contratos laborales (cuando existen) o los problemas de convivencia en los espacios urbanos, los comparten también con muchos otros jóvenes autóctonos.

Como decíamos, y tal como se apunta ya en la propia investigación, sólo un reconocimiento pleno de la capacidad de intervención en sus propios problemas, de su reconocimiento como interlocutores válidos para las instituciones, de su capacidad de negociación entre iguales respecto a otros sectores sociales, en definitiva, de su reconocimiento como ciudadanos de pleno derecho para los jóvenes latinos, y para los jóvenes en general, puede darnos ciertas garantías de que su inserción en esta sociedad tan desigual que les hemos legado no nos acabe explotando en las manos. El proceso es difícil y requiere su tiempo, pues tampoco se trata de cooptar a las cúpulas dirigentes, forzándolas a distanciarse de sus «grupos naturales», con lo cual poco habríamos ganado. Como decía hace pocos días un líder de una de las principales organizaciones juveniles latinas, en el marco de las discusiones sobre estos procesos que aquí estamos analizando: «Hay que aprender a caminar antes de correr y lamentablemente no toda nuestra gente camina aún. No podemos asustarlos ni perderlos en el proceso, porque son claves en el mismo». Mientras tanto, también es nuestra obligación enseñar a caminar a los que están en el «otro lado», a aquellos que todavía están asustados por el fantasma de las «bandas».

16
Barcelona desde Nueva York. Amor de Rey de Corazón:[1] transnacionalizando la resistencia

Luis Barrios, Marcia Esparza y David C. Brotherton

Desnaturalizar la violencia juvenil supone también comprender por qué las prácticas y los imaginarios violentos se concentran en este grupo de edad, lo que supone cuestionar las relaciones de hegemonía y subalternidad, reconstruyendo las estrategias y las tácticas de las imágenes mediáticas que no sólo reproducen, sino que a menudo literalmente producen los imaginarios y las prácticas violentas... En definitiva, desnaturalizar la violencia juvenil supone (re)politizar (resituar en las luchas por el poder) la violencia ejercida y padecida por los jóvenes y (a)culturar (resituar en las luchas por el significado) los códigos compartidos que la inspiran [Feixa & Ferrándiz 2005: 211].

Se nos hizo la invitación para que pudiésemos escribir y a la misma vez compartir nuestra experiencia desde Nueva York en Barcelona, muy en particular durante la Conferencia que organizó el Ayuntamiento de Barcelona los días 21 y 22 de noviembre de 2005, en donde se discutió abiertamente el fenómeno social de la presencia en Barcelona de jóvenes latin@s dentro del contexto de espacio público y cultura urbana. Muy en particular el discutir la presencia de dos de las organizaciones de la calle[2] más nombradas: la Nación de l@s Reyes y Reinas Latin@s (Latin Kings & Queens) y la Asociación Ñeta.

Introducción

Si analizamos cuidadosamente la cita literaria al comienzo de este capítulo, notaremos que nuestro enfoque se distinguirá por ser crítico, y el mismo no responderá al discurso dominante de la criminalización automática por parte del *statu quo* de estos grupos de la calle. No seguiremos el modelo de Botello & Moya (2005) en

---

1. Amor de Rey o de Reina es el saludo de la Nación de l@s Latin Kings & Queens, mientras que el saludo de la Asociación Ñeta se hace diciendo *de corazón*.
2. Para los fines de este capítulo estaremos utilizando el concepto «organizaciones de la calle», el cual desarrollamos en el proyecto de Nueva York. Nuestra experiencia en Barcelona nos demostró, apenas comenzamos a relacionarnos con los grupos, al igual que en Nueva York, que no se sienten a gusto cuando se les identifica como «bandas», «pandillas» o «gangas».

donde se documenta un sensacionalismo periodístico recurriendo a la generalización y a la criminalización llamándoles *delincuentes* y *matones*. Seguiremos el modelo establecido por Feixa & Ferrándiz (2005: 211) en donde, sin recurrir a la generalización, nos dicen que es sumamente importante, para la comprensión de por qué surgen estos grupos, que podamos entender y cuestionar las relaciones de hegemonía y subalternidad a las que son sometidos en nuestra sociedad. O sea, que seguiremos el modelo etnográfico crítico de nuestro proyecto en Nueva York. Es aquí en donde se fundamenta nuestra experiencia en ambos lados, Nueva York y Barcelona, por lo tanto nos sentimos más a gusto utilizando la definición de estos grupos que nos ofrecen Brotherton & Barrios (2003: 23), al definirlos como organizaciones de la calle, las cuales producen una identidad de resistencia. De aquí el que nos digan que son: «un grupo el cual está formado en gran parte por jóvenes y personas adultas de una clase social marginada que pretende proveer a sus miembros de una identidad de resistencia, una oportunidad para que individualmente y colectivamente puedan adquirir poder, una voz para aliviar las tensiones y los desasosiegos del barrio o la vida del gueto, y un enclave espiritual dentro del cual sus propios rituales sagrados pueden ser generados y practicados».

De aquí el que, entonces, a fin de compartir nuestra experiencia en Barcelona, nos pareció importantísimo el situarla dentro de un contexto reflexivo-teórico crítico de la sociedad, que nos ayude a entender fenómenos sociales que están ocurriendo, tales como: grupos juveniles, espacios públicos, identidad, inmigración, resistencias, cultura y crimen. Durante nuestra estadía en Barcelona nos propusimos identificar, y al mismo tiempo tratar de entender, la interrelación que existe entre lo que están llamando conducta desviada, los comportamientos socialmente negativos de algunas personas o grupos, y los procesos de criminalización que utilizan los grupos que representan la «moral», el orden y el control social. De aquí que nos pareciera importantísimo el poder reflexionar sobre la manera en que instituciones que son parte de la clase gobernante —el gobierno, la escuela, los medios de comunicación, la policía, la Iglesia, etc.— responden a los intereses de la clase dominante y, muchas veces, en su empeño por lograr un control social, consciente o inconscientemente, promueven, a través de la construcción social del crimen de una manera específica, la exclusión y la desintegración social de estos grupos. Comprendimos que para llevar a cabo esta tarea teníamos que partir desde nuestra experiencia en Nueva York con grupos como l@s Reyes y Reinas Latin@s (Latin Kings & Queens) y la Asociación Ñeta y darnos a la tarea de identificar la manera en que el fenómeno de la transnacionalización produce como resultado otro fenómeno social como el de la inmigración.

Ahora bien, ¿qué proponemos en este escrito? Por un lado reconocemos que en el proyecto de Nueva York nunca llevamos a cabo en nuestro trabajo de investigación un análisis transnacional de estas organizaciones de la calle (Brotherton & Barrios 2004). Sin embargo, el fenómeno transnacional como evidencia sociopolítica siempre estuvo implícito en nuestra documentación. De aquí el que, dialécticamente hablando, podemos afirmar que el «proyecto de Barcelona» no existiría sin el «proyecto de Nueva York». No nos referimos al trabajo maravilloso de estudio llevado a cabo por Carles Feixa y su grupo de investigación, el cual fue presentado en esta conferencia sobre jóvenes latin@s, sino más bien nos referimos al fenómeno sociopolítico de poder entender, primeramente, la manera en que estos grupos nacen en Estados Unidos,[3] luego inmigran o son deportad@s a sus países de origen —como, por ejemplo, Ecuador y la República Dominicana— y desde estos lugares recurren a otra inmigración, pero en esta ocasión hacia Europa, muy específicamente Barcelona. La otra realidad es la manera en que estos grupos buscan mantener, por un lado, el contacto de aprobación con el liderato de los grupos que viven en Estados Unidos. También buscan el reconocimiento por parte de este liderato y, al mismo tiempo, su bendición. Todo esto como proceso para darle validez y credibilidad al trabajo que ell@s realizan. O sea, que el proyecto de Barcelona tiene un cordón umbilical con el proyecto de Nueva York. Nos parece importante mencionar que existe una carta que se envió desde Nueva York al liderato de la Nación de l@s Reyes y Reinas (fechada el 26 de junio de 2005), la cual nos fue requerida por Carles Feixa con el propósito de ayudarle con una comunicación que invitara a la participación más directa de este grupo con su trabajo de investigación. Hay que entender que esta carta adquiere autenticidad, validez y un poder de convocatoria a la participación en el proyecto de investigación de Barcelona sólo porque el proyecto de Nueva York ya estaba establecido y funcionaba con una credibilidad y confianza para much@s de est@s jóvenes. En otras palabras, la experiencia transnacional comienza con ell@s mism@s.

Podemos decir que Chicago es la madre patria, pero Nueva York es el lugar de incubación para las nuevas formas de subculturas de jóvenes. Históricamente Nueva York ha desempeñado este papel. Fue el lugar en donde se originaron las primeras pandillas, luego, después de la Segunda Guerra Mundial, se distinguió por ser el lugar de la música híbrida latina, más tarde apareció el documental *flying cut sleeves,* donde surge el grupo de los *ghetto brothers,* y más adelante el movimiento de música *hip-hop.* O sea, que podemos apreciar cómo surgieron estilos, organizaciones, nuevos géneros de música, de bailes e ideologías de la calle. De todo este escenario de creatividad, de resistencia cultural, la cual constantemente ha sido avasallada por el mundo corporativo, también surgen en Nueva York la Nación de l@s Latin Kings & Queens y la Asociación Ñeta. De todas maneras l@s jóvenes siempre se reinventan a sí mism@s y, consciente o inconscientemente, luchan contra las contradicciones estructurales. Un ejemplo de esto es la definición clásica de la Escuela de Birmingham sobre lo que es una subcultura y su noción de «soluciones mágicas». Sin embargo, nuestra experiencia con la Nación y con la Asociación tiende a ser diferente porque su resistencia como subculturas no se detiene en este proceso de lo mágico o la representación simbólica. Definitivamente, ell@s buscan una transformación auténtica de las relaciones de poder. De aquí que nos preguntemos: ¿existen estas tendencias en Barcelona? Podríamos alegar que la respuesta es un sí. O sea, que podemos argüir que los grupos estudiados en Barcelona están respondiendo, consecuente e intencionalmente, a sus propias condiciones estructurales, y además están buscando formas organizativas de solidaridad e identidad y descubriendo maneras de poder identificar las fuentes del poder, de la misma manera que la Asociación

---

3. En el caso específico de la Asociación Ñeta, ésta nace como movimiento social en las cárceles de Puerto Rico, un país colonizado por Estados Unidos desde 1898. De aquí el que Puerto Rico aparezca como un territorio de Estados Unidos y se le imponga a sus habitantes la ciudadanía estadounidense.

Ñeta y la Nación de l@s Latin Kings & Queens en Nueva York hicieron con nosotr@s. Cada organización crea una Nación, lo que Anderson (1991), bajo rápidas condiciones de cambio en un modernismo tardío, denomina «comunidad imaginaria».

También proponemos en este escrito que el cruce de fronteras de est@s inmigrantes latin@s l@s convierte en l@s hij@s del neoliberalismo y de la globalización de la desesperanza, dejando como resultado en la mayoría de los casos cambios significativos tanto en las sociedades de origen como en las sociedades receptoras, como es la realidad de Barcelona con la presencia de est@s jóvenes y los impactos inmediatos que ell@s producen en las relaciones sociales, la cultura, la política local y nacional y las relaciones internacionales (Castles 1997). Para cumplir con esta tarea nos proponemos, primeramente, discutir nuestra experiencia particular en Barcelona con la Asociación Ñeta y la Nación de l@s Reyes y Reinas dentro de la discusión teórica del urbanismo transnacional utilizando a Michael Peter Smith (2001). Luego continuaremos presentando nuestra experiencia, pero en esta ocasión discutiendo objetivos metodológicos críticos transnacionales utilizando a Jock Young (1999, 2002). Finalmente, reflexionaremos sobre nuestra experiencia discutiendo lo transnacional de la resistencia utilizando a James C. Scott (1990). Luego concluiremos con algunas recomendaciones.

Principios teóricos en el urbanismo transnacional

> Las nuevas rondas de la inestabilidad económica y política en lo que fue no problemáticamente descrito una vez como «la periferia» del «sistema mundial» han hecho erupción con el final de la Guerra Fría y la extensión de la variante neoliberal «de la globalización». Estos dos desarrollos político-transnacionales han desplazado a millones de emigrantes económicos y refugiados políticos, y así, de esta manera, reconstruyen las estructuras sociales de muchos centros «principales» de riqueza y poder [Smith, 2001: 1].

En una entrevista con un periodista en Barcelona, a uno de los autores se le preguntó si él tenía alguna respuesta para evitar la llegada de est@s inmigrantes al país. Cuando se le preguntó al periodista si tenía alguna idea de por qué esta gente salía de su país de origen y llegaban a Barcelona no pudo contestar. Ésta es, por desgracia, la realidad de muchas personas las cuales montan una campaña de rechazo y exclusión basada en mitos. Al desmantelar estos mitos podríamos comenzar por dejar claro que la inmigración y el terrorismo son dos fenómenos completamente diferentes. Por otro lado, es importante entender que la inmigración hacia Europa ni comenzó ni es exclusivamente un fenómeno latinoamericano. Asia y el Oeste de África producen much@s de est@s inmigrantes. La inmigración hacia Europa no se ha detenido desde 1950 y se calcula que alrededor de un@s 11 millones de inmigrantes viven en la Unión Europea, esto sin incluir a quienes son indocumentad@s. Lo que sí podríamos decir que tienen en común est@s inmigrantes es que en la mayoría de los casos son víctimas de realidades socioeconómicas en sus países de origen, lo que les convierte en inmigrantes económicos. En menor cantidad encontramos también l@s inmigrantes culturales y por razones políticas. En la mayoría de los casos est@s inmigrantes son mujeres, resaltando lo que podemos identificar como la *feminización de la inmigración*. Hay que entender también que la mayoría de los trabajos que se ofrecen son de carácter doméstico —sirvientas, niñeras y limpiezas—, por lo cual la demanda de mujeres en los centros de trabajo facilita la entrada de ellas en mayor cantidad con permisos de trabajo o indocumentadas. En otras palabras, frente a esta *feminización de la inmigración*, hay una juventud creciendo y desarrollándose y al mismo tiempo mirando a sus padres desempleados y sintiéndose psicológicamente vulnerables. El libro de John Berger, *A Seventh Man* (1975), nos parece un buen ejemplo para ilustrar lo que estamos discutiendo.

Nuestra experiencia en Barcelona fue la de encontrarnos en diferentes ocasiones frente a una presencia significativa de jóvenes latin@s, en su mayoría procedentes de Ecuador y de la República Dominicana, aunque existen otros grupos étnicos. En nuestras concurrencias, encuentros y reuniones, pudimos ver las mismas caras que diariamente vemos en la ciudad de Nueva York y pudimos evidenciar el mismo sentir de la desesperanza que transita hacia la esperanza (Barrios 2004). Asimismo les vimos caminar con la misma tranquilidad que caminan las gentes desesperadas de las que nos habla ese gran cantautor panameño, Rubén Blades (1992), cuando nos describe a un personaje llamado Adán García. Es en esa tranquilidad de la desesperación en donde la gente busca las soluciones a realidades del diario vivir como son comer, dormir, tener un buen trabajo, recibir un salario decente, etc. Es esta verdad la que el Hermanito David, de la Asociación Ñeta, describió diciendo: «la vida aquí en Barcelona es dura. Hay que reinventarse todos los días si quieres seguir viviendo...» (Nota de campo #1, Luis Barrios, noviembre 2005). Esta experiencia en Barcelona nos puso frente a una juventud inmigrante, que puede ser descrita dentro de una clase pobre y/o trabajadora. Esto lo enfatizamos porque la gente rica no emigra, ell@s por lo general cuando salen de sus países es para llevar a cabo viajes de vacaciones. Otra de las realidades que pudimos notar durante nuestra experiencia de conversar y fraternizar con estos jóvenes fue en relación a cómo sobreviven diariamente. El tipo de respuesta que recibimos es muy parecida a la que recibimos en nuestro proyecto de Nueva York, en donde est@s jóvenes en su mayoría tienen un trabajo. En el caso de Barcelona la mayoría de ell@s lo tiene en la industria del turismo. Como ejemplo escuchamos respuestas tales como: «yo trabajo con una compañía de construcción la cual edifica facilidades de alojamiento para l@s turistas; yo trabajo como empleado de mantenimiento en un hotel; mi trabajo es el de facilitar pan a los hoteles de turistas; yo me desempeño trabajando en una cocina de los hoteles lavando platos, etc.» (Nota de campo #2, Luis Barrios, noviembre 2005). Este tipo de supervivencia proletarizada es contraria a la llamada economía subterránea de las drogas, el trabajo sexual o el robo, que la literatura del *statu quo* de las «pandillas» o «gangas» tiende a reportar estereotipadamente en la literatura sensacionalista. Est@s son jóvenes inmigrantes con deseos de trabajar y l@s mism@s se convierten en voceros de anuncios de trabajo y al mismo tiempo en una red de apoyo para sus otr@s compañer@s que están buscando una fuente de ingreso a través de un trabajo decente con un salario decente. Es como nos dijo el Hermanito Pedro de la Asociación Ñeta: «Yo tengo la responsabilidad de ayudar con la economía de mi casa. Desde que llegué a Barcelona hace dos años, un amigo de mi mamá me consiguió un trabajo limpiando los cuartos de un hotel de turistas. No es lo que me gustaría hacer, pero es un trabajo decente y puedo ayudar en casa con los gastos» (Nota de campo #3, Luis Barrios, noviembre 2005).

Sin embargo, a simple vista no es posible poder leer toda la historia que cada un@ de est@s jóvenes representa en este caminar por la vida. Como, por ejemplo: ¿por qué salieron de sus países de origen?; ¿cómo fue que llegaron a Barcelona? Por desgracia, los mitos que existen sobre la inmigración validan las creencias en donde se nos dice que gente aburrida, que no tenía nada que hacer, decidió moverse a otro país. Una vez en ese país receptor, por cuanto que son «criminales», se dedican a la tarea de cometer «crímenes». Este tipo de análisis, el cual carece de fundamento, es lo que se necesita en una sociedad irresponsable, la cual en un proceso de negación anda a la búsqueda de respuestas insostenibles que expliquen las causas de sus problemas. Asimismo Smith (2001) afirma que las nuevas rondas de la inestabilidad económica y política y la extensión de la variante neoliberal «de la globalización» son los dos desarrollos políticos transnacionales que han desplazado a millones de emigrantes económicos y refugiad@s polític@s por el mundo. De aquí la realidad del caso particular de las comunidades latinoamericanas (esto incluye al Caribe) en el estudio llevado a cabo por Pellegrino (2004) para la Organización Internacional para la Migración (con sigla en inglés IOM), en donde se confirma lo dicho por Smith. Nos parece importante mencionar que para Smith (2001) la construcción social de comunidades imaginadas ilustra puntos claves de la articulación de la política urbana y cultural contemporánea, en donde el *place-making*[4] dentro de sus jurisdicciones políticas se entrelaza con el transnacionalizar, una concepción de redes de la política y la vida social. De aquí que nos diga: «El paso final en mi examen crítico del papel de lugar en la teoría urbana retorna al fundamento de la investigación urbana, con el objetivo de desarrollarse cuidadosamente en historicidad política-imaginación económica y etnográfica, capaz de capturar el carácter socialmente construido de la vida política urbana en condiciones de transnacionalismo contemporáneo» (2001: 15).

En este estudio (Pellegrino 2004) se establece, primeramente, que la inmigración hacia Europa desde América Latina puede ser explicada por dos realidades. Una es la recesión económica que existe en los países latinoamericanos (incluyendo el Caribe). Esta recesión económica debe ser analizada críticamente tomando en consideración, por un lado, las políticas capitalistas neoliberales de los gobiernos existentes. La otra realidad es la política de la globalización con tratados de libre comercio que han demostrado ser proyectos funestos para los pueblos y de bendición para las corporaciones y multinacionales. Todo esto respondiendo a la política imperialista del gobierno de Estados Unidos a través de las ideologías colonialistas de lo que se conoce como *Monroe Doctrine y Manifest Destiny* (Morín 2005). En teoría, la Doctrina Monroe, la cual surge en el año 1823, establece que ningún país europeo tiene el derecho de venir a Las Américas a colonizar estos países. En la práctica significa que solamente Estados Unidos tiene el derecho de colonizar estos países. Por otro lado, el Manifiesto Divino establece que hay un mandato divino que otorga la responsabilidad y el derecho a Estados Unidos de ir adonde quiera a llevar su democracia y libertad. La otra realidad que señala el estudio de Pellegrino (2004) es la nueva política del gobierno de Estados Unidos de limitar al máximo las visas

---

4. Una traducción al español de este concepto puede ser la construcción o fabricación de lugares o espacios.

para inmigrantes que provienen de esta región. Es aquí, entonces, cuando el llamado sueño estadounidense es reemplazado por el sueño europeo. Por supuesto, estos procesos inmigratorios también están conectados a otras agendas en donde se convierten en válvulas de escape para traer alivio a las políticas nacionales en que unos gobiernos corruptos desfalcan el tesoro nacional y luego se les protege con unos privilegios especiales que les otorgan impunidad (Barrios & Brotherton 2004). El informe de Pellegrino (2004) también nos dice que, anualmente, est@s inmigrantes envían un billón de dólares (US$1 billón) en remesas desde España hacia América Latina. Desde el resto de Europa est@s inmigrantes latin@s envían otro billón de dólares. De aquí el que nos parezca muy irresponsable que se trate de negar la realidad de que la mayoría de la inmigraciones (migraciones) son el resultado de fenómenos sociales trasnacionales. Esto es lo que muchas veces no se ve en los rostros desesperados y desesperanzados de est@s jóvenes.

Por supuesto, también hay que tomar en cuenta otras realidades de las consecuencias que quedan como resultado de estas inmigraciones internacionales, no sólo en el país de origen, sino también en el país receptor. De aquí el que no nos tomó mucho tiempo el darnos cuenta también de que la sociedad de Barcelona no estaba preparada para lidiar con la realidad de la presencia de nuevos grupos étnicos. Esta presencia Latina retó de una manera especial unos mitos nacionales de comunidades etnocentristas, autónomas y homogéneas, advirtiendo con la posibilidad de crear una nueva ciudadanía en Barcelona. De aquí la necesidad de poder educar también al país receptor de est@s inmigrantes para que los pueda ver como seres humanos víctimas de un mercado que defiende los intereses del capital global que, al estar en contra de los intereses de la humanidad, destruyó el Estado de Bienestar y como válvula de escape promueve, como dijimos anteriormente, una industria de la inmigración que garantice el envío de remesas. Súmele entonces a todo esto la penosa realidad de unos medios de comunicación irresponsables, los cuales mercadean con un sensacionalismo de la desinformación, el odio, el racismo, la xenofobia, y en vez de educar a la ciudadanía promueven todo un espectáculo de exclusión. Lo bueno es que pudimos palpar en nuestra experiencia que también existe gente muy humana y consciente en Barcelona, que entiende que esto no es correcto. De aquí el que surgiera esta inquietud de un trabajo serio de campo que arroje respuestas serias sobre la realidad de los grupos y también este encuentro para discutir seriamente este fenómeno de los grupos. De aquí el que nosotr@s fuésemos invitad@s a este encuentro.

Objetivos metodológicos transnacionales

> Así, aquellos que están en la derecha con frecuencia intentan sugerir que los niveles del delito no tienen ninguna relación con cambios en los procesos del trabajo y la ociosidad, sino que están arraigados en las áreas supuestamente autónomas de la crianza del niño, el uso de drogas o un mundo libertino desprovisto de valores morales. Mientras que aquellos que están en la izquierda repetidamente intentan sugerir que los cambios del encarcelamiento, los modelos del control social... son decisiones políticas o directivas que no están relacionados con el problema del delito [Young, 1999: 1].

Desde antes de llegar a Barcelona se nos había comunicado —de aquí el que creamos que esta fase de reciprocidad entre l@s investigadores e investigadoras de Barcelona y Nueva York es también una transnacionalidad— la necesidad de poder ayudarles para lograr no sólo contactar con la membresía, sino afianzar la participación tanto de la Nación de l@s Reyes y Reinas como de l@s hermanit@s de la Asociación Ñeta en el proyecto de investigación. Ya Carles Feixa y su grupo de investigación habían escuchado y leído sobre nuestra experiencia en Nueva York, en donde desarrollamos un proyecto de investigación cooperativa y algun@s de l@s dirigentes trabajaron de cerca con nosotr@s no sólo en darle forma a la metodología de investigación, sino también en poder interpretar los resultados de lo encontrado. Este tipo de trabajo colectivo lo podemos apreciar en propuestas metodológicas como la que Young (1999) nos sugiere, en donde quienes han sido excluid@s por esta sociedad puedan sentirse incluid@s. Por supuesto, Young nos advierte de la tendencia que existe en la clase dominante de buscar soluciones con una metodología en donde se tiende a escrutar respuestas a los fenómenos sociales, como el surgimiento de grupos como la Asociación o la Nación, diciendo que hay unas realidades particulares internas en los individuos que les llevan a cometer conductas que se desvían de las normas de la sociedad. Esto, por supuesto, da como resultado que, a la hora de llevar a cabo alguna intervención, se limitan a lidiar con las personas sin necesidad de tomar en consideración lo que está ocurriendo en el medio ambiente. Ésta es la metodología que utilizaron Botello & Moya (2005) y siguen utilizando otr@s periodistas y/o académic@s irresponsables y sensacionalistas para explicar este fenómeno social de grupos de la calle. O sea, en sus respuestas pretenden invisibilizar realidades contextuales tales como la cultura o la historia que estas personas y/o grupos representan. Se olvidan selectivamente de lo que nos dice ese gran psicólogo social salvadoreño, Martín-Baró (Aron & Corne, 1994: 69): en el fenómeno de la socialización el individuo pasa a ser una persona en la historia.

Esta realidad de la socialización da como resultado la formación de una identidad social, la cual está representada por la formación de estos grupos de la calle. De aquí, entonces, la necesidad de poder entender críticamente la manera en que estos grupos evitan la alienación colectiva a través de la formación de vínculos políticos, lealtades, símbolos sociales, lazos emocionales, la creación de nombres, etc. En su libro más reciente, *Crossing the Borderline* (2002), Jock Young nos explica que en la modernidad tardía, la inseguridad ontológica y la exclusión social se han convertido en una especie de norma. Las fronteras sociales y físicas constantemente están siendo cruzadas, penetradas y reinventadas. Éste es un período de gran riesgo, pero con enormes posibilidades. La juventud de la clase trabajadora es vulnerable a estas realidades cuando es víctima de la economía política y de la política de l@s liberales y derechistas de la clase burguesa. Para Young, est@s jóvenes son también capaces de ver a través de su propia exclusión, resurgiendo de sus frustraciones y su marginalidad. Ell@s también penetran aquellas fronteras de exclusión y burlan los esfuerzos de la cultura dominante cuando trata de excluirles. Aunque, por un lado, la cultura del consumismo se asegura que ell@s no puedan ser excluid@s y procura por todos los medios asimilar su capital cultural (hip-hop, reggaeton, atuendos, vestimenta, etiquetas, etc.), por otro lado esta cultura dominante no produce las garantías de una buena y accesible educación universitaria. O sea, que el mundo está lleno de fronteras, las cuales ofrecen la oportunidad para que surja la reinvención, la ambivalencia, la tensión, la trascendencia emocional y espiritual.

Es por esto que no tenemos la menor duda cuando decimos que estas subculturas de las organizaciones de la calle son ejemplos de nuevas culturas fronterizas. Ell@s son intrínsecamente contradictori@s, ell@s se llaman a sí mism@s como Naciones, pero existen a través y entre fronteras. Ell@s son latin@s, pero son también african@s e implícitamente multiculturales; fallan en la validación del lenguaje dominante, por lo tanto se inventan uno nuevo; existen en secreto aunque se muestren en público, etc. Ésta es la experiencia de la metodología etnográfica crítica. Por supuesto, no cometamos el error de creer que lo opuesto a la exclusión es la inclusión. Esto es un poco más complicado. De aquí que creamos que la participación de quienes han sido excluido@s es lo que en verdad demuestra la seriedad del proyecto de la inclusión. De lo contrario es más de lo mismo, porque entonces se utiliza colonialmente a quienes fueron excluid@s como adornos o *folklore* de la investigación. De aquí, entonces, que en esta propuesta metodológica etnográfica crítica debe sobresalir la comprensión de algunas realidades que sean relevantes no sólo para las luchas contra la exclusión que estos grupos están viviendo, sino también para poder entender la manera en que preservan sus identidades personales y colectivas. Como de lo que se trata es de la participación, este proceso metodológico etnográfico crítico propuesto por Young es elaborado de un manera genial a través del construccionismo sintetizado por Kisnerman (1998) en la construcción de una tríada: deconstrucción, construcción y reconstrucción. En nuestra experiencia en Barcelona nuestra ardua tarea fue lograr entender, por un lado, el fenómeno de creación, participación y afiliación de est@s jóvenes a los grupos y, por otro lado, la satanización y la criminalización por parte de las estructuras de poder. En uno de esos diálogos que llevamos cabo le preguntamos a una hermanita de la Asociación Ñeta si podía explicar la razón, o razones, por la cual se convirtió en Ñeta y nos respondió diciendo: «yo estuve buscando un lugar en donde yo podía ser yo misma, y lo encontré en la Asociación» (Hermanita La Che; Nota de campo #4, Luis Barrios, noviembre 2005).

Hay que reconocer que estos procesos se dan dentro de una experiencia de concienciación en donde no se trata solamente de descubrir o despertar a la realidad existente, sino también de cambiar esa realidad de opresión por una de liberación (Freire 1970). Si la concienciación no está presente, entonces existe lo que podríamos denominar como una especie de colonialismo psicológico, en donde la persona oprimida no sólo internaliza, sino que también justifica la opresión (Fanon 1965). Esto lo podemos ilustrar con lo que nos dijo una de las Reinas en Barcelona durante una conversación sobre machismo: «pero es que yo no veo nada malo en que tu hombre te pegue físicamente. Él es tu novio o tu marido y eso es parte de la relación de amor» (Queen Bonita, Nota de campo #5, Luis Barrios, noviembre 2005). Es interesante que, en esta metodología, la tríada de Kisnerman nos pide, primeramente, llevar a cabo el ejercicio de la deconstrucción, o sea, que podamos entender la manera en que el llamado problema ha llegado a definirse como un problema. De aquí la necesidad en esta fase de hablar no sólo con quien supuestamente «es el problema», sino también con quienes identifican y definen ese problema. Luego se pasa a la construcción, en donde, de acuerdo con Kisnerman

(1998: 234), «se articula todo lo que surgió en la narrativa de los sujetos y se interpreta para distinguir aquello que sea necesario transformar. Desde esa construcción es posible formular enunciados probabilísticos no causales, ya que es imposible llegar a determinar con absoluta precisión la causalidad de los hechos sociales». Luego se entra a la reconstrucción, en donde se requiere la construcción de una situación nueva. Aquí Kisnerman nos dice que «es necesario una planificación estratégica en donde profesionales y actores involucrados en un determinado escenario, diseñen el conjunto de acciones que deben realizarse para lograr determinados objetivos mediante la utilización de determinados recursos» (1998: 235). El no poder garantizar esta fase de la tríada puede conducirnos a lo que diariamente se comete en estas investigaciones de campo: con una metodología colonialista paternalista utilizamos a l@s actores y actrices y, sin escuchar sus voces, llegamos a la conclusión, según parece, de descubrir lo que ell@s necesitan. Luego nos vamos y comenzamos otro trabajo de investigación en otro lugar. Esto es incorrecto e inmoral. Durante la fase de confianza en nuestro proyecto en Nueva York, en una ocasión uno de los Reyes nos llamó la atención y con actitud desafiante nos dijo: «Ya vienen ustedes con la misma mierda que han venido otros miles de académicos a esta comunidad. ¿Somos nosotros conejillos de Indias? ¿Qué nos van a dar a cambio ustedes? Ya estamos cansados de que vengan. Nos usan y luego se van como si aquí no hubiera pasado nada» (King Héctor: Entrevistado por Luis Barrios, proyecto de Nueva York). No fue difícil sentir y escuchar la frustración y el coraje de alguien que se respeta y protege a su comunidad. Por supuesto, lo que más validó esta confianza fue nuestra metodología participativa con l@s jóvenes que componen estas organizaciones de la calle. Muy en particular la presencia de uno de los autores con su trabajo como sacerdote anglicano en la comunidad.

Por ahora lo que experimentamos con el proyecto de Barcelona es la preocupación de cómo establecer esta fase. El problema mayor, como dijimos anteriormente, estriba en la confianza, realidad que todavía siguen construyendo ambas partes, sobre todo quienes han sido víctimas de la marginación y la opresión. Cuando esta confianza no existe, entonces se dan unas realidades de resistencias, como el incumplimiento de las citas o acuerdos, la dejadez, la lentitud en la participación aunque sea para retornar una llamada, etc. Por otro lado, quienes preservan el poder pueden recurrir a la idea de no seguir tratando el asunto, sin comprender críticamente las resistencias, y de aquí pasar a una fase de revanchismo manifestado como un castigo institucionalizado, lo cual en última instancia lo que dará como resultado es el distanciamiento de los grupos, el revictimizarles y la estigmatización. Nuestra experiencia en Barcelona con estos asuntos metodológicos en parte fue diferente a nuestra experiencia en Nueva York. No es un secreto, en Nueva York los grupos de poder por parte del gobierno no quisieron conversar sobre este fenómeno social de los grupos de la calle ni iniciar un diálogo. Para nosotr@s fue sumamente difícil y frustrante hallar fondos gubernamentales para llevar a cabo un estudio que pudiese reflejar por qué surgen estos grupos. En Barcelona fue lo contrario, el gobierno da el primer paso, identifica a personas serias que puedan llevar a cabo un estudio de campo y contribuye socialmente, moralmente y económicamente al mismo. La cuestión planteada por parte de la oficina de Servicios de Prevención en Barcelona fue, dentro de un modelo humanista de la investigación, «queremos y necesitamos saber quiénes son, qué quieren, por qué surgen, qué debemos hacer», etc. De aquí, entonces, la selección e incorporación de Carles Feixa a esta ardua tarea, y también el que éste haya involucrado a otras personas competentes para llevar a cabo el estudio.

Experiencia transnacional de la resistencia

> Si pretendemos entender el proceso a través del cual la resistencia se desarrolla y codifica, el análisis de la creación de estos espacios sociales alternativos pasa a ser una tarea vital. Sólo especificando cómo estos espacios sociales son creados y defendidos es posible movernos del individuo como sujeto que resiste —una abstracción física— a la socialización de las prácticas y discursos de resistencia [Scott, 1990: 118].

El proyecto de Barcelona nos demostró, desde mucho antes de llegar, que tenía una inquietud seria acerca de, por un lado, poder entender el proceso de la formación de los grupos y de la creación de sus espacios sociales, y por otro lado, evitar caer en el mismo proceso de llevar a cabo una generalización de la criminalización. Nos dimos cuenta de que hacía realidad el modelo teórico de Scott (1990) a través del cual se hace necesario poder identificar las transcripciones ocultas[5] de estos grupos, que aparentemente demuestran una rebeldía, con el propósito de poder comprender cómo llevan a cabo la resistencia contra la dominación y la exclusión. De aquí que en esta experiencia transnacional de la resistencia se pueda, primeramente, entender el discurso dominante de las transcripciones públicas, pero a la misma vez, el discurso de las transcripciones ocultas que utilizan los grupos marginados y oprimidos para poder sobrevivir contra la hegemonía de los grupos dominantes. Esta resistencia, la cual se da dentro de la relación de poder, por un lado puede ser tanto consciente como inconsciente, y por otro lado la misma no siempre es abierta, por lo tanto puede ser oculta. De aquí la invitación de Scott para que podamos ver, leer o sentir lo que existe detrás de la llamada historia oficial. Otro dato interesantísimo que logramos captar durante nuestra experiencia es el de las llamadas máscaras públicas, en donde se hace realidad que la vida puede ser un teatro y nosotr@s aprendemos cómo actuar en el mismo. La persona opresora aprende a utilizar una máscara pública para ser aceptad@. De la misma manera, quienes están siendo oprimid@s y excluid@s aprenden a utilizar unas máscaras públicas para confundir a sus opresor@s. O sea, les dejan ver lo que ell@s entienden que necesitan ver con el propósito de ser aceptad@s. De aquí la necesidad de analizar estas máscaras públicas de ambos lados.

En la experiencia transnacional de la resistencia pudimos notar que existe una gran necesidad en estos grupos de poder encontrar y/o crear sus identidades particulares dentro de sus realidades históricas, sociales, económicas, políticas y espirituales. Estas realidades, por desgracia, en la mayoría de los casos, vienen acompañadas de un proyecto de injusticia que, primeramente, las deshumaniza a través de la criminalización, la cosificación y la satanización, y más adelante jus-

---

5. Este concepto en idioma inglés se denomina como *hidden transcripts*. Nuestra traducción al español pretende lograr acercarse al significado de la misma sin que pierda su valor científico.

tifica la exclusión social en la sociedad receptora, en este caso en particular Barcelona. En nuestra experiencia de campo, no sólo por haber sido expuest@s a las realidades de inmigrantes en otros países que hemos visitado, sino también por nuestra experiencia particular de vivir como inmigrantes en Estados Unidos, hemos aprendido que sigue siendo un problema serio en todo este asunto que no se prepare emocional o socialmente a quienes emigran. Est@s jóvenes, que en la mayoría de los casos nunca tuvieron claro por qué su madre y/o su padre les «abandonaron», llegan a un país extranjero, Barcelona, con una cultura e idioma diferentes, el cual, encima, no les extiende una cordial bienvenida. No nos queda la menor duda de que por algún lado crearán una resistencia no sólo hacia esa sociedad que les rechaza, sino también hacia sus madres y padres. De aquí la necesidad de poder crear alternativas sociales en la calle que puedan suplir necesidades básicas como son la aceptación, la identidad, la socialización, el ser respetad@, adquirir poder, entre otras.

De igual forma, en esta experiencia transnacional de la resistencia es necesario crear nuevas leyes que eviten lo que Ferrell & Sanders (1999: 4-11), dentro de la criminología cultural, han clasificado como «el crimen como cultura» y «la cultura como crimen», en donde, por un lado, las acciones y experiencias colectivas de las subculturas de resistencias, como la de l@s Reyes y Reinas y la Asociación Ñeta, son criminalizadas, y por otro lado, cualquier acción de rechazo o condena por parte de las autoridades o grupos de poder es justificada. Este asunto es importantísimo, sobre todo si estamos frente a lo que Brotherton (2004: 267) identifica como el desarrollo de una *conciencia anti-colonialista* por parte de los grupos como una manera de combatir la marginalización. Es aquí cuando, en el proceso de la politización, producen su resistencia a través de la creación de rituales de reafirmación cultural y la fabricación de textos. En el desarrollo de esta conciencia anti-colonialista Barrios (2004: 328) nos recuerda que en «la lucha por la descolonización, toda acción que amenace la política de poder y control de la clase dominante tiende a verse por los cuerpos represivos como una insubordinación o conspiración. Por lo tanto, cualquier persona y/o grupo que conspira, ya sea en una acción abierta o clandestina, son inmediatamente criminalizados». De aquí la penosa realidad de cómo culturalmente esta resistencia es definida por los grupos dominantes como conducta criminal, desviada o patológica.

Hay otro aspecto dentro de esta experiencia transnacional de la resistencia que notamos que no se está tomando en consideración con la atención que en sí merece. Tal y como la experiencia de Nueva York muestra, estos grupos de resistencia latina tienen una habilidad increíble para desarrollar una espiritualidad subversiva (Barrios, 2003) la cual les ayuda a la preservación de sus identidades y a la misma vez les empodera[6] para sus luchas de resistencias. Ahora bien, ¿qué es esa espiritualidad? Para Barrios (2000: 20) «esta espiritualidad es, por tanto, una experiencia de empoderamiento[7] solidario que busca, por un lado, el despertar de la conciencia crítica y de clase, para que podamos entender nuestras realidades sociales, políticas, económicas, históricas y religiosas, sin tener que recu-

---

6. Éste es un neologismo del vocablo inglés *empower*.
7. También neologismo del vocablo inglés *empowerment*.

rrir a respuestas mágicas que nos enajenan de nuestras responsabilidades. Por otro lado, también nos hace partícipes de un poder que nos debe llevar a la organización, que persigue como resultado la organización sociopolítica para lograr la transformación de circunstancias opresoras en experiencias de liberación». Esto lo pudimos experimentar cuando la Nación de l@s Reyes y Reinas nos invitó a participar en su Universal y se realizaron un sinnúmero de oraciones, saludos solidarios, reafirmación de la cultura, bautismos, bendiciones, sentarnos a su mesa y compartir su comida, etc. Todo un espectáculo de resistencia espiritual semiótica digna de admirarse.

Para nosotr@s esta experiencia transnacional espiritual de la resistencia fue como una especie de fuerza descolonizadora en donde ell@s, como personas excluidas, articulan una sola voz como la que, durante el Universal, su máximo líder, King Manaba, nos expresó en su presentación: «somos gente de paz y queremos vivir en paz, somos los hijos e hijas del Rey Inca Atahualpa, por favor no nos llamen criminales» (Nota de campo #6, Luis Barrios, noviembre de 2005). También durante este Universal se leyó un mensaje enviado desde Ecuador por Lord King Majesty, Inca Supremo de la Nación STAE, quien en palabras de fe, leídas por Queen Melody, nos dijo: «nosotros nunca permitiremos que nadie destruya nuestro castillo, nuestro destino, porque nosotros somos y seremos el escudo y armadura en esos momentos duros de tu vida, así que, hermano y hermana, toma nuestra mano y levántate de esas cenizas que pronto se harán fuego de luz infinita, porque eso eres para nosotros, luz infinita...» (2005).

Conclusión

> La pandilla, como comunidad emocional que ampara, apoya y da protección, al mismo tiempo brinda la posibilidad de tener un norte, un sentido de la vida; características que muchas veces en la familia de la casa están ausentes, sobre todo porque en esa familia el sujeto juvenil no adquiere un sentido de persona [Cerbino, 2006: 60].

A manera de cierre queremos comenzar por reconocer que nos parece muy acertado el análisis que lleva a cabo Cerbino (2006: 60) sobre las pandillas, las «bandas», los grupos u organizaciones de la calle, cuando los define como una comunidad emocional que ampara, apoya y da protección a est@s jóvenes. Como nos dijo Queen Sara en una carta que dirigió y entregó al padre Luis durante el Universal de la Nación en que participamos, y en la cual decía: «¿Como está, padrecito? [...] tengo muchas ganas de ser alguien en esta vida, para poder sacar adelante a mi familia y a mi Nación [...] a mí me cerraron las puertas mi familia, el colegio, el trabajo. Sin embargo la Nación me abrió las puertas del corazón y de todo lo que yo necesitaba en ese momento [...] cuando me he caído, ahí han estado mis hermanos para ayudarme a volver a salir adelante» (2005: 1). Desde este enfoque queremos concluir esta reflexión haciendo una serie de humildes recomendaciones, las cuales surgen de haber sido expuest@s a esta experiencia del proyecto de Barcelona. Primeramente, frente a la realidad en donde algunos grupos de personas de la sociedad de Barcelona representan la condición de no pertenencia, es importante evitar lo que Castronovo (1998: 7) identifica como «ciudadanía virtual». O sea, es de gran importancia poder fomentar una política del crimen en donde la restitución de la justicia sea la motivación principal, evitando de esta manera las tendencias sádicas del castigo y del revanchismo, realidades que se nutren del odio y del desprecio. La restitución de la justicia tiene como fundamento los principios básicos del amor y del respeto, sin omitir las consecuencias de las conductas de quienes han violentado las reglas de la sociedad. De aquí la necesidad de incluir instituciones que no sean gubernamentales, tales como familia, escuelas, trabajo, vecindarios en el centro de una política de reducción del crimen, en de vez de seguir alimentado una política de control —la cual no está dando resultado—, de reclutar más policías, de construir más cárceles o de aumentar las sentencias de prisión.

También es importante que estos grupos de resistencia, como la Asociación Ñeta y la Nación de l@s Reyes y Reinas, en su proceso de combatir la opresión y la exclusión, no reproduzcan los mismos discursos y acciones que eternizan la opresión y la exclusión que están combatiendo. Como, por ejemplo, cuando imitan las agendas de exclusión y opresión del chauvinismo masculino, de la homofobia/heterosexismo y del etnocentrismo, entre otros. O sea, que no han podido desarrollar una agenda pro-justicia en favor de la igualdad de géneros en que se pueda ver a la mujer no como un objeto sexual subordinado a los caprichos de los hombres, sino como un ser humano que tiene unos derechos y unos privilegios en esta sociedad similares a los de los hombres. Esto lo podemos ilustrar con una conversación en que la Hermanita La Che nos dijo: «yo soy Ñeta pero, sin embargo, muchas veces se me discrimina por ser argentina y por ser mujer» (Nota de campo #7, Luis Barrios, noviembre de 2005). Lo mismo ocurre cuando están frente a la realidad de la orientación sexual, obligando a quienes tienen identidad gay, lésbica, bisexual o transgénerica a mantener su identidad sexual oculta por temor al rechazo. Estas dos realidades opresoras las pudimos experimentar en conversaciones con diferentes líderes cuando dialogamos sobre estos temas.

Por otro lado, el proceso de la llamada legalización debe estar fundamentado en el postulado de que la existencia de estos grupos no viola las leyes locales de Barcelona, por lo tanto no son ilegales. De aquí que se tenga claro por qué hay la necesidad de legalizarles y que acepten entrar en un registro de asociaciones. Por lo menos, nuestra experiencia en Barcelona nos permitió experimentar que más allá de un control sociopolítico la intención parece ser más la de integración social de estos grupos a la sociedad en general. De aquí, entonces, el poder garantizar que este proceso no debe reproducir los modelos colonialistas con una integración cosmética, sino más bien garantizar un proceso de valorización de la diversidad cultural y el desarrollo social, en donde una reciprocidad entre las partes permita la convivencia que permita florecer la calidad de vida de la sociedad de Barcelona. Es también importantísimo que, de alguna manera, se le dé seguimiento y se siga cultivando la amistad que se ha desarrollado con es@s jóvenes dentro del proyecto de investigación. Sería ideal si, de algún modo, se pudiese desarrollar una investigación longitudinal que permita un seguimiento de est@s jóvenes que participaron en el estudio y, a la vez, poder escuchar y entender las voces de otras organizaciones de la calle que no fueron parte de este estudio.

Como meta un poco más a largo plazo nos parece importantísimo que, frente a estos fenómenos de la globalización y las inmigraciones, podamos combatir la homogeneidad cultural y promover el multiculturalismo. Ésta es una realidad que difícilmente puede cambiarse, aunque hay que reconocer que la sociedad de Barcelona siempre ha sido multicultural y que este fenómeno social no comenzó con la llegada de l@s jóvenes latin@s. También es necesario, por otro lado, comenzar a reflexionar seriamente sobre lo que Castle (1997: 10) nos expone concerniente a la necesidad de un nuevo modelo de ciudadanía global que rompa los nexos entre pertenencia y territorialidad. O sea, «las personas necesitan gozar de sus derechos como seres humanos, no como ciudadanos de un país». Otro punto importantísimo de Castle, el cual arroja luz sobre nuestra experiencia en Barcelona, es observar críticamente no sólo los aspectos negativos de la globalización, sino también los positivos. De aquí que nos diga inmediatamente que: «las voces de las comunidades locales se hacen oír a través de las organizaciones de la sociedad civil en numerosos lugares» (1997: 11). Siguiendo este tipo de análisis podemos entonces hacernos la siguiente pregunta: ¿podríamos decir que la Asociación Ñeta y la Nación de l@s Reyes y Reinas en Barcelona, entre otras, son sociedades civiles clamando por su espacio social? Les vamos a dejar con esta pregunta, la cual surge de nuestra experiencia particular en Barcelona.

17
Barcelona desde Génova*

Luca Queirolo Palmas y Andrea T. Torre

Entre la deriva y el anclaje de los jóvenes latinos

Llegamos a Barcelona bajo la invitación del Ayuntamiento y del CIIMU. Somos un grupo de investigadores del DISA (Departamento de Ciencias Antropológicas) de la Università di Genova y del Centro Studi MEDI; más o menos los mismos que el año pasado publicaron el libro *Il fantasma delle bande. Genova e i latinos*, la primera investigación sobre los mundos de los jóvenes latinoamericanos en la ciudad. Hemos sido convocados para debatir sobre una investigación parecida, coordinada por Carles Feixa y comisionada por la Dirección de los Servicios de Prevención del Ayuntamiento de Barcelona. Una investigación en profundidad, financiada por una administración comprometida con el progreso, que ha recogido los testimonios de los jóvenes (estudiantes, trabajadores, que pertenecen a «bandas» y que no pertenecen a ellas) y adultos (profesores, educadores, policías, abogados, periodistas, representantes de asociaciones de migrantes, asistentes sociales), observando los relativos contextos de la vida cotidiana (escuelas, plazas y parques, discotecas, cybercafés) así como el tratamiento, a menudo criminalizador, que les reservan los medios de comunicación.

Todo empieza en Barcelona en noviembre del 2003: el asesinato de Ronny Tapias, estudiante colombiano, a la salida del instituto por obra de unos chicos latinoamericanos viene catalogado como consecuencia de una pelea entre «bandas» rivales. De un lado los Latin Kings y del otro los Ñetas. Como en Génova, se propaga una situación de alarma y pánico moral. El Ayuntamiento decide conocer la realidad de los jóvenes latinos antes de actuar, para evitar dar prioridad simplemente a las medidas policiales y del orden público. El escenario que descubrimos gracias a la investigación dirigida por Carles Feixa presenta numerosas semejanzas con la situa-

---

* El presente texto, que recoge la experiencia de los autores en el seminario donde se presentó nuestro estudio, fue originalmente publicado en forma de reportaje periodístico por *La Repubblica* (Génova, diciembre 2005). Desde entonces se han sucedido en Italia los acontecimientos (muchos positivos, algunos negativos), en los que el «modelo de Barcelona» no ha cesado de influir en el debate local y nacional. En junio de 2006 ha tenido lugar en la capital italiana un exitoso encuentro, seguido con gran interés por parte de los medios de comunicación, en el que hemos participado algunos de los investigadores que nos congregamos en Barcelona, así como representantes de las organizaciones de la calle de América y Europa. También se han producido avances significativos en la investigación que, por la premura del tiempo, no se han podido explicar en este texto (N. de los Editores).

ción de nuestra ciudad: una fuerte presencia de latinoamericanos, y específicamente de ecuatorianos (sobre todo de mujeres), muchos jóvenes (unos 50.000 menores de 25 años de edad si sumamos la ciudad y el área metropolitana), un difícil proceso de reagrupación familiar donde madre e hijos deben reconocerse y retejer una relación después de años de separación, una inserción laboral predominante en el sector doméstico para las mujeres y en el sector de la construcción para los hombres. Este tipo de trabajos suelen tener retribuciones muy bajas, con muchas horas trabajadas, ausencia de derechos sociales, falta de documentación y contratación regular. No se trata de sujetos marginales, sino más bien de personas integradas de manera subalterna en la sociedad local que, día tras día, contribuyen a hacer prosperar Barcelona como ciudad turística global y a volver independientes a las mujeres catalanas, ya que cuidan de sus casas, sus hijos y sus mayores.

Los jóvenes, llegados durante los últimos años con la reagrupación, deben superar aquello que los investigadores de Barcelona han definido como *triple* crisis: la crisis de la adolescencia, la crisis de una familia transnacional diseminada entre América y Europa, la crisis del vacío producido por la emigración. Muy a menudo los jóvenes, contra su voluntad, tienen que abandonar las relaciones que en su propio país habían construido y aterrizan en un territorio desconocido, a veces hostil, difícil de descifrar, donde las figuras de referencia (las madres o padres lejanos) pierden el carácter mítico del emigrante triunfador construido en la lejanía, y donde el idioma de la administración y de la educación es el catalán y no el castellano. No es una casualidad que el fracaso escolar esté muy difundido. Soledad, ausencia de los familiares agobiados por muchas horas de trabajo, nostalgia de una arcadia y de una comunidad perdidas, imposibilidad de vivir su propia privacidad en pocos metros cuadrados a menudo compartidos, llevan a los jóvenes a reinventarse como latinos. Esta reinvención les permite sentirse parte de un grupo y sentirse protegidos por una identidad fuerte, imaginaria pero también visible ante la sociedad de los adultos. Superan la condición de *doble ausencia* —según las palabras del sociólogo franco-argelino Abdelmalek Sayad— para entrar en un espacio donde se vuelven protagonistas de una *doble presencia*: por una parte descubren y reafirman sus orígenes latinoamericanos, por otra parte los reivindican y los vuelven activos, en terminos de identidad y prácticas distintivas, en la sociedad catalana. Cuando la invisibilidad y la doble ausencia se transforman en protagonismo y visibilidad, se enciende el ojo de los medios. Como nos explica Mauro Cerbino, los medios han contribuido a crear un retrato general de los jóvenes latinoamericanos en que los rasgos, directamente o indirectamente, están definidos por el carácter potencialmente criminal de su presencia. Cada vez que los medios se ocupan de los jóvenes latinos usan el tema de las «bandas». Se crean así las condiciones más favorables para la creación del estigma.

De la investigación emerge un dato interesante: los mismos chicos entrevistados afirman haber descubierto el fenómeno de las «bandas» por los medios de comunicación. Es en este escenario en el que recibimos una invitación por correo eletrónico para participar el domingo 20 de noviembre, de una forma semiclandestina pero en un local cedido por el Ayuntamiento, en la asamblea general de los *temibles* Latin Kings, concentrados en Barcelona desde todo el Estado español.

Un domingo en la Universal de los Latin Kings

El contacto con los Latin Kings de Barcelona vino de la mano de Luis Barrios: sacerdote, psicólogo y profesor en el John Jay College de Nueva York, autor con David Brotherton de dos importantes libros sobre las «bandas» en Estados Unidos, pero sobre todo líder espiritual, universalmente reconocido por los jóvenes, de ésta y de las demás organizaciones. Les ha abierto las puertas de su iglesia, la Iglesia Episcopal de Santa María, en el distrito de Washington Heights, en el «Manhatan Hispánico». Marcia Esparza —socióloga chilena colaboradora de Luis Barrios— preparó una carta de presentación mediante la cual Carles Feixa, coordinador de la investigación en Barcelona, fue reconocido y acreditado como sujeto de confianza. Después de la carta, se produjo alguna interacción y gestión antes de que aceptaran ser entrevistados y se posibilitara la participación y presencia en la actividad del grupo (bajo el control de la policía secreta). El antropólogo se convirtió en mediador y, aprovechando el viaje de Luis Barrios, junto a otros miembros participantes en el seminario, se concretó un encuentro. Fuimos también invitados a su *Universal*, asamblea general que en esa ocasión contó con la presencia de representantes del Ayuntamiento de Barcelona, de miembros del equipo de investigación, y de los *hermanitos y hermanitas* de la ALKQN en España; este acrónimo —*Almighty Latin King and Queen Nation*— representa y da nombre a una *Nación* que une y defiende a todos sus miembros repartidos a lo largo y ancho del mundo, «un grupo de personas bajo un solo gobierno, *raza*, constitución y leyes», tal y como nos informaron los jóvenes a los que entrevistamos.

El encuentro se realizó en un centro juvenil gestionado por el Ayuntamiento. Entramos y fuimos escoltados —tanto nosotros, los investigadores, como las autoridades presentes— en un recorrido de bienvenida, formado por un pasillo de manos que conformaban el símbolo típico de la Nación —*la corona*— a la vez que gritaban e invocaban «Amor de Rey» y «Amor de Reina». Al final del recorrido, se encontraban decorados con una estrella y un lazo amarillo y negro. Tomamos asiento, ante nosotros teníamos una sala de actos llena, eran unos 200 jóvenes inmigrantes —aunque también había alguno autóctono—, chicos y chicas, muchos vestidos de amarillo y negro, los colores de los LK. A nuestras espaldas se alza una gran bandera, toda la sala está adornada, como nos explica uno de los jóvenes, de amarillo «porque el sol ilumina la Nación» y negro «por el deseo de conocimiento y como tributo hacia los hermanitos muertos». A nuestra izquierda se empieza a desarrollar la ceremonia del encuentro; los líderes (corona) de la Nación de Barcelona, un hombre y una mujer de unos treinta años, llevan un rosario amarillo y negro, con un Cristo y una Cruz. A raíz de la entrevista sabemos que el amarillo y el negro representan la *fuerza café*, que simboliza el linaje de la raza latina y su carácter mestizo. La masa de chicos y chicas van gritando ¡*Amor de Rey!* a modo de saludo, pierden su anonimato: muchos (la gran mayoría) parecen menores, algunos niños corren de un lado al otro del salón, muchos son recién nacidos, algunas de las chicas están embarazadas, otras los crían.

Al finalizar el saludo se inicia la plegaria. Algunos pasan de la Biblia a la carta, otros pasan a la Biblia LK —un tipo de código de comportamiento, preceptos y modos de vida. La ceremonia realza las virtudes y las enseñanzas de todos los líderes de la Nación hasta el día de hoy. Después, se pide un minuto de silencio en honor de los *hermanitos y hermanitas* difuntos. Todos los participantes oran, algunos lo hacen individualmente, alzando la mano haciendo el signo de la corona, otros se cogen la mano entre ellos. El silencio se rompe, todos gritan al unísono: ¡*Amor de Rey, Amor de Reina!* Llegados a este punto de la ceremonia se empieza a tratar sobre los principios de la *Nación:* «Primero: constituir una Organización mediante la cual nosotros —como hermanos y hermanas, como hombres y mujeres— podamos realizar nuestro sueño de vida. Segundo: unir nuestra Raza Latina y construir una Organización fuerte para nuestra familia y nuestros hijos. Tercero: dar vida a una Organización legítima, logrando ser fuertes financieramente para poder así construir una empresa potente y poder crear empleo para nuestra gente. Cuarto: ser un ejemplo a seguir por nuestros jóvenes, para guiarles y dotarles de una buena educación, así como para que puedan ser productivos y capaces de construir una sociedad verdadera, que dé fuerza a Nuestra Nación y que preserve nuestra cultura hispánica».

Llega nuestro turno, debemos presentarnos. Tras la breve intervención del representante municipal, de diversos técnicos y asistentes sociales, del adjunto para los derechos de la infancia del *Síndic de Greuges* (Defensor del Pueblo), nosotros, los investigadores, hablamos del tema de la paz, del reconocimiento, de la importancia del conocimiento mutuo, del fin de la violencia, de la discriminación a la que están sujetos los sujetos en general y los jóvenes en concreto, debido a su condición de migrantes. El representante municipal manifiesta la voluntad de reconocer al grupo como una asociación juvenil, advirtiendo que para ello deben desaparecer todas las actividades de carácter violento. Al término de cada intervención se levantan todos, aplauden al grito de ¡*Amor de Rey!,* y alzan la mano en forma de corona. Ahora es el turno de la platea. El presentador llama a los *hermanitos y hermanitas* a hablar. Frente al palco se encuentran personas escogidas, jóvenes que lideran los capítulos de la Nación en la ciudad de Barcelona. Sucesivamente otros chicos y chicas van tomando libremente la palabra. Al inicio y al término de cada intervención todos los y las jóvenes hacen su grito y levantan la mano en forma de corona; si la que interviene es un chica el grito se transforma en ¡*Amor de Reina!* Las personas que toman la palabra articulan mensajes, conceptos y deseos claros y simples: un joven dice «los hijos de los migrantes latinos deben tener una buena educación para poder llegar a ser profesionales reconocidos y personas con éxito»; otro lamenta «el racismo y la discriminación de la cual nosotros somos víctimas»; una chica critica a los medios de comunicación por la imagen falsa que están dando del buen nombre de la *Nación* y señala la vergüenza que deben sentir cuando desvelan a sus padres que son miembros de los LK; otra chica dice «buenos profesores y escuela de calidad», después recuerda, emocionada y con lágrimas en los ojos, las muestras de solidaridad que recibió de sus amigos los días que tuvo a su hijo en el hospital. Muchos insisten en su voluntad de integración y su necesidad de lugares de encuentro, su deseo de progreso y riqueza para ellos y para sus propios hijos, en el racismo y la discriminación, en la necesidad de ser reconocidos y conocidos por aquello que realmente son.

Finalmente Luis Barrios se presenta, aunque todos le conocen de sobra; trae consigo el saludo de los *hermanitos* de la Nación de Nueva York y recuerda que hace muchos años que se firmó la paz entre todas las organizaciones de ascendencia latina; cita los episodios represivos bajo el mandato del anterior alcalde de la ciudad (el conservador Giuliani); invita a que en España se propicie un proceso de apertura y transformación plena de los LK que tenga como objetivo la conversión de la organización en un movimiento social reivindicativo. Recuerda la dificultad que entraña este ideal a la vez que expone la necesidad de que se dé un proceso de estas características, que en el caso de Barcelona está recibiendo el apoyo de las instituciones públicas barcelonesas. Sintetiza la urgencia de llevarlo a cabo mediante una frase que le decía su abuela cuando era pequeño y vivía en Puerto Rico: *Quien no quiera quemarse que salga de la cocina*. En este instante invoca la Biblia y lee algún pasaje, se pone el hábito, se transforma en sacerdote y celebra el bautismo de diez bebés «en nombre del padre, del hijo, de la madre y del espíritu santo». Se utiliza la forma de la Nación de los Reyes y Reinas Latinas. En dos ocasiones esta fórmula se asocia al auspicio político «contra la privatización de la educación», «contra la privatización de la salud». Después de la celebración del bautismo, muchos jóvenes, alguno con niños, desean ser bendecidos.

Toma la palabra la mujer responsable de conducir la ceremonia, Queen Melody, recuerda que aunque a veces el buen nombre de la Nación ha sido blanco de infamias, los jóvenes de las otras organizaciones latinas no deben ser considerados como enemigos; recalca que el objetivo de la Nación es obtener reconocimiento y respeto para los latinos. Se dirige a las autoridades presentes en el palco y proclama: «¡No los defraudaremos, no traicionaremos su confianza, no les engañaremos!». Le es entregada al sacerdote una medalla dorada en la que puede distinguirse la efigie de la Sagrada Familia. La ceremonia se concluye con un ritual ya visto y con una plegaria; dan a todo el mundo un plato de carne y patatas y una bebida de cola. Algunos jóvenes se dirigen a nosotros para decirnos que ya nos conocen, o que tienen parientes y amigos allí, en Génova y Milán. Le pregunto a uno de ellos, que tiene la piel muy blanca, de qué parte de América Latina proviene: me responde que es español. El sentimiento de estupor es grande, pensábamos que nos íbamos a encontrar con una terrible «banda» criminal, cuando lo que nos encontramos fue con muchos adolescentes, niños y niñas jugando y familias jóvenes; todo ello impregnado de un gran sentimiento de religiosidad, con rituales al estilo de los *boy scout*, que denuncian las actitudes racistas y reivindican igualdad de oportunidades y reconocimiento social.

Barcelona *legaliza* las bandas

Es lunes 21 de noviembre y en la prestigiosa y posmoderna sede del Centre de Cultura Contemporània de Barcelona han comenzado las jornadas de «Jóvenes latinos: espacio público y cultura urbana» organizadas por el Ayuntamiento de Barcelona y el CIIMU (Consorci Institut d'Infància i Món Urbà de Barcelona). No se trata de un simple encuentro de expertos y académicos. Habrá hechos y eventos que marcarán la crónica: el *coming-out* de las «bandas», la opción política del Ayuntamiento de reconocer a estos grupos como asociaciones juveniles. De forma totalmente imprevista, dos portavoces de Latin Kings y Ñetas toman la palabra y dan un vuelco al encuentro. En el instante en que entran en la escena pública, las «bandas» dejan de ser fantasmas anónimos. Ahora tienen una voz, una cara, un cuerpo. Queen Melody, por parte de los LK, y David, por parte de los Ñetas, los dos ecuatorianos. Queen Melody, 32 años, desea la igualdad de oportunidades en la escuela y en el trabajo. David, 26 años, explica que «su organización podrá ser legal en Barcelona, al igual que lo ha sido en Nueva York y Santo Domingo». Los dos denuncian «las mentiras extendidas por los *media*» y proclaman su disponibilidad a realizar un mayor control sobre sus miembros. A la salida de la sala los periodistas inmortalizan el apretón de manos entre los dos portavoces de las temibles «bandas».

Josep Lahosa es el responsable del Servicio de Prevención del Ayuntamiento de Barcelona. Él es el artífice de este proceso de reconocimiento de las «bandas». «Aceptaremos a estas asociaciones —anuncia a los medios de comunicación— en la medida que acepten las normas de convivencia, el espacio urbano y las relaciones con los vecinos. Les pediremos que elaboren unos estatutos y que los entreguen a la Direcció General de les Entitats Jurídiques de la Generalitat de Cataluña». El camino elegido es el de la mediación, la negociación y la *normalización*. De hecho, este proceso es aún inicial y por ello aún se guardan las distancias, pero se está hablando, se están escuchando, pero sobre todo se están conociendo. Al final de estas jornadas, los Latin Kings, Ñetas y demás grupos conocidos como «bandas» son invitados a formar parte del Consell de la Joventut, institución pública que reune a las asociaciones juveniles catalanas y que administra los centros y los espacios públicos destinados al deporte, la música y el arte. Al día siguiente los principales periódicos de Barcelona, incluso algunos estatales, la prensa gratuita y alguna televisión han publicado noticias sobre el evento. Algunos subrayan la apuesta arriesgada del Ayuntamiento, otros evidencian la paz entre «bandas» gracias a Luis Barrios, sacerdote de Nueva York y psicólogo y docente en el John Jay College de Nueva York, pero sobre todo guía espiritual reconocido universalmente por los jóvenes latinos. Por un lado, ha permitido a los investigadores y al Ayuntamiento encontrarse con los líderes de las «bandas», de otro, ha conducido en primera persona una mediación entre las dos organizaciones principales en Barcelona. La investigación, encargada por la institución local con el objetivo de conocer con detalle las condiciones y estilos de vida de los jóvenes latinoamericanos, se ha transformado en una investigación-acción capaz de cambiar el contexto del propio estudio fomentando la práctica de los propios actores implicados.

¿Podemos trasladar a Génova algo de esta experiencia? Nosotros, como investigadores, queremos probarlo. En *El fantasma de las bandas* estudiamos a ecuatorianos, peruanos, argentinos; en esa ocasión habíamos denunciado el proceso de criminalización que los *media* habían hecho del espacio donde estas personas construyen su vida cotidiana. Pero aún hoy no sabemos nada sobre las «bandas» en Génova, ni quién forma parte, ni cuál es su objetivo o si es posible su transformación en movimiento social y cultural reivindicativo. Nuestra investigación, de hecho, se encontraba aún a las puertas de este mundo, habíamos entrevistado a personas con experiencias similares en Ecuador y gente que había salido de las «bandas». Después de la experiencia de Barcelona creemos que un proceso de inmersión y mediación con la institución local podría ayudarnos a todos: «¡Quién no quiera quemarse, que salga de la cocina!», como decía la abuela de Luis Barrios.

18
Barcelona desde Quito

Mauro Cerbino

De Ecuador a Barcelona

> Cuando llegué al aeropuerto de Barcelona afuera estaba mi madre, pero yo no la reconocí y ella tampoco a mí... cuando se fue a Barcelona tenía 12 años y medio y ella el pelo largo... luego yo tenía 14 y ella otro peinado... cuando vivía en Guayaquil, hablaba con ella por teléfono de vez en cuando, era extraño, usaba palabras raras, yo le decía: «mamá, ¿por qué hablas tan raro?» [Diego, Ecuador, 16].

Como investigador de juventud dedicado los últimos años a entender el fenómeno de la violencia juvenil en Ecuador, viajé a Barcelona invitado por el Ayuntamiento de esta ciudad y por el CIIMU (Consorci Institut d'Infància i Món Urbà) para sumarme a la investigación, ya en estado avanzado, sobre jóvenes latinoamericanos en Barcelona. Meses antes había conocido en Quito a Josep Maria Lahosa, director de Serveis de Prevenció del Ayuntamiento, en un seminario organizado en FLACSO en el que se trataban temas relacionados con la seguridad ciudadana. Josep Maria participaba en este seminario para exponer su experiencia en relación a la presencia de las denominadas «bandas latinas» en Cataluña. De alguna manera venía a contarnos lo que había entendido hasta ese momento sobre el tema, pero también buscaba información adicional sobre aquellas organizaciones juveniles de la calle que, dedicándose a veces a actividades delictivas, son conocidas en América latina y en Ecuador con el término genérico de pandillas. La breve conversación que tuvimos con Josep Maria sirvió para tener un primer intercambio sobre cómo entender este fenómeno, qué relaciones podían existir entre Ecuador y Cataluña, pero sobre todo coincidíamos en el hecho de que, sin querer disminuir la complejidad del fenómeno o quizás precisamente por ello mismo, debíamos alejarnos de la mirada alarmista de los medios de comunicación españoles, que habían contribuido a crear un verdadero pánico en torno a una supuesta conducta delictiva de los jóvenes latinoamericanos en las más importantes urbes de España. Como un modo de desvirtuar esa escandalosa y contraproducente actitud mediática y poder entender de cerca y de primera mano las condiciones de vida de los jóvenes latinoamericanos, sus anhelos y frustraciones, los difíciles trayectos de adaptación a un nuevo país en el que se encuentran por la reagrupación familiar, el Ayuntamiento había encargado al antropólogo catalán Carles Feixa, con una larga experiencia en estudios de juventud, la realización de una investigación de corte etnográfico (y emic) que pudiera hacer aflorar las perspectivas y los entendimientos de los propios protagonistas de la cuestión. No sólo eso, la decisión de llevar a cabo esta investigación tenía que ver también con la firme voluntad de las autoridades de Barcelona de no querer darle al tema un tratamiento exclusivamente policial, es decir, de tipo represivo. Se trataba de una iniciativa que luego se mostraría muy eficaz, en particular si se la compara con la miope actitud de las autoridades municipales de otras grandes ciudades españolas o del mismo Ecuador, donde se hizo del tratamiento represivo la acción fundamental para pensar en y actuar con las organizaciones juveniles de la calle.

En realidad, el uso de la represión hace patente la incapacidad de los gobiernos tanto nacionales como locales de entender la naturaleza antropológica y no policial de procesos como son los de constitución de organizaciones que, de momento, pueden cometer actos delictivos o de minicriminalidad, sin que deban ser consideradas instancias del crimen profesional y organizado, dedicadas a cometer actos ilícitos de modo sistemático y con objetivos claramente definidos. Es útil subrayar que muchas veces los actos ilícitos se dan «simplemente» a título personal por algunos de sus miembros o alguien que utiliza el nombre de la organización para delinquir, un aspecto que dice mucho del tipo de visibilidad creada por los medios de comunicación alrededor de membretes y «logotipos» que luego son aprovechados para suscitar respeto y miedo en entornos donde se vuelven claves de acceso o mínimas garantías de protección. En las entrevistas que he realizado a jóvenes que se encuentran privados de libertad en instituciones educativas catalanas de recuperación de jóvenes infractores, pude comprobar la utilización «oportuna» de los logotipos Latin Kings o Ñeta para estos fines. En definitiva, se trata, aunque de un modo anómalo, de una especie de transformación del estigma creado alrededor de los nombres de las organizaciones —la atribución de responsabilidad de la cual son objeto ante cada acto delincuencial protagonizado por jóvenes—, en un emblema cuya apropiación sirve para atenuar el sentimiento de vulnerabilidad que viven los jóvenes en determinadas situaciones precarias y de desamparo tanto en la calle ante sus pares, como en la cárcel o en los centros de recuperación.

La hipótesis (casi una apuesta) sostenida por el Ayuntamiento de Barcelona de no considerar a las incipientes organizaciones juveniles de latinoamericanos en su territorio como organizaciones criminales de cualquier tipo, ni tampoco como «sectas», ha sido un punto de partida muy importante para la ejecución de la investigación y para luego poder reflexionar sobre medidas y mecanismos necesarios para implementar la intervención. Esta iniciativa apuntaba a «desarmar» los conflictos entre grupos (el más famoso de ellos entre Reyes Latinos y Ñetas) y a que estas organizaciones obtengan la legitimidad que se merecen como organizaciones sociales y culturales con capacidad de desarrollarse con el apoyo de las autoridades públicas. Por todos estos aspectos es indudable que la «experiencia de Barcelona» se ha destacado como un ejemplo a seguir por otras ciudades, incluidas las de Ecuador. Trataré brevemente de esbozar los ingredientes principales de esta experiencia, que fue posible por una firme voluntad del Ayuntamiento, y además por dos aspectos importantes: el uno, de trabajo en red, y el otro, de combinación del proceso investigador con la acción y la intervención como dos condiciones inseparables.

Conexiones

Bajo la acertada dirección de Carles Feixa la investigación realizada en Barcelona contó con la participación decidida de varias instituciones y personas. Muchas de ellas están ya señaladas en el texto. Lo que sí me parece importante subrayar es que fue posible juntar a varios investigadores de España, Estados Unidos e Italia que, desde experiencias adquiridas en diferentes países latinoamericanos, contribuyeron a enriquecer la discusión en torno a la comprensión sociológica de las condiciones de vida y de sociabilidad de los jóvenes latinoamericanos en Barcelona. Este hecho ha sido más relevante que el acopio de literatura y bibliografía sobre temas similares, porque ha permitido un real flujo e intercambio de primera mano de conocimientos ligados a una problemática que, entre otras características, por su dimensión transnacional, se mostraba muy compleja. La señal (que se volvería casi un icono) más importante de la dimensión transnacional del fenómeno de las organizaciones juveniles de la calle ha sido, sin duda, la intervención del padre Luis Barrios y sus colaboradores, Marcia Esparza y David Brotherton, que se realizó por medio del envío de una carta a los líderes (los que fuesen) de la *Nación* de los Latin Kings presentes en Barcelona. La carta fue capaz de «desbloquear» y permitir el acercamiento que la investigación buscaba desde hace tiempo con miembros de las mal llamadas «bandas latinas». Recuerdo la emoción que se produjo en Carles y el resto del equipo cuando, gracias a la carta, empezaron los primeros contactos con algunos *reyes*. Y ¿por qué tanta fuerza en un texto de apenas 20 líneas? Porque Luis Barrios, protagonista de algunos vídeos en los que aparecía junto a los miembros del capítulo de Nueva York de los Latin Kings —vídeos que es posible bajar de Internet—, era un «personaje» muy conocido por los jóvenes latinoamericanos. Una especie de líder espiritual, un reconocimiento ganado por su participación en varias reuniones (poniendo a disposición para el efecto la iglesia en la que ejercía su actividad de cura anglicano episcopal) y por oficiar los bautizos de las princesas y príncipes (las y los recién nacidas/os) de la *Nación*. Y además por ser el autor junto con Brotherton de *Almighty Latin Kings and Queens Nation*, un libro que, a pesar de estar escrito en inglés, ha sido leído por los miembros de la *Nación* en todos los lugares del mundo donde está presente. El reconocimiento que se reserva a Luis Barrios se acrecienta también por su cercanía con los líderes indiscutidos de la *Nación* en este momento, que son *King Tone* y *King Mission*, quienes viven en Nueva York, y como el primero está en la cárcel, el segundo funge como líder máximo. Aunque no se puede hablar en un sentido estricto de una cadena de mando transnacional, donde los principales jefes (coronas) estarían en Nueva York, es innegable la influencia que los reyes latinos en los EE.UU. ejercen en el resto de reyes (cada vez más de diferentes nacionalidades y presentes en distintos países de varios continentes), una influencia que se hace concreta por la transmisión de documentos, un conjunto de textos que conforma lo que se define como la *Biblia LK* (que está compuesta básicamente por las leyes de la Constitución, los Propósitos, varios Manifiestos y otros textos considerados «sagrados») y que representa la base *discursiva* fundamental para guiar y hacer operativa la acción de la *Nación*.

La dimensión transnacional es posible por la utilización de los medios audiovisuales, la interlocución y el envío de información vía Internet, que permite la expansión y consolidación de la *Nación*. A su vez, sostiene una efectiva conexión entre reinas y reyes distribuidos en los más diversos lugares del mundo. Pero hay otros elementos que la hacen posible. Ella es todo lo que pudo haber sido un país y no lo fue. Es el único país posible, el que es necesario imaginar con sus reglas de convivencia, con colores que se respetan porque significan y dan sentido a la acción. Estos colores y estos emblemas no se inscriben en una retórica impuesta como en la mayoría de proyectos nacionales latinoamericanos, que es significativa sólo para los que la impusieron en función de sus propios beneficios, sino que son colores que plasman la existencia de quienes en ellos se reconocen con fervor: son colores *partisanos*, que se resisten a ser integrados *a como de lugar*, al mismo tiempo que se resisten a ser exterminados en confrontaciones que los llevarían a la autoaniquilación entre grupos —cosa que serviría al sistema. La *Nación* tiene sus mitos fundacionales, los que permiten que se «plante bandera» en todos los lugares donde ninguna bandera reconocida por la «sociedad de naciones» puede o quiere ofrecer a los jóvenes latinos (y no sólo a ellos) un lugar donde es posible la vida, donde existan las condiciones para que la mayor parte de los jóvenes latinos y no latinos puedan sentirse ciudadanos y habitar territorios sin que las miradas aminoren o destruyan su más preciada condición humana, que es el reconocimiento.

La *Nación* es un cuerpo cuyos miembros se expanden por todos los lugares donde es necesaria su presencia y ello sucede cuando grupos de jóvenes viven una condición de desamparo, de extrañeza, de discriminación y fallido reconocimiento. Por lo tanto, va más allá de la pertenencia «formal» a un Estado, es decir, más allá de tener una partida de nacimiento y una cédula de identidad. La pertenencia a la *Nación* se da siempre por una falla que ningún derecho civil puede ocultar o neutralizar, esta falla se llama exclusión y es consecuencia de un modo racista, sostenido sistemáticamente, de articulación y configuración de las relaciones sociales. Éste es quizás el elemento sociológico y político más importante de la dimensión transnacional. Hay quienes llaman a la *Nación* con el nombre de secta, no saben que toda secta se constituye para defender privilegios, mientras que la *Nación* justifica su existencia por la presencia de los privilegios. Para *King Pol*, construir la *Nación* permite tener lo que nunca los líderes políticos de los países de América Latina pudieron tener: una organización (un reino) fuerte y compacta que tuviese la capacidad de contrarrestar la dominación de los países colonizadores del norte. Y para *King Borrego*, el Ecuador nunca ha sido un país que le ha hecho sentir que fuera el suyo. Éste es el sentido profundo (y dramático a la vez) de la metáfora de la Nación, es una Nación dentro de otras, una nación *en vez de otras*, cuyas fronteras son los límites de la intolerancia, del estigma y del desprecio de los cuales son objeto los jóvenes que no *encajan* aquí y ahí, en todo lugar donde esto se dé. Los jóvenes que no encajan son los que son «siempre portadores» de alguna condición o característica que los proyecta *fuera de*, que tiende a ponerlos al margen, que los hace sentirse *menos*, para los cuales permanentemente hay una mirada que fusiona estereotipo y estigma. En cada contexto social existe esta mirada, que inventa y construye a los que hay que ubicar fuera del mismo contexto. Por esto son jóvenes que ven en la calle un escenario en el que sobrevivir fuera de otros espacios inexistentes o negados: los espacios de la institucionalidad social, la escuela, el barrio, la familia, el empleo formal. Las organizaciones de la calle son las que permiten crear mundos para los que no encajan, mundos paralelos o alternativos para los que mantienen el estado de exclusión.

A partir de un cierto momento (muy difícil de poder determinar con claridad) la investigación de Barcelona empieza a convertirse para los investigadores en una acción, a sostener un proceso que tiene las características de la intervención en el sentido que pretende producir cambios. De modo que, junto con las primeras comprensiones del fenómeno juvenil latinoamericano en tierras catalanas, se plantean ideas para que de las comprensiones (o precisamente debido a ellas) se pase a elaborar algún mecanismo que viabilice la instauración de condiciones más favorables para los jóvenes latinos. El investigador no abandona su grabadora con la que «registra» la subjetividad de los sujetos de su estudio, más bien la utiliza para grabar números de teléfonos de contactos con instituciones y personas cuya intervención podría garantizar que haya cambios positivos en relación a las condiciones de vida de los jóvenes latinos. Es lo que podría definirse como la conversión del papel de investigadores en personas-puentes entre los sujetos de estudio y la elaboración de estrategias tendentes a incidir en la toma de decisiones públicas necesarias para que el cambio se produzca. En la «experiencia de Barcelona» la combinación de investigación y acción ha significado evitar que los resultados de la investigación sean entregados a las autoridades públicas que la habían encargado y nada más. Al contrario, jóvenes latinos, investigadores y administradores públicos están unidos para pensar en mecanismos efectivos. Uno de ellos es el haber empezado el camino de la elaboración de estatutos reglamentarios para la obtención de personalidad jurídica —y por lo tanto un potencial reconocimiento y legitimidad social— de las organizaciones juveniles latinas de la calle. La estrategia es que éstas se transformen, en primer lugar, en organizaciones culturales, con miras a consolidarse también con el tiempo como organizaciones sociales y políticas capaces de tener algún tipo de incidencia en la vida pública de Cataluña.

De Barcelona a Ecuador (pasando por Puerto Rico)

Con un número de teléfono en mi bolsillo, que corresponde al nombre de *King Majesty*, que vive en Quito, que me ha dado *King Manaba* de Barcelona, regreso a Ecuador luego de los tres meses transcurridos en Cataluña. Me llevo por cierto mucho entusiasmo por el trabajo que se ha realizado en Barcelona y claro, en lo primero que pienso es en cómo replicarlo aquí en Ecuador. Sin embargo, durante más de dos meses no me decido a hablar con *Majesty*, mantengo una relativa comunicación con los amigos de Barcelona y sigo leyendo todo lo que se publica en la prensa tanto de España como de Ecuador sobre las «bandas» latinas y las pandillas juveniles respectivamente. La verdad es que las notas periodísticas entre las dos prensas no se diferencian mucho, salvo alguna excepción, como un artículo que sale en *El País* en el que se habla de que las organizaciones latinas emprenden un proceso de pacificación. Del resto de la producción mediática sobre el tema, parece ser que tanto la información de la prensa española como de la ecuatoriana está cortada en base al mismo patrón: generalización, ausencia de análisis, criminalización y producción de estigma.

Este período es de un compás de espera, pero, ¿de qué? Estoy esperando alguna «señal» propicia, un gesto de parte del grupo de jóvenes LK de aquí, de Ecuador, para empezar un proceso de diálogo y de búsqueda de legitimidad similar al de

Barcelona. Durante este intervalo viajo a San Juan de Puerto Rico para participar en una mesa de discusión del congreso de LASA (Latin American Studies Association) con una ponencia sobre el movimiento juvenil que protagonizó la caída del gobierno del militar Lucio Gutiérrez. En realidad, mi más importante motivo para ir a la Isla del Encanto es la invitación del boricua Luis Barrios a visitar juntos San Juan gracias a la estupenda amabilidad de su madre, doña María Inés, quien me da posada en su casa. La semana transcurrida en compañía de Luis en San Juan representa un momento muy importante y significativo para disponer mi estado de ánimo para trabajar con las organizaciones juveniles de la calle en Ecuador. A diferencia de nuestro primer encuentro en Barcelona, a propósito del seminario internacional que se organizó para presentar y discutir los resultados de la investigación que realizamos, en la que no tuvimos muchas oportunidades de conversar e intercambiar ideas sobre nuestras investigaciones de juventud, en esta ocasión con Luis no sólo tuvimos mucho tiempo para enriquecernos mutuamente, sino que su enorme empeño político y social me invadió por completo, en particular en aquellos momentos en los que con fervor me explicaba —en los múltiples recorridos que hicimos para visitar los numerosos barrios marginales que en San Juan se llaman caseríos— algunos momentos muy importantes de la historia de esa isla. Además, visitamos el barrio de La Perla, en el que había realizado estudios etnográficos el antropólogo Oscar Lewis, alguien cuyo trabajo no había sido lo suficientemente reconocido por otros investigadores sociales —comentaba con fuerza Luis. Muy cerca de La Perla está el cementerio, ambos se disponen frente a un mar bellísimo; fuimos ahí para visitar la tumba de Carlos Torres «La Sombra», el fundador de la Ñeta, la Asociación Proderechos de los Confinados de Puerto Rico. La narración que hiciera Luis de la historia de la Asociación Ñeta, su desarrollo y su presencia en la actualidad en las cárceles de San Juan, permitió que nos formuláramos una pregunta a la que tenemos que intentar contestar en próximas investigaciones: ¿por qué una organización que nace y se desarrolla en las cárceles se transforma en Ecuador, y de aquí a otros países —por ejemplo España—, en una organización de la calle cuya acción, entre otras, es enfrentarse a otras organizaciones de la calle?

De regreso a Ecuador se produjo esa señal que de alguna manera esperaba. Fue otra vez Luis Barrios quien facilitó la conexión con los chicos. Por medio del envío de un *ADR* (Amor de Rey) a *Majesty* y a mí, permitía que se estableciera un puente entre el líder de los LK en Ecuador y yo, susceptible de asumir el papel de «intelectual orgánico» de la *Nación*. Con intelectual orgánico quiero decir —siguiendo muy libremente al pensamiento gramsciano— el papel de un intelectual que, comprometido con un determinado grupo, es capaz de estructurar un discurso «coherente» y una *escritura* que sostenga su acción, establecer estrategias para hacer factible la creación de condiciones favorables al desempeño del grupo y ser capaz de dialogar con otros grupos, incluidos los que detentan el poder, por medio de la «traducción» del discurso de su grupo al de los otros. En el caso de los LK, así como el de los miembros de todas las organizaciones de la calle que cargan con el pesado estigma de ser considerados delincuentes o criminales, se trata de ampliar la base de interlocutores válidos que, creyendo en la transformación en una organización reconocida y legítima, funjan de puentes con esa «otra» sociedad (las autoridades municipales o de gobierno, las autoridades de control y los medios de comunicación) que se encargan de generar y mantener ese estigma.

Éste es el proceso que hemos empezado en Ecuador (de momento sobre todo en Quito), sabiendo que es lento y tortuoso. Con cada una de las instancias de esa otra sociedad que se ha señalado debemos establecer una estrategia. Hemos empezado con los medios de comunicación a través de una acción que podríamos llamar de contraofensiva mediática, una acción tendente a estar presentes en algunos medios (de entre los que se muestren más serios, con ganas de explicar y no de hacer del espectáculo de la miseria y de la crónica roja su principal negocio) para que haya un cambio de imagen, hasta hora sólo negativa, de los LK. Así, el programa *La Televisión,* que conduce Freddy Ehelers, un reconocido periodista ecuatoriano, ha abierto su espacio para que los líderes de LK y de otras organizaciones puedan expresar su perspectiva en relación a los motivos de su existencia y a los objetivos que persiguen. Este programa ha sido definido por César Ricaurte, en su columna de crítica televisiva en el diario *El Universo* de Guayaquil, como «milagroso» en el contexto de la televisión ecuatoriana, por el inédito manejo de una estética de rasgos documentales de la violencia juvenil que propone una discusión sobre causas y soluciones.

El otro día, participando junto a una concejala del municipio de Quito en un programa de radio, una reina y un rey han logrado obtener un primer compromiso de parte de la concejala para entablar una mesa de diálogo sobre temas que interesen a los jóvenes. Todo este proceso no habría sido posible sin la fuerte voluntad de los mismos miembros de los LK de tomar esta dirección. Lo manifestaron en una reciente *Universal,* reunión ampliada de reinas y reyes de todo el país, a la cual fui invitado (junto a mi esposa Ana y mis hijos Matteo, Adriano y Aura Giulia) una mañana soleada en un lugar de un valle en las afueras de Quito. Recordaba la otra universal en la que había participado en Barcelona el año anterior. Sólo que ésta, además de tener una presencia mucho más numerosa de jóvenes provenientes de todo Ecuador, se diferenciaba de la otra por no contar con los importantes invitados a aquélla. Un signo evidente de las diferencias y mayores dificultades que sorteamos aquí para desarrollar el proceso de búsqueda de legitimidad de los LK. Y una diferencia más: el lugar en el que se desarrolla la Universal es alquilado por los jóvenes porque el Municipio no dispone de ningún local para que se reúnan, al contrario de lo que fue en el caso de Barcelona un *Casal de Joves* (en Barcelona hay muchas Casas de la Juventud repartidas en todos los barrios de la ciudad).

De la *Universal* a **Génova**

Han venido en buses repletos viajando toda la noche desde todas las provincias de un Estado cuyos representantes los tildan de delincuentes y de los peores. La *Universal* de la *ALKQN STAE* (Todopoderosa Nación de Reyes Latinos y Reyes Latinas-Sagrada Tribu Atahualpa Ecuador) se desarrolla en día primaveral en las afueras de Quito, en un valle cálido y no muy alto para que los hermanitos y las hermanitas ahí congregados provenientes de zonas no serranas tengan las menores dificultades con el mal de altura y el frío quiteños. Todos y todas vienen a la *Universal* para expresar su compromiso y empeño en sostener el proceso de búsqueda de legitimidad (lo que ellos llaman la legalización de su organización). El lugar escogido, una especie de choza de bambú de forma circular, como circular es lo que simboliza la unión de la *Nación* —los 360 grados, sin solución de continuidad, porque cada punto del círculo está conectado con el vecino y no puede ser cortado—, se llena con más de 400 jóvenes. Se respira un aire caliente, hay sillas ordenadas en las que se sientan las mujeres, y los varones, que están parados, se disponen al fondo y en las alas que rodean la sala de modo circular. Todos se pueden ver recíprocamente. La mayor parte de los jóvenes visten con prendas de color amarillo con negro, y hay algunos que tienen camisetas de color negro con dorado. Son los colores de la *Nación,* siendo el negro el luto y el amarillo o el dorado el sol. Juntos y mezclados se transforman en café, que es el color de la «raza latina» y también de su fuerza. Un fuerza que sale de la unión de dos «contrarios»: la oscuridad y la luz, como queriendo decir que el uno es imposible sin el otro. Es la simbolización de la lucha que se sostiene en esta complejidad o casi paradoja. Desde el margen y la marginación, la invisibilidad que quita la luz a lo que representa «lo latino», la luz de lo dorado ilumina el espacio y el recorrido por el que caminarán los sujetos que hacen del café el color de su existencia, su sueño, su esperanza, el caminar por una vida digna.

En la choza el ambiente se caldea por la presencia de cuerpos arropados con los colores de la identidad. Y por los gritos en coro que intercalan los pronunciamientos, las expresiones que cada joven realiza para participar en el conjunto. *Amor de rey* es el grito al que acompaña la alzada del símbolo más importante de la *Nación*: la *corona,* que se hace con el gesto de levantar los dedos pulgar, índice y meñique. Es preciso notar que la expresión «Amor de rey», muchas veces gritada o sólo pronunciada al comienzo y al final de cada alocución, dice del amor como condición necesaria para que la organización sea posible. Es el amor lo que garantizaría la protección a todos los hermanitos y hermanitas, y representa por lo tanto la dimensión propia de la unión, del intercambio y del vínculo. El grito se produce también cuando es necesario sostener una fuerte emotividad al subrayar alguna afirmación particularmente intensa expresada por los jóvenes.

Otro aspecto importante a resaltar es que no se trata de tributar amor al rey, como una estructura piramidal que se refiere a un reino, sino de un amor *de* rey como queriendo enfatizar el aspecto de la protección hacia los que la necesitan por encima del respeto hacia los más altos en la jerarquía. *King Majesty* me pide que hable, que me dirija a los hermanitos y hermanitas y que les cuente qué estamos haciendo. Tomo la palabra y en seguida va un ADR, fuerte, vibrante, que me sacude literalmente. Logro articular un pequeño discurso que grosso modo pone en evidencia que para mí ha sido muy constructivo encontrarme con la voluntad que tienen los LK de hacer de su organización una experiencia de vida colectiva fértil y propositiva en su difícil desempeño en la sociedad ecuatoriana.

> A pesar de las adversidades que aún existen y complican su anhelo, si se mantienen unidos y configuran un conjunto de estrategias, con inteligencia y tenacidad podrán obtener lo que están buscando: transformar a la *Nación* de los LK en una organización cultural y política que se dedica a diversas actividades tendentes a sostener una voz y una representación legítimas en la sociedad ecuatoriana. Para ello, sin embargo, quiero expresarles mis preocupaciones por la información que recibo proveniente sobre todo de Guayaquil en torno a los problemas en los que se encuentran muchos

jóvenes en esa ciudad, debido a los enfrentamientos entre diferentes organizaciones pandilleras. Créanme que sé muy bien que la vida en nuestras ciudades ecuatorianas, especialmente para la mayoría de los jóvenes que en ellas habitan, no es fácil. Todo lo contrario, la juventud ecuatoriana padece la mayor desatención por parte de las autoridades públicas, que se muestran absolutamente incapaces de crear las condiciones para una vida social aceptable. Sin embargo, quiero decirles de modo enfático que, dada esta situación, nuestro esfuerzo tiene que dirigirse a poder incidir en una posible transformación por medio de la lucha política y la participación directa en las decisiones de gestión pública. Muchos jóvenes fueron capaces, en abril del año pasado, de articular una protesta poderosísima que condujo a la huida de Gutiérrez, un presidente que se había caracterizado por su abierto autoritarismo. En este sentido creo que lo más importante para todos los sectores de la sociedad ecuatoriana es encontrar las formas de la lucha política para transformar al Ecuador en un país más vivible para todas y todos. Finalmente, les pido que mantengan viva la comunicación con sus hermanitas y hermanitos en Ecuador y en los otros países donde se encuentren, para que juntos puedan intercambiar las experiencias que tienen de lado a lado y de este modo encontrar los vínculos que permitan fortalecer la todopoderosa Nación de los reyes latinos y reinas latinas en donde sea que se encuentre y lleve adelante su acción social y política.

Quedan muchas expectativas, ya que dentro de pocas semanas, en un encuentro que se realiza en Génova, donde nos reuniremos investigadores y líderes latinos juveniles de su organización y de otras, trataremos de fortalecer los lazos que ya existen entre todas las personas de enorme voluntad que contribuyen al fortalecimiento organizativo de los jóvenes latinos en el mundo. Quiero llevarme de esta asamblea un documento que reafirme nuestros propósitos y las acciones que estamos tomando para cumplir con ellos.

De nuevo un fuerte ADR corona nuestras palabras. Un joven guayaquileño pide la palabra y dice: «nosotros estamos convencidos del proceso de legalización, sin embargo, en lo concreto, ¿qué debemos hacer para legalizar la calle? ¿Con qué personas, iglesias, casas comunales, debemos trabajar en la calle?». Remito las preguntas al encuentro de Génova. Ahí se podrá articular una posible respuesta en la medida en que se aproveche la experiencia acumulada en el corto pero significativo recorrido de intensas prácticas que vio a Barcelona como su feliz momento inicial. Después de algunas otras intervenciones —entre las cuales, las de *King Mission* desde Nueva York, *King Manaba* desde Barcelona y *King Diablo* de Guayaquil— cuyos contenidos van en la dirección de alentar las decisiones tomadas e infundir la esperanza de que tendrán éxito si todos los hermanitos se mantienen atentos y compactos, finalmente unas cortas palabras de *King Majesty* dan paso al *rezo* final conducido por la *Queen Panita*. Lentamente los presentes abandonan la choza, se dirigen afuera, hacia el jardín, en donde algunos hermanitos de Guayaquil me cuentan, ya sin solemnidad, los problemas de la calle. Muchos de ellos se ven tentados por darse un chapuzón en la gran piscina que tiene el conjunto. Unos pocos desmantelan las sillas porque después del almuerzo empezará el baile, al ritmo del *reggaeton* la fiesta latina se prende.

19
Barcelona desde Barcelona

Josep Maria Lahosa

Algún antecedente

Cuando en diciembre del año 2002 tuvimos conocimiento de las primeras tensiones entres grupos de jóvenes latinoamericanos, éstas se producían básicamente en el interior de los centros educativos o en sus alrededores; más tarde supimos cómo esas tensiones tenían su embrión en las salas de baile del área metropolitana de Barcelona. Como no podía ser de otra manera, las primeras demandas se dirigieron a los servicios públicos más próximos a la gestión de lo cotidiano, esto es, los servicios municipales y más concretamente a la policía que depende del municipio, la Guardia Urbana de Barcelona. Meses después, con el asesinato de un joven colombiano, mencionado anteriormente a lo largo de esta obra, la sociedad y todos los servicios públicos fueron conscientes de la emergencia de un nuevo fenómeno en nuestro país: las agrupaciones o «bandas» latinas. Ahora bien, aun cuando no sea motivo de estas reflexiones, sí creo interesante mencionar cómo los servicios que trabajan en el ámbito de la seguridad pública parecen ser los únicos que se interesan por adquirir un mayor conocimiento sobre este nuevo fenómeno.

Quizá la especial atención a las políticas de seguridad que se da en Barcelona, donde en 1984 se constituyó la Comisión Técnica de Seguridad Urbana[1] con el encargo de realizar un proceso de reflexión y propuestas necesarias para dar respuestas a los retos de la (in)seguridad; donde existe la serie estadística más amplia[2] de análisis de la victimización y opinión sobre la seguridad, o donde se pusieron las bases del primer plan de acción frente a las drogas español,[3] o donde, en junio del año 1986, se constituyó[4] el Consejo de Seguridad Urbana, en el que participan organismos públicos y entidades sociales, explique ese interés y esa sensibilidad por conocer mejor una situación que, al margen de algún acto individualizado, no parecía revestir tintes delictivos y que más se podría calificar como propia del ámbito de la intervención social que de la policial. De hecho, esta atención a la seguridad, iniciada en 1984, donde se pusieron las bases de la política de seguridad pública que se ha venido desarrollando en la ciudad, y que

---

1. Que se transformó a partir de 1991 en la Dirección de Servicios de Prevención.
2. Medición anual 1984-2005.
3. 1986.
4. 24 de junio de 1984.

ha tenido como principales ideas clave la prevención y la participación ciudadana, ha contado, como uno de sus operadores cualificados, con una estructura específica de prevención: la Dirección de Servicios de Prevención y sus referentes en los distritos, las Secretarias Técnicas de Prevención, que tienen entre sus funciones el impulso de políticas y aproximaciones a los conflictos que se generan en la ciudad desde la perspectiva de su recuperación social.

Así pues, esa especial atención a los fenómenos de conflicto explicaría el encargo realizado a mediados de 2004 a Carles Feixa. La Dirección de Servicios conocía los trabajos de investigación que en el ámbito policial se estaban desarrollando, como también sabíamos que las demandas que llegaban a los servicios ponían de manifiesto que nos encontrábamos ante un fenómeno que, si bien era real, también era mediático y, en consecuencia, requería de un análisis serio y contextualizado en la realidad española, catalana y barcelonesa, pues de hecho la mayoría de las informaciones sobre las que se estaba construyendo el escenario de las «bandas latinas» provenían de la red o de informadores de realidades en las ciudades tanto norteamericanas como latinoamericanas, es decir, no teníamos fuentes primarias. En este sentido el encargo a Carles Feixa era claro: un estudio de la realidad de los jóvenes latinos en Barcelona, y, tomando en cuenta ese universo, los jóvenes latinos, observar la existencia de sus formas organizativas, los usos «culturales» que los jóvenes latinos hacen de los espacios públicos; o, en el caso de las «bandas», pandillas o grupos, investigar la existencia de vinculaciones de jerarquía con organizaciones en origen, si los valores y funcionamientos que se explicitaban en la red se confirmaban en la vida cotidiana en Barcelona; en definitiva, se trataba de obtener un conocimiento en base a informaciones de primera mano sobre una realidad nueva y desconocida al objeto de poder desarrollar intervenciones que permitieran desactivar lo que se presumía podía ser un conflicto con alta incidencia social y política en la ciudad, teniendo en cuenta, no obstante, que si bien el activador de la demanda era la presencia de grupos, «bandas» u organizaciones en Barcelona, queríamos conocer la realidad general, no sólo de esos grupos.

Lo que hemos aprendido

Cuando a mediados de 2004 nos pusimos en contacto con Carles Feixa, no podíamos prever que apenas en dieciocho meses se hubiera realizado la investigación, presentado los resultados en un seminario con una asistencia de más de 250 profesionales, que permanecieron «clavados» en sus sillas debatiendo —en algún momento de forma apasionada y quizá acalorada— los resultados de la investigación hasta bien entrada la noche, tampoco podía prever que íbamos a ser testigos, y a veces actores, de un proceso de incorporación a la sociedad de acogida de una parte de los jóvenes que eran objeto de nuestro interés, o de la intervención de los medios de comunicación que, si bien algunos de ellos mantienen una posición sensacionalista y descarnada, en la mayoría parece que se haya impuesto la gestión de un cierto rigor, todo ello evidentemente sin echar las campanas al vuelo.

Sobre la investigación y lo que ha aportado a los servicios públicos, es necesario afirmar cómo, una vez más, la relación entre la administración y la academia se ha resuelto con una sustancial mejora del conocimiento mutuo, y en este sentido hoy el Ayuntamiento y sus servicios conocen mucho mejor quiénes son los jóvenes latinos, cuáles sus expectativas y también sus limitaciones, podemos definir y ajustar mejor las políticas públicas y así obtener más éxitos en las relaciones con ellos; en definitiva, les conocemos mejor y creo que ellos nos conocen mejor, ambas cuestiones son básicas para el buen funcionamiento de la ciudad. Además, en el caso de esta investigación, ha habido un resultado añadido, y que en un principio no estaba previsto: nos ha permitido entrar en contacto con un grupo de jóvenes que pertenecen a dos de las «familias» más conocidas de lo que hemos venido en denominar «bandas latinas»: los Latin Kings y la Asociación Ñeta para ayuda al confinado.

De las conversaciones

El hecho de mantener un estrecho contacto con el equipo investigador, y especialmente con Carles Feixa, fue determinante en el proceso de construcción de lo que más adelante sería la primera conversación con uno de los grupos: habíamos conversado sobre el trabajo que había impulsado, a mediados de los noventa, el grupo de la Universidad de Nueva York, con Luis Barrios, David Brotherton y Marcia Esparza, también conocíamos los trabajos de Nelsa Curbelo y Ser Paz en Guayaquil. Así, cuando tuvimos conocimiento de la reunión que había celebrado un grupo de Reyes y Reinas en un local municipal, tuvimos la certeza de que se había iniciado un proceso que debíamos seguir, y en la medida que fuera coherente con cambios en el funcionamiento interno y con un ajuste de los valores del grupo a los aceptados y reivindicados por la sociedad de Barcelona y ajustados a nuestro ordenamiento jurídico y legal, debíamos ayudar a que ese proceso fuera permanente e irreversible.

Ahora bien, ¿cómo podíamos iniciar esa intervención, si al mismo tiempo teníamos muchas dudas sobre esos grupos, tanto en el ámbito de las sospechas sobre los objetivos de esas formas de agrupación como acerca de las conductas y valores que se explicitaban en los textos a los que habíamos tenido oportunidad de acceder? La información que tenían los servicios, necesariamente sesgada por la aproximación policial y también por la de los medios de comunicación, nos presentaba a unos grupos formados por individuos peligrosos, con actividades de extorsión, violencia y pautas de sumisión, pero sobre los que no se había iniciado ningún proceso de inculpación penal; también desde otras atalayas de observación nos presentaban a esos grupos con comportamientos gregarios y más cercanos a funcionamientos de tipo sectario que a una actividad de tipo asociativo. Otra de las cuestiones que tuvimos que superar se refería a las dudas sobre si era aceptable que grupos de estas características pudieran hacer uso de equipamientos municipales. En este sentido, una reflexión en el seno del Ayuntamiento nos autoconvenció, como se dice vulgarmente, de que había que «tirarse a la piscina», aceptando la emergencia de ese colectivo y las posibilidades que nos ofrecía precisamente el uso de un espacio municipal.

Esa capacidad de incidir en la realidad cotidiana de la ciudad modificándola es propia de aquellas administraciones de proximidad que entienden que su éxito o fracaso no se debe medir por la gestión de los grandes y brillantes eventos, sino al contrario, por su capacidad para encarar aquellos asuntos que, aun presentándose como conflictivos, su resolución es básica para el funcionamiento social de la ciudad. Así pues, encomendamos al equipo investigador que, una vez hecho el primer contacto, trasladase al grupo nuestro interés en establecer vínculos con el fin de conocer las posibilidades de iniciar un proceso hacia la normalidad asociativa. Somos de la opinión, como hemos mencionado en anteriores ocasiones, que el inicio del cambio lo había propuesto el propio grupo, al decidir la utilización de un equipamiento público, independientemente de no explicitar en la reserva de uso de espacios que eran miembros de los Latin Kings. En este sentido, parecería claro que fue una manifestación, quizá no consciente, de una voluntad de cambio; con el tiempo podremos apreciar la intencionalidad de esa opción. En todo caso, lo que nos interesa aquí es evaluar el significado de las relaciones y conversaciones, así como las expectativas de un proceso en las «bandas latinas» en Barcelona, y las posibilidades de transformarse en agentes sociales positivos.

Si algo teníamos claro en la voluntad municipal de explorar las posibilidades de establecer una serie de contactos con esos grupos era que ésos debían hacerse en sede institucional, y que debían establecerse con toda claridad las condiciones sobre la base de las cuales el Ayuntamiento podía aceptar el uso de los espacios municipales, o el funcionamiento como grupo. Así pues, en el primer contacto expusimos cuáles eran esas bases sobre las que entendíamos debía asentarse una reflexión, a nuestro entender necesaria, en un colectivo que expresaba una voluntad de integración en la sociedad a la que había llegado y a la que, a menudo, no entendía. En este sentido se planteó la necesaria reflexión sobre, como mínimo: el funcionamiento democrático en lo interno, la renuncia a la violencia en la resolución de los conflictos, la revisión del papel de la mujer en el seno del grupo, la eliminación de pruebas de fuerza o de violencia en los ritos de entrada al grupo, la ilicitud de la extorsión, incluso en el interior de la organización, o la aceptación de las decisiones de salida o entrada de los miembros de la asociación. Como es fácil observar, esas condiciones podían estar influenciadas por prejuicios, percepciones u opiniones contaminadas por la presión de lo socialmente construido, en todo caso, y aceptando una cierta crítica sobre una posible falta de objetividad, creo y mantengo que, en situaciones emergentes como ésta, es necesario manifestar con toda claridad y honestidad qué es lo que se espera de nuestros interlocutores, pues tan sólo de esa forma es posible que éstos puedan dimensionar los esfuerzos que deberán realizar.

El reconocimiento que desde instancias municipales se hizo del grupo, aún de forma condicional, generó en sus líderes y en la propia organización un espacio de «seguridad subjetiva» que permitió, en justa medida con la posición municipal, el compromiso de los líderes del grupo, con quienes teníamos contactos, sobre la transformación y el trabajar al objeto de que la sociedad reconociera su aportación social como colectivo. En este sentido, nos encontramos con un grupo de personas que habían aceptado el reto de cambiar su organización desde dentro, y ante esto debemos reconocer la valentía de dicho compromiso, como tuvimos ocasión de manifestar públicamente en la Universal del 20 de noviembre de 2005.

Se ha hablado del compromiso que hicieron público portavoces de los dos grupos más representativos de ese tipo de asocaciones latinas: los Latin Kings y la Asociación Ñeta de defensa del confinado, en el marco del seminario «Jóvenes latinos: espacio público y nuevas culturas urbanas», organizado para presentar los resultados de la investigación encargada por el Ayuntamiento, y que se desarrolló en el Centro de Cultura Contemporánea de Barcelona los días 21 y 22 de noviembre de 2005. Quizá ese seminario haya sido el segundo hito en este proceso —el primero fue la decisión que toma el grupo de los Latin Kings de utilizar un equipamiento público. Decía que la presentación pública de esos grupos fue importante, primero porque permitió la visibilidad pública de los dos grupos, después porque se pudo realizar un contacto directo entre líderes de ambos grupos, que posteriormente continuó; en tercer lugar es de destacar, tanto por su dimensión simbólica como mediática, la sesión de clausura del seminario, realizada en la sede del Colegio Notarial de Cataluña —por cierto, donde se guarda la historia escrita de la ciudad, con documentos registrales del siglo XIII—, que consiguió, en el marco de la mesa redonda entre medios de comunicación, que éstos y los miembros de los grupos conversaran por primera vez, ante una audiencia en algunos momentos atónita por lo que estaba sucediendo. Fue, y con el paso del tiempo se refuerza esa sensación, un momento para la historia de la ciudad, de los grupos y creo que también para los medios —espero ver en el futuro alguna investigación al respecto. En todo caso, que en una misma sala miembros de los Latin Kings y de la Asociación Ñeta plantearan unos mismos interrogantes y reflexiones sobre el papel de los medios y la estigmatización que se había generado sobre el joven latino fue relevante y espero que pudiera ser esperanzador.

Así pues, el proceso iniciado en Barcelona y visto desde Barcelona ha significado, según nuestro entender, un avance en lo que debe ser la transformación de un fenómeno nuevo y emergente sobre el que, dadas sus características iniciales, parecía difícil intuir su encaje en nuestra realidad social, política y legal. Proceso iniciado en el que se ha recorrido una parte del camino, pero que debe consolidarse. De hecho, si bien damos por muy positivos los pasos realizados, también es cierto que aún se mantienen algunas dudas y sombras sobre esos grupos, su funcionamiento interno, sus prácticas, su ajuste a la sociedad catalana y barcelonesa.

Es en este sentido que, ante la respuesta de acogida y acompañamiento que realizó en su día la ciudad, resulta imprescindible que los grupos, sus líderes y también todos sus miembros correspondan con un refuerzo del compromiso que asumieron públicamente en noviembre de 2005, y que permitirá transformar esas agrupaciones en auténticos agentes sociales positivos. En eso depositamos nuestra confianza y compromiso público.

Bibliografía

APARICIO, F.R. (1998): *Listening to salsa: gender, latin popular music and Puerto Rican cultures*. Wesleyan University Press, Newhampshire.
AREDNT, H. (2003): *Entre el pasado y el futuro. Ocho ejercicios sobre la reflexión política*. Península, Barcelona.
ARON, A. y S. CORNE (eds.) (1994): *Writings for a Liberation Psychology: Ignacio Martín-Baró*. Cambridge, Massachusset.
AUSTERLITZ, P. (1997): *Merengue. Dominican music and dominican identity*. Temple University Press. Harvard University Press.
BARRIOS, L. (2000): *Josconiando: Dimensiones sociales y políticas de la espiritualidad*. Santo Domingo, República Dominicana, Editorial Aguiar.
— (2003): «The Almighty Latin King and Queen Nation and the Spirituality of Resistance: Agency, Social Cohesion, and Liberating Rituals in the Making of a Street Organization», en Louis Kontos, David C. Brotherton y Luis Barrios (eds.), *Gangs and Society: Alternative Perspectives*, Nueva York, Columbia University Press, pp. 119-135.
— (2004): *Pitirreando: De la desesperación a la esperanza*. San Juan, Puerto Rico, Editorial Edil.
— y D.C. BROTHERTON (2004): «Dominican Republic: From Poster Child to Basketcase». *ACLA, Report on the Americas*, vol. 33, n.º 3: 11-13.
BAYÓN, F. (2005): «Juventud y prisión», *Revista de Estudios de Juventud*, 69.
BENEDICT, A. (1991): *Imagined Communities: Reflections on the Original and Spread Nationalism*. Verso, Londres y Nueva York.
BERGA, A. (2003): «Aprendiendo a ser buenas. Los procesos de ricsgo social en la adolescencia desde una perspectiva de género». *JOVENes. Revista de Estudios de Juventud*, 19. México: 116-135.
— (2003): «La violencia: ¿problema o síntoma? Una mirada sociológica», *Educación Social-Revista de Intervención Socioeducativa*, 23, Barcelona: 10-22.
— (2005): «La perspectiva de género: una nueva mirada a la realidad social», en *Educación Social-Revista de Intervención Socioeducativa*, 31: 15-24.
— (2006): *Adolescència femenina i risc social: un estudi d'itineraris biogràfics i estratègies culturals des d'una perspectiva de gènere*. Barcelona. Secretaria General de Joventut (Premi Joventut 2005) (en prensa).
BERGER, J. (1975): *A Seventh Man: Migrants worker in Europe*. The Viking Press: Nueva York.
BORTOLETO, M. y G. ARRUDA (2003): «Reflexões sobre o Circo e a Educação Física», *Revista Corpoconciência*, Santo André (Brasil), 12: 39-69.
BOTELLO, S. y A. MOYA (2005): *Reyes Latinos: Los Códigos Secretos de los Latin Kings en España*, Ediciones Temas de Hoy, Madrid.
BOURDIEU, P. (1983): *La distinzione. Critica sociale del gusto*. Il Mulino, Bologna.
— (1997): *Razones Prácticas. Una teoría de la acción*. Anagrama, Barcelona.
— (2000): *La dominació masculina*. Edicions 62, Barcelona.
BOURGOIS, P. (2005): «Más allá de una pornografia de la violencia. Lecciones desde El Salvador», en F. Ferrándiz y C. Feixa, *Jóvenes sin tregua. Culturas y políticas de la violencia*. Anthropos, Barcelona.
BROTHERTON, D.C. (2004): «What Happened to the pathological Gang?: Notes from a Case Study of the Latin Kings and Queens in New York», en J. Ferrell, K. Hayward, W. Morrison y M. Presdee (eds.), *Cultural Criminology Unleashed*. Londres, Glasshouse Press.

— y L. Barrios (2003): *The Almitghty Latin King and Queen Nation. Street politics and the transformation of a New York City gang.* Nueva York, Columbia University Press.
Caccia-Bava, A.; C. Feixa; Y. González (orgs.) (2004): *Jovens na América Latina.* São Paulo, Escrituras, Serie Visões da Cultura.
Calero, J. y X. Bonal (2003): «El finançament de l'Educació a Catalunya», en V. Navarro (ed.), *L'estat del benestar a Catalunya,* Barcelona, Diputació de Barcelona.
Calvino, I. (2002): *Las ciudades invisibles.* Madrid, Siruela.
Campbell, A. (1984): *Girls in the gang. A report from New York City.* Blackwell, Oxford.
Caparrós, M. (2003): *Amor y anarquía.* Buenos Aires, Planeta.
Carrasco, S.; B. Ballestin; A. Borison (2005): *Infància i Immigració: tendències, relacions i polítiques.* Barcelona, CIIMU.
Centre d'Estudis Jurídics i Formació Especialitzada (2005): «La reincidència en el delicte en la justícia de menors». *Justidata,* n.º 42. Generalitat de Catalunya, Barcelona.
Cerbino, M. (2004): *Pandillas juveniles. Cultura y conflicto de la calle.* El Conejo y Abya-Yala, Quito.
— (2005): «Violencia en los medios de comunicación, generación noticiosa y percepción ciudadana». FLACSO, Ecuador.
— (2006): *Jóvenes en la calle: Cultura y conflicto.* Barcelona, Editorial Anthropos.
CIIMU (2005): *Infància, famílies i canvi social a Catalunya.* Barcelona, Consorci Institut d'Infància i Món Urbà.
Connell, R.W. (1989): «Cool guys, swots and wimps: the interplay of masculinity and education», *Oxford Review of education,* vol. 15, n.º 3: 291-303.
Cubides, H.J.; M.C. Laverde; C.E. Valderrama (eds.) (1998): *'Viviendo a toda'. Jóvenes, territorios culturales y nuevas sensibilidades.* Fundación Universidad Central, Santafé de Bogotá.
Dalmau, A. R. (1947): *El Circo en la vida Barcelonesa: crónica anecdótica de cien años circenses.* Barcelona, Ediciones Librería Milla.
Delgado, M. (coord.) (2003): *Carrer, festa i revolea: els usos símbòlics de l'espai públic a Barcelona (1951-2000).* Barcelona, Generalitat de Catalunya.
Fanon, F. (1965): *The Wretched of the Earth.* San Antonio, Texas, Grove Press.
Feixa, C. (1998 [2006]): *De jóvenes, bandas y tribus.* Barcelona, Ariel.
— (2001): *Generació @: La joventut al segle XXI,* Barcelona, Generalitat de Catalunya.
— (2004): «De jóvenes, bandas y estigmas», *La Vanguardia,* Temas a Debate, 12-01-04.
— y F. Ferrándiz (2005): «Epílogo: jóvenes sin tregua», en F. Ferrándiz y C. Feixa (eds.), *Jóvenes sin tregua. Culturas y políticas de la violencia.* Anthropos, Barcelona.
—, F. Molina y C. Alsinet (eds.) (2002): Movimientos Juveniles en América Latina. Pachucos, malandros, punketas. Barcelona, Ariel.
— y G. Muñoz (2004): «¿Reyes Latinos? Pistas para superar los estereotipos», *El País,* 12-12-04.
Fize, M. (2002): «Adolescencia en crisis. Por el derecho al reconocimiento social», Siglo XXI, Buenos Aires.
Flecha, R. (2000): *Jóvenes e inmigración.* Postgrado de Estudios sobre la Juventud, UdL.
Foucault, M. (1975): *Vigilar y castigar,* Siglo XXI, Buenos Aires.
Freire, P. (1970): *Pedagogía del Oprimido,* Siglo XXI, México.
Frigerio, G. (2001): «Los bordes de lo escolar», en S. Duchatsky y A. Bigin (eds.), *¿Dónde está la escuela?* Buenos Aires, FLACSO-Manantial.
Fundació Jaume Bofill (2003): *L'accés a l'ensenyament en condicions d'igualtat a Catalunya, amb especial consideració a l'alumnat d'origen immigrant.* Fundació Jaume Bofill, Barcelona.
García Canclini, N. (2001): *Culturas híbridas.* Paidós, Barcelona.
— (2002): *La globalización imaginada.* Paidós, Barcelona.
García González, A. (2005): «La juventud en los medios», *Revista de Juventud.* Instituto de la Juventud, Madrid.
Girad, R. (1983): *La violencia y lo sagrado.* Anagrama, Barcelona.
Gordaliza, A. F. (2005): «Inmigración, Juventud y prisión», *Revista de estudios de juventud,* 69. Injuve, Madrid.

HAGEDORN, J.M. (2001): «Globalization, Gangs, and Collaborative Research», en M.W. Klein; H.-J. Kerner; C.L. Maxson; E. Weitekamp (eds.), *The Eurogang Paradox. Street Gangs and Youth Groups in the U.S. and Europa*. Londres, Kluwer Academic Publishers, pp. 41-58.

HALL, S.; T. JEFFERSON (eds.) (1983): *Resistance Through Rituals. Youth Subcultures in postwar Britain.* Routledge, Londres.

HEBDIGE, D. (2004): *Subcultura. El significado del estilo*. Paidós, Barcelona.

IZQUIERDO, A.; D. LÓPEZ DE LERA; R. MARTÍNEZ (2002): «Los preferidos del siglo XXI: la inmigración latinoamericana en España» (237-250), en J.F. García; C. Muriel (eds.), *Actas del III Congreso sobre la inmigración en España*. Granada, Laboratorio de Estudios Interculturales.

JANÉ, J. (2001): *Les arts escèniques a Catalunya*. Galaxia Gutemberg, Barcelona.

— (2003): «No diràs el nom del Circ en va» (2). *Diari Avui*, 05-09-03.

— (2005): »Barcelona i el circ». *Diari Avui*, 01-08-05.

KLEIN, M.W., H.-J. KERNER, C.L. MAXSON y E. WEITEKAMP (eds.) (2001): *The Eurogang Paradox. Street Gangs and Youth Groups in the U.S. and Europe*. Kluwer Academic Publishers, Londres.

KONTOS, L. (2003): «Between Criminal and Political Deviance: A Sociological analysis of the New York Chapter of the Almighty Latin King and Queen Nation», en D. Muggleton y R. Weinzierl (eds.), *The Post-Subcultures Reader*. Londres, Berg, pp. 133-150.

LASCH, C. (1999): *La cultura del narcisismo*. Ed. A. Bello, Barcelona.

LEWELLEN, T.C. (1994): *Introducción a la Antropología Política*. Ediciones Bellaterra, Barcelona.

LOZA, S. (1999): *Tito Puente and the making of Latin Music (Music in american life)*. University of Illinois Press, Chicago.

MAALOUF, A. (1998): *Les identités meurtrières*. Le livre de poche, Grasset, París.

MALBON, B. (2000): «Los antros», *JOVENes, Revista de estudios sobre juventud*. vol. 4, n.° 11, México: 170-186.

MANUEL, P., K. BILBY y M. LARGEY (1995): *Caribbean Currents: Caribean Music from Rumba to Reggae*. Temple University Press.

MARGULIS, M. (1994): *La cultura de la noche. La vida nocturna de los jóvenes de Buenos Aires*. Espasa Calpe, Buenos Aires.

MARQUINA, A. (comp.) (2004): *El ayer y el hoy: Lecturas de antropología política*. Madrid, UNED Ediciones.

MARTÍNEZ, R. (2004): «Espacios musicales. La música pop(ular) y la producción cultural del espacio social juvenil», *JOVENes, Revista de Estudios sobre Juventud*, n.° 19, México: 152-83.

MASSOT, L. (2003): *Jóvenes entre culturas. La construcción de la identidad en contextos multiculturales*. Desclée de Brouwer, Bilbao.

MATZA, D. (1961 [1973]): «Subterranean traditions of youth», en H. Silverstein (ed.), *The Sociology of Youth: Evolution and Revolution*, Nueva York, McMillan, pp. 252-271.

MAUSS, M. (1991): «Las técnicas del cuerpo», en *Sociología y Antropología*. Tecnos, Madrid.

McCLARY, S. (1994): «Same as it Ever Was, Youth Music and Youth Culture», en A. Ross; T. Rose (eds.), *Microphone fiends*. Routledge, Nueva York.

McROBBIE, A. y J. GARBER (2002): «Girls and subcultures», en S. Hyall y T. Jefferson (eds.), *Resistance Through Rituals*. Routledge, Londres.

MICHÉA, J.C. (2002): *La escuela de la ignorancia*, Acuarela Libros, Madrid.

MINISTÈRE DE L'EDUCATION NATIONALE, LA RECHERCHE ET LA TECHNOLOGIE (1998): *Théâtre Aujourd'hui. Le Cirque Contemporain*. Centre National de Documentation Pédagogique, París.

MORIN, E. (2002): «Los espacios del rock: una aproximación a los espacios juveniles», en A. Nateras (coord.), *Jóvenes, culturas e identidades urbanas*. UAM, México.

MORÍN, J.L. (2005): *Latino/a Rights and Justice in the United States: Perspectives and Approaches*. North Carolina: Carolina University Press.

NILAN P. y C. FEIXA (eds.) (2006): *Global Youth? Hybrid identities, plural worlds*, Londres y Nueva York, Routledge.

ORTEGA, R. (2000): *Educar la convivencia para prevenir la violencia*. A. Machado Libros, Madrid.

PEDONE, C. (2001): «La Inmigración extracomunitaria y los medios de comunicación: la inmigración ecuatoriana en la prensa española», *Scripta Nova (Revista electrónica de Geografía y Ciencias Sociales)*; n.º 94 (43).

PIATON, G. (1999): *Pestalozzi, la confianza en el ser humano*, Trillas, México.

PLATÓN (1988): *La República*, Gredos, Madrid.

QUEIROLO PALMAS, L. (2005b): «Verso Dove? Voci e pratiche giovanili fra stigmatizzazione, cittadinanza e rifiuto dell'integrazione subalterna», en *Il fantasma delle bande*. Fratelli Frilli Editori, Génova.

— y A.T. TORRE (eds.) (2005): *Il fantasma delle bande. Giovani dall'America Latina a Genova*, Fratelli Frilli Editori, Génova.

QUINTERO, A. (1998): *Salsa, sabor y control. Sociología de la música tropical*. Siglo Veintiuno, México.

RAVECCA, A. (2004): «Gli adolescenti latinoamericani, la scuola e le altre agenzie educative», Génova, Convegno Internazionale Transmigrared, MEDI - Fundación Casa América.

REGUILLO, R. (1991 [1995]): *En la calle otra vez. Las bandas: identidad urbana y usos de la comunicación*, ITESO, Guadalajara.

— (2000): *Emergencia de culturas juveniles*. Norma, Buenos Aires.

— (2003): «El lloc des dels marges. Música i identitats juvenils», en Feixa *et al.* (eds.), *Música i ideologies*. Generalitat de Catalunya/Universitat de Lleida, Lleida.

ROJAS MARCOS, L. (2003): *Las semillas de la violencia*, Espasa Calpe, Madrid.

SALAZAR, A.J. (1990): No Nacimos Pa' Semilla. La cultura de las bandas en Medellín, CINEP, Bogotá.

SÁNCHEZ-JANKOWSKI, M. (1991): *Island in the Streets. Gangs and American Urban Society*. University of California Press, Berkeley.

SCOTT, J.C. (1990): Domination and the Arts of Resistant: Hidden Transcripts. New Haven, Yale University Press.

SELLERS, J. (2004): *Merengue and Domincan Identity. Muisic as National Unifier*, Mc Farland, Wyoming.

SINERGIA 7 (2004): *Debats i lectures sobre polítiques de joventut*. Secretaría General de Juventud, Barcelona.

SOLÉ, C. (2001): *El impacto de la inmigración en la economía y en la sociedad receptora*. Anthropos, Barcelona.

STORM, J. (1999): *The Latin tinge: The Impact od Latin american music on the United Estates*. Oxford University Press, Nueva York.

THORNTON, S. (1997): *Club Cultures*. Cambridge, Wesleyan University press, Londres.

THRASHER, F.M. (1926 [1963]): *The Gang. A Study of 1313 gangs in Chicago*. Chicago, University of Chicago Press.

VALENCIA, Y. (2005): «Famiglie migranti peruviane in Italia: gli effetti positivi del tempo», en *Il fantasma delle bande. Giovani dall'America Latina a Genova*, Fratelli Frilli Editore, Génova.

VALENZUELA, J.M. (2002): «De los pachucos a los cholos. Movimientos juveniles en la frontera México-Estados Unidos», en C. Feixa; F. Molina; C. Alsinet (eds.) (2002), *Movimientos Juveniles en América Latina. Pachucos, malandros, punketas*. Ariel, Barcelona.

VELHO, G. (1994): *Projecto e metamorfose. Antropologia das Sociedades Complexas*. Jorge Zahar Editor, Río de Janeiro.

VENKATESH, S. (2003): «A note on social theory and the American Street Gang», en L. Kontos; D.C. Brotherton; L. Barrios (eds.), *Gangs and Society. Alternative Perspectives*. Columbia University Press, Nueva York.

VIGIL, J.D. (1990): *Barrio Gangs. Street Life and Identity in Southern California*. University of Texas Press, Austin.

VV.AA. (1988): «El circ: un art internacional», *El Correu de la Unesco*, Organización de las Naciones Unidas, París, año XI, n.º 117: 1-37.

WACQUANT, L. (2005): «Protección disciplina y honor. Una sala de boxeo en el gueto americano». *Jóvenes sin tregua*. Anthropos, Barcelona.

WHYTE, W.F. (1972): *La sociedad de las esquinas*. Diáfora, México.
WILLIS, P. (1988): *Aprendiendo a trabajar. Cómo los chicos de clase obrera consiguen trabajos de clase obrera*. Akal, Madrid.
WULFF, H. (1988): *Twenty girls. Growing up, Ethnicity and Excitement in a South London Microculture*. Stockholm Studies in Social Anthropology, Stockholm.

Otras fuentes

Chosen Few: El Documental. (Boy Wonder, 2004) DVD+CD, Cfee/Urban Box Office.
Lord Inca Majesty (2005, noviembre). *Palabras de Fe*. Carta leída en el Universal de la Nación de L@s Reyes y Reinas en Barcelona. Carta entregada al Padre Luis Barrios.
Plà Nacional de Joventut. Barcelona, Secretaría General de Juventud. Departamento de la Presidencia. Generalitat de Cataluña. Versiones años 2000 y 2005.
Queen Sara (2005, noviembre). Universal de la Nación de L@s Reyes y Reinas en Barcelona. Carta entregada a Luis Barrios.
Web de la Secretaría General de Juventud de la Generalitat: http://www.gencat.net/joventut
Web del Departamento de Juventud del Ayuntamiento de Barcelona: http://www.bcn.es/ciaj
WIKIPEDIA Enciclopedia Virtual On-Line: http://es.wikipedia.org/wiki/Okupa

Autores

ALEXIS RODRÍGUEZ SUÁREZ es licenciado en antropología por la Universidad Autónoma del Estado de Morelos (México), actualmente cursa el Doctorado en Antropología Urbana y Movimientos Sociales en la Universitat Rovira i Virgili. Ha investigado las culturas *techno* en México. E-mail: roalrosu@yahoo.com

ANDREA T. TORRE es investigador y director del Centro Studi Medi-Migrazioni nel Mediterraneo. Es redactor del *Dossier Statistico Immigrazione* de Caritas Italiana. Entre sus publicaciones destacan: *Voci di donne immigtrate in Liguria* (2001); *Il fantasma delle bande. Genova e i latinos* (2005).

ANNA BERGA TIMONEDA es doctora en sociología por la Universidad Autónoma de Barcelona y profesora de las EUTSES Pere Tarrés, en la Universitat Ramon Llull. Ha investigado las microculturas femeninas adolescentes así como las situaciones de riesgo social desde una perspectiva de género. Es autora de la tesis *Aprendre a ser estimades. Adolescència femenina i risc social: un estudi d'itineraris biogràfics i estratègies culturals des d'una perspectiva de gènere* (2004). E-mail: aberga@peretarres.org

CARLES FEIXA es doctor en antropología por la Universitat de Barcelona y profesor en la Universitat de Lleida. En la actualidad dirige el área de Culturas Juveniles del CIIMU. También es asesor de Naciones Unidas para el sistema de indicadores en desarrollo juvenil y vicepresidente del Comité de Investigación «Sociología de la Juventud» de la Asociación Internacional de Sociología. Ha publicado más de veinticinco libros, entre los que podemos destacar *De jóvenes, bandas y tribus* (Barcelona, 1998, 3.ª edición 2006); *El reloj de arena* (México, 1998), *Jovens na America Latina* (São Paulo, 2004); *Jóvenes sin tregua* (con F. Ferrándiz, Barcelona, Anthropos, 2005) y *Global Youth? Hybrid identities, plural worlds* (con P. Nilan, Londres, Routledge, 2006). E-mail: feixa@geosoc.UdL.es

CAROLINA RECIO es socióloga. Ha sido investigadora del CIIMU. Es licenciada en sociología por la Universitat Autònoma de Barcelona y realiza el doctorado en la misma universidad. Ha trabajado en investigaciones relacionadas con el mercado laboral y la igualdad de oportunidades así como en estudios que analizan los estilos y condiciones de vida de los menores y jóvenes. Entre sus publicaciones se encuentran artículos referentes a los temas citados: *Les desigualtats al Mercat Laboral català*; *Estils de vida i cultura digital: la generació xarxa a Catalunya*; *Infància i Cultura Digital*; *La salut dels menors i dels joves. Malalties i Malestars en una societat desigual*, entre otras. E-mail: carolinarecio@ciimu.org

DAVID BROTHERTON es sociólogo. Investigador y profesor de sociología y educación urbana, en el Departamento de Sociología del John Jay College of Criminal Justice y el Graduate Center-Universidad de la Ciudad de Nueva York (CUNY). Es autor de distintas publicaciones entre las cuales destacan *The Almighty Latin King and Queen Nation. Street politics and the transformation of a New York City gang* (2003) y *Gangs and Society: Alternative Perspectives* (2003). E-mail: dcbjj@ jjay.cuny.edu

JOSEP MARIA LAHOSA es geógrafo. Director de Servicios de Prevención del Ayuntamiento de Barcelona. Ha sido miembro del Colegio Analítico para la Seguridad del Forum europeo para la Seguridad Urbana, Coordinador del grupo de trabajo de «Justicia de proximidad» de la red europea SecuCites y profesor del Máster de Criminología y Ejecución Penal de la Universidad Autónoma de Barcelona y del de Gestión Ambiental de la Universidad de Barcelona y Universidad Autónoma de Barcelona. jlahosa@bcn.es

LAURA PORZIO es investigadora del CIIMU. Licenciada en antropología por la Università degli Studi di Genova y Diploma de Estudios Avanzados (DEA) en Antropología Social y Cultural por la Universitat de Barcelona. Se ha dedicado a distintas investigaciones en el campo de los estudios de las culturas juveniles y está ultimando su tesis doctoral dedicada al papel del cuerpo en la conformación subjetiva de la identidad y en las prácticas sociales de los jóvenes. Es autora de diferentes publicaciones entre las cuales destacan *Jipis, Pijos, Fiesteros. Studies on Youth Cultures in Spain 1960-2004* (2005), *Culturas Juveniles en España 1960-2003* (2004), *Skinhead. Tatuaje, género y cultura juveniles* (2004). E-mail: lauraporzio@ciimu.org

LUCA QUEIROLO PALMAS es profesor de Sociología de la Educación y Sociología de las Migraciones en la Facultad de Ciencias de la Formación en la Universidad de Génova. Es responsable del proyecto europeo TransMigraRed de cooperación académica entre Europa y América Latina en el campo de las migraciones. Entre sus publicaciones destacan: *Una scuola in comune* (2002); *Classi meticce* (2003); *Il fantasma delle bande. Genova e i latinos* (2005). E-mail: luca.palmas@unige.it

LUIS BARRIOS es psicólogo. Investigador y profesor asociado de psicología y estudios étnicos en el Departamento de Estudios Puertorriqueños/Latinoamericanos, en *John Jay College of Criminal Justice-Universidad de la Ciudad de Nueva York (CUNY)* y sacerdote anglicano. Es autor de distintas publicaciones entre las cuales destaca *The Almitghty Latin King and Queen Nation. Street politics and the transformation of a New York City gang* (2003) y *Gangs and Society: Alternative Perspective* (2003). Email: lbarrios@jjay.cuny.edu

MARCIA ESPARZA es socióloga. Investigadora y profesora asistente de sociología y estudios étnicos en el Departamento de Estudios Puertorriqueños/Latinoamericanos, en John Jay College of Criminal Justice-Universidad de la Ciudad de Nueva York (CUNY). Ha publicado diversos artículos sobre las identidades latinas y las políticas de la memoria en América Latina, entre los que podemos destacar: «Horizontal Mentoring of Latinas in New York City: A Testimony». *Latino Studies Journal* (2006). E-mail: mesparza@ jjay.cuny.edu

MARCO ANTONIO COELHO BORTOLETO es licenciado en educación física por la Universidad Metodista de Piracicaba (Brasil), máster en Pedagogía del Deporte en la Universidad Estatal de Campinas (Brasil) y doctor en educación física por el Instituto Nacional de Educación Física de Cataluña-Universitat de Lleida (España). Ha sido profesor de acrobacias en la Escuela de Circo Rogelio Rivel en Barcelona y colabora con el Grupo de Estudios Praxiológicos del INEFC Lleida y con el Grupo de Estudios de la Gimnasia de Unicamp. Ha publicado diversos artículos sobre la cultura de la gimnasia de alto rendimiento. E-mail: marco@bortoleto.com

MARÍA DEL CARMEN COSTA GONZÁLEZ es licenciada en antropología por la Universidad Autónoma Metropolitana (México) y máster por la Universitat Autónoma de Barcelona (Cataluña-España). Ha investigado la relación entre movimientos sociales y juventud en México y Cataluña. Es autora de la tesis de maestría *La afectividad en los movimientos sociales: el caso del movimiento okupa* (1998). E-mail: mccosta@wanadoo.es

MAURO CERBINO es antropólogo, investigador y profesor de Teoría social, Epistemología y Comunicación de la Facultad Latinoamericana de Ciencias Sociales (FLACSO) sede Ecuador. Ha publicado entre otros: *Jóvenes en la calle, cultura y conflicto* (Barcelona, Anthropos 2006), *Violencia en los medios de comunicación, generación noticiosa y percepción ciudadana* (FLACSO 2005), *Pandillas juveniles* (Quito, Abya Yala El Conejo) y es coautor de *Culturas juveniles, cuerpo, música, sociabilidad y género*, (Bogotá-Quito Convenio Andrés Bello y Abya-Yala, 2001). E mail: mcerbino@flacso.org.ec

MONTSERRAT PALOU DÍEZ es licenciada en filosofía y ciencias de la educación (sección filosofía), miembro del grupo de filosofía del Casal del Mestre de Santa Coloma de Gramenet, miembro del grupo de filosofía práctica del IEC (Societat Catalana de Filosofia) y del Seminari Permanent de Filosofia de la UAB. Profesora de Filosofía de enseñanza secundaria y ex directora de instituto. E-mail mpalou@pie.xtec.es

NOEMÍ CANELLES I TIGEL es diplomada en trabajo social por la Universitat de València, licenciada en sociología por la Universidad Pública de Navarra y D.E.S.E en Inmigración por la Universitat Autònoma de Barcelona. Su trayectoria profesional ha estado centrada en diversos proyectos de intervención socioeducativa con jóvenes en situación de riesgo. Además de colaborar con el CIIMU, participa como investigadora sobre género y migraciones en el GESES (Grup d'Estudis de Sentiments, Emocions i Societat) de la Universitat Autònoma de Barcelona. E-mail: noemicanell@terra.es

ORIOL ROMANÍ ALFONSO es profesor titular de Antropología Social de la Universitat Rovira i Virgili. Experto de la UE en América Latina en diversos programas sobre drogas, así como colaborador de diversas instituciones públicas y privadas, y miembro de asociaciones en las que se puede destacar el Grup IGIA, de la cual es presidente. Destacan entre sus publicaciones: *Las drogas. Sueños y razones* (1999), y la coordinación (junto a M. Díaz) de *Contextos, sujetos y drogas. Un manual de drogodependencias* (2000). Ha publicado un sinfín de artículos en diversas revistas y libros especializados en temas de salud, drogodependencias y juventud: *Infancia y salud: vulnerabilidad, dependencia y estilos de vida* (2004), *La cultura del cannabis treinta años después: unas reflexiones personales* (2005); *¿Es la prevención una obviedad? Criterios para un debate en el campo de las drogas* (2006). E-mail: oriol.romani@urv.net

ROSER NIN BLANCO es diplomada en educación social por la Universidad de Barcelona, postgraduada en Estudios y Políticas de Juventud por la Universidad de Lleida y máster en Drogodependencias y Sida por el Instituto de Investigación Social y el Colegio de Médicos de Málaga. Actualmente está finalizando su licenciatura en antropología social y cultural en la Universidad Nacional de Educación a Distancia, centrando sus trabajos de investigación en movimientos sociales, antropología política y migraciones. Trabaja como Técnica de proyectos y de juventud en el Consejo Comarcal del Alt Penedés, diseñando políticas participativas a partir del proyecto Dinamo. Actualmente colabora con el CIIMU como investigadora. E-mail: latorrebusqueta@yahoo.es

SANTIAGO MARTÍNEZ JUNCO es licenciado en psicología por el Centro de Estudios Superiores de Tapachula (México) y diplomado en antropología social y cultural por la Universidad Autónoma de Barcelona. Trabaja el tema de las maras en la frontera sur de México con Guatemala. Es coautor del artículo «Bandas maras salvatruchas en la región fronteriza del Soconusco, Chiapas» (2005). E-mail. sanmarju2003@yahoo.com.mx

WALTER PINILLA es estudiante de periodismo en la Universitat Autònoma de Barcelona. Se está especializando en crtítica musical. Ha colaborado como redactor en diversas revistas vinculadas al mundo de la música tanto en Cataluña como en Colombia. E-mail: pinwalt@gmail.com

Índice

Presentación, *por Jordi Hereu*	7
Agradecimientos	8
Introducción, *por Carles Feixa, Laura Porzio y Carolina Recio*	9

Parte I
JÓVENES 'LATINOS' EN BARCELONA

1. Perspectivas teóricas y metodológicas, *por Carles Feixa*	15
Anexo. La comunidad latinoamericana en Barcelona, *por Carolina Recio y Carmen Costa*	30
2. Jóvenes 'latinos' en Barcelona: relatos de vida, *por Carles Feixa*	39
3. Jóvenes 'latinos' en Barcelona: identidades culturales, *por Carles Feixa y Laura Porzio*	59
4. Jóvenes 'latinos' en Barcelona: la visión de los adultos, *por Noemí Canelles*	77
5. De las 'bandas' a las 'organizaciones juveniles', *por Carles Feixa, Mauro Cerbino, Carolina Recio, Laura Porzio y Noemí Canelles*	89
6. Modelos de intervención, *por Noemí Canelles*	143

Parte II
ESPACIO PÚBLICO Y CULTURA URBANA

7. Jóvenes 'latinos' y medios de comunicación, *por Carolina Recio y Mauro Cerbino*	165
8. Jóvenes 'latinos' y espacio público, *por Laura Porzio y Santiago Martínez*	185
9. Jóvenes 'latinos' y música, *por Walter Pinilla y Alexis Rodríguez*	199
10. Jóvenes 'latinos' y geografías nocturnas, *por Alexis Rodríguez*	205
11. Jóvenes 'latinos' y relaciones de género, *por Anna Berga*	215
12. Jóvenes 'latinos' y medio escolar, *por Montse Palou*	223
13. Jóvenes 'latinos' y políticas de juventud, *por Roser Nin*	247
14. Jóvenes 'latinos' y circo, *por Marco Antonio Coelho Bortoleto*	267

Parte III
BARCELONA Y MÁS ALLÁ

15. Barcelona desde la Academia (o los avatares de una antropología implicada), *por Oriol Romaní*	277
16. Barcelona desde Nueva York. Amor de Rey de Corazón: transnacionalizando la resistencia, *por Luis Barrios, Marcia Esparza y David C. Brotherton*	285

17. Barcelona desde Génova, *por Luca Queirolo Palmas y Andrea T. Torre*	301
18. Barcelona desde Quito, *por Mauro Cerbino*	307
19. Barcelona desde Barcelona, *por Josep Maria Lahosa*	317
Bibliografía	323
Autores	329